亲历者说

中国抗战编年纪事

1941

全国政协文史和学习委员会 编

人民出版社

途经安徽泾县茂林的新四军。

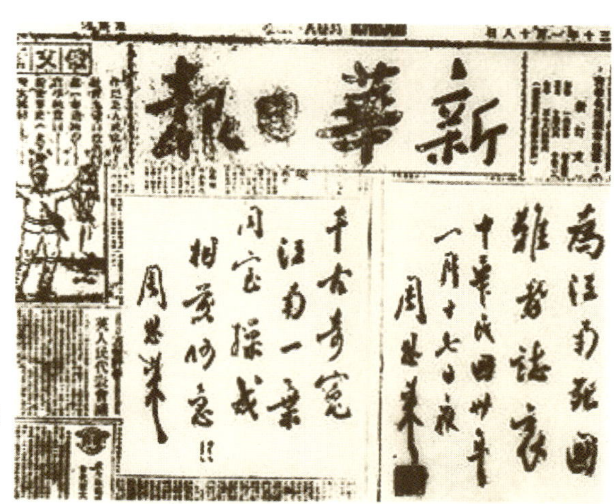

新華日報

千古奇冤　江南一葉　同室操戈　相煎何急！！　周恩來

爲江南死國難者誌哀　中華民國卅年一月十七日夜　周恩來

皖南事变发生后，周恩来在重庆《新华日报》上的题词。

晋察冀边区人民举行示威，抗议国民党制造皖南事变。

新四军 6 团东进前夕，（左起）陈毅、刘炎、刘飞、叶飞、吴焜、乔信明等人合影。

陈毅（右二）、粟裕（右一）在新四军中。

毛泽东在延安发出号召：“自己动手，丰衣足食”。

八路军 120 师 359 旅在南泥湾屯垦。

豫南会战的中国军队。

豫南会战一景。

上高战役中，中国军队在瓦砾中顽强迎击日军。

上高战役中缴获的部分战利品。

军民协力平毁封锁沟，粉碎日军“治安强化运动”。

冀中平原上一支妇女破路队。

侵华日军化学武器部队进攻宁波。

中条山战役中中国守军的工事。

国民革命军第三军军长唐淮源在中条山战役中被日军围困不得脱身，于山西夏县自杀殉国。

1941年6月5日重庆大隧道惨案中遇难的中国平民。

蒋介石与美国援华志愿航空队（“飞虎队”）队长陈纳德合影。

年轻的“飞虎队”成员。

中国军队战士守卫在“飞虎队”飞机前。

第二次长沙会战，中国军队开赴前线迎敌。

第三次长沙会战中，中国女后勤兵协助在战场受伤的士兵行走 。

第三次长沙会战后被俘虏的日军士兵 。

晋察冀军区司令员聂荣臻在 1 分区司令员杨成武陪同下，检阅八路军反“扫荡”部队。

狼牙山五壮士中的幸存者葛振林（右）、宋学义。

八路军战士与日军肉搏。

1941 年 8 月，八路军 129 师 385 旅在邢沙永战斗中的缴获。

目　录

南泥湾大生产

上高会战

抗击日伪华北“治安强化运动”

浙东战役

中条山战役

日军在湖南等地进行细菌战

第三次长沙会战

其 他

概 述

1941年，世界局势发生了巨大变化，6月22日，纳粹德国悍然进犯苏联，苏德战争爆发；12月7日，日本偷袭珍珠港，太平洋战争爆发。美英开始参加对日本法西斯的作战，东方反法西斯战争出现了两个战场，即中国战场和太平洋战场。太平洋战场以海战为主，日本的70%陆军和近1/3的海军仍陷在中国战场不能自拔。因此，中国战场始终是对抗日本法西斯的主战场。

全国性抗战是在抗日民族统一战线旗帜下国共合作的民族解放战争，但这条战线上充满斗争，国民党顽固派一直处心积虑地反对共产党，并在抗战相持阶段掀起三次反共高潮。其中以皖南事变为代表的第二次反共高潮最甚。

1940年10月19日，国民党强令八路军、新四军在一个月内开赴黄河以北。中共复电严词拒绝国民党当局的无理要求，但为顾全大局，同意将皖南的新四军撤到长江以北。1941年1月6日，新四军北移部队共9000余人在泾县茂林地区，遭国民党军袭击，造成重大伤亡，此即震惊中外的“皖南事变”。事后，中国共产党的正义自卫立场得到了广大人民和海内外舆论的同情与支持，国民党顽固派在政治上陷入孤立。

1941年2月13日，驻江苏泰州的国民党鲁苏皖边区游击副总指挥李长江率1万余人投降日军，编为伪第一集团军。刚在盐城重建的新四军军部命令第1师对李长江部进行讨伐，师长粟裕率主力迅即向西横扫，

20 日晨攻克泰州城。此役毙、伤、俘伪军 5000 余人，新四军仅伤亡百余人。这是皖南事变后，新四军重振军威打的第一个大胜仗。

从 1941 年初开始，中国抗日战争进入相持阶段的后期，解放区军民抗战开始了最艰难困苦的阶段。

日本帝国主义在发动太平洋战争前后，为了尽快解决“中国事变”，把中国变成大东亚战争的兵站基地，绞尽脑汁，动员其侵华的大部分兵力和政治、经济、文化等各方面的力量，对华北、华中和华南敌后抗日根据地，实行以“治安强化运动”和“清乡”为主要内容，以政治、经济、文化、思想等配合的“总力战”。1941 年，日军对华北敌后抗日根据地的“扫荡”达到空前的规模，1000 人以上至 1 万人以下兵力的“扫荡”60 次，1 万人以上兵力的“扫荡”9 次，总共 69 次。而且每次“扫荡”持续的时间增长，各次“扫荡”之间的空隙时间缩短，并实行野蛮的烧光、杀光、抢光政策，企图彻底破坏抗日根据地的生存条件。在敌人的猖狂进攻下，抗日根据地面积和人口迅速缩小，抗日武装力量锐减，根据地生产生活遭到严重破坏。

从 1941 年 3 月至 1942 年底，日本侵略者共进行了五次“治安强化运动”。日军把华北划分为“治安区”（即敌占区）、“准治安区”（即敌我争夺的游击区）、“非治安区”（即我解放区），分别采取“清乡”“蚕食”“扫荡”等不同的政策和措施，其奴化统治、特务活动、封锁分割、造无人区、“三光”政策等，无所不用其极。中共领导华北敌后抗日军民，与日伪展开针锋相对、艰苦卓绝的斗争，使敌人的“治安强化运动”最后以失败告终。

大生产运动是指抗战期间中共在其控制区域内发动的军队屯田和鼓励生产的群众运动。国民党顽固派在对边区进行军事封锁的同时，还进行经济封锁。皖南事变后，国民政府停发了八路军的全部军饷，使陕甘宁边区财政经济陷入极度困难的境地。大生产运动打破了国民党顽固派的封锁，缓解了军民供需的重大矛盾，实现了继续坚持长期抗日的目的。本年 3 月，王震率领 359 旅开赴南泥湾实行军垦屯田。经过 3 年奋战，把南泥湾变成了“陕北江南”，成为大生产运动的模范。全旅吃穿用完全自给，每年还向边区政府交纳大批公粮，创造了古今中外建军史上的奇迹。

1941年正面战场的几次战役，中日互有胜负，总的趋势是中国军队基本遏制了日军的进攻，将士们付出了重大牺牲，可歌可泣。

上高会战，3月中旬至4月上旬在江西上高进行。驻南昌的日军三十四师团要求即将调往华北作战的三十三师团相配合，“扫荡”周围的中国军主力，结果扎进以第七十四军为主力的中国4个军的合围圈，被打得一败涂地，伤亡惨重。中方统计击毙日军1.5万余人。这场胜利，被军委会参谋总长何应钦称为“抗战以来最精彩的一战”。

中条山战役。在1941年5月以前，中日双方在晋南中条山地区进行反复的拉锯战。5月7日，日军调集大量部队进犯中条山地区，双方力量对比过于悬殊，中国军队事前准备不足，又缺乏统一指挥，结果除少数突围外，大部溃散，被俘虏3.5万人，遗弃尸体4.2万具，第三军军长唐淮源上将、第十二师少将师长寸性奇等壮烈殉国。历时一个多月的战事，中条山阵地尽失，黄河天堑亦无屏障。

第二次长沙会战于本年9月6日至10月11日进行。日军为打击中国第九战区主力，集结了约12万兵力，再次进犯长沙。鉴于第一次的失败教训，这次采用“中间突破”“两翼迂回”的“雷击战”战术，声称：“打进长沙过中秋”。我军仍采用第一次会战时使用的“后退决战”“争取外翼”作战方针，正面节节抵抗，消耗敌人有生力量，主力转移至东部山区，待敌人进至长沙附近、力量大量消耗后，我军开始反攻，东部的部队也向敌人侧背出击，将其击败。敌人被迫退回原阵地。据中方统计，此役中方伤亡1.7万多人，日军伤亡4.8万余人。

郑州战役。1941年10月2日，日本华北方面军为策应第十一军的长沙作战（即第二次长沙会战），并将其前进据点推进到黄河南岸，发起了郑州战役，4日攻占郑州。中国军队在敌强我弱、后援不至的情况下顽强拼杀，于11月3日收复了除中牟县城和黄河南岸霸王城日军桥头堡以外的全部失地。

第三次长沙会战发生在 1941 年 12 月 19 日至 1942 年 1 月 16 日。日军发动太平洋战争后，为策应向香港和东南亚进军的日军，集结 12 万兵力，企图占领长沙，打通粤汉路。我军仍采用避敌锋芒、诱其深入的战术，以第十军固守长沙，与日军逐街逐屋争夺。当敌人进攻长沙不克又不肯退兵之时，中国军队包围上来。敌人为了不致全军覆灭，被迫退却。

本年的抗战纪事，载入史册者多多。发生在春季并贯穿全年的冀南破袭战，是八路军敌后抗日根据地军民协力采取的以破坏日军交通线为主的成功战术的典型。6 月 5 日的重庆大隧道惨案，是发生在大后方的最惨痛的事件，与黄河花园口决堤、长沙大火并称为抗战时期的中国三大惨案。8 月 1 日，蒋介石发布命令，正式成立以陈纳德为指挥员的中国空军美国志愿大队，即赫赫有名的飞虎队。在中国、缅甸、印度支那作战的 7 个多月中，飞虎队以空中损失 12 架和地面被摧毁 61 架飞机、损失 26 名飞行员的代价，取得击落 150 架和摧毁 297 架敌机的战绩，谱写了一段英雄传奇。11 月 4 日，日军在湖南常德发动细菌战，造成我 7600 多名同胞无辜丧生，还有数以万计的同胞染病。此外，日军还在浙江衢州、义乌等地大规模使用鼠疫细菌武器，传染患病者达 30 万人，死亡 4 万人以上。

在抗日战争相持阶段的 1941 年，尽管有国民党顽固派的倒行逆施，尽管正面战场和敌后战场的斗争激烈而残酷，但中国依然坚持。国民党广大抗日将士守土迎敌，浴血奋战；共产党领导下的敌后抗日军民，更是不怕牺牲，英勇顽强。中华民族在硝烟战火中迎来了环境更加艰苦、斗争更加惨烈的 1942 年，战斗在黎明前最黑暗的时刻。

皖南事变

皖南事变经过的回顾

叶 超*

新四军，在中国革命史上写下了光辉的篇章。新四军的皖南部队，在皖南事变中留下了极其悲壮的一页。我作为当时的经历者、军部的一个参谋人员，回顾这次事变的经过，提供一些实际史料。

皓电与佳电

所谓皓电，就是蒋介石国民党政府用参谋总长的名义，于 1940 年 10 月 19 日（皓），打给八路军朱总司令、彭副总司令，新四军叶挺军长的一个电报。这个电报的内容总的来讲就是污蔑坚持在华中的新四军、八路军，破坏团结，破坏抗战，强令在华中以及长江以南的新四军、八路军在一个月以内，要撤到黄河以北地区。这是蒋介石国民党利用合法地位，挥舞政令、军令大棒打击我军，并把破坏抗战、破坏团结的责任强加于我。这是他们掀起第二次反共高潮的一个宣言。与此同时，蒋介石密令汤恩伯、李品仙、韩德勤等部 30 万人马，以及三战区顾祝同的部队，准备在华中或江南向我们进

* 作者时任新四军司令部作战科参谋、副科长。

攻。这就是说蒋介石一方面发一个皓电，进行文的斗争；另一方面，又调兵遣将准备武力进攻。

当时我们的党中央，针对以上情况，用朱、彭、叶、项 4 个人名义，于 1940 年 11 月 9 日（佳），给了何应钦、白崇禧一个复电。这个复电叫作佳电。佳电的内容，基本精神就是用大量事实，说明华中新四军、八路军在敌后三年，坚持抗战，驳斥国民党的造谣污蔑，坚决拒绝新四军、八路军撤出华中。但是，为了顾全大局，坚持团结抗日，我们也作了一些让步，同意把皖南的部队全部北调。中央的这个决策，有利于坚持团结抗战，是从我们党和全国人民长远利益考虑的。我们的佳电在形式上是以委曲求全的姿态出现的，对皖南采取让步的政策（即北移），对华中采取自卫的政策，从斗争全局考虑，使我党在政治上立于主动地位。

北撤的路线和时间

新四军要撤出皖南，北渡长江。这个方针既然已经定了，那么摆在面前的就是走什么路线和什么时候走的问题。这两个问题是有联系的。从皖南北渡长江的路线，基本是两条。一条是经过马头镇、杨柳铺、孙家埠、毕家桥、郎溪、梅渚镇、南渡镇至竹箦桥、水西地区（原江南指挥部所在地），然后经苏南敌占区北渡长江至苏北。这是皖南军部与苏南部队经常来往的一条路线。这条路线，沿途都设有兵站，每一个兵站都有民运工作组，有一定的群众工作基础。三年来我们皖南、苏南之间零星人员来往，都走这条路线，没有发生过问题。我军如果从这条路线北渡，在当时是经过顾祝同、上官云相同意的，并且用顾祝同的名义，于 1940 年 12 月 1 日发了电文给驻在屯溪的皖南行署黄主任，是“合法”的一条路线。皖南事变以前，我军有非战斗人员近 2000 人和大量物资，也都是经过这条路线到苏南渡过长江的，基本上安全到达，没有发生什么大的问题。但是这条路线也有一点问题，就是要经过国民党军的五十二师、一〇八师的防区，五十二师还有一些战斗工事。从皖南云岭出发，走完这条路线到达苏北大约要五六天时间。项英当时总感到不安全，不想走这条路线，怕国民党搞掉我们，所以犹豫不决，迟迟不作行动。

到了 12 月 10 日，蒋介石电令顾祝同不准新四军经苏南北渡。为什么呢？因为苏北韩德勤的部队遭到陈毅部队的打击，败得很惨，如果皖南的部队又经过这条路线到苏北，给韩德勤的压力就更大，所以下令不让我们走这条路线北渡。如果我们皖南的部队在 11 月下旬或 12 月上旬经苏南北渡或到了苏南，那是不会有什么问题的，即使是像项英的那个看法，发生战斗，我们也是可以打败敌人的。因为经过这个地区只有一个五十二师是比较反动的，一〇八师在当时跟我们还是比较友好的。只有一个师要对我们进行拦击，它并不占优势。因此，第一条路线是可以走得通的，主要是由于项英犹豫不决丧失了时间。当然还有一些其他原因，也不只是项英一个人的责任。

第二条路线是从皖南的铜陵、繁昌之间渡过长江，这是军部与江北指挥部经常来往的一条路线。这条路线的最大优点，就是路程近，一天的时间就可到铜、繁地区，第二天晚上就可以过江。如果紧张一点，拂晓就行军，到了铜、繁地区休息一下，当天晚上也可以过江。这一带的长江两岸都是我们的地区，长江以南是 3 支队活动地域，长江以北是孙仲德的游击纵队活动地区。沿途除了日伪少数的封锁线外，不经过国民党的防区，群众条件也较好，部队行动容易保密。叶挺军长到长江以北视察部队工作，就是经过这条路线北渡的。但是在这条路线上作大部队的行动，就是说要在一个晚上一下子过江几千人，还没有这个经验。所以 11 月下旬就派原总兵站站长张元寿率领少数精干人员，带着电台和侦察分队去侦察、安排渡江工作。他们在 3 支队和游击纵队的协助下，很快征集到近 200 条船，一个晚上就能渡 7500 人，同时可以起渡的有 12 个渡口，对日伪一般活动规律掌握得也比较清楚。我们这些参谋人员看到他们的报告，马上把图标出来送给军首长看，叶军长看到后非常满意，立即指示我们要迅速作好行动计划。我们把行动计划，连行军命令、行军路线图都搞好了，只等军首长下决心，填上日期，说走就可以走。但是项英仍然犹豫不决，连我们这些人都等得不耐烦了。到了 12 月下旬以后，情况有些变化：日军的汽船开始在江上巡逻，夜晚也行动，有时还停在江中（这在过去是没有的）；桂系李品仙也有袭击我们的意图。这样，项英就更加不敢行动了。于是通过第二条路线北渡的时机又丧失了。

12 月下旬，规定我军北渡完毕的时限快到了，我战斗部队仍迟迟未动。这时，顾祝同、上官云相进而调动 7 个师的部队，即四十师、五十二师、七十九师、一〇八师、一四四师、新七师和六十二师，对我形成大包围之势。中央一再电催早日北渡，刘少奇、陈毅、粟裕也一再来电建议尽快北移，李一氓也多次向项英建议，尽早行动为好。项英一直犹豫不决，反而向中央请示“行动方针”。中央 12 月 26 日复电中，对项英作了严厉的批评，指出：“中央远在一年前即将方针给了你们，即向北发展，向敌后发展，你们却始终借故不执行，最近决定全部北移。至如何北移，如何克服移动中的困难，要你们自己想办法，下决心”；“你们不要对国民党存在任何幻想，不要靠国民党帮助你们任何东西，把可能帮助的东西只当作意外之事”；“如果动摇犹豫，自己无办法，无决心，则在敌顽夹击之下，你们是很危险的。全国没有任何一个地方像你们这样迟疑犹豫无办法无决心的”；“我们不明了你们要我们指示何项方针，究竟你们自己有没有方针”；“似此毫无定见，毫无方向，将来你们要吃大亏的”。中央严厉批评以后，新四军军分会于 12 月 28 日才作出了行动的决定。

当晚，副参谋长周子昆到我们作战科来传达了军分会的决定：皖南部队全部以战备姿态，于 1 月 4 日从现地出发，经过茂林，然后经榔桥、宁国附近，再向北经十字铺到苏南溧阳竹篑桥地区，待机北渡。他说，为了防止国民党军队的突然袭击，我们要有打仗的准备，因此要把活动在铜、繁前线的 3 支队 5 团及新 3 团等部队调回，一起行动。听了这个决定，我们都感到很突然，因为这个行动方案从来没有研究与讨论过，对此我们有些不同看法，但还是积极地作新的行动准备。因为是新定的行动路线，连作战地区的地图也没有，临时油印发给了部队。司令部原来对北渡的两个行动方案，做了将近两个月的准备，由于改变方向，都用不上了。临走时把这些材料烧了一大堆，真是前功尽弃，而对新的作战方案则几乎毫无研究。

实践证明，军分会的决定是错误的，不仅在政治上被动，在军事上也处于不利地位。正如中央对项、袁所犯错误的决定中指出的："先则犹豫动摇，继则自寻绝路，投入蒋介石反共军之包围罗网。"

从云岭到茂林

当时，我们皖南的部队有 9000 多人，出发前作了政治动员和战斗编组，除军直机关部队外，编为 3 个纵队：第 1 纵队辖老 1 团、新 1 团，约 3000 人，司令员兼政治委员傅秋涛，副司令员赵凌波（后被俘叛变），参谋长赵希仲（后被俘叛变），政治主任江渭清；第 2 纵队辖老 3 团、新 3 团，约 2000 多人，司令员周桂生（皖南事变中牺牲），政治委员黄火星，副司令员冯达飞（皖南事变中被俘遭杀害），参谋长谢忠良，政治主任钟德胜；第 3 纵队辖老 5 团和军特务团，约 2000 多人，司令员张正坤（皖南事变中被俘遭杀害），政治委员胡荣（皖南事变中牺牲），参谋长黄序周，政治主任吴奚如；军直属队及教导总队约 1000 多人。

1 月 4 日晚上，皖南所有的部队分三路开始行动。1 纵队为左路纵队，由土塘到大康王附近地区集中，准备 5 日晚上通过球岭，向榔桥河地区前进。2 纵队为中央纵队，由北贡里到凤村附近地区集中，准备 5 日晚上经高坦、丕岭向星潭前进；军直属队及教导总队在 2 纵队后面行进；军部机关驻潘村。3 纵队为右路纵队，纵队部率 5 团到茂林附近地区集中，其特务团 4 日晚到铜山地区集中，并前出占领樵山、大麻岭、高岭，佯攻太平。这样一个态势，其目的是造成国民党军队的错觉：我们要向黄山、太平地区前进。晚上开始行动，中雨下个不停，天也非常黑。我们在云岭住了两年多，对这一带的地形道路都很熟悉，因此出发时没有请向导。但因下雨，加上天黑，上路不久就走错了。军部机关走到了一块稻田地里，无路可通，又折回来，耽误了时间。这是行军组织工作上的疏忽。

部队行至青弋江边，各路纵队都通过章家渡的浮桥渡河。因连日下雨，河水猛涨，河床变宽了，原来架的浮桥就短了，临时又在桥的两头接了一段，部队通过时，因过于拥挤，仅过千余人，浮桥中断，不能继续使用，部队只好在河中涉水而过，当时比较混乱，行军速度非常缓慢。从云岭到茂林，只有 40 华里，但出师不利，行军刚开始，就很不顺当。军部在天明后才到达茂林以南的潘村驻地。各部队的掉队人员也很多，直到5日下午3时，才全部到达位置，但都非常疲劳，被迫休息了一天。

6 日下午，军首长召集各纵队首长会议，决定以 1 纵队全部出球岭，2 纵队出丕岭。军直属队（包括教导总队）跟 2 纵队行进，3 纵队（除 5 团）出高岭，5 团为全军后卫。并决定 6 日黄昏开始行动，7 日拂晓通过各山岭，正午前到达榔桥、星潭地区（旌德以北）。

由于我军原定开进的行动计划延迟一天，这就给国民党军队增加了一天时间，其合围计划更完善了，我军前进路上原来没有国民党军的地方，现在也被封锁了，比如丕岭、球岭这些地方原来没有国民党军队，就因为推迟了一天便有了国民党军队，这就增加了我们的困难。

在丕岭山下

6 日黄昏，我军各纵队按照原计划行动，继续向星潭、榔桥方向前进。途中遇到敌四十师、五十二师的拦击，皖南事变的枪声就在这时打响了。我们的行动开始还是比较顺利的，各部队在 7 日拂晓前都攻下了各山岭。2 纵队通过丕岭时，敌人一个连拦击，被我打了下来。军部紧接着 2 纵队的后边行动，7 日上午 10 时也通过了丕岭，到了丕岭山脚下的几间茅屋休息。这地方就算是一个临时指挥所。这个时候，2 纵队前面的部队向丕岭以东前进，到了星潭附近。星潭外围的几个高地有国民党军控制，打得很激烈。前面在打，后面的部队就停了下来，军部也就停在丕岭山脚下面。那时我是作战参谋，对前面打的情况不了解，就带着一个通讯员到前面了解战况。走了二三公里，到达前线正在查问情况，周子昆副参谋长也来了，随后叶挺军长也来了。我向首长们汇报了情况。战斗正在激烈地进行着，按照正常的指挥方法，军长到哪里，哪里就是军的指挥所，马上就可以根据情况下决心实施指挥。但在当时有个特殊情况，因为项英的公开职务是副军长，实际是政治委员，尤其还是中央政治局委员和东南局书记，实权由他掌握，叶挺军长在当时不好下什么决心。所以周子昆说：“是不是回去同项副军长把情况研究一下，怎么个搞法？”叶挺说“好吧”，就回到了丕岭山下几间草棚子里，跟项英商量。

当时各路纵队的情况是这样：1 纵队电台不通，情况不明。据事后调查，他们通过球岭以后，已越过坑口的小河，后续部队被国民党军四十师一一八团伏击，受了一些损失。3 纵队特务团是打前锋的，从高岭向星潭前进，一路很顺利，沿途把一些阻击的国民党军队都击溃了。到午后两点多，离星潭还有 15 华里。2 纵队占领丕岭以后，即向星潭猛追，受到星潭守军的阻击。守备星潭的第四十师，是国民党军队中有较强战斗力的部队，但据作战科长李志高侦察获悉，对方的人并不多，仅有一二〇团两个营，凭星潭附近的小山地所构筑的野战工事守备着，其余各山都被我们控制。当时只要有一个营从右抄袭一下，很快就可以拿下来。叶挺军长的决心是要 3 团的一个营出击，另外再从后面调 5 团一个营从侧面迂回一下，坚决把星潭打下来。但是项英不赞成这个方案，他强调我们的部队向来不打硬仗，要在运动中消灭敌人，硬拼恐怕不行。他怕攻不下星潭，我们的处境就会更困难。因此在打星潭还是不打星潭这个问题上，决心定不下来，议了好久，没有个结论。大家都很关心军首长的决心，司政后机关的不少干部都跑到军首长开会的这间草屋内来，挤满了屋子，有些同志说了很多好的意见。我们参谋人员、作战科长李志高都拥护军长的意见，要坚决打出去。项英还是犹豫不决，不同意。在当时情况下，这是一个战术动作，不是一个战略问题，犹豫不决，耽误很长的时间，大约从下午 3 时讨论到夜间 10 时，足足有 7 个小时，长时间的讨论举棋不定，也没有给部队下达任何指示。这时，叶挺对项英优柔寡断实在无法忍耐了，有些气愤地说：“时间就是胜利，不能犹豫不决，不能没有决心。我的态度是：即使是错误的决定我也服从，现在就请项副军长决定吧。你决定怎么办就怎么办。”讨论到最后就是这样一个结果。最后是项英决定：大部队向后撤；5 团控制高岭，准备出太平。这样便决定星潭不打了，大部队撤回到丕岭以西。

当时的实际态势怎样呢？参加打星潭的新3团1营政委张玉辉有篇回忆录提供了实际状况：就在军首长们讨论决心的时候，新3团的部队已经打下了星潭，并到星潭街上去了。在这个时候他们接到了命令要往回撤，走到团部一看，团部已经向西面转移了，他就迅速把这个营的部队收回来，跟上我们向西撤。这说明，我们那时要是及时增援打星潭的部队，拿下星潭更快，整个部队也就出去了。因为军长的决心有他的考虑，要是我们一撤回，1纵队、3纵队怎么办？按原来计划整个部队是要到星潭一带会合，控制这个地区以后再继续行动。由于决定后撤，整个部署都打乱了，部队的士气也受到挫伤。所以丕岭山下7个小时的会议，是皖南失败的一个关键性因素，下了个错误的决心，带来了不堪设想的后果。

从丕岭、濂岭到高坦

既然决定撤回，于是部队就往回撤，当夜军部就返回到丕岭以西的里潭仓。里潭仓是山谷中的一个小村子，说是村子，实际只有几间东倒西歪的茅屋。从这里向东可出丕岭，向南和东南可出高岭、濂岭，向西可出高坦直达茂林，是山谷中必经的交通要道。军部到达里潭仓时，大约已是8日凌晨两三点钟了，除军首长、作战科、机要电台等占据几间茅屋外，其余人员都在山坡上的树林里休息。第二天，即1月8日，因起得晚，吃了早饭便已近中午。部队向南开动，准备向高岭前进，大约行军两三小时，发现走错了方向。此时特务团已撤回濂岭，与敌七十九师在对峙中。正当全体向后转，准备再向高岭进发时，又获悉敌七十九师另一部正向高岭攻击前进，与我5团对峙。所以，军部又折回到原地里潭仓宿营。

原计划各路纵队于榔桥、星潭地区会合，没有能够实现，出高岭又为敌所阻。如此大部队行动，指挥上举棋不定，辗转反复，时而向东南方向，时而向西北方向，在山谷中来回折腾，既打乱了行军部署，又使部队十分疲劳。

部队正在里潭仓一带宿营，大约在夜间九十点钟的时候，得到一个情报：上官云相命令紧缩包围圈，调一四四师由茂林进占高坦，堵我后路合围，以收夹击之效，企图将我消灭于这个山区。得到情报后，军首长立刻作了研究，决定马上集合部队出发，抢先于敌，经高坦、茂林方向突围，仍由铜陵、繁昌之间北渡。到了这个时候才下了这么一个决心。由于时间仓促、紧急，决定马上就走，这样前卫变成后卫，后卫变成前卫，教导队成了前卫，前卫就不是战斗部队了。各部出发时，周子昆副参谋长要我留在原地，组织 3 个团后续战斗部队马上出发，并把他的一匹乘马留给我，要我完成任务后，骑他的马赶上去。军首长们走了，我就留下来组织后续部队，就是把 3 个团的部队赶快组织通过去。因为只有一条很窄的山路，前面的部队在行动，后面的部队要想超越就很困难。我带领后面的这些战斗部队向前赶，路堵塞了，走不动，我就让沿途的机关部队暂时靠一边，让战斗部队通过。

当我赶到高坦的时候，天还在下雨，大家都站在雨里。项英、袁国平、周子昆也站在路边淋雨。我下马以后，汇报了战斗部队已经陆续上来的情况。这时候，茂林方向的枪声很密集，首长们没有什么指示，也没有说到底怎么办。我向周围的同志了解了一下情况，得知叶挺军长在离此约 100 米的徐家祠堂里休息，跟项、袁、周不在一起。我看这个情况，前面打得这样紧急，军长在祠堂里面，而项、袁、周在路边嘀嘀咕咕，不知研究些什么，我就向参谋长提了个建议：“军首长是不是在一起研究一下怎么办？”我的意思是军长在那边祠堂里，你们是不是到那边一起研究一下。参谋长对我说：“你去请军长来。”我一听，他们这是不准备到军长那里，我就到了军长那里。我见军长一个人在烤火，他的副官、警卫人员、侄儿等站在旁边。我把情况作了汇报，并且告诉他，项、袁、周在路边，我也向他提了个建议：“是不是首长们在一块研究一下怎么办？”我不敢说参谋长要军长去。军长很气愤地说：“还有什么研究的，只有坚决地打出去。”我再不敢讲什么了，就蹲下来也烤烤火，确实也很冷。等了一下，我又感觉这也不是个办法，就说：“我出去查明一下情况再向军长报告”，然后走出祠堂。

当我回到项、袁、周原来站的地方，已经不见他们的人影，我前后左右到处找，也没有找到。问了一些同志，也都说没有见到，我又反复找了一阵还是没有看见。这时我心里就怀疑，他们是不是离开部队单独行动了。但是我不敢说这话。我只好又回到军长那里，把前面还在打的情况讲了一下，同时也说了一下没有见到项、袁、周，不知道他们在哪里。军长哼一声，意思似乎是说“我知道了”，没说别的话。我只好蹲下来烤火。这时候，心里真不知道是什么滋味，非常沉闷。军长不讲话，我也不好同他讲话。只好和他的副官们小声嘀咕几句，意思是说他们到哪儿去了我确实不知道。副官问怎么办，我只能说总要想个办法吧！不一会儿，参谋处长张元寿、作战科长李志高，还有一些科长、参谋以及后勤的一些科以上干部都陆陆续续地跑到祠堂里来了，约有半屋子人。开始大家小声嘀咕，尔后就大声地议论开了，自发地讨论起怎么突围的问题，提出了各种各样的方案。开始军长一言不发，实际他是在听大家的意见。后来他站起来说：“大家的意见很好。现在的情况很紧急。我们的处境很困难，军部是有责任的。但是现在不是争论是非的时候，只要大家有信心，团结一致，发扬勇敢顽强的精神，我们一定能打退国民党军的进攻，突出重围。没有什么可怕的。”他讲了这番话后，要司令部迅速查明敌我情况，搞清到底敌人在哪些地方，我们的部队占领了哪些地方，向他作报告。这就有了决心，有了主张了。然后他将饶漱石、余立金以及2纵队的领导人请来，说明了情况，表示决心要打退国民党军的进攻。大家也都决心一定要打退国民党军的进攻，冲出重围。

在高坦击退了国民党军的进攻

9日天刚亮的时候，我们司令部的同志陆续将查明的国民党军情况，向军长作了汇报，军长决定立即调动教导总队增援3团作战。这时候，军长把一些情况向比较高级的干部们讲了。那时我不在场，我去搞情况去了。天大亮后，余立金把我军在高坦附近的人员集合起来，请军长讲话。军长讲话的大意是：我们新四军是革命的军队，有革命的传统，是人民的武装，为了抗日，为了人民，我们赴汤蹈火也在所不辞。国民党顽固派卑鄙无耻，他们不打鬼子，反而来阻止我们北渡长江。现在是我们每个人献身革命的时候了，让我们为革命、为无产阶级流尽最后一滴血。他特别严肃地说:“同志们，如果我叶挺临阵脱逃，你们可随时把我枪毙。”他没有讲项英走的问题，动员大家作最后战斗。接着，余立金作了很有力的补充动员，着重是强调团结一致，齐心协力，不怕苦，不怕累，不怕牺牲，在军长的领导下，坚决地打退敌人的进攻，突出重围。他的讲话很有鼓动性，部队的情绪很激昂。最后大家高呼口号，中心思想是，团结在叶军长的周围！拥护叶军长的领导，坚决服从叶军长的指挥！打退敌人的进攻，当时有些悲观失望的士气一下子振作起来了。这时，电台已经架设起来，向中央报告了我们的处境。

动员会以后，军长选择了高坦徐家祠堂北面的高地蛇山，设立了指挥所，亲自指挥作战。那时军长指挥作战，确实表现了镇定、沉着、勇敢、顽强的精神。他站立在高地上，平时经常拿在手里的文明棍还是拿在手上，有个望远镜挂在胸前，一面观察情况，一面指挥作战。这个高地对战场情况看得很清楚，军长及时下达了各种命令。有时飞弹、流弹从头上过，他若无其事。当国民党军向我们发射迫击炮时，他说:“我们不是还有两门迫击炮？”确实有两门炮，在教导总队，我们没有想到，他想到了。可是只有几发炮弹。军长说:“把迫击炮架起来，有几发打几发，打完了埋掉。”仅有的几发炮弹，很准确地落在敌人的阵地上爆炸了，摧毁了敌人的机枪阵地，压制了敌人的火力点。国民党军队看我们用炮了，对我们十分恐惧。我们的部队在冲击时打得很勇敢，很快把国民党军打退了。军长的指挥是:往前靠，往前冲，往前打。他那沉着、英勇的精神，对于鼓舞士气，镇定人心，作用是很大的。经过一天的激战，终于把国民党军第一四四师打退到茂林，不敢再出来。

那天黄昏前，叶挺回到徐家祠堂。国民党军队被击退后龟缩茂林，夜间不敢向我进攻。我军由于连日行军、作战，相当疲劳，攻下茂林也很困难。根据敌我态势，军长决定甩开茂林之敌，带领 3 团、教导总队和军直部队向东北方向开进，沿东流山麓经石井坑、大康王，于泾县、丁家渡之间渡过青弋江至孤峰，准备仍由铜陵、繁昌地区北渡长江。

石井坑守备战

9日黄昏，部队撤出阵地，离开高坦，向东北方向开进。为了防止国民党军队的袭击，我们沿着山边的起伏地转着走，走走停停，行军秩序比较乱。叶挺军长连马也不能骑了。后来就听到打枪了，先是听到远处有枪声，接着是到处打枪。天又黑，也不知道是谁打枪，还以为是发现了国民党军队，但又不知道哪里有国民党军队。从高坦到石井坑十来华里路，走了一夜，拂晓才走到。一夜没有休息，人累得要死。到了石井坑，军长走不动了，他的马也不知道哪里去了，他就坐在山坡上休息。我因不了解情况，于是向沟里来往的人员进行了解，可是谁也说不清情况。忽然碰上了冯达飞，他是纵队副司令。我请示他："怎么办？军长走不动。"他说："现在只能赶快上山，不能在这里停留，我给你几个大个子，把军长背上山。"我再往前去，碰上了原来老3团1营的司号长张有利，我们很熟悉。我说："你给我问问周围的部队都是哪些单位。"他吹号与周围的部队联络了一下，都有答复，都是自己的部队。这时我心里有数了，晚间乱打枪，部队搞得那样乱，完全是一场误会。

大约是上午的七八点钟，我看到从沟里面出来一支部队，军容比较整齐，经过石井坑向北走，我问是哪个部队，他们说是第5团。我马上找到了他们的团长徐金树、参谋长梁金华，一问，这个团还没有打什么大仗，部队基本是齐装满员，建制是完整的。我说："你们暂时停下休息，军长在这里，我向军长报告，看给你们什么任务。"我这时了解到两个情况，一个是号兵联络提供的部队情况，一个是有一个完整的团到来。我去报告军长，军长听了很高兴。虽然被包围，但总算还没有进入绝境。军长根据这两个情况，下达了3条指示：第一，要5团占领石井坑周围的有利地形，构筑工事坚守，掩护部队整顿；第二，通知各单位就地收容失散人员，进行整顿，消除疲劳；第三，通知政治部协同后勤部与地方群众取得联系，做好地方的工作，购买牛、羊、猪和粮食，使部队吃一次好饭，改善一下生活。确实，几天以来，部队虽然没有打上什么好仗，但吃不上，睡不上，累得要死，非常疲劳，这 3 条措施非常英明。

这天下午，项英等同志又陆陆续续地回来了。我还是和往常一样，将情况向首长作了汇报，叶军长的指挥所就设在石井坑口里狮形山下的民房里。他对参谋长的工作看来是不满意的。部队一搞就散摊了，一打就失掉指挥了，原因固然很多，但司令部工作不力是重要原因之一。到了石井坑，司令部就没有人了，作战科长也上了山。那天晚上，周子昆根据军长指示，召集司令部人员开了一个会，宣布作战科长还是李志高，提我当副科长；侦察科长陈铁军，副科长是杨帆；通信科长是胡立教，副科长是曹丹辉，加强了司令部的组织建设。周子昆让大家把职责明确了一下，重新部署了工作，要求大家各自把自己的任务完成好。这是从云岭出发以来司令部第一次召开的比较像样的会议。

经过 10 日这一天的整顿，除 5 团是一个完整的建制团外，其他的部队，新老 3 团、教导总队及 1 团的一些零星人员都汇合到石井坑。1 纵队收容了将近两个营，特务团收容了一个营，新、老 3 团也整顿了组织，并将 1 纵队的两个营补充进去。总共大约还有 5000 人。部队集中起来经过组织整顿以后，战斗力有了很大的恢复，当即调整了守备部队的任务。

11、12 日这两天，基本上没有大的战斗，我部队扼守高地，严阵以待，敌虽向我发起两次总攻，均被我击退，还缴获了不少武器弹药。首长们又一次开会，会议的内容我不清楚，当时我认为可能是批评项英同志。以后，看了一些材料，才知道会议讨论的是整个作战问题。当时叶挺坚决主张守，他认为，如果再能守四五天，看看延安有什么指示，看看能不能设想还有一线希望，就是说，蒋介石是不是被迫就不打了。可是，根据当时的情况，实际上国民党军队是要打下去的。他们的打法，是分进合击，前堵后截，四面包围，我们想把整个部队一起带出去是办不到的，长期坚守也没有条件。这时，部队经过一天的整顿，睡了一天觉，恢复了体力，如果下决心分散突围，首长们也分散突围，特别是 11 日晚上，最迟是 12 日晚上，那还是有可能突出去的。但在当时，项英也不好提什么分散突围的主张，饶漱石又不大懂得军事，军长的主张就通过了。现在看来，坚守石井坑是一个失策。

13 日，上官云相命令发起总攻。上午无大的战斗，下午，敌人开始第三次总攻时，5 团在东流山的阵地被敌占领，伤亡甚重，虽经竭力争夺，也未能夺回。同时，我特务团的阵地也被四十师出薄刀岭的部队突破，于是进入混战状态。到了黄昏，周围的曳光弹很多，流弹纷飞，敌人从四面八方向石井坑这个地方发起攻击。在这个情况下，军首长们经过统一研究，临时决定分两路突围，叶挺、饶漱石一路，项、袁、周一路，其余的各部队向四面八方分散突围，总的目标一个是苏南，一个是经铜、繁到皖中。大目标有了，自己去打游击也行，这就是当时被迫定下的部署。石井坑守备战，守了几天，结局就是这样。

被困西坑　分散突围

当军首长分散突围的命令下达以后，全线都向外冲出去。我原是分配跟项英一路，军机关开始突围时，大家都自然地跟着军首长一路走。我感到这样不行，人太多，目标大，不易突出去。我说不要走一路，走一路谁也突不出去，可是谁也不听。我想，能拉开距离，也有利于突出去，于是就坐下来，准备稍等一会儿再走。哪知因为疲劳过度，一坐下来就睡着了，当惊醒时，周围一个人也没有了。

正当我一个人感到很孤单时，忽然侦察科长陈铁军赶上来了。他因为有气管炎，走得慢，掉队了。于是我们两个人一起往山上走。那个山陡得要命，人和坡几乎是 90 度的直角，能爬上去，但根本就走不下去。到了夜晚，怎么办呢？两个人就把两只脚展开，往下滑。这样子滑下来了，滑到了沟里边。他说，现在要作最坏的打算，把所有的文件处理掉。那时没有火柴，怎么办？他说，找个地方埋起来，就把地图、文件撕掉埋在那个地方。再往下走，听到前边有人声了，一看是新四军的人，这就到了西坑（那时叫无名坑）。出来一问，叶军长在这里，饶漱石也在这里，又会合了。我本来分工跟项英那一路，又走到叶军长这一路来了。我一看，余立金也在这沟里，他背着一把大刀来回跑，想把部队组织起来。在这坑里有好几百人，多数是教导总队的，其他各单位的人也都有。余立金想把他们组织起来，但谁也不听谁的，他也组织不了。因为我是军部的参谋人员，就出来协助他组织，但也起不了多大作用。

西坑，是一条长而狭窄的山谷，没有人家。北面那个口子，教导总队有一部分同志与国民党军队一〇八师对峙着。一〇八师原来是与我们比较友好的，因此就有人提议去谈判。在那种情况之下去谈判，只能是幻想。突围既突不出去，谈判也没用，在那样一个小沟沟里面，周围都是国民党军队，山上也是，我们是没有谈判的资本的。叶挺军长坐在一个小树林里面，身边是副官、警卫员。大家都没有话可讲，那个情景说不出是什么味道。我见了军长，敬了礼，把帮助余立金组织部队的情况简单说了几句。我虽当了几年参谋，在军长面前还是不敢随便讲话。

我和陈铁军向饶漱石建议，我说现在我们这个处境，只有两条路，一条是分散，三五个人、十来个人从国民党军队间隙里面穿插突围出去；再一条就是当俘虏，没有其他的办法了。我们认为还是分散突围好，饶漱石表示同意。我说："从沟里隐蔽地往外爬出去，突向浙江，陈铁军是浙赣边游击出身，他有基础。"饶漱石说："那里的地方党我还是清楚的。"我们 3 个人都同意从这里突围出去。饶漱石又说："我们这样跟军长不辞而别不好，我去向他汇报一下，要走看怎么走。"他就回去了，又到军长那个地方，实际那很近，相距只有几十米。他去了，我们就等，等了很长时间，天快黑下来了。他还没有来，我和陈铁军急了，就在周围转。后来我跟陈铁军也失掉了联络，碰上了我们作战科的两个见习参谋，一个叫王守志，一个叫刘述辉。刘述辉是三年游击战出来的干部，打游击有经验。他说："可以突出去。"又说："叶副科长，我们要下决心，不然要当俘虏了，我们几个人是不是一起突围呀？"我想，饶漱石没有回来，陈铁军也找不着，已经到了黄昏，怎么办？我说："那好吧，就跟你们走。"我们 3 个人就一起突围。刘述辉确有办法，他走一步看一下，看哪个地方有动静，走一段听一段，利用天黑，我们终于突出来了。

后来陈铁军、饶漱石、余立金也都跑了出来，跑出来的人不少，都是三三两两分散突围出来的。我们走后不久，国民党军都下山来了，这时山上山下都是国民党军队。后来叶挺军长是被俘还是被扣，详细情况我不清楚，我没有第一手材料。总而言之，我离开军长的时间是很短的。在我离开的时候，他还坐在那几棵树下面，饶漱石那时还没有离开他。这大约是 1 月 14 日。到这一天为止，在国民党军队顽固派背信弃义的残酷围剿下，我们皖南新四军部队的主要力量几乎丧失殆尽了。

顾祝同与皖南事变

岳星明*

顾祝同（第三战区司令长官）等早已蓄谋制造反共的皖南事变。一方面，他们虚伪地对外表示“用人格担保”“保证尽力掩护新四军北撤”，但另一方面，他们又在“掩护北撤”的美名下，早已调兵遣将，重重包围，并且有计划地制造和散播新四军将要“南窜”、实行“三山计划”的谣言，以欺骗国民党军官兵、推卸事变责任。最后，他们把新四军按照规定路线（先向南经旌德再转东）北撤，说成是“南窜”；把早已蓄谋的围攻说成是“自卫还击”，制造了这一血腥事变。

一、调兵唯恐不多、不精

在1940年10月以前，新四军在皖南地区万余人的部队，除了正面抗击芜湖、繁昌一带的日军以外，三面均已受国民党军共4个师的防范、监视。计右有东北军的一〇八师（师长戎纪五），后有“中央军”的五十二师（师长刘秉哲），左有川军一四四师（师长唐明昭）和一四五师（师长孟浩然），

---

* 作者时任第三战区司令长官部参谋处长。

蒋军兵力已不下 4 万之众。

该年 10 月下旬，顾祝同在接到何应钦、白崇禧“皓电”后的第二天，即在长官部例行的汇报会上，指定我拟出调集兵力的计划。当时顾祝同指示说:“新四军要渡过长江，困难不少。我们要抽调必要的兵力，掩护他们通过日占区安全北撤。同时也要考虑到，他们可能不遵守命令，反而向南、向西流窜，我们也需要增强皖南的兵力，作堵击的准备。部队还要选好的才顶用。参谋处应按照我的这个意思，拟出计划送我核定。”

我当时认为:新四军北撤路线，从湖口至南京之间渡江势不可能;以先向南经旌德转向东进，经宁国南侧、广德、郎溪之间，再经金坛、句容之间，从镇江以东渡江为最适宜。“掩护”北撤只要调增一个师，而防堵“流窜”的兵力，至少要调增两个师。当时，三战区的兵力无多，除了可以调用战区控制的川军一四六师（驻赣东乐平）外，只好从浙东抽调七十九师前往。当我将这些意见向顾祝同报告时，顾大体同意，并答应亲自打电话给浙江省政府主席黄绍竑，同黄商调七十九师。不过，顾又着重指出:“一四六师可以调去，但装备差，怕不顶用，不要放在第一线。你再研究一下，应再增调一个师前去为好。”这时，我想只好打四十师的主意了。该师是由在海州的税警总团改编的，装备较好，配有德造卜福式的山炮。经我提出后，顾祝同立即说:“很好。你就把四十师列入计划，并且要用在第一线。”于是，根据顾祝同的这些指示，我拟出了一个防堵计划，经顾祝同核定，分别下达。大要如下:

（一）新四军北撤路线为:旌德、宁国南侧，广德、郎溪间，金坛、句容间，并从镇江以东渡江。

（二）抽调诸暨方面的七十九师开往皖南太平附近，由浙东后方抽调一个暂编师前往接防。

（三）五十二师和一〇八师应缩短正面，集结兵力，加强机动作战力量。

（四）电催四十师兼程西开，预定开旌德、三溪和太平以东的地域，归三十二集团军指挥。

（五）一四六师开皖南的休宁、屯溪间地域控制。

为了调集更多的兵力，后来顾祝同又指示从浙东抽调六十二师开皖南旌德附近，并请调原在第九战区的十九师（师长唐伯寅）开往皖南。后因战斗结束较快，六十二师只开到一个团，十九师只到达鹰潭地区，实际上都未参加作战。

上官云相的三十二集团军总部，原设在赣东的临川，指挥有刘雨卿的二十九军和刘多荃的四十九军，担任对南昌日军的防御。在 1940 年夏，二十九军被撤销后不久，顾祝同就指示我说："赣东只有一个军，上面没有设立集团军总部的必要，应将三十二集团军总部调往皖南。"

当时，按理皖南有一个二十三集团军总部就已经够了；而赣东接近南昌之敌，赣江两岸又同九战区分界，需要有一个较高级的司令部，以便协同作战。记得我曾签具意见，建议浙东、皖南、赣东各设一个集团军总部坐镇为宜。但顾祝同又以需要加强苏南敌后工作为借口，仍要参谋处按已交代的办理。结果，两个集团军的总部同挤在徽州（后来三十二集团军总部才迁往宁国）；三十二集团军总部在皖南所指挥的，最初也只有一个二十五军。

同时，顾祝同对皖南的川军很不放心。二十三集团军总部的参谋处处长周某，据说是共产党员，被查出后杀害。五十军军长郭勋祺因驻地接邻新四军，同新四军人员有些来往，被调离部队，送往陆大。旋派战区长官部军务处处长吴鹤云为二十三集团军参谋长，派军务处课长卢荣光为五十军参谋长。这些都是 1940 年夏秋之间所作的人事调配。

二、诬蔑新四军将要"南窜"，实行"三山计划"

顾祝同在调兵遣将的同时，竭力诬蔑新四军无意北撤，将要"南窜"。从 1940 年 11 月以来，战区长官部不断有"情报"说："新四军北撤是假的，真的是要搞'三山计划'，即南窜黄山、天目山、四明山，作为根据地。"在长官部汇报时，顾祝同也经常强调这些"情报"，督促有关方面加强防范。除了军事方面按此设想部署以外，行政方面还通报浙江省主席黄绍竑、浙西行署主任贺扬灵、皖南行署主任张宗良等有关地区"严加防范"。

我们当时对于这些“情报”都是深信不疑的。现在看来，顾祝同等故意制造和散播这些谣言，无非是便于在此烟幕之下进行围攻的军事部署，并在战争打响之后颠倒是非、推卸责任。

三、扣发新四军的弹药补给

在此期间，新四军曾两度派政治部主任袁国平来上饶，要求确定渡江路线并尽快补给粮弹器材，以便早日完成渡江准备。顾祝同曾吩咐我同袁具体商洽。关于北撤的路线和渡江的地段，均经我同袁初步商定（路线如同前述不变）。对于粮弹补给，我曾大体按照袁所提出的数量，签请顾祝同批示。从顾的批语看来，他对粮食器材考虑不多，大体如数批准，独对弹药十分审慎，甚至再三斟酌，每次都续有削减。顾还不止一次地对我和兵站总监缪启贤说：“粮食可以分批拨给，按照批准的数量，在北撤的路线上代屯，器材也可以这样办，弹药则不发。可以告诉他们，为了减轻北撤的负担，待第一批部队越过日军防线后，再将弹药拨交后续部队领去，这样比较稳妥。”我当时也怕弹药早给、多给，将来“担当不起”，于是总是多方借口，迟迟不发。只是在事变前不久，袁国平第二次来上饶催发时，顾祝同才批给了少量的弹药，这大概一方面由于无可推却，另一方面也是为了麻痹新四军吧。

四、赶修重庆、上饶之间的长途载波电话线

上饶距重庆较远，通话要经过泰和、赣州、衡阳、桂林、贵阳等处接转，不仅声音不清，且易泄密。自 1938 年成立第三战区和 1939 年初长官部移驻上饶以来，从不采取改善电讯的措施，只靠电报联络。但从 1940 年秋起，在长官部每星期二、五两次的汇报会上，每次都增请东南电政特派员赵曾任列席，并由赵向顾祝同报告重庆至上饶之间的长途载波电话线的备料和施工等情况。每在赵提到材料有困难、施工较慢时，顾祝同催逼很严。记得在事变前的一个多月，曾有两三次声色俱厉地斥责赵：“如果不能按照限

期完工通话，要你负责。”甚至说“要杀你的头”。这条电话线总算在 1940 年 12 月中旬完工。后来我听顾祝同的随从副官徐延辉说，自电话线修好后，顾多在夜间从家里同蒋介石直接通话。当然，这些都是同他们蓄谋制造这场惨案分不开的。

五、上官云相秘密回上饶和参加徽州军事会议

大约在 1940 年 12 月间，上官云相秘密从皖南来到上饶。上官云相自 1938 年底划归第三战区指挥以来，时常来到上饶，来时多住在长官部副官处处长茅迺功的家里。除了茅家住宅宽敞、饮食讲究之外，更主要的是因为上官云相嗜吸鸦片烟，茅也是瘾者，住在茅家比较方便。上官每来必有宴会打牌、酒食征逐，我也常去参加。独这次上官之来，住在顾祝同家中，并且只住一宿，翌晨即赶返徽州，我和长官部的许多人对他的来去都不知道（我是事后才从长官办公室主任朱华那里得知的）。没有几天，就爆发了皖南事变，难道这又是偶然的吗？

到了事变前夕，顾祝同更要上官云相统一指挥包括唐式遵在内的皖南国民党军。约在1940年12月底，顾祝同亲自打电话找我，要我到他办公室去。我到后，见战区参谋长邹文华、江苏省主席王懋功、办公室主任朱华、情报室主任卢旭已先在座。顾祝同说：“对新四军不论掩护北撤，或者防堵南窜，都需要统一的指挥。唐副长官资历较深，早就在皖南指挥；上官副长官资历较浅，又后去皖南。你们看，哪一个统一指挥好？”在座的都是老奸巨猾，不肯发言。我考虑这是参谋处的职责，当即提出：“上官副长官资历虽较浅，但能力较强，指挥原有的五十二师、一〇八师和新增的四十师、七十九师也较适宜，可否委屈一下唐副长官？”在座的也都同意我的意见。最后，顾祝同才说：“我也是这样考虑的。”并嘱我在他的办公室立即草拟调整指挥系统、作战地境的计划，亲自誊正、盖印、加封。文件准备好后，顾祝同又对我说：“我已在电话上告诉过上官副长官，要他明天召集有关的师长以上人员在徽州开会，你带着这个计划去代表我宣布。如果唐副长官方面有什么意

见，你们是四川同乡，可设法向他解释解释。我已派了一辆小汽车，你不要带任何人，明晨出发，务必当天赶到。参谋处的人员你也不必告诉他们。”

翌日傍晚，我赶到徽州西边的岩寺（这时三十二集团军总部已推进至宁国以南的万福村，岩寺是三十二兵站分监部）。我先见上官云相，上官对我说：“召集的人员都已到齐，就等你到后开饭，饭后开会。”到会的人员，除上官云相和我之外，现记得的有：二十三集团军总司令唐式遵、五十军军长范子英、二十五军军长张文清、五十二师师长刘秉哲、四十师师长方日英、七十九师师长段霖茂、一四六师师长戴传薪、上官云相的参谋长陈以忠和三十二兵站分监李锡庆、二十三兵站分监郭叔皋等人。一〇八师师长戎纪五因在宁国前线，一四四师师长唐明昭因在南陵前线，新七师和川军二十一军因关系不大且路途过远，均未邀出席。

当晚8时左右，由上官云相主持开会。他首先说：“新四军北撤的可能较小，南窜的可能较大，会议是奉顾长官的指示召开的。现由岳处长传达顾长官的指示。”我在传达中说：“顾长官有指示，新四军如果北撤，我们要掩护好；如果南窜，我们务要堵住。无论如何，皖南必须统一指挥。唐副长官担负的正面已宽，责任已经很重；所以，这次打算暂由上官副长官负责统一指挥。”接着，我宣布了长官部调整指挥的计划。我虽假意征求唐式遵、范子英等人的意见，大家当然都唯唯诺诺，未表示什么不同的意见。不久，会议即告结束，各部队长当晚或翌晨均分别返防。上官云相当时对四十师、五十二师、七十九师的部队长均另“面授机宜”，我没有参加，也不了解内情。

六、打响以后

1941年1月6日拂晓，我尚未起床，忽接顾祝同亲自打来的电话说：“接到上官副长官的电话，昨日新四军向南移动，不听制止，半小时前竟向我前线部队开火，他们为了自卫，已经还击，四十师方面打得比较厉害。我已命令上官副长官转令前线部队，务必要把新四军堵住。你赶快拟一个自卫还击的命令给上官总部，并转报军委会。”

这次事变，由上官云相全权负责指挥，是卖尽了力气的，战区只派一联络参谋及时报告情况。事后闻其总部人员谈到，在战斗最紧张的 7、8、9、10 等日，上官在宁国南边的万福村，夜以继日躺在鸦片灯旁边，床边安放电话，靠鸦片烟提神，精心策划这场血腥的大屠杀。

战斗经历一个星期，至 13 日基本结束。后来，在“经验”总结中，除了吹嘘、表功之外，有下列一些情况亦可供研究当时新四军不幸遭遇的参考：

（一）新四军主力突围的方向，正对着最强的四十师。在皖南国民党军 7 个师中，第四十师装备最精，战斗力最强，并配有德造卜福式山炮，占有险要隘口。因而，新四军几天反复冲击，甚至一天冲锋七八次，据说项英副军长还亲率教导团冲锋，均未能突破，还遭受很大的伤亡，使战斗力大受影响。

（二）新四军分散突围的时机过迟。可能是在主力突围受挫之后，才决定分散突围的。这时，战斗力已大为削弱，包围圈又已压缩得很小，火力可以交互穿射，突围当然很困难了。

（三）天时不利。在战斗期间，大雨小雨几未停过，地形又是山势陡、坑谷多、道路少、隘路多，到处山洪暴发，隘路、坑谷成河，使机动大受限制。同时，正值月令下旬，天黑无月，伸手不见五指，新四军所擅长的夜间行动也无从发挥。

（四）由于顾祝同扣发粮弹，战至最后已是弹尽粮绝。

上官云相袭击新四军的经过

武之棻*

一、事变前的一般态势

1940年10月初，日军一一四师团和二十二师团分别由京沪杭铁路线上出兵，窜扰苏南、皖南地区，至10月下旬会合于泾县后又返回芜湖，10月底全线又成对峙状态。

当时，国共双方部队的态势如下：

新四军于1940年时位置于泾县西北的云岭附近，建有抗日游击根据地，军部在云岭，归第三十二集团军总部指挥，担任苏南、皖南沦陷地区对日军的游击作战。其编制装备与兵力部署等，一概不了解。由云岭经泾县五十二师师部再至宁国三十二集团军总部，仅有一条单话线，电话不能畅通。无线电有联络，来往通报也很少。

国民党军方面：第三十二集团军总司令上官云相，原在江西临川指挥对南昌方面日军的作战。1940年10月初调到皖南宁国，总部住城南万福村，接任苏南、皖南抗日作战的指挥任务，所指挥的国民党部队如下：

---

* 作者时任第三十二集团军司令部参谋处长。

（一）第二游击区总指挥冷欣（兼任苏南行署主任），辖有：六十三师（师长冷欣兼），挺进第二纵队（司令顾心恒），忠义救国军（总指挥周伟龙），独立三十三旅（旅长黄镇中），苏保一纵队（司令单栋），四十师（师长方日英，隶属二十五军建制），新七师（师长田钟毅，欠一个旅，原属五十军）。占领泗安、张渚、溧阳、梅渚、郎溪之线守备，右与浙西第一游击区、左与二十五军衔接。总指挥部在山丫桥。

（二）二十五军军长张文清，辖有：四十师（暂配属于第二游击区），五十二师（师长刘秉哲），一〇八师（师长戎纪五）。占领宣城以北之团山至马头镇以北杭琅山之线守备，右与第二游击区、左与第二十三集团军衔接。军部位置于山洞。

（三）新编二十一军军长范绍曾，只有一个二十一师，初由战区调来，住宁国河沥溪，11月间加入第二游击区作战。

二、逼迫新四军渡江的阴谋

上官云相在1940年10月初到达宁国万福村，接替第三十二集团军副总司令王敬久的指挥任务。当时正逢日军在苏南、皖南地区大举窜扰，及至10月底各部逐渐恢复原来防线后不久（约在11月初），有一天晚饭后，上官云相对我们这些高级幕僚得意洋洋、谈笑风生地说："我这次被调来皖南，主要是这方面战场辽阔，部队复杂；忠义救国军是帮会起家，只听戴笠指挥，不服战区调遣；新四军是共产党的队伍，名义上归总部指挥，实际上只听共产党的指挥，对总部及战区什么表册战况都不报来。我的副总司令王敬久资历浅，连冷欣在内也不服气，当然搞不好。来时我经过上饶，三战区顾长官（指顾祝同）对我说：'敬久在皖南驾驭不了，纪青（上官别号）你去指挥一定能搞得好，况且你和叶挺是保定军官学校六期同学，你有办法指挥他。'顾长官都是把困难的局面交给我办。军人吆，也应为党国、为长官分忧，否则算得什么将领呢？不几天我要亲到各部视察，了解下情，并向他们打打气。"

11月初（4、5日间），上官云相率朱高参和我及副官、警卫等出发视察部队。第一天至河沥溪第二十一军范绍曾的军部，第二天中午到柏垫忠义救国军周伟龙的军部，晚至广德田里戈村第二游击区冷欣的总指挥部。住一夜，次日派我和朱高参分至第一线视察具报。上官云相即返回宁国总部，不久又到第二十五军视察，并电叶挺将军，大意是："我本想在视察二十五军后，再到云岭视察新四军，因相距甚远，往返费时，请你前来周王村适中地点一晤。"

约在11月15日前后，上官云相偕二十五军军长张文清（保定军校八期）、一〇八师师长戎纪五（保定军校九期）先一日抵周王村，次日叶挺将军先至五十二师师部由师长刘秉哲（黄埔军校三期）陪同前来。开会两天，各自回部。

我至溧阳视察四十师再至梅渚视察挺二纵队经郎溪回至总部时，上官云相亦由周王村回部。次日在幕僚会议时，上官云相说："在周王村我向叶挺提出军事委员会有命令，着新四军于1940年底以前全部开过长江以北，希望他能遵期过江。行进路线最好是从现在驻地直接向北，在芜湖以西荻港附近过江到无为（三里店至荻港为三十二集团军与二十三集团军作战地境线）距离最近。需要我协助的事情，我尽力帮忙。"（大意如此）又说："叶挺表示意见：'（一）已奉到上级的命令要新四军在1940年底以前开过江北；（二）渡江地点希望能从镇江渡江开往苏北。开出守备线进入沦陷区的路线，须经泾县、宣城以南，溧阳以西，向北开出守备线，进入沦陷区金坛、溧水的山区（按即大茅山）地带；（三）先将后方机构、修械所、被服厂、印刷厂、伤兵医院及眷属等非战斗人员撤走；（四）请提前发给三个月经费、粮弹、电料、医药器材，以便早日开始行动。'我说很好，这些我都负责，你把各种表册及数量报来，我负责替你催请。你愿意从镇江渡江也可以，行进路线最好是从驻地往北，由马头镇开出守备线，经宣城以北开往镇江，你先派人侦察，这个好商量。"

以后，上官云相对幕僚指示："关于新四军行进路线，参谋处先拟出方案以便抉择；军需室为他们催请经费，粮秣可请发至1940年底，以后发给代金要他们自行就地购买。可是，经费必须尽快催请发给，好显出我是真诚替他解决困难的。至于械弹、电料、医药器材等，请也请不下来，也就不必费事去请了。”

不久，为新四军请准经费 500 万元法币（此数记不甚清），粮秣发到年底，别的什么也没有。行进路线定为经由泾县—周王村—黄渡镇—誓节渡至竹篑桥进入沦陷区，路线两侧 10 里以内可以通过并宿住，不得越过线外，以免发生误会。但这只限于非战斗人员，至于战斗部队仍坚持要从驻地向北就近进入沦陷区。又令各部队沿途派员以招待为名，暗中侦察经过的人员数目，运输物品的品种数量，逐日具报。当时所报，确有新四军后方非战斗人员陆续经过，每次百余人或数十人为一队，所运物品，多为印刷所工具，被服厂工具材料，也有眷属及伤病人员。据我回忆，总数不超过 2000 人。

在 12 月初，上官云相以送亲笔信为由，派少校情报参谋闻援（康泽所办的星子训练班毕业，曾在别动队工作过），前往云岭新四军军部为联络参谋，借以探察新四军实力。先此，第三战区长官部已派有中校情报参谋陈淡如（军统特务）住新四军军部为联络参谋。

三、徽州秘密军事会议及以后的具体部署

约在 1940 年底，顾祝同派了第三战区司令长官部参谋处长岳星明，在皖南徽州召开秘密军事会议。参加的有副司令长官兼二十三集团军总司令唐式遵，三十二集团军总司令上官云相，二十三兵站分监郭叔皋，三十二兵站分监李笃忱，皖南行署主任戴戟，国民党皖南党务专员张超等人。会议目的是：如果新四军不能于 1940 年底以前开过江北，决用武力消灭新四军。主要研究事项是对付新四军的指挥官人选及兵力编组问题。按新四军所驻位置（即预期作战地区）是在二十三集团军作战地境线内，理应由副司令长官兼第二十三集团军总司令唐式遵担任指挥。但顾祝同早已预定要上官云相担任作战指挥，要使唐式遵面子上过得去，又肯派出部队参加，这是会议上要做的工作。商议结果：（一）仍照顾祝同的预定，由三十二集团军总司令上官

云相担任消灭新四军的作战指挥，为了对外保守秘密和避免舆论指责，不另设名义和机构。（二）使用兵力除指挥原有第二游击区及二十五军外，增加二十三集团军所属的五十军和七十九师（由战区派来开至太平）、六十二师（由第一游击区抽调开至宁国）。（三）二十三分监及三十二分监分别担任补给。（四）其他党务及行政各作必要的准备。必须说明的是：五十军没有军长（原任军长郭勋祺因受排挤，名义上升为二十三集团军副总司令送陆大上学，后来又与三十二集团军副总司令刘雨卿对调），研究结果由刘雨卿组织指挥所兼代五十军军长，参加作战。

以上情形是上官云相会毕回部后口述的。当时，他很得意地说："这个任务是很艰巨的，顾长官早就打算好了，才调我到皖南来担任这个任务的。我的总部可以说是最现代的兵团指挥机构，自己没有私人的基本部队，但是指挥哪个部队都能作战，唐式遵他就办不到。"又说："当前这种情形要绝对保守机密，对新四军方面仍代他催请经费粮秣，使他早领到手；磋商渡江地点及战斗部队行进路线一节，赶快办好，希望他们能遵令过江。对于弹药器材决不代他们请领，不能让他们用我们发给的弹药来打我们。"又说："将四十师由第二游击区抽下来，先开至宣城以南机动使用"（以后改开旌德以北的三溪镇）。又说："我的作战要旨是：如果新四军不遵令于年底以前渡江，决以优势兵力加以包围消灭。指挥要领是：压迫北开，俟其越过守备线，即严阵不使再退入守备线；大部队渡江，必遭日军袭击消灭。新四军如在云岭按兵不动，则就地包围，坚决消灭他。你们研究准备吧！"

当时，对于新四军的编制、装备、兵力、部署等均不了解。有的说："游击部队，还不是破枪烂炮，中央（指重庆）根本没有发给正式军队装备，实力不强。"有的说："新四军从陕北领到很多苏联新机枪、小炮，新式电台，很多手枪都是二十响的驳壳，近战火力很强，但是缺少大炮。"这些都是传闻和猜测，没有确实的资料和可靠的情报。

在 12 月下旬，派往新四军的联络参谋闻援，匆忙回部，偷得新四军兵力部署图稿一纸（旧的），得悉新四军下属 10 个支队，除第 1 支队在苏南大茅山附近，其余 9 个支队均在军部周围附近，每支队千人上下（支队编组武器多少仍不知道）。这时才第一次能对新四军的实力作出判断。当时判断：新四军各支队，连同军直属部队及非战斗人员在内，总共约有一万四五千人。在大茅山的第一支队一二千人，经常在日敌后方游击作战，战斗力必是较强的。12 月以来经泾县、周王村、黄渡镇、誓节渡、竹篑桥进入沦陷区的军部非战斗人员计有 2000 余人，现留在云岭附近的兵力约万余人（均系战斗员）。

我们当时认为：按日军作战规律，每季必来“扫荡”一次，必须抓住这个间歇时期，以迅雷之势一举消灭新四军，战斗日期不能拖长，拖长有变，于国民党军不利。在兵力调配上，当时作了如下部署：第二游击区抽出四十师后，其余各守原防，尽量多控制机动部队，准备应急使用。二十五军的五十二师和一〇八师，各仅留少数的一部对日军监视守备，抽出主力准备对新四军作战。五十军的一四四师、一四五师以及新七师之第二旅，各留一部仍归该军部指挥，对日军监视守备，抽出主力由刘副总司令雨卿指挥，准备对新四军作战。另加七十九师（开太平）、六十二师（开宁国）参战，可使用的兵力为 7 个师又 1 个旅。按可调出三分之二计算，每师为 7000 人，旅为 3500 人，共计约 52500 人。装备武器当更优于新四军。

当时规定：在 1940 年底以前，决不能暴露对新四军备战的迹象，各军只能秘密作准备，并在年底以前准备完毕。上官云相还指示：“四十师应即开至三溪镇，速派便衣人员向北侦察，更要保持秘密，万勿暴露企图，以免给予新四军口实。”

1940 年 12 月 25 日左右，根据上述情况下达命令、完成编组及各项准备。刘副总司令指挥所设在太平，将太平经旌德至绩溪的长途电话（单线）与电报线（单线）合并为双线报话两用线，强迫电讯局将此线与绩溪至宁国的双话线接通。又令三十二分监部于宁国设前进指挥所，并积存必要的粮弹，以便补给。

四、作战经过

1940 年 12 月底，总部与新四军尚有联络。在 28 日（或 29 日）上官云相尚用电话（经五十二师师长刘秉哲转）与叶挺将军通话，询问准备情形及何时出发，发的经费收到没有，以催促调拨，表面表示关心部队的困难，实际用意是探听行动的消息。直到 31 日晚尚能通话，无线电台也有联络。

1941 年元旦正在过新年，上午据无线电台台长报告，新四军的电台今早呼叫不出，同时电话也叫不通。我要无线电台台长继续呼叫，如再叫不出时，可通知友军电台各方面同时呼叫。又令五十二师派通信部队查修电话线。五十二师派查线班查了约 20 余里，因夜晚看不清返回。次早又派查线班查至 30 余里，见到新四军的哨所，当即被阻。哨长说："电话线不通？你们那段既然查过没有断线，那一定是我们这段不通，我派人报告军部，派通信部队尽快修通好了。"五十二师查线班报准师部后返回。过了一夜，仍不能通话，无线电也叫不通。当时上官总部的高级幕僚均感诧异，情况判断不一。一说新四军遵期北开渡江，撤线时未及通知五十二师；另一说，新四军突然断绝联络，可能是采取敌对行动。

最初很乐观，认为新四军不敢不服从命令，到底是被迫开走了。一连两天断绝联络，也没有消息，各部第一线守备部队未见新四军部队越出防线，五十二师及新七师第二旅防区也未发现有新四军部队通过，也决不会停留在原地不动。此时才感到问题当不简单，不能大意，上官云相当即指示："下令给五十二师派战斗部队随同查线，务必查通，一直查到云岭，到他军部所在地，查明情况具报。"又说："再令四十师由三溪镇北进至榔桥河，并派队向北搜索。"

1 月 3 日，五十二师派一个排带查线班至昨天所到的新四军哨所处，哨所已不见了，再往前查，至单线的尽头处，线头甩在地上，再往前查，连线杆也不见了。当时判断新四军所用的，可能是被复线，部队行动时撤了线，因此没有架线的线杆。该班接上自己携带的被复线再行前进，连一个老百姓也找不到，向北至云岭附近，均未见到新四军的部队。行至岔路口，路旁发现有很多马蹄印，向南行进的，两侧有部队休息的痕迹。于是向南搜索到小河边（按即舒溪），未见船只，并无其他情况。天晚时返回师部，报告以上经过并转报总部。

3 日下午，接到四十师由榔桥河打来电话说："山口附近发现新四军便衣部队，并续有增加。" 3 日晚，上官云相召集幕僚开作战会议，对新四军的情况作如下判断：（一）新四军北开，分成几股潜入日敌后方，相机渡江。（二）新四军化整为零，潜经我守备线的后方，到大茅山集中，再往镇江过江。（三）新四军利用我两个集团军的接合部（荻港、泾县、旌德之线），开往黄山或天目山，发展抗日根据地。最后，上官云相说："第一个判断，新四军如被日敌发觉，渡江不成功，有腹背受敌之不利，再说五十二师、新七师守备部队都未发现有新四军部队越出防线；第二个判断有可能，但新四军战斗力分散有被我各个击破之不利，况各防区迄未发现有新四军的部队活动；第三个判断可能性最大，若新四军一举进出旌德，就可以不遭任何阻碍，在我大后方随意行动。我们的后方联络线就被截断，我们陷于腹背受敌，苏南、皖南抗日防线就变成游击区。新四军逃出被包围的不利形势，对共产党是很有利，对抗日形势极不利。真的演成那种局面，再加一倍兵力也难消灭新四军了。现即照第三个判断速作准备，我们要索敌（新四军）主力包围歼灭之，这是我们的作战方针。指导要领要灵活运用。先授意各部队进驻机动位置。就这样拟定作战计划吧！"

会后，上官云相对我（武之棻）说："据我多年剿共作战的经验，判明敌情就得当机立断，下了决心立即行动。你快作计划，下命令。我先用电话对各部队长直接指示要旨，部队先作推进行动，并派员来部受领命令。我们和共产党势不两立，共产党若是成功，你我死无葬身之地……"

我当即根据上官云相的指示，拟定作战计划要旨如下。方针：对日军仅留少数部队守备防线，集中优势兵力一举索新四军主力包围而歼灭之。指导要领：（一）以二十五军及五十军主力包围新四军于云岭地区消灭之。（二）新四军如南移，则索敌主力包围消灭之。（三）新四军如化整为零钻入我军防线后方，则分别包围消灭之。（四）第二线兵力，逐次向敌（新四军）推进，不失时机投入第一线部队作战，但在新四军主力动向尚未判明时，须注意确保太平、宁国之安全。部署：右翼军：第二游击区，守备原防线，并监视大茅山方面新四军的活动。应抽调机动兵力，如发现新四军，应及时击破消灭之。中路军：二十五军（不包括四十师）除留少数部队守备防线外，主力集结于泾县附近。左翼军：五十军（以一四五师为第二线，以七十九师配属之）除留少数部队守备防线外，主力集结于太平以东。直辖师：四十师继续向北武力搜索，及时占领隘路要点，以待增援。第二线师：一四五师在太平附近，六十二师在宁国附近。

3日晚，依据计划要旨下达作战命令。4日，第四十师在榔桥河以北先发现新四军便衣队，接着发现武装小部队。为了夺取隘路旁的制高点，四处发生零星的战斗。5日，四十师的一个团与新四军先头部队在山口（地名）发生隘路争夺战，双方兵力逐渐增加，在山口附近昼夜反复争夺。6日，四十师主力投入战斗。五六两日连续阴雨，战斗情况时紧时弛，有时小部队对峙，有时突被袭击，发生激烈战斗，白刃相接。新四军在隘路冲进，兵力不便展开，每次突击虽极猛烈，但均冲至半途而退回，终未冲出隘路口。四十师占领隘路口纵深各要点，地势有利。在一次激战中先头一个团被冲击时，尽力挣扎，战斗激烈，一个营长阵亡，一个营长负伤，因有炮兵支援，新四军被迫退回。6日晚，综合情况：3日来接到四十师正面时有战斗，并在山口争夺激烈的报告，其他部队都未有新四军活动的情报。7日，二十五军之五十二师展开于泾县以南向西推进，一〇八师展开于黄村附近向西推进，以一部支援四十师的山口争夺战。五十军方面，七十九师展开于太平东北向榧子岭推进，一四四师亦从章家渡以南向东推进，新七师二旅以主力向南广正面搜索，先头已到达舒溪北岸，在云岭附近及其以南并未发现新四军部队。

7日晚，根据各方情报判明：新四军由云岭南进，已全部渡过舒溪，有进出旌德袭我后方联络线，“分窜”黄山、东天目山地区，发展抗日根据地，扰乱战区后方之意图。必须坚强地封锁住山口隘路，包围于山区而消灭之。上官云相曾对我说：“这次作战是胜败的关键。如果让新四军冲到旌德，那里空虚没有驻军队，纵然再增加一倍兵力，也难以达到消灭新四军的目的。若想在后边追着打，那是走不赢的。我先把四十师调在三溪，就是防他这一着，果然不出所料。”又说：“我已经把攻击命令要旨，直接打电话给两军了，快补发笔记命令，先用电话念发再印发送达。”我所拟攻击命令要旨如下：（一）共产党新四军截至 6 日晚全部渡过舒溪（泾县至章家渡之河流）有南窜之企图。（二）集团军决以主力索敌包围而一举歼灭之。（三）第四十师（直辖）夺占山口隘路要点而坚固占领之，逐步向前进展，迫敌不能展开及通过隘路。以一部封锁榔桥河以北某村及以西某某村之线，右与一〇八师、左与七十九师之封锁线衔接，不使共军一人漏脱，没有命令不得撤除。（四）第二十五军于泾县城黄村之线向西索敌攻击，须派有力之一部支援四十师攻占隘路，并以一部专任泾县沿小河到某村之线的封锁，右与新七师第二旅、左与四十师的封锁线衔接，不使共军一人漏脱，没有命令不得撤除。（五）第五十军以七十九师迅速攻占榧子岭，一四四师于章家渡以南向东索敌攻击，并专派一部封锁某某村至章家渡之线，右与四十师、左与新七师第二旅的封锁线衔接，不使共军一人漏脱，没有命令不能撤除。新七师第二旅占领舒溪北岸，搜毁船只，严密封锁，不使共军有一人逃脱，并分派小部队向河南岸广正地面搜索。（六）第一四五师、六十二师分别在太平、宁国机动备用。（七）作战地境（从略）。（八）兵站设施（从略）。

我拟好命令送呈上官云相亲自核批时，他极其自负地对我说：“和共产党军队打仗，作计划、拟命令，不能完全照在学校学的那一套。譬如各部队任务这一项，看来是太啰唆，本来可以将封锁线单列一项，但那样写就不被重视。各部队长每在半夜更深接到命令，专注意到本部队的任务条文，其他，认为有幕僚替他办事，常被忽略过去。如在各军任务条内指明封锁线没有命令不得撤除，当易引起部队长的注意，不使共军一个人逃脱。部队在攻击有进展或有变动时，封锁线常易撤掉；共军打仗惯用小股乱窜，或零星化装混出，如无封锁线，就措手不及了。这是我多年剿共作战的经验，这在书本上找不到的。”

8 日、9 日，全面发生战斗，但仍以山口隘路方面最为激烈。9 日，四十师完全控制山口隘路，二十五军方面亦渡过小河先后攻占鹿角山。五十军方面七十九师攻占榧子岭，一四四师攻占茂林以北高地，唯有新七师二旅封锁舒溪守势作战，没有发生战斗，其他各师战斗，此起彼落。

五、作战结束以后

9 日（或 10 日）夜晚，第一四四师师部住在茂林附近一个小村，新四军一部约四五百人，经过该村向西突围，将该师部门前卫兵打死，该师发觉后急调部队阻击，发生一场激战，终未截住，突围者向章家渡冲去。章家渡虽系封锁线，但战斗部队很少，只有留守及补给机关的监护兵，枪兵也很少，夜晚一度惊慌，旋即平静下来。据报系项英将军率一小部突围到章家渡，化装分散过河北去。

上官云相得知后，大为震怒，大骂一四四师师长唐明昭无用。他说："唐师长包围不力，部队夜晚睡大觉，新四军就找到他那里是薄弱点，以致放走了共军重要人员，使我们功败垂成，令人不能容忍。"并立即亲用电话，下令给七十九师师长段霖茂说："唐明昭撤职查办，你派人将他看押在你师部，一四四师由你兼任指挥，执行原任务，不使发生空隙。"随即补下电令并呈报战区长官部。

11 日、12 日，战场上炮声沉寂，但机枪声此起彼落，时有小部队发生争夺战斗，并不激烈。约在 14 日，叶挺将军及随员 7 人在鹿角山西侧山坡下被俘，先至五十二师师部（三二三团临时归五十二师指挥）休息一夜，然后转送总部。新四军部队被"缴械"，至此全部战役即告结束。

14 日，上官云相先后指示如下：（一）将叶挺将军及随员速送本部，告知廉夫（二十五军军长张文清）沿途优予招待。（二）各军师所俘新四军官兵统交四十师看管，不准自留补充缺额。战利品各军自行查清交由兵站运交战区。（三）第四十师接管所有战俘完毕，派部队（以后得知系派一一八团团长曾正我率全团）押送上饶，交战区长官部"感训大队"，其主力仍开回苏南归第二游击区指挥。（四）电请战区派一野战医院至三溪镇专任接收所俘伤病人员，以后听战区指示后运，但须配有武装监护兵负责看管。（五）下令泾县行政督察专员邓昊明派行政人员及地方团队负清扫战场责任，并及时清乡。（六）七十九师稍事休整即开回原防，将所押唐明昭交唐副长官处理（唐明昭系唐式遵之弟），一四四师由他的副师长带回原防（以后闻唐式遵对唐明昭处以“撤职留任戴罪图功以观后效”之处分了事）。（七）第二十五军及五十军和六十二师（在宁国河沥溪，只到一个团即三六八团团长胡礼贤，六十二师和一四五师都未参加作战），各回原防。（八）刘副总司令指挥所撤销。

战斗结果统计如下：

1. 人员：叶挺将军及随员共 8 人转送战区。项英将军据报在战场突围经章家渡过河北去后被打死。袁国平将军在战场被打死（二十五军曾呈附死后照片）。俘新四军官兵 4000 余人送三战区“感训大队”。战场死伤约二三千人。

2. 武器：获步机枪、手枪约四五千支，由各部径交兵站运交战区，报表呈总部汇转，有迫击炮，没有山炮。

3. 其他：有少数马骡，各部留用。“新编第四军军司令部关防”一颗（已截角）实物由二十五军呈缴总部转交战区。另有大小电台 4 部（二十五军呈报附有照片注明不堪使用），原物交兵站转运战区。

约于 18 日，叶挺将军及随员共 8 人被送至总部，住在招待所，周围设有卫兵监视，并派副官专任所谓招待，表面上很客气，在院内听任自由活动。当日下午，上官云相要叶挺将军到他办公室谈话，约半小时。次日派一个少校副官张某带特务营一个排长两班枪兵，坐一辆卡车送往上饶战区长官部。

张副官回部后对我说：“途中几次遇到日机，停车后到树林躲避，日机飞去继续开车。有一次突然发现日机已飞到车的上空，急忙跳下车来躲避。我同叶挺同到一棵树下，其余都跑散了，我很担心监视不严，会有人逃走，结果一个人也不少。车开到上饶长官部副官处院内，宪兵已派好警戒，一开车门（叶挺将军是坐在卡车司机旁边的），就给叶挺戴上手铐带走了。以后下一个，戴一个，走一个。听说是分开看押的，互不见面。我办好手续就回来了。”

“皖南事变”是国民党反动派蓄谋发动的，是经何应钦和顾祝同阴谋指挥的。他们预想战斗必须 3 个月，兵力或许还要陆续增加。经上官云相指挥战斗，仅半个月将新四军全部消灭。顾祝同对上官云相特别嘉奖，并请准中央奖赏三十二集团军总部法币 5 万元（那时法币值钱，一个上校的月薪只有 120 元），奖赏作战特别出力的二十五军法币 5 万元。对于出力的主官幕僚及战斗部队长，准另行报请勋奖。

上官云相得到奖金 5 万元后，以一部分奖幕僚，大部分说是补助经费之用了。我是参谋处长，分到奖金 300 元。上官云相对我说："本部请勋章奖章的人太多，给你报请记功一次吧！"上官云相在一次宴会上得意地说："这次剿灭新四军，作战非常顺利，似有天助，正在作战的当时，连下几天雨，是难得的，使新四军困在山谷，前是隘路，后是激流（指舒溪涨水），进退不得，……在日寇扫荡的间隙时间，仅半个月完成一个会战任务，也是一个理想的作战指挥。……这是东拼西凑的部队，又要一面守防，一面抽调部队打新四军，若是我有自己的基本部队投入这场战斗，那样还要打得更漂亮些。"

1942 年春，重庆召开参谋长会议，总部准备战斗汇报材料。我建议把"围剿"新四军战役材料列入报告，以显示战功。上官云相说："不要列入，不要在会上报告。（面转向参谋长）这次全国参谋长会议，一定有十八集团军的人员参加开会，若在会上谈到对新四军作战，岂不是自找没趣。这是内战，自相残杀，在抗日战争民族大义上是理屈的，摆不上桌子面的事，哪能列入报告呢？"

第三十二集团军总司令部派驻有苏联顾问，名叫舒金（全名忘记），每周会见上官云相或参谋长一次。总部开到皖南宁国后，上官云相对苏联顾问的请求会见，时常要参谋长代见。参谋长又托词要参谋处长会见。我无法推托，于是会见顾问，成为我经常业务之一了。1940 年 12 月将四十师调到三溪镇（旌德以北），参谋处绘入作战要图送给顾问一份（所有作战计划及要图照例分呈顾问一份）。顾问于会见时问我说："第四十师调至三溪，作战部署上是什么作用？"我当时很难作答，便说："四十师隶属于二十五军，配属第二游击区作战，在 10 月日寇流窜苏南时，抗日作战中损失较大，调回后方整补。"我怕顾问怀疑，接着又说："原来想把四十师调在宁国附近，因为三溪是三十二集团军与二十三集团军战线接合部，是战略薄弱部分……”还列举日军 10 月流窜会合于泾县的战例来证明这样部署的理由。

会见后，自己心虚，将来对新四军打起来，决不能让顾问知道，决定凡对新四军的作战、军队调动，不绘要图送给顾问。又恐与战区长官部送给首席顾问的作战要图不一致，露出马脚，我于电话中与长官部参谋处第二科长郭发鳌（陆大 15 期同学）约定，通知苏联顾问的战况及要图应互相一致。并说：“苏联顾问是共产主义国家派在‘国军’中的‘坐探’，若叫他知道国军打共产党新四军，于我们不利，你我要共同担负责任。”我又对翻译官说明，要他保密。我就这样欺骗苏联顾问，一直到仗打完了，苏联顾问对事变都不知道。舒金顾问和战区首席顾问，一同被调回重庆。闻战区传来消息说“皖南事变”发生后，1 月 10 日左右，重庆苏联总顾问得到新闻通讯社的消息，急电第三战区首席顾问询问，首席顾问询问舒金顾问，都说不知道，就被调回重庆，遣回苏联。1942 年秋，我任二十五军参谋长，苏联炮兵顾问到军部视察炮兵部队，他的翻译官对我说：“你在三十二集团军总部当过参谋处长，认识舒金顾问吧？他回国后受到严厉的处分了。”

皖南事变突围亲历记

孔　诚*

1940 年 7 月，我们新四军的老 1 团、新 1 团和特务营，约 3000 余人，奉命扩编为新四军新 1 支队，傅秋涛任司令员兼政治委员。当时我任司令部警卫连连长（已接到命令调特务营副营长，未到职），我们警卫连的主要任务是保卫支队机关和首长的安全。

在整个皖南事变期间，我始终跟随 1 支队傅秋涛司令员，亲身经历了从部队打开突破口成功突围，到全程掩护傅秋涛突破国民党第三战区部队、日军、汪伪政府军的重重包围、封锁，浴血奋战，历尽艰辛，到达新四军江南敌后根据地的全过程。

1941 年 1 月 4 日，我们警卫连奉命跟随支队机关从土塘出发，转移北上。出发前听支队首长讲，这次行动，新四军全军分左、中、右三路出发，我们新 1 支队是左路纵队（一纵）。根据军部指示，支队首长给我们布置的行军线路是：经章家渡、茂林，在琅桥河与军部会合，然后绕过宁国附近，插到苏南溧阳竹箦桥地区，和在苏南的新四军汇合。当时，战士们听说是北上去打日寇，个个精神振奋，含泪告别了已驻扎三年的皖南，踏上了北上抗

* 作者时任新四军新 1 支队司令部警卫连连长。

日的征途。

1 月 4 日晚，我连随支队司令部机关出发后，路上天气骤变，下起了大雨。天黑得像锅底，伸手不见五指，脚下滑溜溜的。战士们每人都背着三四天的干粮和沉重的武器装备，走得很慢。为了加快行军的速度，上级命令我们每一个班都点上两个火把，霎时路上一片通明，远看像一条“火龙”。队伍一下子就活跃起来了，行军的速度也快了许多。

5 日晨，部队到了章家渡，通过浮桥过河。后来浮桥断了，部队只好涉水过河。我们在大康王休息了一天，6 日凌晨顺利地通过了球岭。从球岭下山时，我们派出的侦察员回来报告，琅桥河已被国民党军五十二师占领。这时从右边丕岭方向也传来了激烈的枪声。这是国民党顽军开始围歼我新四军转移部队的一个信号。当战士们得知围攻我新四军的敌人不是日寇，而是国民党部队时，个个义愤填膺。支队首长命令部队攻占琅桥河，并占领琅桥河四周的山头。

6、7 日激战了两天，战士们对这些背信弃义、不打日寇、专搞摩擦的国民党顽军恨之入骨。我们的部队接连攻占了琅桥河四周的山头，一口气向东南方向推进了几十里。8 日，支队首长与军部用无线电联系，军部指示部队后撤待命。为了顾全大局，我们冲出去的部队又撤了回来。后来经过侦察我们才知道，我们突围的这一线路，已被国民党顽军层层设防，严加封锁。琅桥河左边到磅山一带是国民党军的一〇八师，右边是国民党军的四十师，正面是国民党军的五十二师。我们这支部队的干部大多数是老红军，有打硬仗的传统和吃苦耐劳的精神。所以我们相信，只要上级一声令下，我们就可以冲垮面前的国民党军。这时，军部和三纵队方向也传来了激烈的枪炮声。时间一点点地过去，我们在琅桥地区等待了好久，却迟迟不见前来汇合的部队，估计是被国民党军阻击在丕岭和磨刀岭山区了。

9 日，我们支队与新四军军部失去了信息的联系，随身带来的干粮也已吃完，敌人又把四周的山头占领了。怎么办？晚上，司令员傅秋涛召集干部研究，决定按照军部的意图，从磅山一带突围继续北上。突围的具体部署是：新 1 团在前进方向的左面，老 1 团在右面，钳制国民党军，支队机关在中间。我们警卫连跟着支队机关，担任前卫突击任务，特务营断后。那时，我们警卫连 3 个排的武器装备还是比较强的，一排的装备全是冲锋枪（那时叫手提花机关）；二排的装备全是快慢机新驳壳枪——这还是不久前华侨集资买来援助新四军、由军长叶挺带回来的；三排的装备全是日式三八大盖。另外，全连还有 3 挺歪把子轻机枪。一个连有这样的装备，即使在当时的国民党军队中也是少见的。

1 月 10 日凌晨三四点钟，我们警卫连趁着雨夜向磅山一带的国民党军阵地摸去，摸到一个山丫口，遇到国民党军五十二师的一个重机枪阵地。我带了一排战士在前面突击，副指导员胡汉杰带了二排战士在右边作掩护。我们端着冲锋枪一阵猛打猛扫，国民党军还未清醒是怎么回事，就被我们的火力压了下去。国民党军的重机枪在山地上的机动能力小，很快就被我们打散。重重的封锁障碍顿时被我们撕开了一个大口子。于是，1 支队司令部机关一部分和一些部队紧跟着冲了出来，当时突围的大约有 300 多人。包括司令员傅秋涛、政治部主任江渭清、支队参谋长王槐生等。

我们成功突围后，发现后面的部队未跟上，连指导员周忠良和副连长带三排在后面掩护的部队也未突围出来。副指导员胡汉杰突围时带二排的一个班冲到左边去作掩护，此时也失去了联系。我是带着 50 多人掩护支队首长和部分机关突围出来的。司令员傅秋涛马上派人到后面去联系，并要号长吹号联络。过了一会儿，派出去联系的同志回来了，说国民党军又把“口子”堵上了，并且已有国民党军过来追赶我们。于是，傅秋涛就带着我们往大山深处走去，隐蔽了起来。后来，又陆续聚集了 500 多人，司令部和老 1 团的一些主要干部，大多也突围了出来。

不久，国民党军四十师组织了两个团，一〇八师也有一个团开始搜山。我们只好白天在深山密林中隐蔽，晚上行动。为了缩小目标，傅秋涛让老 1 团的一位干部带一部分战士分开先走，就地游击，联络突围出来的部队打击国民党军。特务营营长饶惠潭带上我们十多个人组成短枪队去侦察向苏南转移的线路，伺机袭击敌人的后方。剩下的人掩护支队领导在附近的山上隐蔽，打游击。1 月 18 日，我们摸到泾县县城附近，袭扰了国民党在县城的据点和医院，弄到一点药品，又侦察了附近的国民党军情况，当时天还未亮。我们赶到泾县和宣城之间的大路边，为了不暴露目标，钻进了一条山沟，隐蔽起来，等到晚上天黑再行动。在山沟里我们找到一户老百姓，对我们新四军很有感情，全家人为我们烧热水，又借给我们几床被子，让我们隐蔽起来休息，还给我们送了中饭。这是我们突围后第一次吃上热饭。

敌人到处严密搜山，形势仍然十分严峻。太阳快落山时，我们扛着被子下了山，快走到那户人家时，发现不对劲，房子四周阴森森的没有一个人，也没有一点声音。这时，突然从房子里冲出一股国民党军，对面的山上也有国民党军，刚才我们回来的路上也埋伏了一股国民党军。他们见我们后撤，一面打枪一面叫“抓活的”，并从四周围了上来。在这紧要关头，营长饶惠潭果断地带领我们向国民党军还没有占领的右侧山上跑去。山很陡，我们攀着岩石和树枝拼命往上爬，子弹“嗖嗖”地在耳边响个不停。一口气跑了 40 多里山路，来到了另一个山头。大家又累又饿，一查点人数，当时出去侦察的十多人中，郑子成同志牺牲了，还有两位同志负了伤，小司号员刘世梅被敌人抓了去。

我们回到了司令员傅秋涛和部队隐蔽的山上，向首长汇报了侦察到的情况。当时，傅司令员的妻子陈裴然同志怀着孩子，在部队出发前快“足月”了。由于连日奔波，结果在老乡看庄稼的草棚里，早产生下了一个女儿。周围山上经常有敌人来“搜山”，当时正值寒冬，天气很冷，但大家都不敢生火，只好把孩子包裹起来。我们在附近找来了一个保长，给他做工作，请他帮忙收养这个孩子。他很同情，答应收养。后来这个小女孩被找到了，她在昆明一部队医院工作。

为了进一步缩小目标，傅秋涛带着我们 9 个人组成一个小队，一边与国民党军周旋打游击，一边伺机向苏南转移。支队政治部主任江渭清带了 20 多人组成另一个小队实施转移。我们利用年末年初路上拜年（春节是 1941 年 1 月 27 日）走亲戚人多的时机，从宣城和郎溪的结合部插了过去。这条路离苏南新四军驻地最近。那时我白天化装去侦察线路、买粮食，晚上又要当“向导”，和大家一起赶路，很少休息。当时只有一个信念，早点把首长安全地护送出皖南。

由于日寇占领了苏、皖边境的大部分县城，当涂、高淳、宣城等几个流亡的国民党县政府也搬到了南猗湖西南一带。他们为虎作伥，经常带着地方民团到处搜捕我新四军零散人员。一次拂晓前，我们赶到南猗湖附近，那里情况很复杂，白天不便隐蔽，结果还是被敌人发现了。我们边战边撤，在湖边找到一条渔船，船上的老乡对新四军很有感情，马上把我们渡送过河，甩掉了国民党军的追击。有时，我们遇到一些“地头蛇”，就警告他们，我们是新四军的先头部队，大部队在后面，如敢为难，我们就不客气了。他们听了，不摸虚实，就被吓跑了。就这样，我们闯过了一道又一道的“关口”。

为了缩小目标，我们白天一般隐蔽在独家独户的老百姓家里，晚上抓紧行军赶路。遇到敌人，能打就打，不能打就绕，闯过了层层封锁，到达了江苏东坝、下坝镇附近。那里有一条河，是国民党军的最后一道封锁线，河的对岸驻扎着国民党江苏保安团。傅秋涛司令员派汪其洋营长到东坝、派我到下坝去侦察，其他同志就地隐蔽，休息待命。我化装后只身来到了下坝，侦察到国民党军查得很严。我在饭馆里吃了饭，又到茶馆里坐了一会儿，了解到了国民党军的布防部署。这条河只有东坝和下坝两处有桥，但都有国民党军的据点严加把守，无法通过。离下坝半里路有一个渡口，设防不严。我赶到那个渡口，找到了一位 50 多岁的撑渡船的船夫，给他做工作，告诉他我们是新四军抗日部队，被国民党军队打散了，要渡河北上继续抗日。这个老船夫觉悟很高，答应当天晚上就把我们送过河去。

当晚，我们避开敌人，分两批渡河。我和几位同志先渡河，警戒下坝方向的敌人。傅秋涛司令员第二批渡河。不料船在靠岸时，拉船的绳子突然断了，小船被急流的河水冲向河心，我和另一位同志立即跳下河，把船推到岸边，然后把傅秋涛司令员等同志背上了岸。就这样，我们历尽千辛万苦，浴血奋战，通过了国民党军设置的层层封锁，经宣城、郎溪、广德，经过了近 3 个月的艰难“闯关”，在支队司令员傅秋涛的带领下，我们 9 名同志于 1941 年 4 月，到达了江苏溧阳竹箦桥的新四军 6 师 16 旅，旅长罗忠毅、政委廖海涛热情接待了我们。不久，他们又派人把我们护送到设在常熟地区的新四军东路江抗司令部（即新四军 6 师的师部），见到了师长谭震林同志。支队政治部主任江渭清带了 20 多名突围出来的同志也陆续汇集到这里。我们警卫连光荣地完成了上级赋予的皖南事变后成功突围、护送支队首长到达新四军苏南驻地的职责任务。

（朱晓明整理）

豫南会战

豫南会战经过

王鸿韶[*]

会战前，远在先年（指 1940 年） 12 月间，战区就接到上海方面，由东北开来敌约三四万的情报。当年（指 1941 年）元月 15 日以后，就陆续地接到各方面增加敌人的情报，其中最重要的如：大江以南的敌人，15、16 日陆续地由长江以南，经武昌向江北增加；长江下游的敌船，连日满载敌兵及弹药向上游开。元月 18 日，汉口方面已陆续增敌 3 万多，同时由信阳至汉口间火车，停售客票一星期。紧接着就发现广水、孝感以南，及鸡公山、广水间，各新到敌一师团。并且平汉南段，连日用列车运到很多的铁道材料等，诸种情报，纷至沓来！

当时战区以战略至当眼光，判断敌军主力进犯路线，一定在豫南方面，是以敌人在元月 21 日，开始先由荆、当方面，以独立第十八旅团及第十七师团一部，分五路发动的时候，战区绝不受狡猾的敌人的佯动助攻吸引牵制所欺骗，正确地指导我们河西部队，利用荆、当以北山地，与敌周旋，适时求隙而击歼之，毅然将主力集中于豫南方面，而准备打击北犯之敌人。

果然不出战区所料，信阳的敌人陆续增加，截至元月 24 日，已达 3.7

* 作者时任第五战区参谋长。

万多人。因为敌河西牵制吸诱的目的，虽未能达到，而豫南方面，又不能不按既定日期出犯。

敌 24 日开始向我进犯时，主力分三路，由信阳及其东西地区，向北进犯。同时淮阳、鹿邑、亳州一带的敌人，分两路向沈丘、太和南窜，以与豫南北上的敌人声援呼应。

战区对此次进犯的敌人，遵照最高统帅部的训令指示要旨，以节次诱敌，深入于我企图预期作战之有利地区（淮河以北、西平以南附近地区），一举而围歼之指导，将大军巧妙地布置于桐柏、泌阳、象河关以西地区以及罗山、正阳、上蔡以东地区，并以有力部队，埋伏于西平附近，俨然形成一个“口袋阵”。另外以一部在长台关附近，节节向北吸诱敌人。同时编组了很多小支队，分别由西向东，由东向西，逐段地侧面袭扰敌人。在正面诱敌的部队，节节与敌保持接触，避免决战。而侧面袭击的部队，消耗疲惫敌人，以机动战与运动战互相配合。施行这种退避诱敌的作战法，最初敌人的突进相当的快，到元月 31 日，其先锋就到达保安寨、舞阳、西平、上蔡这一条线上，这是我们诱敌战法的一种策略运用，无足惊奇的。敌军到元月 31 日这天，确已相当的疲惫了，刚合孙子兵法上所谓“先处战地而待敌者逸，后处战地而趋敌者劳”的原则。

元月 31 日后，我们判断敌人深入到西平附近，扑了一个空，一定要张皇失措，联络越延长，后方补给越困难。四面楚歌、风声鹤唳的敌人，到这个时候，恐要受损而回的。当时我们预先在桐柏、正阳附近，埋伏了两个生力军，准备截击回窜的敌人，然后以泌阳、象河关、保安寨，以及西平以西、汝南附近的大军，运用外线作战的要领，分进合击，向深入的敌人，施以战略包围。

激战到 2 月 2 日，深入的敌人，经我汤（恩伯）总司令所部的迎面痛击全部受创，狼奔豕突地分路向南回窜，复经我分段截击，遗尸遍野，其左路的敌人，差不多有五六千，由保安寨附近，向西南流窜。2 月 3 日，经方城奔南阳。这时我十三军主力，经方城向西南跟追，并调五十五军西进围击。到 2 月 4 日，敌与我南阳附近的主力军遭遇，整日激战，伤亡均重。这时孙

（连仲）副长官鉴于南阳一带平原，无险可据，于 4 日午后毅然将五十九军转移南阳以西地区，运用机动，以待合围部队到达。嗣于 5 日夜间 12 点钟，孙副长官督率黄维纲的一部，直袭南阳。骄惰的敌人，一部尚在梦中，警戒的疏忽，以至于此。英勇的五十九军官兵，挥动大刀刺刀，斩杀敌兵千余人。余敌夺路向东南逃窜，主力经唐河、泌阳向信阳回窜。一部经平氏、桐柏遭我埋伏于桐柏以西的二十九军截击（在 2 月 9 日那天，我陈大庆军在尚店、鸿×河、胡家店、×庙、老虎庙、××一带，一日 6 次截击），全部溃散，遗弃满山遍野的尸骸及辎重、行李、车辆等，其狼狈溃乱情形，实非笔墨所能形容。

由舞阳、西平分路南窜的敌人，又遭我象河关、桐柏、正阳一带部队的节节截断，斩获很多。至此豫南会战，我已获得全部胜利，总计歼敌万余，俘虏 20 余名，击落敌机 6 架，焚毁敌军车 200 余辆，及其他军用武器等甚多。

根据此次会战经验，敌军的战斗力量，较之以前确已减弱太多。在南阳、方城一带，捕住俘虏，均着单衣，手面皆黑，形容枯槁，当我审讯时，皆痛哭流涕，战斗意志之低降，至于此亟。今后致敌与无机械化部队（尤其空军）配属，仅以步兵与我展野战，其战斗能力，当远逊于我了。

豫南会战中的新编第一师

蔡仲芳　张访朋*

1941年1月下旬至2月上旬的豫南会战，是日军继1940年枣宜会战后，对我国第五战区部队发动的又一次大规模进攻。当时，蔡仲芳任第三十一集团军第十三军新编第一师辎重营中校营长，张访朋任该营第四连上尉连长，均参加了这次战役，现记述于下。

新编第一师组建于1940年3月，是由第十三军（军长张雪中）所辖的第八十九师和第一一〇师各抽一个团，加上补充团编成的。师长蔡柴，广东揭西县人，黄埔二期、陆大十九期毕业，曾参加过南口、台儿庄、枣宜等处作战，屡立战功。他治军严明，十分重视部队的训练和纪律。1940年9月，新编第一师奉调至河南南阳整训，驻城北大石桥一带，我营驻七里园村。1941年元旦，第三十一集团军总司令汤恩伯派总部检查团来我师检阅，各团进行了制式教练和战斗教练评比，随行的总部京剧团演出了《梁红玉击鼓抗金兵》，激励官兵们的抗日斗志。蔡师长在大会上训勉官兵，要勤学苦练杀敌本领，注重军风纪，搞好军民关系；要枕戈待旦，随时准备上阵杀敌，

---

* 作者蔡仲芳时任第三十一集团军第十三军新编第一师辎重营营长，张访朋时任该营第四连连长。

为国立功。

1941年1月下旬，日军第十一军的3个师团及配属部队兵分三路，从信阳东西之线向北进犯，发起豫南会战。当时，我军统帅部的决策是避免与敌决战，正面节节抵抗，一部向敌后切断交通，主力由两翼侧击敌军。秉承统帅部的意旨，我第五战区司令长官部及所属孙连仲、汤恩伯集团作出了相应部署。24日夜至25日凌晨，我第十三军各师先后由驻地出发，27日分别集结于叶县保安寨、舞阳尚店（今属舞钢市）、泌阳象河关附近。新编第一师师部及直属部队驻保安寨；第一团驻方城独树镇，以一部在招抚岗、金汤寨占领警戒阵地；第二团驻杨楼，一部在太尉庙、小史店占领警戒阵地；第三团驻砚山铺。

28日晨，日军先头部队与泌阳春水附近的舒荣第八十九师交锋。经过一天的激战，我军毙敌百余，守住了阵地。次日上午，日军后续部队在飞机、大炮的掩护下直逼象河关，向舒师发起猛烈进攻。我军炮兵也投入战斗，支援步兵与敌展开了反复激烈的争夺战。下午，数百名日军骑兵以炮火掩护、战车开道，猛攻我师第二团的小史店阵地。激战数小时，该团伤亡严重，后撤至太尉庙。这时，象河关又陷敌手，舒师在象河关以北地区继续与敌激战。为将日军歼灭于尚店以北地区，军长张雪中令各师于当晚调整部署。我师刚进入新阵地，就遭到日军的反复偷袭，彻夜枪声不断。

1月30日，是豫南会战中战斗最激烈的一天。自29日夜日军攻占尚店后，舒师就一直与敌在尚店以北鏖战，本日仍持续不断。天刚亮，上万日军步、骑兵在飞机、大炮和战车掩护下，向我师阵地破城、太尉庙和吴绍周第一一〇师阵地接官厅、小石门等地猛攻。飞机投掷的炸弹、各种口径的炮弹和枪弹铺天盖地倾泻在我军阵地上，工事被炸塌，树木被炸断，地面布满了鱼鳞般的弹坑，上空翻滚着浓烟。守卫前沿阵地的我师官兵浴血苦战，反复白刃，多次打退日军的冲锋。战斗最激烈时，蔡师长来到前线督战，激励了部队的士气。日军在破城、太尉庙遇到顽强抵抗，又于上午和下午增派主力分别攻击我杨楼阵地和保安寨主阵地。激战至16时，我军伤亡严重，破城、太尉庙、杨楼相继失守，日军集中全力围攻保安寨。一个多小时后，我阵地一侧被突破，我军只得转移到保安寨以北占据有利地形继续战斗。第一一〇师与日军血战十余小时，阵地被攻破。为防止日军进犯叶县，集团军总司令部将我师和第一一〇师合编为袭击纵队，统归吴绍周指挥，在保安寨、旧县镇以西占领阵地，准备侧击进犯之敌。

辎重营虽处在第二线，但我们的心是和前线官兵紧密相连的。会战期间，我二人和其他连长昼夜守候在电话机旁，随时根据上级指示和前方战况，组织安排武器、弹药、粮食等军用物资的输送。当时正值三九寒冬，士兵们赶着马车、拉着平板车往返奔波，一个个竟热得浑身大汗。我营第二连士兵陈有方突患重病，行走困难，他怕拖累部队影响作战，又恐在混战中被俘，竟拉响手榴弹自戕，以表忠贞。

我师就新部署后，立即向占据独树镇、招抚岗一带的日军发起反攻，日军不支，逃往方城。2 月 2 日，我师在保安寨、独树镇以北地区与日军激战，毙敌数百，于下午收复保安寨。随后，立即分路截击南逃之敌，在扳倒井、张家寨及招抚岗附近进行伏击，予敌重创。3 日，我师经过一整天的血战，下午攻占了招抚岗，并乘胜追击，于当夜收复方城。

由方城逃出的日军一路上屡遭我友军部队截击，一部掉头西逃，主力进犯南阳。张雪中令我师及第一一〇师向南阳、大石桥一线猛烈追击，同时派部分兵力向券桥搜索前进。4 日，我们在赵河、博望追上了日军，遂展开激战。5 日，我军攻占了南阳东北的蒲山店、新店，并多次击退日军的反攻，然后继续向南阳追击前进。6 日凌晨，第五十九军黄维纲部收复了南阳。我师于当日夜经过南阳，继续向双桥、桐寨铺方向追击。8 日上午，第一一〇师收复唐河，然后与第八十九师继续向泌阳追击。我师到达唐河后，奉命停止前进，原地集结，作为军的预备队。9 日至 12 日，我第十三军各部先后收复泌阳、驻马店、桐柏、确山，完全恢复了战前态势。我师回到离别 20 多天的驻地南阳大营七里园时，看到的是断壁残垣、一片凄凉，听到的是从村外十几座新坟旁传出的一阵阵撕心裂肺的痛哭之声。

2 月中旬，新编第一师在南阳举行祝捷大会。蔡师长在讲话中指出：此战我军得以大获全胜，一是因为成功地运用了“避其锐气，击其惰归”的传统兵法，也就是“敌进我退，敌退我追”的游击战术；二是各部队能密切协同，全力歼敌，使敌无懈可击，四处碰壁，伤亡惨重，无功而返。

豫南会战中的南阳回民战地服务队

水普慈[*]

1938年，河南省会开封沦陷后，河南省政府及所属各部门迁到了南阳一带。在战云密布强敌压境的情况下，南阳地区民众组织起来，准备抗击侵略。当时南阳各县的民团武装联合组成河南第六区抗日自卫军，总部设在南关天妃庙，由内乡民团司令别廷芳任司令。南阳的回民在反抗日本侵略者的激情下，准备献出一片忠心，誓死捍卫家乡。

当时，军事委员会副参谋总长白崇禧，在重庆组建了回教救国会，要求各省设立分会，各县设立支会。军事委员会中将参议马德乾（字健之，回族，河南淅川县人）受白崇禧的委派，来南阳邀请回族名人水子立组织中国回教救国协会河南分会。水子立当即应允，并向全省发出通电、宣言，要求各地回族代表来南阳聚会。是年秋，在南阳回民景穆小学礼堂召开了中国回教救国协会河南省分会成立大会。代表们选举水子立为中国回教救国协会河南省分会会长。我当时任景穆小学校教员，参加了此次大会，并在该会宣传股工作。

为了加强抗战力量，河南分会建立了一支抗日武装，叫回民战地服务

---

* 作者时为中国回教救国协会河南省分会宣传股工作人员。

队，回民健儿踊跃参加。其组织情况是：主任理事水子立，副理事李平甫、马振武。下辖 9 个区队，共有队员 822 名，长短枪 662 支。

这支回民抗日武装，平时除进行抗日宣传外，各队还分别进行军事训练、战场救护训练等。城关队和五里堡队的队员们，常在景穆小学的操场上进行操练。枪支、弹药多得到南阳警备司令孔繁瀛和第六区自卫军司令别廷芳的捐助。

1941 年，日军经确山、驻马店、西平、叶县、方城等地，直指南阳。南阳驻军将宛属各县地方团队改为宛属自卫军第六纵队，回民战地服务队抽调部分队员，由马明远带领编入第六纵队，驻防在城北英庄寨，归联防司令别光汉（此时别廷芳已去世）指挥。我曾随回教救国协会人员去慰问。春节前，这支队伍转赴方城，驻扎在广店一带阻击日军。农历正月初七下午 3 时许，日军前哨进到南阳城北 50 里的石桥镇附近。我第五十九军及炮兵第十六团在石桥东白河西岸与敌遭遇，炮战激烈。回民队员有的参加作战，有的输送弹药、救护伤员、掩埋地雷，并准备巷战。5 时许，日军步兵在飞机掩护下，逼近寨垣，我军炮兵从东线自北门向镇平方向转移，南门尚有步兵和回民队员在抵抗。7 时许，日军又从南面的夏村渡过白河，我三十八师的步兵营、机枪连和回民队员于当晚 11 时向紫山转移。在巷战中，我回民战地服务队小队长胡振清（绰号胡大娃，擅长武术）只身一人，在敌人四面围攻下，借短墙掩护与敌激战，使敌人无法冲入南门。敌人潜绕到胡的身后，佯装中国军人去接近他，胡在黑暗中误认为是自己军队，放松警戒，被包围击伤，敌人用刺刀扎死了他。回民队员陈凤志、沙明礼等多名负伤。

日军攻陷南阳后未久留，即向唐河方向撤退了。他们经过黄池陂寨时有 5 个士兵掉了队，回民战地服务队在区队长马凌五等带领下，先隐蔽监视着敌人。当这 5 个敌兵正在寨外草屋中睡觉时，我队员突然冲向前，将其击毙，获步枪 3 支。

这次战役，敌人死伤很多。寨内的敌尸都由敌军焚烧在回族清真寺的大门外了。据当地老人王炳申谈，他和石桥镇的商人吴德元，初九日上午由乡下回石桥镇时，见镇东南角的寨河沟中有日军尸体 11 具，南面 4 华里的树林里有敌尸 3 具。另据沙山包庄的人说，他们那里有 20 多具日军尸体。此次战役，约毙敌 150 多名。是年 3 月，南阳回教救国协会举行追悼会，悼念牺牲者，大会以教礼进行，向家属发了恤金。国民革命军第二集团军总司令孙连仲向南阳回教救国协会石桥镇回民战地服务队赠送了“为国争光”的锦旗。

新四军讨伐伪军李长江部

坚持苏中抗战，讨伐李长江

粟　裕*

皖南事变发生后，1941 年 1 月 20 日，奉中央、中央军委之命，重建新四军军部，陈毅同志为代军长，刘少奇同志为政治委员。1 月 25 日，新四军新的军部在盐城成立，全军整编为 7 个师，第 1 师由苏北指挥部所属部队编成，我被任命为新四军第 1 师师长、苏中军区司令，刘炎任 1 师政委、苏中军区政委，钟期光任政治部主任。1941 年 11 月，叶飞任 1 师副师长。1941 年 3 月，组成苏中区党委和苏中行政委员会，刘炎、陈丕显分任苏中区党委正、副书记，管文蔚任苏中行政公署主任。后刘炎同志因病不在位，他的职务由我兼任。这是一个生死与共、团结合作的领导班子。

原苏北指挥部所属 3 个纵队，即改为第 1 师的第 1、第 2、第 3 旅。第 1 旅旅长兼政委叶飞；第 2 旅旅长王必成、政委刘培善；第 3 旅旅长陶勇、政委刘先胜（后为吉洛，即姬鹏飞）。

为迅速建成新四军新的领导机关，原苏北指挥部即作为新四军军部的部分基础。苏北指挥部是由江南指挥部改建的，经过一定的战争锻炼，精干、灵活、有效率。当时留给 1 师师部的，连我在内官兵共 24 人。我是 1941 年

* 作者时任新四军第 1 师师长、苏中军区司令员。

1月17日由盐城返回东台二里桥组建第1师师部的。在我起程的前两天，陈毅同志特地来到我的住房，关切地问我："怎么样，人太少了吧？"我立即爽快地回答："好男不吃分家饭嘛！军长放心，哪里有群众、有敌人，哪里就有我们的发展。"军长听了很高兴，连声说："好！好！"并且说他很快就去看我们。军长的关切，使我受到很大鼓舞。在此以前，我是副手，在他直接领导下工作，大树底下好乘凉，现在我要单独去苏中，深深地感到肩上担子的分量很重。

苏中位于长江以北、京杭大运河以东，北起斗龙港，东临黄海，面积约2.5万多平方公里，人口800多万。这里临近南京、上海，扼制着长江下游北侧航运通道；盛产粮食、棉花、食油、海盐等重要战略物资，沿江城镇有纺织、加工等现代轻工业，商业兴盛，财源丰足；境内系平原水网，河流纵横，公路交错，交通便捷，历来是官僚资本江浙财团的重要原料基地和工业品销售市场，沦陷后成为日本侵略军的重要后方和人力、物力、资源的供应基地。

苏中是我华中抗日根据地的重要组成部分，是华中南部的一个前哨阵地，又是向苏浙皖边、闽浙赣边发展以及反攻阶段收复南京、上海的一个重要基地和出发地。在半殖民地半封建的中国，上海是个国际都市。苏中临近上海，可以成为我党、我军连接国内外反法西斯力量的桥梁；我抗日斗争的胜利和根据地各项民主政策的成果，能通过苏中，再由上海迅速向国内外传播，以扩大我党、我军的影响。同时，我方在苏中所能控制的人力、财力，在华中各战略区中占首位。所以，苏中以其重要的地理位置、经济状况、战略作用，成为日本侵略军、国民党蒋介石和我党我军三方必争之地，并决定了斗争的极端尖锐和复杂。这是苏中抗日斗争的又一个特点。

中央、中央军委赋予苏中的战略任务是随形势的发展而逐渐具体化的。1938年，党中央、毛泽东同志在给新四军的第一个"五四"指示中指出："在茅山根据地大体建立起来之后，应分兵一部进入苏州、镇江、吴淞三角地区去，再分一部分渡江，进入江北地区。"中央把江北作为江南新四军的一个发展方向，这算得是一个规划性的指示。1939 年底和 1940 年初，中央作出了大力发展华中的战略部署，指出整个苏北、皖东、淮北为我必争之地，凡扬子江以北，淮南路以东，淮河以北，开封以东，陇海路以南，大海以西，统须在一年以内造成民主的抗日根据地。于是，开辟苏北、苏中便成为关系全局的现实任务了。到 1941 年 2 月，华中抗战新局面已经打开，中央进而指示，苏鲁战区是华中的一个基本根据地，应把这个地方看作是向西、向南，出鄂豫陕边和向闽浙赣边发展的策源地，“好像汉高祖的关中”。苏鲁战区自然包括苏中在内。这是我们的光荣战略任务。

我认真地研究中央的这些指示，并把它们同中央关于抗日战争的战略方针结合起来思考。我理解中央制定的“独立自主的游击战”的战略方针，既是从日军强大及占地甚广但兵力不足和我军的弱小这一实际状况出发，又关照到抗战胜利后的斗争。游击战，在一般的作战原则中是战术性的。中央、毛泽东同志把游击战提到了战略的地位，是要通过抗日游击战争积聚起雄厚的革命力量，既为抗日反攻做准备，也为抗战胜利以后打败反动武装的进攻、实现民主革命的总任务做准备。因此，我们在抗战时期一刻也不能忘记我党在民主革命时期的总任务，我们的军事斗争策略要处理好进与退、进攻与防御、大打与小打等方面的关系，把现阶段的抗战任务和将来的实现民主革命总任务联系起来。有了这些思考，我对苏中抗日斗争的战略任务便有了比较清醒而深刻的认识。苏中的抗日斗争，不仅应求得军事斗争的胜利，而且应把苏中建成基本根据地（不是游击根据地或游击区）。军事斗争应成为根据地建设的支柱，并且应为下一步夺取整个民主革命的胜利，做好必要的准备。这个认识成为我领导苏中抗日斗争全过程的指导思想。

我军进入苏北以前，日寇同顽固派出于各自的利害，相互默契，相互利用。日寇占据沿江、沿大运河的重要城镇，其余广大地区由国民党统治。我们的军事实力跃居第二位以后，日顽相互依存和共处的格局被打破了。我军是真正抗日的力量，日寇同我军的矛盾为主要矛盾；国民党顽固派利用这个矛盾，一方面借日寇这把刀来杀我们，另一方面为尔后抢夺抗日战争胜利果实做准备。苏中抗日斗争由此进入新阶段。

日军在苏中的部队原是第十七师团的一个联队，分布于沿江和沿通扬运河的南通、如皋、靖江、泰兴、扬州，并沿大运河北伸至邵伯、高邮一线。伪军仅有南京“维新政府”所辖之伪绥靖军第三、第六两个师，分驻于扬州、南通。1941 年春，日军从江南调来独立第十二混成旅团接替第十七师团一个联队在苏中的防务，以加强对我进攻的力量。这个旅团的旅团长是南浦襄吉少将。旅团直辖 5 个步兵大队和 1 个特种兵大队，共 5600 余人，武器装备好，战斗力比同等的日军部队强些，有单独执行战略任务的能力。但它所要占领的区域是整个苏中，兵力显然过于单薄。为弥补兵力不足，便对国民党军队施行诱降、压降政策，拉拢国民党武装当伪军，以达到战略上控制苏中的目的。国民党顽固派也推行“曲线救国”的反动政策，依附敌人，继续反共。于是国民党武装进一步分化，除小部尚保留国民党旗帜外，大部与汪伪合流，叛国投敌。从 1940 年底到 1941 年 3 月，启东地区的国民党游击第六纵队司令徐承德，泰州地区的国民党鲁苏皖边区游击总指挥部副总指挥李长江，以及苏北的国民党省保安第八旅旅长杨仲华等，先后率部投敌，被编为伪第一、第二两个集团军，使苏北伪军迅增到 13 个师、3 个旅、42 个正规团和 11 股杂牌部队，共达 3.7 万余人。

日寇为了全面占领苏北、苏中，乘国民党发动皖南事变和新四军在苏北、苏中立足未稳之际，企图首先摧毁我新四军首脑机关，然后寻歼我主力部队。1941 年 1 月 11 日下午，日寇以飞机 17 架空袭我盐城华中总指挥部。同日上午 9 时，日军 3000 人占领我黄桥，开始了对我苏中区的“扫荡”。2 月，我们获悉李长江即将率部投敌，估计日寇占领黄桥后，将续占曲塘、海安、东台等主要城镇和交通干线，然后日伪配合，李长江由泰州经兴化向东北，日军由东台向北，合击盐城。

这时苏中的工作还处于开辟阶段，党政军系统在思想上、组织上、作战方法上、工作作风上与即将到来的严重斗争形势还不相适应。部队的许多干部特别是团以上干部，虽曾经历过三年游击战争的锻炼，但挺进苏北以后，在反摩擦作战中以集中兵力打运动战为主，对于游击战反而生疏了。许多新参加部队的同志，更缺乏打游击的锻炼。地方工作的重心还在城镇，还没有来得及深入农村，工作方法习惯于大刀阔斧，工作对象主要是社会上层。随着反顽斗争的胜利，部队逐渐庞杂。同时，相当多的同志盲目乐观，对今后日益艰巨的斗争形势缺乏足够的认识；还有一部分同志有一种模糊观念，认为我们不去刺激敌人，就可以避免敌人的“扫荡”；个别人面临国民党军纷纷投敌和日伪军大举进攻的紧张形势，希望离开斗争第一线，到安定的地区去。

在这样的形势下，全区人心比较动荡。社会上层爱国人士和广大工农基本群众为我军能否生存、能否坚持苏中抗日斗争而担忧；有些地主、商贾和游民表现动摇、观望。人民群众向我们提出了这样一个问题：新四军打国民党顽固派能行，现在日本人来了，你打不打？能不能打胜？

摆在我们面前的任务是，要以积极的作战行动打击、挫损敌伪的进攻，抑制其嚣张气焰，坚定干部、群众的抗日信心；同时要预计到今后斗争形势将日益尖锐，转好思想弯子，不失时机地将工作重心由城镇转向农村。作战对象由顽军转向日军，作战方法由运动战转向游击战，并以游击战为中心，实行组织形式、领导方法、工作作风等各方面的转变。这一转变就苏中来说是战略性的，不转变，肯定要吃大亏，转变得不适时，转变得不好，也要吃亏。在作战指导上，必须从华中全局出发，把苏中当前的反“扫荡”斗争同看好华中局、新四军军部的南大门紧密结合起来，要敢于刺激敌人，敢于威胁敌人，以主力部队为骨干，开展广泛的游击战争，粉碎敌人的“扫荡”，并求得最大限度地把敌人吸引在苏中地区，以保障华中局、新四军军部的相对安定。

苏中区的转变是同对敌作战结合进行的。我们获悉李长江准备投敌的情报后，将主力部队隐蔽集结于海安至曲塘之线的区域内，加强侦察、监视，进行讨逆准备。与此同时，我党政机关也在群众中进行反“扫荡”的动员布置，一切公开的力量准备适时撤出城镇，转入农村。2 月上旬，军部来电指示：“李长江在泰州公开投敌，通电就任伪军第一集团军总司令，阴谋很大，海安、东台及兴化均在其计划之内。此贼不除，后患甚多，望集全力解决之。”2 月 18 日，陈毅代军长、刘少奇政委颁布讨逆令，命我为讨逆军总指挥，叶飞为副总指挥，刘炎为政治委员，“速率所部歼灭李逆”。陈代军长还亲临我指挥部坐镇，对部队作战斗动员。讨逆战役于当天（18 日）发起，我军分三路出击，19 日即连克姜堰、石家坚、苏陈庄，20 日攻克泰州城。李长江猝不及防，士无斗志，兵败城破，扔下佩剑，翻墙脱逃。我军乘胜追至界沟、塘头。三天作战，歼灭伪军 3000 余人，并接受两团伪军反正。

与李长江投敌相呼应，日军亦于 2 月 18 日由扬州、黄桥、如皋等地出兵，对我苏中进行第一次大“扫荡”。日军企图进占海安、东台及兴化，并夹击我军主力。我军于讨李战役后，立即撤出战场，按预定计划，第 1、第 2、第 3 旅各参战部队，以团为单位，分别撤向第 3、第 2、第 4 分区农村，进行反“扫荡”，并以主力一部转移至东台以北，打击北犯日军。日军虽先后占领了我海安、东台、泰州三城及其沿线许多集镇，也占领了国民党江苏省主席韩德勤统治的兴化等地，但日军伙同李长江合击盐城的计划被打破了。

讨李战役和反“扫荡”的胜利，沉重打击了叛国投敌的民族败类和日本侵略者，警告了投降派、亲日派；国民党投降政策也被暴露在广大人民面前。苏中抗战军民受到胜利的鼓舞，为深入农村开展根据地建设创造了很有利的条件。

讨伐李长江

叶 飞*

1940 年下半年，日本侵略者一面对八路军、新四军疯狂“扫荡”，一面对国民党大力开展政治诱降活动。英、美则由奉行绥靖政策转变为援助国民党抗日。国民党顽固派则认为大举反共时机已到，恣意破坏团结，制造分裂，紧接着掀起第二次反共高潮，制造了震惊中外的皖南事变。

皖南事变的消息传到苏北时，我正在盐城参加华中局召开的纵队以上干部参加的第一次高级干部会议，听到皖南军部遭到国民党军的进攻，十分气愤，也非常担心。我在增援半塔集时，刘少奇同志给我看过有关军部北移的来往电报，总感到要出事情，果然在北移途中，遭到了国民党背信弃义的进攻。在会议期间，少奇、陈毅同志不断向大家传达了中央、华中局和皖南军部的来往电报，让我们了解事态的进展。记得叶挺军长在 1 月 10 日电告中央军委：“上下一致，决打到最后一人一枪，我等不足惜。”极为悲壮，令人忧虑。叶挺在 1 月 11 日又有电报说：“本军五昼夜不停与五六倍之敌激战于重围，计划又告失望，现将士疲劳过度，只好固守一拼。惟士气尚高。……今日事已至此，只好拼一死以赎其过。”以后，就失去了联系。过了两天，

---

* 作者时任新四军第 1 师副师长兼第 1 旅旅长、政委。

即1月13日，围攻皖南新四军军部的国民党第三十二集团军总司令上官云相通电称："已歼灭新四军七千余人，奉令对新四军应一网打尽，生擒叶项。"与会同志极为气愤，纷纷找少奇、陈毅同志，请他们建议中央进行反击。有人还具体建议：我们苏北包围韩德勤，山东包围国民党的省主席沈鸿烈，迫使顽固派对皖南军部停止军事行动。实际上，为时已晚，皖南部队除约2000人突出重围外，一部被打散，大部壮烈牺牲和被俘。

皖南事变发生后，中央决定在军事上坚决进行自卫，在政治上展开猛烈反攻，粉碎国民党顽固派的投降反共阴谋。

1941年1月20日，中央军委发布命令，重建新四军军部，任命陈毅为代军长，刘少奇为政委，张云逸任副军长，赖传珠任参谋长，邓子恢任政治部主任。华中部队统一整编为7个师。原苏北指挥部所属部队编为第1师，粟裕任师长，刘炎任政委，我任副师长（同年11月任——编者注），钟期光任政治部主任。1纵编为第1旅，我兼任旅长、政委。

此时，侵占苏中的日寇是华中派遣军的第十七师团一部，以后又增调第十二独立混成旅团全部。伪军数量不多，战斗力也不强。敌伪势力只控制浦口、六合、仪征、扬州、泰兴、靖江、南通、海门、启东、如皋等点线和沿江一带。苏中的国民党部队主要有韩德勤残部，龟缩在曹甸、安丰、兴化西北一带；张星炳的保安三旅在溱潼、仇湖地区；李明扬、李长江的鲁苏皖边游击总指挥部，大部在江都、泰州地区；陈泰运的税警总团活动于姜埝、曲塘地区。于此反共高潮之际，中国抗战形势逆转，"曲线救国"的理论出笼，日、伪、顽沆瀣一气，进行反共大合唱。苏中的突出事件就是李长江公开投降。

李长江是江苏的地头蛇，抗战以来受到韩德勤的歧视、排斥，克扣经费，分化他的部属等等的巧取豪夺，早想"改换门庭"。据李明扬给蒋介石的信中说，汪精卫从香港逃来上海，准备筹建伪政府时，就曾亲笔致函两李劝降。大汉奸周佛海的《周佛海日记》中记载：李长江曾派代表去上海和汪伪商谈投降之事。可见这是早有勾搭的。《江苏文史资料选辑》所载《汪伪军事机构及伪军概况》一文中，概括介绍此事说："李部早有投敌之心，但与韩德勤还要保持一定联系。1940 年 3 月，李长江就曾派代表往上海与汪精卫勾结，并与汪精卫、周佛海谈判该部降日投汪条件。为了达到诱使李长江参加汪伪集团的目的，周佛海当即答应委任李长江为军长，待该部全部声明投汪后，再授该部为集团军名义。当时李长江向日伪提出补充该部枪支弹药作为条件，但因数量过大，未得日方同意。汪精卫为了诱使该部投敌，1940 年 10 月，派缪斌往泰州与李谈判劝降。缪斌当国民党江苏省民政厅厅长时，李长江是省保安处第四团团长，素有来往。缪斌经过 3 个多月的诱降活动，终于使李长江率部分官兵投汪。日军则同意给予子弹 25 万发，并授予第一集团军名义，以李长江为总司令。1941 年 1 月 15 日，李长江即在泰州宣布投敌。……该部投敌后仍驻泰州地区，专门进攻我苏中地区新四军。缪斌诱使李长江投敌有功，汪精卫委任其为‘军事委员会委员’和‘立法院副院长’。”

1941 年 1 月下旬，日军命令其独立混成第十一、第十二、第十七等旅团，在扬州、高邮、南通、如皋等地集结，计划在李长江投敌后趁势大规模“扫荡”。

我军获悉李长江准备投降后，即从政治、军事两个方面研究对策。政治方面，确定在李长江尚未公开投敌前，仍通过交涉和“帮助他解决困难”等办法，尽量予以争取；同时，把李长江可能公开投敌及勾结日伪向我军进攻的阴谋，向根据地军民公布，进行反投降斗争的动员，对地主士绅阶层进行反投降和民族气节的教育。在军事上，分析了我军面临的严峻形势：日军 3 个独立混成旅团已调至苏中沿江和运河沿线，并侵占了黄桥镇，企图在策动李长江投降后，进攻海安、东台等地，威胁我军军部和苏中、苏北根据地；国民党汤恩伯部对豫皖苏边区的进攻迫在眉睫；韩德勤部为策应汤恩伯部东进，纠集盘踞在洪泽湖的顽匪，窃据了皖东北根据地，并准备在日伪军发动进攻时，以其在苏北的残部从背后袭击我军。据此，我军的部署是：第 4 师全部坚持豫皖苏边区，准备抵抗汤恩伯部的进犯；第 2 师主力抗击李品仙部进犯，坚持淮南津浦路西阵地；第 3 师主力在盐阜、淮海区监视韩德勤部，并以一部兵力恢复与加强皖东北根据地；我 1 师主力在苏中适当地点隐蔽集结，在对李长江争取无效时，坚决发起讨伐战役。

2月13日，李长江率6个纵队1万多人公开投敌。2月15日，中央军委向我军通报了李长江已投敌的情况。李长江在泰州通电就任伪军第一集团军总司令之职后，李明扬率千余人离开泰州，继续以鲁苏皖边区游击总指挥的名义，活动于泰州以北唐家甸子一带。在1943年1月和4月的日伪军对该部两次“扫荡”中，纵队司令陈中柱阵亡，3个支队被击溃，损失很大。我军为团结和支援李明扬共同抗日，通过“联抗”部队给予物资支援，并表示慰问。以后，韩德勤逃离江苏后，国民党政府委任李明扬为江苏特别行政区主任、长江下游挺进军司令。我军始终以友军对待，支持他抗战到底。这是后话。在当时来说，李长江是国民党在华中敌后部队中第一个公开投敌的，对抗战产生了极坏的影响。但国民党重庆当局对此默不做声。为了坚持抗战，保卫苏北根据地，坚决打击投降派，我军顺应民心，由陈毅代军长、刘少奇政委于2月18日发布《讨伐李逆长江命令》，任命粟裕为讨逆总指挥，我为副总指挥兼前敌指挥，刘炎为政委，着“迅率所部歼灭李逆”。

此时，我1师主力隐蔽集结于海安以西地区。1团驻胡家集、大小白米，2团驻曲塘以南。1月上旬刚获悉皖南事变的噩耗，现在又传来李长江叛变投敌的消息，部队上下无比义愤。

我率1旅和保安特务团以及苏北指挥部独立支队为左路，也是先头部队，先攻克姜埝，再扫清泰州城东、城南的外围阵地，为中路担任主攻泰州城的2旅打开通道，然后协同攻打泰州城，并向扬州、泰兴方向警戒。3旅为右路，由泰州城北向南进攻。2月18日晚，我1团首先攻取姜埝，然后从苏陈庄横扫大小仲家院等据点，休息吃干粮后，接着又继续前进至寺巷口以北。2团由东向西急进，拔除白马庙、塘湾等据点，即转入防御地域。独立支队也从苏陈庄打到大泗庄、塘湾、口岸一线。19日黄昏，攻城部队进入阵地发起攻击，20日凌晨攻下泰州城。李长江弃城向西逃窜，我军分途发起追击。

李长江投敌是背着部队进行的，突然间宣布当伪军，部队混乱，士气低落。战争中，没有正义就没有战斗力，他的部队也感到当伪军抬不起头，一打就垮。记得有这样一个插曲：有个侦察员，名叫陈永兴，闽东出来的老战士，身材魁伟，骑着一辆自行车，在从姜埝到泰州的公路上侦察敌情，一马平川，车轮飞驶，竟然没有发现李长江部队的哨兵，径直冲进了苏陈庄。苏陈庄的庄头空地上，李长江部丁聚堂的一个团正在集合，几百人你呼我喊，担子、骡马、辎重……乱糟糟地挤来拥去。陈永兴发现自己单人匹马闯到敌人堆里来了，前进不行，后退不可，忽然看见有个穿黄呢子军装的正在指手画脚，发号施令，就跳下车把此人抓住，掏出手榴弹，打下弦线，大喝："快下命令叫部队缴枪，否则，你死我也死！"此人吓坏了，乖乖地下令把枪堆在空场上，集合起四五百人跟着陈永兴走了……陈永兴以后在 1 团 2 营 6 连当排长，在车桥战役的芦家滩战斗中与日寇白刃格斗中英勇牺牲。苏中军区政治部出版的反映车桥战役英雄故事集《英雄王子青》中，就有写陈永兴的纪念文章，文中就有他只身俘敌一个团的事迹。

此役，俘获叛军人枪 4000 余，缴获弹药、粮秣和医药等许多物资，并争取李部两个支队战场反正。

日寇得知泰州城被我军攻克，立即出动。如皋、南通之敌北上攻占我海安、东台，向西攻我曲塘、姜埝。扬州的日寇最为猖狂，在 20 余架飞机掩护下，千余日军，纠集李长江部 4000 余人，向泰州蜂拥而来。

我 2 团顽强阻击，打得十分英勇；1 团以全力配合 2 团打援，从侧翼反击。鏖战正烈，韩德勤却趁火打劫，派兵攻击我北宋庄、大邹庄，占领洪家桥，向我凤谷村进犯。

我预定的讨李作战目的基本达到，于 21 日发表《新四军通告》，申明我军毅然讨逆，"证明我军绝不因重庆当局取消本军番号之无理命令，而稍变本军抗战保卫人民之初衷；证明重庆当局宣布本军'叛变'为莫须有之谰言。"同时呼吁："为根绝以后国军投敌叛国之事不再发生，各界同胞应一致要求重庆当局放弃反共政策"，团结抗日。当天，我军主动撤出泰州，按预定计划转入敌后进行反"扫荡"斗争。

任何漂亮的谎言也无法掩盖蒋介石在抗战相持阶段消极避战的丑行。国民党当局在李长江叛国投敌事件后，不仅丝毫没有改变其反共政策，反而愈益默许这种“曲线救国”的汉奸行为，因而叛国投敌事件接踵而来，愈演愈烈，出现了“降将如毛，降官如潮”的逆流。仅在苏北地区，继李长江之后，又有国民党江苏省保安八旅旅长杨仲华、国民党八十九军一一七师参谋长潘干臣、国民党鲁苏联军西北集团军总指挥刘湘图、国民党江苏省保安二旅旅长徐继泰等相继投敌。华中地区的伪军绝大部分是由国民党投降部队编成的，这是铁的历史，谁也更改不了。

反投降斗争一直是新四军坚持敌后抗战的重要任务，抗击伪军也是新四军打击日寇以外的艰巨任务。

南泥湾大生产

回忆南泥湾大生产运动

吴庭芳*

一、清除边区周围的国民党反动军队

1941 年，中国人民的抗日战争进入相持阶段，在党中央毛主席的领导下，八路军和新四军团结和发动全国人民，对日本帝国主义进行了有力的打击，各个战场取得重大胜利，并在全国各地建立了抗日根据地。日军恼羞成怒，对我根据地军民施行了“杀光、烧光、抢光”的“三光”政策。在此国难当头、生死存亡之际，国民党反动派对我抗日根据地发动攻击，并制造了震惊全世界的“皖南事变”。他们还出动了 40 多万大军，对我抗日指挥中心、党中央所在地陕甘宁边区层层包围。日军也增派了飞机、大炮，隔着黄河轰炸和炮击我边区，致使党中央和陕甘宁边区军民的安全和生活受到极其严重的威胁。当时担负保卫党中央和陕甘宁边区的部队只有警备旅的 1 万余人，敌我力量十分悬殊。为此，120 师 359 旅奉命经过 20 余天的急行军，冲破日军和国民党反动派的封锁线，从晋察冀和晋冀鲁豫抗日根据地进入陕甘宁边区，担负起保卫党中央、保卫毛主席、保卫陕甘宁边区、保卫黄河这

* 作者时为八路军第 359 旅第 4 支队团青年干事。

一光荣而伟大的任务。

国民党反动派在增加对我边区兵力围困的同时，到处修建碉堡，封锁交通，实行严密的经济封锁，使我陕甘宁边区财政经济极端困难。南面在西安有十几万人的胡宗南军队，北面在三边（即靖边、定边、安边）有何文鼎军队，东面有驻在绥德、米脂、清涧、吴堡、佳县的何绍南军队。

为了保卫党中央和边区军民的安全，首要的任务是清除障碍。359 旅主力一过黄河即受到何绍南的阻击，为求得和平相处，共同抗日，我军与何绍南进行了数次谈判，但何部仍到处进行破坏。根据“人不犯我，我不犯人，人若犯我，我必犯人”的原则，我军经过数次战斗，赶跑了何绍南（何绍南只带十几名随从人员化装逃到西安），除打死打伤外，俘敌 3000 余人，解放了绥、米、佳、吴、清 5 县，成立了专区，王震任专员。

我那时在 4 支队（团的建制）任团青年干事，主管青年的政治文化工作，全支队配合主力部队调三边清除何文鼎。那里的经济极端困难，我们住在长城的窑洞里，吃的是三三制饭（三分之一小米，三分之一黑豆，三分之一高粱）。“三边有三宝：咸盐、羊皮、甜干草”。除积极备战外，我们主要生产打盐。此地有钩池、劳池、花麻池 3 个大盐池，有党中央后勤部直接领导的盐务局，部队所打的盐都交盐务局，这是当时党中央的经济命脉和主要来源。每天有一万余头驴和骡马运盐。此外，每天派战士挖甜干草，一个战士一天能挖到 100 余斤，所挖的甜干草都交给定边县商家。在生产中，国民党何文鼎部队数次来攻击，企图强占盐池。经过十余次战斗，我们最后将何文鼎部赶到内蒙古，保卫了三边生产的安全。1942 年春，我们由三边出发，经 3 天的行军到达南泥湾，和 359 旅的主力会合，开始了南泥湾大生产运动。

二、开展大生产运动

根据党中央毛主席“自力更生、丰衣足食”的指示，359 旅开展了大生产运动。我当时已到 4 支队 3 连（青年连）任政治指导员。当时，4 支队正好住在南泥湾，717 团住临镇，719 团住九龙泉，718 团住马坊，旅部住金盆湾。

我们 3 连驻地紧挨着支队部，并受命担任支队机关首长的警卫任务。在离南泥湾有二里多路的杨湾，驻有中央警卫营和中央后勤部的办事处。当时的南泥湾，人烟稀少，杂草遍野，树木参天，但土质肥沃，可耕地面积广阔，适合大规模地垦荒造田。

为解决住的问题及足够的劳动工具，战士们开始打窑洞，一个班打一眼窑洞，并把连里会木工、铁工的战士集中起来打造工具，做到每人一把锄头、一把铁锹、一把镰刀。

没有菜吃，我们便每天派一个班的战士上山挖野菜、苦菜，摘树叶，下河采捞水芹菜，就连杏树叶、桃树叶都采着吃。同时，我们在窑洞下的河滩里开垦出十几亩地，建立了蔬菜园，派出几名有种地经验的战士专门从事种菜工作。经过半年的艰辛劳动，彻底解决了全连吃菜的问题。

开垦荒地是首要任务。在我连住地的山头就有近千亩荒山，因季节性很强，我们大都是边开荒边播种，紧张的季节里都是早出晚归，两顿饭送到地里吃。在开荒中，各班排之间开展比赛，各班则开展个人比赛，多数人每天可开荒七八分至 1 亩，个别体力好的一天可开荒 1 亩半到两亩。最出名的“大洋马”（真名叫尹光普，后给王震同志当警卫员），一天竟能开荒 2.8 亩，是劳动模范。晚上收工回住地时，每人还要背上一捆柴火。虽然劳动很艰苦，但指战员个个干劲十足，情绪很高，劳动中间，歌声不断。正如战士们的顺口溜所说：“晴天上山种田，雨天窑洞内纺线。虽然受此辛苦，对得起给我的斤半”（指每人每天 1 斤半粮食）。

我连将驻地山头 1000 余亩荒地开完后，又到离南泥湾 6 华里的瓦子河开荒，那里荒山更多，土地更肥沃。我连又开出荒地 1000 余亩，种的玉米谷子，长得特别好，1942、1943 连续两年都是丰收年。此地也有原始森林，开展畜牧业的条件很好，为此，我连组建了木工组，专门解了木板背到延安卖，离延安有 90 里路，第一天去第二天回，用卖木板的钱又组建了采购组，到各地买牛羊、鸡鸭，还利用做木板后的树枝烧木炭，除自己用外，也背到延安卖。这些工作，大大改善了部队生活，战士的体力增强了，生产的干劲更足了。

三、边战斗边劳动

南泥湾是党中央所在地延安的南大门，离胡宗南部有40余华里，每天上山劳动，我们都是全副武装，右肩背枪，左肩扛镢，口袋里装着线砣砣（劳动中休息的一点时间，也要被战士们利用起来捻毛线）。背枪上战场，荷镢上山岗。一面扩大生产，一面保卫边区，随时准备打仗。曾有多少次，我们在山上劳动时，接到通讯员传来的命令，便立即放下镢头背起枪，从山上赶往前线，投入战斗，几次都是在719团驻地九龙泉前面的牛武镇和交道镇一线。1942年丰收时节，胡部又来袭击，企图夺取我丰收果实，我部在牛武镇前线，与胡部战斗两天两夜，终将其击退。

1942年我部刚到南泥湾不久，部队到延长县背粮，在路上接到旅部命令，部队马上将背的粮食寄放在群众家中，跑步赶往前线，与前来袭击的国民党军数万兵力展开激战。因为没有口袋，大家全都是用自己的裤子和衣服当口袋。接到作战命令后，全体指战员将所背粮食倒下，穿起衣服便出发。还有几次，日军在黄河对面向我驻守的边防部队开炮，袭击我坚守河防的部队，我们接到命令后立即放下镢头出发支援。正如战士们所说，我们是两个战场都不能忘，既要发展生产，千方百计克服困难，吃饱肚子，又要准备打仗，保卫边区，保卫毛主席，保卫党中央。

每天清早吃完饭，部队就上山，一干就是一整天。开垦荒地全凭一把镢头两只手，大部分同志手上磨起了血泡。荒草地里蚂蟥很厉害，不知不觉便钻进官兵裤腿中吸血。另外，因为潮湿，有的战士身上生了疥疮，全身痛痒难忍。但他们从不叫苦。生活、工作虽然艰苦，但大家也忙中有闲。陕北的民歌大部分同志都会唱，劳动中歌声嘹亮，不时鼓舞干劲。我连3排还有一个京剧团，会演几十个剧目，文化活动也很活跃。南泥湾荒山草丛中，野鸡野兔特别多。连长刘金根枪打得特别准，遇到部队休息时，他便带上通讯员出去，总能收获一些野鸡、野兔、麻雀等杂味，让大家饱餐一顿。此地狼也很多，有一天晚上，野狼欲将我们养的小猪叼走，被哨兵发现打死，全连得以饱餐一顿。还有一次在瓦子河，我们种的玉米长得特别好，山上的野猪一到晚上便下来抓玉米吃，被我连看玉米的翟文书和通讯员娄崎打死，此猪有 400 多斤重，除全连享用外，我们还送给王震旅长十几斤。恰遇美国的视察组到南泥湾视察，王震司令员又亲笔写信，派人要了几十斤，以招待美国客人。

到 1943 年，我们 4 支队两年累计开荒 3500 余亩，每人平均 20 余亩，另有蔬菜地 20 余亩，瓜地 10 余亩，还有水稻田 50 余亩。

除耕种土地外，我们还有各种副业，如在保安县城内开有一个骡马大店；解木板组每天解木板十几平方米，背到延安卖；副指导员会做秤，我们便在延安新市场街开了一个做秤铺；还协助支队部在南泥湾开了一个纺织厂（织毛呢子）；我们还用桦树皮做饭盒、斗篷，除供给指战员用外，还拿到延安街上卖；此外，我们还有采购组，专管采购鸡、鸭、牛、羊、猪。

在党中央毛主席“自己动手，丰衣足食”的号召下，全体官兵团结一致，奋发图强，大大发扬了延安艰苦奋斗的光荣传统。我们 718 团政委左齐同志在长征时负伤，只有一只胳膊，不能拿锄头开荒，4 支队支队长苏鳌也是残废，他们便每天挑起担子给山上的战士们送水送饭。这些以身作则的行为，激励着每个指战员的生产热情和劳动干劲。

1943 年春，支队长苏鳌、政委龙炳初、参谋长颜龙斌，带领我连战士开垦水田十余亩，秧苗长势喜人。随即又号召 1 连、2 连全体指战员开垦，当年就开垦出水稻田 200 余亩，我连开垦了 50 余亩，所种稻米都长势喜人。旅部领导听此消息后非常高兴，到秋季时，王震司令员、王恩茂副政委等领导亲自从金盆湾来南泥湾视察，并将我们几个连长、指导员叫到 1 连驻地山头上汇报生产情况。旅部领导都是湖南、江西一带人，他们心情非常激动，说真是很像我们的家乡江南。随从记者马可、贺敬之等人有感而发，写成《南泥湾赛江南》歌曲，至今传唱，经久不衰。

四、自己动手，丰衣足食

我们初到南泥湾时，各方面确实很困难，一段时间主要以野草、苦菜、树叶充饥，要到延长县背粮，来回要走一个星期，所背的粮食在路上已吃去三分之一，甚至一半。到 1943 年夏秋，风调雨顺，形势大大好转，蔬菜问题彻底解决，各种蔬菜，主要是红萝卜、白萝卜、白菜、莲花白、南瓜、洋芋，共收获 30 余万斤，保证了每人每天能吃到 1 斤蔬菜。战士们还在自己住的窑洞门口每人种了 3—5 棵西红柿，这样，大家都可以吃上西红柿了。另外，种菜小组还增加两人，种上了 10 余亩西瓜、香瓜、甜瓜。在西瓜成熟的季节，每天每班可发一个大西瓜。西瓜最大的有 20 余斤。彭德怀副总司令和任弼时等同志来视察时，我们还请他们品尝了一番。

1943 年秋收后，全连共收获各种粮食 5500 余石（每石合 120 市斤），其中主要是小米、玉米，还有一部分糜子、黄豆、黑豆，完成了上级要求每人每年生产六石一斗粮食的任务，如加上 8 万多斤洋芋（三斤折合一斤粮食），则已超额完成了所定任务。除留够全连所需粮食外，多余部分全部交了公粮。

战士们还将所捻毛线用山上的板蓝根草根染成黄色，交给纺织厂，到 1943 年秋季，每人发了一套黄呢子军装，交纺织厂后剩余的毛线，多数同志还穿上了毛衣和毛背心，真是辛苦不负有心人。

到年底，我连共有山羊、绵羊80余只，肥猪、小猪60余头，鸡鸭成群，马 5 匹，牛 20 余头，各班都有整筐的鸡鸭蛋。

所开的骡马大店和秤铺也积累了资金边币 3 万余元，除解决全连战士日常用品外，对扩大再生产也起到了积极作用。真正做到了“到处是庄稼，遍地是牛羊”，再不是荒山荒坡的旧模样，是名副其实的陕北的好江南。

1942 年秋，朱德总司令来南泥湾视察，和全体官兵纪念“八一”南昌起义。朱德总司令在大会上讲了话。会后，总司令所带的群众剧团还给全体指战员作了慰问演出，使大家备受鼓舞。

1943 年 9 月，毛主席视察南泥湾，我们 4 支队各连的支部委员分别在各个山头、各条道路上站岗、放哨，保卫毛主席等首长的绝对安全。那天天气晴朗，毛主席由王震司令员陪同，坐的是大卡车，主席头戴白毡帽，身穿中山服，到我们 4 支队开办的毛纺厂视察，同正在工作的同志一一握手，问寒问暖。我们的支队长苏鳌和政委龙炳初还送了毛主席一匹黄呢子。

不久，我们 4 支队接到旅部的命令，让在南泥湾西南 5 华里处给朱总司令盖一幢小楼。全体指战员接到命令后，精神振奋，“7 团、8 团烧砖瓦，4 支队分工抬木头。泥瓦匠、木匠齐动手，40 天盖起一幢小洋楼。”

经过自己动手、丰衣足食的艰苦奋斗，我们彻底粉碎了国民党反动派的第三次反共高潮，同时也壮大了我军的经济实力。

我当时只有 21 岁，大的方针政策了解不多，现在回想起来，真是意味无穷。我曾获过南泥湾劳动模范的光荣称号，也参加过延安劳动模范表彰大会，尤感光荣和骄傲（可惜所获奖章于 1946 年中原突围时丢掉了）。

五、奉命离开南泥湾

1944 年 10 月，又是一个丰收年，漫山遍野的庄稼长得特别好，全体指战员正在山上紧张地秋收，忽然接到党中央毛主席的命令，要求在一个星期内做好一切准备，赶到延安党中央所在地，接受新的任务，并指示将南泥湾大生产的所有任务和物资分别移交留守部队。我们到达延安后，将原部队建制 7 团、8 团、9 团、4 支队改编成 3 个支队，还组织了 4、5、6 干部支队，准备南下。11 月 1 日，毛主席和朱德总司令在延安飞机场欢送我们。至此，我们离开了全体指战员用热血和汗水把荒凉的南泥湾变成的陕北好江南。

愿南泥湾艰苦创业的精神财富代代相传，永放光芒！

回忆南泥湾屯垦

左　齐*

安营扎寨

1941 年 3 月，我们保卫党中央和陕甘宁的 359 旅，从绥德向延安的南泥湾出发了。

陕北的春天总是来得较迟。延河刚刚解冻不久，从塞外吹来的风还带着几分寒意，可是，每一个指战员的心却是热烘烘的，而且仿佛从来也没有像今天这样兴奋又激动，歌声和欢笑一直伴随着进军的行列。

部队自从驻守陕甘宁边区以来，在党中央和毛主席的领导下，为了争取持久抗战的胜利，反投降，反妥协，粉碎了国民党顽固派的军事挑衅；现在又要以开垦南泥湾的实际行动，响应毛主席“自己动手”“发展生产，自力更生”的伟大号召，粉碎国民党顽固派的经济封锁。

毛主席的指示和号召，对我们从来就是前进的灯塔和鼓舞的力量。当我们经过延河和雄伟的宝塔山附近时，不由得时而回转头来，以崇敬的心情望着毛主席居住的地方——杨家岭。回忆在党校学习时，我们伟大领袖那种无

* 作者时任八路军第 120 师第 359 旅第 718 团政治委员。

微不至的关怀和亲切的教导，那种深入浅出、智慧、乐观的讲话，真使我终生难忘。毛主席在一次生产动员时说的话："……饿死是没有一个人赞成的，解散也是没有一个人赞成的，还是自己动手吧——这就是我们的回答。"更是一字一句地在我的脑子里跳跃。

"毛主席啊！请你放心吧，我们决不辜负您的教导，一定用我们的双手，创造出史无前例的奇迹！"我一面走，一面望着杨家岭，心里暗暗地说道。

就这样，我们告别了延安，踏上了通往南泥湾的大路。

南泥湾在延安东南，离延安约百余里，是延安县金盆区的一个乡。浩浩荡荡的开荒大军，通过七里铺，转入山沟，渐渐地看到了茂密的山林和宽旷无边的荒草地。早晨的阳光，透过山沟里升起的薄雾，照射着这座寂静的山林，照射着刚刚解冻的清水河，为山林溪流披上彩色的外衣。山沟里，古木丛林遮蔽着天空，从正在发绿的枝芽上，筛下了点点阳光，撒在松软的土地上。高大的白桦挺立在丛林之中，一簇簇的海棠、栗树、红枫和正在发芽的野葡萄、山楂、杜梨，构成了花团锦簇的百果林。

多么美好的地方啊！登上山岗，纵眼一望，身前身后到处是大片肥沃的土地，漫山遍野蒙着白蒿、野花和荆棘。抓一把泥土放在手心里，在阳光下黑油油的直打闪。南泥湾啊！你原来是边区的宝地，我们一定要用自己的双手，把你开垦成为富饶美丽的田园。

这条山沟，从前有通往临真镇、宜川的商道，后来在兵荒马乱的年代，成了"绿林豪杰"的出没之地，有名的曹老九、王二登都曾经纠集一伙人马，在这里干过"劫路买卖"，直到陕北红军到了这里，他们才逐渐销声匿迹了。因为多年的荒乱，老百姓早已逃光，路上野兽出没无常，几十年来很少有人再走这条路了。这样美好的土地，这样富饶的山林，竟因此沉睡了许多年。

近几年，虽然也有人来过这里，砍伐林木，烧木炭，锯木板，但都是时来时去，所以这里还是很不容易看到人的踪迹。

陈宗尧团长带领着部队，刀劈斧砍，开辟了一条进入南泥湾的道路，把队伍带进了金盆湾。

金盆湾这个地方，有三五户人家，他们春耕时来，秋收后就又走了。留下几孔古老的窑洞，零散地、静静地排在这里，据说这还是清朝同治年间修建的。窑门已经塌了。里面熏得乌黑，有经验的人说：熏黑的窑洞结实。于是，这儿便成了我们718团的生产指挥所。也和战时一样，全团指战员立刻围绕着这个指挥所安营扎寨，用树枝架起草棚，尽量舒适地安排自己的生活。

第一个劳动日

3月12日，我们正式进入了消灭梢林荒山的激烈战斗。这天，东方的启明星还在眨眼，陈团长就带着参谋长、营长和其他干部，从指挥所出发了。他们就像战时观察地形和部署战斗一样，从这个山沟到那个山岗，细心地观察着一片片梢林荒地，分配着任务。与此同时，战士们也像战时一样，紧张地进行着各种准备。所不同的是，他们已不是擦拭武器和检查弹药，而是给镢头安上了新的木把。可是镢头太少了，每个连队只有30来把。没有分到镢头的，就整理斧头、绳索，准备去砍伐修盖住所的木材。

新的战斗开始了。陈宗尧团长背着镢头，走到队伍的最前列，就像每次冲锋陷阵一样。山沟里，山顶上，霎时荡起一片欢腾的歌声。

处女地上燃烧着狼牙刺样的烟火，一团团烟云冲上天空。欢乐的笑声刚刚平复，又荡起歌声：

一把镢头一支枪，
生产自给保卫党中央。
…………

炊事员、勤务员，他们干完了自己的工作，也都悄悄地爬上了山梁，抢镢头替换挖地的同志，于是，歌声中又掺杂了阵阵欢笑和友谊的争吵。

在夜色笼罩大地的时候，指战员们才背着枪和镢头，回到新的营房。新的营房就是各连队用砍伐的树枝才搭起的新木棚，有宿舍、厨房，有俱乐部兼食堂。新房整整齐齐的，新鲜而又凉爽。经过一天的劳动，人们都有些疲乏了，尽管月牙儿已挂在夜空，可是，谁又愿意立即入睡呢？干部们都在交谈情况，总结经验；战士们在新居的周围，三三两两地谈论着生产自给、保卫边区这具有历史意义的新生活。

忽然，随着一阵风声，从远处传来一阵阵“呜——呜——”的嗥声，忽高忽低，忽远忽近，原来是一群野狼从山梁上跑过，逃进森林深处。

野兽，这昔日荒山的主人，不得不给我们这些高擎火炬放声歌唱的“不速之客”让位了。

陈宗尧开荒小组

陈宗尧团长是战斗中的英雄，又是生产中的模范。他亲自领导的团部生产小组，是由参谋长、警卫员、司号员等 8 人组成。这个小组在开荒战斗中，一直走在最前面。

和他在一起劳动的战士，像一群和睦的弟兄，边唱边说，兴致勃勃，各人谈论着自己家乡的风俗和耕作方法，边谈边研究生产技术，学习生产知识。陈团长举起亮晶晶的镢头，弯着腰，挥着汗，领着大家不停地挖。挖倒的梢林，成材的当材，或作柴火；碎小的树枝和草根，烧在地里，作了肥料。把整块整块的梢林土地，一镢一镢地翻得平平整整，土块打得碎碎的，然后播上了种子。

尹参谋长和身体健壮的苏虎明比赛，他们都已经挖了 1 亩 5 分了。陈参谋量了参谋长挖的那块地以后，又去量小司号员王鸣章的。他一边量一边问：“小劳动英雄，你挖了几行啦？”王鸣章抿着嘴巴，微笑着，抬头看看团长，团长正举着镢头，猛往前赶。他没作声，又埋下头挖起来，恐怕团长走在他前面去了。大家谁也不肯落后一步。

天色已晚，大家收工回营，坐在破窑前面，边吃饭，边聊天。陈团长笑着说：“我今天挖得太少，还不够 1 亩呢。”通信员李吉子说：“你今儿跑了几个山头，还帮各连去挖，这难道都不算吗？”

梢林月夜，阵阵凉风吹起，尹参谋长说：“天凉了，我们回窑吧！”陈团长兴致勃勃地说：“找几个人打几把扑克吧！看哪两个输了，明天罚他多挖

3 分地！”小伙子们笑着，在那裂了半边的破窑洞前，围着团长玩起来。

玩完扑克已是深夜了，可是精力充沛的陈团长仍然不肯休息，又请来团党委委员们，研究明天的工作，决定对各连的工作进行一次普遍的检查。

第二天，陈团长背着镢头，从南山走到北山，查看各连的开垦情况。一个老战士远远地看到团长的身影，兴奋地说：“同志们！团长看我们来啦！”一个刚从伪军中解放过来的新战士望着那个背镢头的人，有点不相信。因为在反动军队里，他见到的团长，一出门后面至少跟 3 个护兵。瞧那个背着镢头的，怎么会是团长呢？直到他确实知道是团长，才感慨地说：“我今天才真正知道，八路军的官兵完全一样。在反动军队里，一个班长、排长，都摆出了不起的臭架子，随便打人，谁还敢见团长！”

陈团长经常这样地走遍各连工地，一面检查研究，一面了解下面有什么问题，和大家说说笑笑，战士们开荒的劲头更大了。他们又听说，陈团长的开荒小组，只有 8 个人，17 天里就开荒 130 多亩，都受到了很大的鼓舞。10 连战士就自动发起 10 镢头运动，在收工前后，战士们喊着：“这是给团长代耕的 10 镢头，使劲挖啊！”3 营的战士们向团长保证：“每人每天，都要超过 1 亩。”

热气腾腾，干劲冲天

战士们干起活来，真像打冲锋一样，你追我赶，互不相让，山上山下，到处听见刀劈斧砍的响声，但见镢头挥舞，泥土纷飞，什么狼牙刺、老蒿子、蝎子草、羊胡子草……都在战士们面前纷纷倒下，一块一块新开的土地，在战士们脚下展现出来。有的被狼牙刺、梢子划破了脸，戳伤了手，他们包扎一下，又投入战斗。手磨破了不喊苦，腿痛腰酸也不停脚。炊事员送饭来了，生产小组长向前又指出一个目标：“同志们，再加一把油，挖到那儿吃饭。”战士们一声呐喊，镢头像雨点一样，噼里啪啦涌向前去，一块新地片刻之间又开了出来。有些同志饭碗一放就跑去挖地了，领导同志劝也劝不住。到收工的时候，战士们总要再起几个“冲锋”，非要开到一个山洼或一个山峁才肯停止。

劳动竞赛的热潮，像春风野火一样，迅速遍及整个工地。班与班提出挑战，排与排、连与连展开竞赛。新的捷报不断传来：李位同志一天开荒 3 亩 3 分，赵占硅同志开荒 3 亩 2 分，5 连平均每人开荒 2 亩 5 分……山上的战士唱起了快板：

镢头低，要用力。慢慢挖，莫着急。挖得深，挖得细。
要求并不高，每天一亩一。

山下的战士马上应和：

分开地，见高低。每个人，要尽力。谁先完，谁胜利。

接着，另一个山头上又响起了歌声：

铁打的胳膊铜打的肩，一镢下去尺二三；
草根儿喀叭一声响，土块儿似浪向上翻。

歌声一起一落，又有人回答：

你一镢啊，我一镢啊，比比谁的气力壮！
你一镢啊，我一镢啊，开荒好比上战场！

快板和歌声，就这样此起彼落，回荡在整个山野，即使你闭上眼睛，也能感受到战士们那种火一样的劳动热情。一个个不但干劲冲天，还个个献计献策，动脑筋，找窍门，有的用“火攻”战术，先烧野草，再来挖掘；有的用“打包围”战术，四面包围，向中发展；有的用“突破”战术，中央突破，四面开花，先行分割，各个“歼灭”……因此开荒纪录日日上升，英雄人物层出不穷。3 营模范班长李位，不但自己干得好，而且领导全班经常保持平均每人每日开荒 1 亩 5 分以上的纪录。他自己使的那把镢头，足有 5 斤重，六七寸宽，高高举起，狠狠落下，一镢一大片。在一次比赛中，他一天开荒 3 亩 6 分 7，激励了全团同志的斗志。9 连连长白银雪，急起直追，在连续15小时的劳动中，挖了5亩4分6，获得了全旅头名。战士杜林森决心要突破这个纪录，他身高力大，干劲足，技术高，善于使劲，又善于用力，他抡着大镢，一分钟里，能连续挖50多下，在一天里开了6亩3分5，达到了更高的纪录。

巨大的鼓舞

5月里，天气渐渐炎热起来，树木下已出现黑乌乌的浓荫，海棠开出白花花的花朵。第一次播下的谷子，已长出茁壮的嫩苗。

一个晴朗的日子，王震旅长陪着朱总司令从孙家砭启程，沿途视察新开的土地，一阵儿策马前进，一阵儿下马步行，边走边看地来到了金盆湾。

为了招待总司令，陈团长派通信班的同志，到窑门前的小渠里去捉小鱼，另几个人到附近的山沟里，去采野芹菜。总司令在窑门口坐下后，一边听汇报，一边慈祥地笑着，并不时地点头，就像老朋友们在一起谈天似的。

总司令总是笑着，谈着南泥湾的美好远景。他离开指挥所，又找了好几个干部和战士谈话，征求他们对建设南泥湾的意见，又向我们讲解了“屯田政策”的伟大意义。他说，党中央和毛主席发出的“自己动手”“发展生产”的伟大号召，不是暂时的权宜之计，有其更深远的意义。边区地广人稀，只有150万人口，我们这么多机关部队，都要靠人民负担，怎么行呢？我们一定要把生产运动搞起来。我们全体指战员，要坚决响应党中央和毛主席的号召。敌人来了，就去打仗，敌人不来，就生产。毛主席说：敌人要封锁我们，我们对敌人的回答，就是自己动手，用我们的双手，做到生产自给，丰衣足食。人民的军队一定要做群众的模范。

我们正在思索体会党中央、毛主席的指示和总司令亲切的教导，通信员端来一盆辣子炒的香喷喷的小鱼。大家立刻围着一个小桌子，陪总司令吃饭。总司令一边吃着，一边称赞烹调技术和南泥湾的生产。王旅长对我们团的几个干部说：“今年你们要达到自给，明年要向边区政府交公粮，做到‘耕二余一’，你们有没有这个信心？”陈团长当即表示，有党中央的正确领导，有这样好的土地，有我们这些如龙似虎的战士，相信可以做到的。这一餐饭大家吃得特别有味，心情也特别畅快。

夜里，皎洁的月光照在我们新开垦的土地上。总司令和王旅长同干部们谈话后，站在窑洞门口瞭望着新营房的万家灯火。5 月的夜，在新开垦的稻田、水渠里，到处是一片呱呱呱的青蛙叫声。这种高高低低、远远近近的蛙鸣，使人们仿佛回到了江南的农村。总司令欣赏了这工地夜景之后，就在这个塌了前沿的窑洞里，和战士们一起度过了舒适的一夜。

丰硕的收获

从旅首长、团首长到战士、饲养员、炊事员、干部家属，积年累月的辛勤劳动，在南泥湾开垦了大量的荒地。到 1944 年，我们已经做到两人一头猪，一人两只羊，鸡鸭成群，牛羊满川，不仅做到全部自给，而且粮食可以积余一年，做到“耕二余一”。我们不只用自己的双手，粉碎了敌人的经济封锁，使战士们吃得好，穿得好，丰衣足食，人人红光满面，身强体壮；而且在生产斗争中，还大大加强了军事政治训练，加强了官兵之间、军民之间的团结，使我们的部队锻炼成为一支不可战胜的钢铁部队。此时的南泥湾正如一首歌里所唱的：

如今的南泥湾，与往年不一般；
到处是庄稼，遍地是牛羊……
再不是旧模样，是陕北的好江南。

南泥湾印象

［美］哈里森·福尔曼*

一

我们从乱石嵯峨的山径走到渡口已经是将近黄昏了，有的人走得人马两乏落在后面，我们就在那儿等他们，差不多等了一个钟头，然后上了平底无篷的船冲过黄河的急流。我们在炙人的太阳底下骑了整天的马真是累了，累得连踏进了中国共产区也几乎不知道。我们一路经受了过分的庆祝和欢迎，现在从边门踏进了中国共产区。3 个沉默不响的职员到渡头的小村庄良水庵来迎接我们，把我们接到一个农舍的天井。我们就跟烦扰的鸡、猪、牛以及哀鸣的骡子在一起。

清晨，来了一个长官和三个卫兵。他们是正式来欢迎我们的，我们并不知道。他们从延安来，在山上连续不停走了两天两夜，可是他们精神奕奕，就像昨晚在附近的农舍过夜一样。他们都穿着同样的蓝色军服，戴着软的军帽，除了领上有一小块红色之外，没有阶级的标识。卫兵模样的人好像好莱坞的强盗，臂上摆动着大的毛瑟枪，肩上是来复枪，背上背着日本枪，

---

* 作者系合众社、伦敦《泰晤士报》记者，曾随中外记者和美军观察组到访延安。

看来他们很崇拜他们的长官，可是他们从没有向他行过敬礼，很自在地跟着他。

第一次见面，这位长官似乎没有很惊人的特征。他没有什么架子，也没有明显的矫饰。不多久我们就知道这位年纪 37 岁的王震是共产军中一位最著名的将军，一位经历 17 年内战和抗战的老将，身上带了 7 个伤疤。王震虽然首先似乎灰色而中立，可是一路朝西向延安去的时候就渐渐地让我们钦佩了。当我们大家都把初识的隔膜去掉的时候，我们就发觉他的为人不拘束，孩子气，对我的照相机、打字机和灵巧的机件很好奇。他拿着一只打坏了的外国式的烟斗不断地吹着笑着，这只扎着布的破烟斗，就像他的穿着草鞋的赤足上的大脚趾。他肩上挂着一架很好的日本双眼望远镜。“这是打一次小仗的时候从日本军官那儿得来的。”他随便地说。不久我才知道那一仗真是一次小仗，他带了 1500 人埋伏在内蒙古的一条大路旁等候一队日军输送队。1000 名日军跟着 5 辆坦克车、45 辆载重汽车的队伍开到了，中了埋在路上的地雷，王震就带着他的部队冲上去。日本人发了无线电求救，15 架轰炸机飞来了并且扔下催泪弹。王震和他的部队都没有防毒面具，只好被迫撤退，可是敌人被杀的和受伤的已经有 700 多名了，他们自己的死伤也有 360 名。

这次战斗俘虏了一个日本军官，双眼望远镜就是这军官送给他的。共产军的政策并不是把那些要求回到本来的队伍去的俘虏关起来的。这位军官被释放了，他就拿双眼望远镜送给王震将军作为临别的礼物。回去之后，他给他的上级长官枪毙了，因为甘心被俘实在把日军玷辱了。

“有一次我们俘虏到一个日军少将。”王震接下去说，“他不愿意回去被处死，所以我们就把他带着。日本人知道了，就派几架飞机来轰炸。最后他们发现我们在一个小村里，扔下炸弹，终于把他炸死了。”

我们骑着马向西走，地面越来越崎岖。可是风景却把人民的勤劳和决心说出来了。这风景好像一幅织锦，织满了紧贴着崇山峻岭的种着小麦、谷子、棉花、玉米的农田。

“这些土地多数是荒废了好几百年的。”王将军挥着手说，“两三年前才拿来耕种——多数是我这一旅的弟兄种的。”他半辩护地加上一句，我们竖起耳朵听。这好像在说一个故事。我们要求他把这件事告诉我们。

3 年前王震从华北战场回来，就接到命令把他一旅久经抗战的战斗员 1 万名改为农民。他们要给自己备粮食，供给衣服，完成自足自给，不依靠政府也不依靠人民。为了这个目的，他就分到南泥湾一块荒山荒谷的荒地，同时也还得到一点点的口粮。

“首先我们就把黄土岩凿开来做房子。”王将军继续说下去：“因为冬天已经来了，我们得赶快地做。于是我们堆起枪，砍下树木，制造出粗劣的工具，烧掉树桩，把地弄干净了就耕种起来。在附近那些没有人的古庙里，我们找到寺钟、缸和偶像，就拿来熔铸做犁头。”

“因为我不懂种田，我就找我的部下自愿地拿出他们的经验和知识。我们共同做一个生产计划，种谷种菜养鸡养猪做食物，喂羊取羊毛，植棉花织布。开头我们还要购买必需的种子和家畜，于是就在山上去砍松树柏树，砍成木头，拿到延安去卖。我们曾经在日本人手上缴获一本关于饮食的书，为了某种原因我留下来做纪念品，现在就有价值了。这本书给我介绍了卡路里、维他命、蛋白质的神秘——这是一种对于我的弟兄的健康特别重要的知识。自从 1939 年国民党在边区周围筑了一道军事和经济的封锁线以来，我们得不到外面的医药品，为了叫我的弟兄们可以打得了仗，我就只得把营养改善了。”他停了一会儿，用力吹着丝丝响的烟斗。

“这个故事你听得讨厌吗？”他有几分不自信地问。

“不，不，说下去。”我要求他。

“好，头一年的奋斗真是叫人伤心。我们碰到许多没有预料到的阻碍。可是现实告诉我们，我们应该自给自足，逃不了的——整个边区被封锁了，这是生死存亡的事情。每一个男人、女人、孩子、战斗员、学生、公务员都必须参加生产。我把这些话都说给弟兄们听了。我告诉他们这是对他们好的。我们一定不叫我们的领袖失望，一定不叫我们自己失望。”

“头一年是费力的一年。我们做的苦，吃的少，我们的军服穿的都几乎认不出是军服了。可是弟兄们的热情比我所希望的还要高。去年我们需要的食物已经可以够了。而且我们收成了棉花，收得了羊毛，足够我这一旅的人穿舒适的衣服了。”

“你把纺织裁缝的费用都包括在内吗？”我问。

“费用嘛，啊，不！我的弟兄会自己制造纺织机，会纺织。他们也会用缝纫机缝军服，缝纫机是从日本人那里缴获的。你到了南泥湾就可看见了。”他保证说。

南泥湾距离这条通到延安去的路没有多远。听了王震告诉我们的话，我们就打算绕路走。

二

我们走近南泥湾的时候，看见十几个人一群的许多兵士在田里工作。他们一面挥舞着锄、耙和铲，一面唱歌。他们搭起来的来复枪、机关枪、手榴弹和迫击炮就在附近堆放着，堆放的方式是有秩序的军操方式。这些军械几乎都是日本制造和在战场虏获的。它们缄默不语地证明这些劳动者彻头彻尾是战斗员，而不是农民。

岩壁点缀着排列整齐的窑洞，每个窑洞深约 25 英尺，宽约 15 英尺。窑洞里的家具都是兵士做的，粗劣然而实用。每个窑洞住 8 人。在旅部，我们参观一架压榨菜油的原始式压榨机，一架用草造纸的小工厂。我们也看见久经沙场的兵士在纺纱、织布、缝军服。

那天晚上我们就住在王将军的迎宾馆，一座日本式的精致平房。

“为什么你们建筑的格式要挑日本式呢？”我问。

“哦，是日本式吗？”王震有些惊异地回答。“我可不知道，我请俊雄给我盖一座外国式的房子。刚刚才完工的。”

“俊雄，是谁呢？”

“俊雄以前是一个俘虏。他是一个工程师，三年前在同蒲铁路上建筑碉堡，后来给我们捉来了。捉来之后他加入了日本人民解放同盟，现在在我这一旅。你想问他，你就自己问他罢。”

冈田俊雄年纪 31 岁，是一个漂亮聪明的人。他穿着八路军的军服，似乎穿得非常舒适。我和他谈话的时候，周围挤满了兵士，显然他们是很喜欢他的。俊雄先生的模样还没有那位替我们两个人翻译话的中国人来得更像日本人。他把他的故事告诉我们。一个黑漆的夜里，他怎样在奇袭的时候被俘虏了，怎样想必须受拷打受杀戮了；可是俘获他的人待他极好，甚至要放他回去，这叫他很惊异。因为他知道别人回去之后就被宪兵秘密地枪毙，所以他就拒绝了。他到延安进日本工农学校，受了一年的训练就在 1942 年加入了八路军。

“他现在是我们的劳动英雄了。”王震加一句说。俊雄先生窘而笑了。他发明了一架很像美国农场用的抽水机，他们就推选他做劳动英雄。

吃了晚饭，我们就在月亮底下到一个圆形的戏场参加一个集会，一队兵士和他们的妻子将表演现代化的土风舞，夸耀他们在南泥湾的成就。一块布幕随风摇曳着。布幕上挂着罗斯福、丘吉尔、斯大林和蒋委员长的画像，布幕前面蹲着一个乐队，拿着稀奇混合的古今乐器奏着轻软和谐的音乐。那些跳舞的人则声音清晰而自信地唱着歌：“边区是穷人和被压迫者的乐园。没有地痞和游民。人人都工作，人人都喜欢工作；人人都有地耕种，甚至兵士也都不再成为他们的负担，反而给他帮助了。”

一个刚到边区来的游民出场了。他唱着：“我没有吃的东西，没有地，没有家庭。”这个游民从假想的舞台上的一边望着一群抬锄耙的兵士，他们是刚从田里回来的。一个女人从另外一边出现，她说：“到我的家里去，我烧饭给你们吃。”兵士们向她道谢，然而拒绝了。这女人恼了，“我的邻居看见你们经过这里，我不请你们吃饭，他们看得起我吗？”兵士们笑起来，“多谢多谢，可是我们自己有东西吃，我们不吃老百姓的东西。”

他们走出去，看见游民。“你是外乡人吗？吃过没有？要是没有吃过，来，跟我们去。”那游民露着惊愕的模样。“这就是八路军？”他说着就跟着他们走了。

这当然是宣传——好的宣传，我们自然疑心他们有意做给我们看。可是要记住这些演员所扮演的实在是他们所过的真正的生活。

这时候王震坐不住地走过来走过去。他和他的部队坐在一起的时候完全是自由自在的。他们看他们的戏，一点也不理会他。当我看他的时候，一个传令兵走上去在他的耳朵边说了些话。他突然抬起头大声笑起来，然后跳在桌子上高声喊立正。延安打来了一个电话报告法国登陆的消息，这是等了好久的。盟军在诺曼底登陆了啊！一声欢呼自然而然地发出来了，观众雄壮地大喊："盟军成功万岁！""联合国胜利万岁！""打倒法西斯侵略者！"

三

早上我们去访问王震 359 旅的 718 团。营长何麟，年 33 岁，是一个矮胖善战的人。"3 年前我带了 443 人到这儿的时候，这山谷是什么也没有的。"他开始说。"第一年我们辟了些地，种了些粮食够我们三分之一左右的需要。去年我们的生产增加了，全部的需要事实上都够了。今年我们希望有多多的盈余，可以达到我们的目的，就是用两年的劳动生产一年的余粮。"

何麟夸耀他那一营人的牲畜。他们每 10 人就有 1 头牛，每 3 人有 1 只猪，每人有 1 只羊。每一连有 100 多只鸡，又有一个养兔场，他已经能够增加他的部队的食肉口粮，从每月 2 磅的最低限度增加到 6 磅。此外他还能够供给我们各种青菜，差不多不限数量。

他的部队排起来受检阅了。我在中国住了很久，中国军队也看了很多。这算是我所看到的军队当中营养最好的军队了。何麟的部队并没有忘记他们是兵士，不是农民。在冬天，在播种和收成中间的夏天，这些军队都受严格的军事训练。连长顾震舟把他的队伍的活动给我们一个概括的叙述。去年冬天他们学习短距离的攻击战。队伍在一个布置着壕沟、短墙、假人以及各种障碍物的假战场上紧张地学着刺刀战、手榴弹的投掷和初步的野战工事，此外，在一切可能的情形之下，他们学来复枪的用法。他夸耀他那一连人的来复枪射击的记录：以 1 米大小的物体作为枪靶，往 100 米的距离射击，372 发子弹，只有 3 发没有中的。投掷两磅重的手榴弹的平均距离为 40 米。除此以外，他的部队也学读书，学写字，听国内外时事的演讲。他们自己还组织剧团作为娱乐消遣。

在719团团部我们听到同样的农业和教育的成就故事。他们设法空出时间搬运巨石，搬运几英里外的山上的巨梁巨木来建一座大讲堂。这讲堂可容1400人，是一队自告奋勇的兵士在27天中建成的。

团长张仲瀚是一个高大能干又沉静的人，一个河北省的富有地主的儿子。1938年日本人到了河北，张就拿钱出来组织一个抗敌游击队。到八路军正规军开入河北省的时候，他的游击队人数已经有4000多人了。他要求八路军训练他的部队，后来经过选举，他们就参加了八路军。

我们去访问旅部的医院，这医院的病房是一连串凿进岩壁的窑洞。那儿有一件令人悲伤的事情。虽然医生和看护尽力照顾生病的兵士，可是他们没有办法拿药品给病人治疗，药剂室整齐地排列了许多贴着拉丁文标签装着西药的瓶子，可是瓶子却是空的。外科医生的器具用钢铁的碎片制成，多半是日本炸弹的碎片。器具是粗劣的，然而算是最好的，另外的他们就得不到了。

我正在病房中和一个伤兵谈话，听见外面有一阵骚嚷。我不晓得谁开头或者为什么事情开头，只看见王震向我们团的一位中国记者发火："国民党封锁我们，不让外国朋友送给我们医院的药品运进来，我们是对大家共同的敌人打仗的，这是残忍，是对天犯罪！要是有上帝，或者有菩萨，他们一定知道，一定吃惊，这种完全不要脸的样子！"

词锋犀利的陈家康，周恩来的足智多谋的秘书，响应起来了："我要骂国民党。英国红十字会装了4大卡车的药品送给我们，国民党不让它开出西安，开到通往延安去的路上，他们就不慌不忙地把它扣留起来，把它没收起来了。"

中国的新闻记者们冷淡而缄默地站着。

激昂的马寒冰，王震的秘书，插进来说："我要问，我们是和谁打仗的？是日本人嘛！我最好的朋友打仗的时候，手上受了一点轻伤，一点轻伤呀，可是缺少防腐剂，他变成血中毒，死了。那装满4辆卡车的宝贵的药品是送给我们的，倒叫国民党在西安没收了。我说他们是谋杀犯呀！他们谋杀我的朋友！”

我们团里的美国山南汉神父打算把情势稳定下来。他说中国的军队到处都是缺少医药品的。他不知道是否因为忽略——要不然就是纵容——或者是否因为东西不够分配。可是他担保尽我们的能力把在这医院看到的悲惨的实情报告重庆当局，请当局注意。其余的人，连中国记者在内，也欣然地同意了。终于这场动乱平静下去了。

上高会战

上高会战纪实

吴　鸢　王仲模*

战前形势

1941年春，国民政府军事委员会决定在西南、西北两地区，各成立两个攻击军（即主力军），为大江两岸机动部队。攻击军与普通军的区别是军司令部编制扩大一些，直属部队庞大，计有：炮兵、工兵、辎重兵各1团，搜索营（半机械化）、高射炮营、战车防御炮营、通讯兵营、特务（即警卫）营，官兵人数比一个师还多。在西北地区改为攻击军的是第一军和第二军；在西南地区已决定的是驻广西全县的新五军杜聿明（该军的第二〇〇师，是半机械化部队）。另一个军，各方面竞争甚烈。经军令部提名报请有4个军，内以第十八军和第七十四军旗鼓相当。第十八军是陈诚一手建成的，从内战到抗战，都负有声誉。第七十四军是抗战初期在上海建立的，首任军长俞济时，现任军长王耀武，都是蒋介石的得意门生，第七十四军在抗战中打了几次硬仗，如：守卫上海外围罗店3个月，阻止了日军的进攻；尔后在南京保卫战、开封外围战、南（昌）浔（九江）线北段战斗中，以敢打敢拼，声誉

* 作者吴鸢时任第七十四军参谋处科长，王仲模时任第五十一师少校参谋。

鹊起。经蒋介石反复考虑后，圈定第七十四军为攻击军。当时第七十四军担任赣北高安、上高一带防务，归第十九集团军总司令罗卓英指挥。接到改为攻击军命令后，全军欢腾，准备交防后撤整补。

当时，在南昌一带的日军有第三十三、第三十四两个师团。日军华中总部为了破坏国民党整军计划，打击有生力量和巩固南昌外围，发动所谓鄱阳湖扫荡战，决定进攻高安、上高。入春以来，南浔线军运频繁，到 3 月上旬，已有独立第二十混成旅团、独立山炮兵第二联队和两个独立大队、独立第一工兵联队、装甲车中队、第三飞行团等集结在南昌。同时，大量征集民伕运送军用品，进攻迹象至为明显。

第七十四军自 1 月份起，集结在泗溪、官桥、棠浦一带，就地整训。因接到改为攻击军的命令，第五十一师于 3 月 7 日将担任市汉街、锦江南岸至米岭间的防守任务，移交给第七十军第一〇七师，第五十一师即移驻刘公庙附近。当时，第七十四军军部驻官桥，第五十七师驻泗溪，第五十八师驻棠浦。

3 月 15 日，全军第一期整训教育终了，举行校阅。第七十军当时情况骤紧，集团军总司令罗卓英电令第七十四军准备参战。

第七十四军奉令后，作出如下部署：

第五十一师集结于刘公庙附近地区，以后作机动使用；

第五十七、第五十八两师，迅速在阵地后方集结，适时占领石头街、泗溪、官桥、棠浦之线的既设阵地，阻止日军西进。并令各师加强工事，努力搜索敌情。

军部及直属部队于 3 月 17 日移驻上高西南的高亭桥，并在上高东北的花园设置指挥所，以便于尔后指挥。

现将当时敌我两军部队番号、兵力、指挥官姓名列下：

A、日军方面：

指挥官：第三十四师团长大贺茂

步兵第二一五联队长石野芳男

第二一六联队长小川权之助

第二一七联队长落合定五

第二一八联队长佐藤文长

骑兵第三十四联队长田川

炮兵第三十四联队长长林胜田

工兵第三十四联队长门胁勋

辎重兵第三十四联队长知竺丰城

独立第二十混成旅团长池田直三

步兵第一〇二大队长坂本

第一〇三大队长小田角大郎

第一〇四大队长野村

第一〇五大队长轰重义雄

第三十三师团二一四联队长樱井

独立山炮兵第二联队第二大队

独立山炮兵第五联队第一、第二大队

迫击炮第一大队一中队

迫击炮第三大队三中队

独立工兵第二联队

空军第三飞行团远藤少将

B、我军方面

第十九集团军总司令罗卓英

第七十军军长李觉

第十九师师长唐伯寅

预备第九师师长张言传

第一〇七师师长宋英仲

第七十四军军长王耀武

副军长施中诚

第五十一师师长李天霞

副师长周志道邱维达

第五十七师师长余程万

副师长李琰

第五十八师师长廖龄奇

副师长张灵甫

军属补充第一团团长杨晶

第二十六师师长王克俊

战斗经过

3 月 14 日，日军兵分三路，向我军阵地进攻，北路为第三十三师团，由樱井师团长指挥，中路由第三十四师团长大贺茂指挥，南路由第二十混成旅团长池田指挥，采取分进合围，两翼夹击，在上高附近会合。

当日军发起攻击后，在空军配合下，攻势凌厉，北路突破第七十军预九师、第十九师阵地，向会埠、伍桥河疾进。中路突破莲花山、米峰间一〇七师阵地。南路第二十混成旅团在上下回峰渡过锦江，向独城前进。由于日军陆空配合，又有重炮，我第七十军将士，虽浴血奋战，未能挽回颓势，不得不逐次后撤，形势显然不利。

3 月 16 日，日军在突破第七十军阵地后，一部西犯，一部在尧岭附近渡过锦江。罗总司令命令第七十四军迅速占领第二线阵地，与敌决战。王耀武奉令后，命令第五十一师以一个团推进到高安、独城附近，掩护军之侧背；第五十一师主力，在泰和圩附近集结待命；第五十七师、五十八师，占领石头街、泗溪、棠浦阵地，并各以一部占领杨公圩、村前街前进阵地，拒止敌人；第五十一师当以第一五一团进至独城、泉港街，迟滞敌军行动。

3 月 17 日至 19 日，日军独立第二十混成旅团击破第一〇七师的抵抗后，进至独城，与第五十一师一五一团激战竟日。当令该团逐次向傅家圩、菱角凌之线撤退，占领既设阵地。在第五十一师占领英同岭、红石岭、鸡公岭阵地完毕后，第一五一团在与日军确保接触的情况下，逐次退列右翼，完成了先遣任务，加入师主力作战。

18 日，第一〇七师在高安五里谌附近，又遭到日军夜袭，颇受损失。其张公渡、灰埠的桥头堡阵地，也相继弃守。日军得由高安城、灰埠两地渡河，与傅家圩西犯之敌合股，攻我天子岗、狮子岭等地，与第五十一师激战。与此同时，日军第三十四师团主力，突破祥符观第一〇七师阵地后，沿湘赣公路到达龙团圩。17 日进攻第五十七师杨公圩阵地。19 日与北路背港之敌，合力钻隙，由土地庙向官桥急进，攻击第五十八师龙形山、基田圩阵地。该师命第一七四团出击攻占猴子岭，侧击敌背，这出敌意料的果敢行动，获得辉煌战果。

再说日军第三十三师樱井联队配属山炮，突破预九师阵地后，向村前街（在高安、宜丰中间）前进，与第五十八师第一七三团接战，经反复争夺，我方遏止了日军攻势。

20 日拂晓，日军第三十四师团集中兵力，向泗溪、官桥、棠浦之线阵地猛攻，空军整日低飞轰炸、扫射，鏖战竟日，将第五十八师第一七二团阵地突破。第五十八师以预备队补充团逆袭，虽然暂时遏止日军攻势，但以正面过广，兵力单薄，渐感困难。

21 日，第九战区司令长官薛岳和第十九集团军总司令罗卓英，联合发出电令，变更部署：锦江南岸采取攻势，北岸采取守势，以确保上高为主。王耀武当令第五十一师向猪头山、鸡公岭正面之敌攻击，重新调整锦江北岸部署；令第五十七师仍守索子山、云头山原山庙斜交阵地；第五十八师改守红家凌、荷舍之线。

22 日晨，日军猛攻云头山斜交阵地，在空军掩护下，向下坡桥急进（据情报人员报告，日军纵队通过一地，长达 7 小时，可见兵力雄厚）。其攻击云头山阵地的主力，前锋进至回堡庄，离第五十七师师部仅 2 华里。在锦江南岸的日军，西窜进迫华阳。当时，第五十一师正奉命攻击高安，第五十八师集结在凌江口附近，第五十七师已陷入日军包围圈内，日空军又将锦江军桥炸断，切断我军退路，一时情况相当紧急，王耀武便亲率特务（警卫）营策应，士气大振；一面通知第五十一师补充团跑步驰援。该团不顾日机轰炸，一鼓作气，以一小时15华里的速度，奋勇抢占华阳，周阳排长先敌占领关键阵地华阳峰，侧击日军第二十混成旅团。这一着出敌意料，打乱了日军作战计划，粉碎了其从南岸包围上高的企图，战局暂趋稳定。

集团军为确保上高，指示开放宜丰。第七十四军当即修正部署，以第五十七、五十八两师主力，占领上高城附近核心阵地，吸引敌人。23日，日军用全力向石洪桥、下坡桥、曾家岭之线，及其以西阵地攻击，重点指向聂家。第三十四师团长大贺茂亲至毕家指挥，志在必得。日军第三飞行团出动飞机架次之多，为上海战役后所仅见。我军以血肉之躯，反复逆袭，双方阵地，犬牙交错，迫使敌空军不得不暂停轰炸。因而在24日至25日，双方都无进展，形成胶着。入夜，日军派出小股便衣队，钻隙潜入我军阵地后方，鸣枪纵火，被军属补充团一一扑杀，情况稳定。第五十七、五十八两师阵地岿然不动，攻击上高的日军，其前锋离城仅8里，可以看到城墙。然而，就是这8里路，成了日军无法逾越的天堑。

日军攻势顿挫，我两翼大军如赣江东岸的第四十九军，由修水南下的第七十二军等，已渐次向上高靠拢，给予日军重大的威胁。为便于指挥，罗总部将第四十九军第二十六师和第七十军的第一〇七师，统归第七十四军军长王耀武指挥。我以5个师兵力，全线出击。

日军经过半月来的作战，人困马乏，在我军全线反攻的情势下，开始后撤。我第五十一、五十八两师，密切配合，在攻占毕家傲、古山、长岭、南茶罗等地后，于28日收复官桥。

29日，我各部分向杨公圩、村前街追击，到31日，日军全部狼狈退到南昌外围，恢复了3月15日以前的态势。上高会战，至此结束。

这次历时半月的上高会战，日军以进攻始，以败退终，我军粉碎了日军“攻必克”的神话。据第七十四军战报，此役俘虏日军少尉以下官兵13名，三八式步枪305支，轻重机枪16挺，山炮1门，掷弹筒18具，战马115匹，战刀25把，其他钢盔、防毒面具、各类弹药、文件等很多。并把日军遗留下来的尸体、集中掩埋，石碑上刻了“倭奴塬”三个大字，与第七十四军阵亡将士陵墓，遥遥相对。

会战结束，参谋总长何应钦在国民参政会上讲：“上高会战，是一次最精彩之战。”论功行赏，由国民政府颁授第七十四军“青天白日飞虎锦旗”（蓝绸、绣有白色飞虎）；军长王耀武被授予青天白日勋章。锦旗、勋章及有功官兵勋奖章，均由重庆派专机送到长沙，再派专车送到上高，由第十九集团军总司令罗卓英代表军事委员会授予。另外，第九战区司令长官薛岳，发给第七十四军奖金 2 万元，以示慰勉，重庆、桂林、长沙、泰和的各报社记者，和湘、赣两省慰问团，先后来到上高，极一时之盛。

上高会战始末

蓝介愚*

上高会战发生于1941年3月15日至4月1日，我亲身经历过上高会战，兹如实追述如下：

九战区作战地境线的争议

上高会战时，我是第十九集团军总司令部的少校参谋。1941年2月下旬，我对参谋处长（少将）梁启霖说：以赣江为第三、第九战区的作战地境线，极不合理。总司令（指十九集团军总司令罗卓英）曾经发过脾气，他说："赣江东岸的部队，平时不归本集团督训，战时才拨归我指挥。各部队情况一切不明，打了败仗就要杀我的头。"梁处长说："那你写个报告来。"我当即写好报告并附上报的电稿。电报发出后三天，军令部转来三战区的意见，把以赣江为第三、第九战区的作战地境线，说得振振有词。如是我又拟了一稿，并对梁处长说："您如果有意见，可另拟一稿，如改七改八呈上去，总司令以为我们不敬事，是很不高兴的。"梁处长添了一些意见，另

* 作者时任第十九集团军司令部参谋。

拟一稿，把我的电稿附于底层。上呈总办公厅后，副参谋长黄华国、参谋长罗为雄同样添了一些意见，另拟电稿，把其余各稿同附于底层。罗卓英看了以后，把我们的意见，用精练的文字，加以概括，并添上两条意见。原文如次：

一、不能以大河川、大道路为作战地境线，此乃战役、战术一致之结论。

二、第三战区五省正面兼江海湖防，南昌正面让出后，可免战区预备队之奔忙。

三、南昌方面为一整体，赣江两岸的部队统一指挥后，无论攻防，均多便益。

四、练兵与用兵，必须紧密合一。证诸已往，赣江两岸的部队平时不归本集团督训，临时才归本集团指挥，窃以为不可。

电报上呈军令部后，48 小时内就批准了。将赣江东岸 30 华里的正面，150 华里的纵深，划归第九战区；将该地区的守备部队第一〇〇军，并入第十九集团军序列，归罗总司令指挥。

接到军令部的电令后，随即调整部署：

一、将战力较差的第七十军，由总预备队调为第一线守备部队，扼守东起赣江西岸、横跨锦江，西至安义县城以南地区。

二、以主力军第七十四军，从第一线调为总预备队，控制于泗溪河及锦江南岸地区。

三、赣江东岸的第一〇〇军的部署不变。

并限电到 3 日内交接完毕，电令是由笔者主稿的。

如南昌方面之敌，向赣江西岸的我军阵地进攻时：第七十军为诱击兵团，第七十四军为决战兵团；赣江东岸的第一〇〇军为机动兵团，驻邱家街的挺进纵队为游击兵团。

调整部署后，罗总司令将第十九集团军主办的《华光日报》的《战旗》周刊归我主编，刊首木刻为罗清桢所作。

我认为中国军队，自广州、武汉、南昌失守后，普遍胆怯了。为了鼓舞士气，收复国土，曾作《赣北战歌》于《战旗》周刊发表。歌曰：

天苍苍，水茫茫。
鄱阳湖畔好战场，赣江两岸阵堂堂。
短兵时相接，长刀映日光。
战胜归来饮百盅，醉将敌血写诗章。
上！上！南昌就在望，
前头还有巍巍的古庐山，滔滔扬子江。
天苍苍，野茫茫。
上高东北好战场，锦江夹岸阵堂堂。
挥戈除小丑，弹落阵云黄。
歼灭倭奴三百万，黄龙痛饮返家乡。
上！上！紫金山在望。
前头更有巍巍的长白山，滔滔黑龙江。

错综复杂、扑朔迷离的敌情

调整部署后一星期，即1941年3月上旬，南昌方面之敌调动频繁，可谓错综复杂，扑朔迷离。究竟是增兵还是撤兵？实难分辨。综合各种情况，择其要者，概为下列各点：

一、南昌之敌最近调动频繁，南浔铁路北上火车，每一车厢的窗口均露出人枪。南下火车，则车窗紧闭。

二、据九江坐探报告：九江市内，夜间时有整齐的部队通过。日军当局严令市民，必须紧闭窗户，不许开窗窥视。

三、据南昌坐探报告：最近有部队乘军舰于鄱阳湖登陆。

四、南浔路坐探报告：在夜间贴耳于铁轨，觉察南下火车车身沉重，而北上火车则车身轻浮。

由此，参谋处判断：从上述敌情看来，简直一如第一次世界大战坦能堡会战时德军的调动情况。北上露出人枪，系迷惑我军的假象，南下火车车身沉重，必满载部队与武器装备。判断南昌方面之敌，必有向我大规模进犯的企图。

日军分进合击的第一阶段

1941 年 3 月 15 日起，南昌方面之敌，分兵三路，以上高为目标，大举西犯。南路为第二十混成旅团，向赣江同锦江的中间地区进攻。该旅团由日军名牌部队改编。中路为第三十四师团，沿赣湘公路前进。北路为第三十三师团，由安义县城沿片点线路向罗坊方向前进。但实际道路只能容一路纵队行进，且须翻越崇山峻岭，有些地区连马亦不能骑。

因战地的公路都已破坏，日军的战车、野炮，于序战用了一次后，都不能运动。汉口日军总部特调集一个远藤空军飞行团，轮番轰炸，以空军代替炮兵。

由于 3 月 15 日至 17 日，我军第一线扼守锦江南岸的第一〇七师已抵挡不住敌军进攻。预备第九师撤退后，当天即收集了 6 个营。17 日全师在官桥地区集结，准备再战，第十九师已撤退至险要的苦竹坳。

当时罗总司令还在吉安，副总司令刘膺古则留在南岳未归，一切大事，均由参谋长罗为雄处理。罗经过战阵不多，前线败退后，脸色铁青，第九战区司令长官薛岳，常以电话壮他的胆，说：“不要害怕，敌人是扫荡战，打了会回去的！”

罗卓英于吉安闻讯后，日夜兼程，于 3 月 17 日下午 5 时，赶回上高翰堂总司令部。

15 日至 17 日，进犯之敌气焰逼人，猛进无忌，骄矜自许。每天前进速度为 60 华里。

16 日下午 5 时，少校情报参谋王一帆告诉我：“已于莲塘口抓获一个俘虏，是由赣江东岸的第二十六师过江来抓获的。我以为可以将第二十六师调过赣江西岸来作战。”当时我表示完全同意。

运筹帷幄的幕僚会议

3月17日晚7时许，第十九集团军总司令部总办公厅对于敌情判断，曾展开激烈的争辩。中将衔的副参谋长黄华国，判断敌人为“扫荡”战，待敌撤退时再予掩击，可收事半功倍之效，所以力主撤退上高，不予决战。我则认为敌人每日前进60华里，3日以来，已极疲惫，现正碰上我主力部队的第七十四军，正可振奋朝锐，击其惰归。各持已见，互不相让。最后，我认为黄华国必然受敌人所发的路线图所迷惑。敌人所发路线图，只划到上高为止，我则认为这是用来欺骗我们的迷惑图，因上高以西的公路没有破坏，攻下上高城之后，便可沿着公路直趋长沙之侧背。所以，我提醒黄华国说：“你要知道，敌人的企图是会变的呢！”罗卓英听到这里，随即阔步而出，黄氏随在罗的后面，指着军用地图，慎重言曰：“敌人是扫荡战，打了会回去的，不必固守上高。等敌人撤退时，再行追击。”罗卓英板着脸孔对黄说：“你要知道，上高以西，无阵地可守。”黄默然无言。罗说：“好吧，你们有什么意见尽管说。”接着又讲：“索性叫参谋人员都来吧！”

幕僚会议开始后，第一个发言的是参谋处长梁启霖，他说了一些正面攻击的打法，他发言后，无一接嘴。我因官小，认为须让少将高参等先发言。参谋长罗为雄说：“蓝参谋来。”（原话）

由于罗参谋长最尊重黄华国，必主张撤退；第七十四军参谋长陈瑜，曾力主撤出上高。因此，我认为，必须首先驳倒撤退论，然后才能论及其他。所以一共列了十大理由。由于官小气盛，看罗的神气，已对我十分不满，再加上我建议：请求第三战区与左邻王陵基第三十集团军协同作战。话未说完，即受到罗卓英的呵斥。他说：“我们怎样打呢？”我因受呵斥后，情绪低落，忘记将第二十六师调过赣江西岸来作战的原议了，也和梁启霖一样，说了一阵，语无伦次。

以后，一共8人发言，都反对撤退。其中值得一提的是少校参谋刘金山的发言，他主张把第二十六师调过江来作战，但因官小，平日又未接触过大官，不免显示紧张，语不太达意，罗卓英没有听出来。当时我观察黄华国的神气，我倒听出来了。刘金山与王一帆是同乡，可能是王一帆告诉他的。

以后，罗卓英请参谋长罗为雄发言，罗为雄对着地图，两手比画着手势说："这样逐次抵抗，撤出上高。"最后，罗卓英请副参谋长黄华国发言。黄华国说："上高方面主守，将第二十六师调过江来，由后面进击第二十混成旅团。"我当即高声讲："我完全赞成这一方案。"罗卓英拍罗为雄的肩膀说："这样打，包赢。"（原话）

罗卓英讲评后，我建议："作战方案决定了，就先要用电话通知各部队，如果等到拟稿、层层核稿、译电、发电报，就太耽搁时间了。"结果，由黄副参谋长拟稿，梁处长打电话。

3 月 17 日晚 10 时许，黄副参谋长接到第七十四军参谋长陈瑜的电话，陈在电话里坚决反对固守上高，黄没法说服他，感到很为难。我问："是谁的电话？"黄说："是陈参谋长，这个人性格很固执。"我说："应立即报告总司令。"罗卓英听见后，趋步向前接过电话机，并以呵斥的口气说："你是陈参谋长吗？作战期间，讲话不准牢牢骚骚。"

对敌各个击破的时期

3 月 18 日，敌人第二十混成旅团的先头部队窜抵华阳地区，遭到第五十一师的重大打击，毙敌 50 余，伤敌 150 余，缴获步枪 50 多支，轻机枪 9 挺。据 22 日晚送到的战利品看来，所报翔实，其中有敌军死尸上搜获的铜牌 36 枚。

中路敌军第三十四师团，在飞机狂轰滥炸的掩护下，猛攻第五十八师扼守的泗溪河阵地，虽有进展，但伤亡五六百人。

北路敌军第三十三师团，窜抵苦竹坳后，因崇山峻岭，跋涉艰难，已于 17 日下午被迫先行撤退。

18 日晚时许，罗卓英自拟一战报，说成是："北路击退第三十三师团；南路以第二十六师与第五十一师夹攻第二十混成旅团，迫使该敌窜抵锦江北岸与第三十四师团合流，现正对中路之敌进行包围中。"电稿拟好后，他告诉我们:“以后向上级说话，就应如此。”罗的意思是:不能是多报喜少报忧。

晚上10时，我向第十九集团军主办的《华光日报》发布战况，编辑张恒存（即张穆）说:“打了胜仗是不会错的，敌人于昨晚的广播还趾高气扬，今晚的广播，对上高的战况只字不提了。”

19日第二十六师缴获敌山炮1门，预备第九师于官桥上空击落敌轰炸机1架。

中路敌由于增加了第二十混成旅团，第五十八师扼守的泗溪河阵地已被突破。敌人已向上高北城进犯，上高北城守军第五十七师已开始与敌展开激战。

这一天，接到长沙第九战区司令长官部来电:“岳阳前线已发现第三十三师团一个联队的番号。”由此可以判断:武昌、南昌方面之敌，有分两路进犯长沙之势。并于当晚收到第九战区司令长官薛岳来电:“第十九集团军应确保宜丰，保障战区侧背的安全。”

19日晚10时许，黄副参谋长建议:“把赣江东岸的第一〇〇军调到赣江西岸。同时命令第二十六师北渡锦江，夹击中路之敌。”

3月20日、21日，上高北城发生激烈的争夺战。22日上午10时，锦江北岸的第二十混成旅团，派遣一个联队回窜锦江南岸，迂回上高的侧背。第七十四军参谋长陈瑜劝王耀武撤出上高，罗卓英除了呵斥陈瑜之外，派中将总参议张襄前往第七十四军，名为慰劳，实为监督。王耀武给罗卓英打电话:“请总司令相信我，我是能够贯彻您的命令的。”罗卓英一面慰勉他，一面派特务营前往增援。

王耀武严令扼守上高北城的第五十七师师长余程万:“必须固守上高，失了北城就枪决。”同时命令五十一师派遣一个团，限15分钟内跑到锦江南岸华阳，击退南窜之敌。

3月22日，整日鏖战，敌机轰炸不停，第五十七师上高北城的阵地，已有部分被突破，师长余程万亲率军士大队，猛击侵入之敌，才保住上高北城的核心阵地。

由于第二十混成旅团已成惊弓之鸟，回窜锦江南岸的一个联队与第五十一师胡景瑗团遭遇后，一击即溃。

上高南城炸成一片瓦砾，晚间遥望上高，可谓：终宵战火入黄天。

22 日下午，对上高之敌已形成包围。晚上，我对《华光日报》的编辑张穆发布战况时说：“现在已不是胜利与否的问题，而是如何趁机收复南昌的问题。”

黄华国随即向罗卓英建议：“预备第五师留一个团守备赣江东岸的阵地，其余偷袭南昌。”罗打了电话以后，询问我的意见。我连声说：“不可！不可！”因为预备第五师战斗力薄弱，夏季攻势的经验，第五十七师用两个团攻击敌人的据点，牺牲了 500 人，才打下两个碉堡，经敌预备队一个反击，两个碉堡又丢掉了。战斗力强的第五十七师尚且如此，何况战斗力弱的预备第五师，一不可也。敌人水陆交通便利，兵力转用容易，调一个联队回来，即可横扫赣江东岸，更何况目前赣江东岸已成空城计了，二不可也。最好能把暂编第二军调来。由于黄华国没有反对我的意见，罗又打电话给预备第五师暂时停止行动。

次早，接到各方电报说：“莲塘口上空，日军已升起一个气球，监视我赣江两岸部队的行动。”罗与黄听后都吃了一惊。

3 月 23 日，敌军第三十三师团的一个联队回窜战地。据预备第九师电报：“该联队的先头部队，已窜抵土地庙王。”由于预备第九师张开一大缺口，使回窜之敌与第三十四师团合流。

这时，我们判断上高北城之敌要开始撤退了，便下令追击。王耀武不愿再担任追击的任务。罗卓英尽量勉励他：“打追击战，是不用做饭吃的，敌人做的饭，会送给我们吃。”王耀武也便派第五十八师同第五十七师担任追击。

罗卓英请求战区派遣一个军趁机收复南昌。薛岳只派左邻的第七十二军两个师参加追击，该军每师只有 4000 多人。

敌撤退前，先向西猛烈突击，第七十二军两个师后退四五华里。罗卓英面向地图问我：“你看情况如何？”我说：“敌人跑了，撤退前先猛打猛冲一阵，然后再脱离阵地，这是日军的惯技。”罗说：“会不会再派一支部队南渡锦江，以迂回上高之侧背呢？”我说：“那决不会的！目前敌人已成惊弓之鸟，你看连远藤空军飞行团长投给大贺师团长的信都甩掉了，大贺师团长也有可能被我军击毙了。”

在追击中，敌军受到两次包围，计官桥地区被围一次，土地庙王被围一次。第七十二军的追击部队异常勇猛，但因敌机的狂轰滥炸，在渡过土地府王的石桥时，被炸得死伤累累，血肉横飞。直至4月1日，敌军才全部退回原阵地。

战火未灭，我即奉罗卓英的命令，偕罗清桢到战地去视察。昔日古书上所说的“尸体枕藉”，才第一次看到实景。

是夜宿于上高东北的下陂桥，彻夜不能入眠。一合上眼，战场上的死尸死马，即出现在脑海，尤其是老鹰争啄死马及其飞起飞落所发出的凄厉声音，在脑中历久不息。而下陂桥下的流水，潺潺不息，曾作诗两句云：“下陂桥底三更水，彻旦潺潺枕上闻。”

会战结束后，据西山情报所报告：“第三十四师团参谋长引咎剖腹自杀。”

4月2日，军事委员会参谋总长何应钦对新闻记者发表谈话说：“上高会战，是抗战四年来最精彩之战。”

笔者曾作《会战行》，刊于《华光日报》的副刊，署名蓝踪萍，今将末段照录如次，以作本文的结束。

百里战场尸枕藉，缕缕残烟望不绝。
昔时春色满锦江，今日锦江血浸月。
月照残旗剩几多？天网恢恢汝奈何。
此役吾侪同奏凯，相期更唱大风歌。

上高战役亲历记

邹继衍*

1941年春，占据南昌的日本侵略军，纠集以第三十三、第三十四师团、独立第二十混成旅团共5万多人，附以大量飞机、坦克，分路向江西赣西北重镇上高大举进攻。扬言要“拿下上高城”，为其巩固南昌外围，打击中国军队野战军，显示其军事力量。蒋介石为了确保上高，稳定东南地区，立即下令调兵迎击。据闻，蒋曾严令前线指挥官第十九集团军总司令罗卓英：“……如果上高失陷，提师长以上人头来见。”会战经过半个月左右的较量，我军不但确保上高城屹立未动，且予敌军以重创，最后迫其在四面被围、伤亡枕藉的困境下，只有在数十架飞机掩护下，从包围圈中的薄弱环节，轰炸出一个缺口，丢盔弃甲，夺路逃窜，从而使日军狂妄吹嘘的“战无不胜，攻无不克”的神话彻底破产。上高会战，是武汉陷落后，在中国战场上一次打得好的、对国内外都有影响的战役。笔者当时任第七十军（军长李觉）第一〇七师第三二〇团第一营少校营长，亲身参与了这场会战的几次战役。由于职位所限，对于整个会战全局，无法详记，特就当时亲历的战斗和见闻以及目击保卫上高城激战的较深印象，回忆写成此文，作为上高会战史实，提供参证。

* 作者时任第七十军第一〇七师第三二〇团第一营营长。

一、奉新外围防守战

1940年秋末，第七十军从进贤防地开赴浙江途中，忽奉调返回丰城、樟树附近赣江以北地区集结待命。不久，我第一〇七师即奉命开抵奉新一带，担任对南昌外围敌占据点的防守任务。在当时战局相对静止的间隙中，除双方有时互派小部队袭扰，偶有接触外，未曾发生过大的战斗，与敌对峙近5个月。

1941年2月下旬，从上级发下的敌情通报中，获知日军即将向我赣北地区大举进攻。我师负责防守的这一地段，正是奉新据点和附近敌军出击必经的第一道防线。为了加强守备，师部命令我们第三二〇团，由原驻固县、上江陈一带第二线阵地，推进到第一线。右翼与本师第三一九团衔接，担任以米山为支撑点的左翼地区防务。团奉命后的兵力配备和作战部署大致如下：

1. 以王学钦的第三营，进驻虬岭前进阵地，负责警戒、阻击、迟滞出击之敌。

2. 以邹继衍的第一营为第一线守备主力，敌如进犯，立予坚决迎击。

3. 以鲁麾戈的第二营为预备队，候命应援。

团部率直属队设指挥所于主阵地后约五六华里的米岭，指挥全团作战。

（余略）

我接受任务后，按照守备阵地的地形特点，作了下列处置：派第一连连长易孝生，率所部附重机枪一挺防守米山，独立作战（因米山是一位于左后侧的险要山峰，与主阵地不相连贯）；派第二连附重机枪一排守第一线主阵地；派第三连为预备队，控制于第一线后约1000米的营指挥所附近。随后立即命令各连抢修加强原有工事。我亲率连排长选定增设侧方火力点和改装的高射机枪阵地，派预备队在主阵地正前面的扼要通道上，埋设集束手榴弹和炸药包、防敌坦克（当时无地雷）。

我们进入阵地后的第四天（具体日子忘记），奉新据点附近约一旅团之敌，向我虬岭前进阵地发起进攻。虬岭，是一列横亘在我主阵地前约5华里而又邻近奉新城的小山地，圆锥形的主峰突兀挺立，远近瞩目，它既可俯瞰敌据点内的一切活动，又像插在我防线前面的一颗硬钉子。敌为解除这个威胁和障碍，攻击一开始，便来了一个“猛虎洗脸”：首先出动十余架飞机，轮番轰炸，继之以各种火炮，猛烈轰击，紧接着组成几路步兵纵队，在坦克掩护下，进行波浪式的连续冲锋，妄图一举拔除这一枚钉子，歼灭这支阻击部队。我王学钦营凭借有利地形和既设坚固工事，沉着应付，奋起迎击，打退了敌人一次又一次疯狂冲锋，杀伤一批又一批的敌军。该营由于防区面积不大，在敌机、火炮大肆轰击下，也受到重大牺牲，负伤官兵不断抬下阵地后运。我们在主阵地上，遥望虬岭附近，浓烟弥漫，火光冲天，枪炮轰鸣，声震山岳。其战况激烈，可以想见。鏖战至下午 2 时许，敌以强攻正面受挫无效，即指挥十余辆轻型坦克，从左侧强行冲过封锁线，迂回至虬岭后面，进行前后夹攻。至此，该营便陷入背腹受敌的困境。我师、团指挥部均以王营基本达成所赋予的任务，又见其伤亡重大，处境危险，命令从虬岭右侧迅速撤退后方整补。

敌随后尾追，向我主阵地发动进攻，好在我早严阵以待，当即予以迎头痛击。由于我们在各制高点上设置了高射机枪对空火力网，敌机不敢低飞投弹扫射，又因我阵地正前面，是一片广阔的荒芜平畴，敌军运动前进，就完全暴露于我火力有效射界之内，因此，敌虽尽量施展出轰炸、炮击、冲锋老一套三部曲战术，组织了两次猛烈的进攻，但在严密防守与强大火力还击下，伤亡累累，凶焰顿挫，始终未能前进一步。仅在我营左守备区阵地前面，敌即遗尸四五十具和被毁坦克一辆，碰壁溃退。这时天已黄昏，双方进入胶着对峙状态。

当晚 9 点钟左右，我接到防守米山的易孝生连长请援报告。原来敌在攻我主阵地正面的同时，又派出一支精锐部队，采取便衣侧面偷渗与正面攻击相结合，于黄昏前向米山进行突袭。我第一连奋起抗击，与敌展开拼杀。该连前哨阵地一个班 12 人，除两名负伤先行后运，副班长最后抱着轻机枪撤出外，其余自班长胡晃以下 9 人，全部壮烈牺牲。

由于米山纯粹是一座嵯峨怪石结构的险峻孤峰，敌炮轰击，威力特大。

易孝生这个连被炮弹、石块炸死砸伤的官兵达 30 余人，被炸毁轻机枪 1 挺，因而被逼撤退到山麓靠近主阵地左侧抗击待援。我打电话向代团长王陶报告上述情况，请求亲率一个连去恢复米山阵地。王当即指示：“米山失陷，团已获知，并转报师部，可静候上命，再作行动。”不一会儿，王团长在电话中传达了师长宋英仲的电话命令要旨：“……本师现守阵地，前无据点，左失依托，已不利于防守。着第一线第三一九、第三二〇两团，立即后撤 5 华里，围绕米岭为轴心，建立一道半环形的新防线，继续坚决阻击敌军……”接完电话，我派人与右翼友军取得联系，通知第一连归还建制，即率全营连夜退到米岭调整部署，改派第三连附重机枪一排，守第一线，并命赶筑工事，以利防守。

第二天正午 12 时，敌军进抵米岭附近，开始向我新阵地全线发起进攻，拉开了米岭阻击战的序幕。战斗至下午两点多钟，右翼第三一九团防守的突出部阵地，被敌夺占。该团第一线部队，纷纷动摇，独自后撤，敌之大部分兵力火器，转而集中压向我营。由于新阵地系临时构筑的简易工事，抗不住强大的炮火轰击，守军不断伤亡，阵线渐呈不支。我见情况危急，即亲率营防毒排增援正面，加强抗击；命预备队派重机枪两挺，推进到左翼高地，猛烈侧射；命第二连连长沿山麓、山腰堎塂掘壕据守，敌因天黑，未敢逼追。是役，我第三连连长何鑫左手右肋两处受重伤，少尉排长刘国兴中弹牺牲，全营伤亡官兵 60 余人，这一仗打得是够激烈艰苦的。

当晚 8 时许，我登上米岭主峰，向四周瞭望，看到前后左右两侧一二十华里的纵深地带，全是一片火光，这是敌军到达线“放火为号”的明显标志。只有以米岭为中心约十华里的一小块狭长地区，黑沉沉地躺在四面火光中，好像漂浮在大海波涛中的一座孤岛，说明我营和团预备队的第二营两部，已完全陷在敌军包围圈中了。自当天下午 3 点钟后，我们便与师、团中断了联系，未奉上命，又不敢擅自后撤，内心不免感到紧张。我当即带着几个传令兵去第二营找鲁营长筹商对策。见面后，我问他是否与团保有联系。鲁答：“下午曾两次派人去后方，一直没有找到团部，师、团主力，去向不明。”我把他拉到屋外高地，指着四周的形势说：“现在我们的处境，非常不妙，两个营，千多人的生死存亡，都搁在你我肩上，必须在拂晓前突出敌围，否则后果不堪设想。”

鲁营长完全同意我的看法，但彼此又考虑到，军人守土有责，无命擅自撤防，是要受到军法制裁的。几经研讨，决定各派干练士兵两名，立刻向后方寻找团、师联系，请示行止。不管找到与否，务在凌晨 2 时以前回报，再作最后的决策。打发 4 人出发后，我在鲁处吃了一些点心便辞别回营，刚走出两三百米，恰好迎面碰到派去联系的人，匆匆带着团部两个传令兵送来要我们撤过锦江的命令。于是又重返第二营与鲁营长磋商撤退措施，鲁即主动提出，由第二营接防掩护，待第一营撤离一小时后，他们继续跟进。交接阵地完毕，我即集结部队整顿动员，指派第二连为前卫，并命在行进路上两侧各派一个加强班，枪上膛，刀出鞘，手端机枪开路挺进，遇有敌阻，即猛扑上去予以歼灭或驱逐，掩护大部队通过，旋率全营以急行军速度向后转进。

我们在撤退途中，曾多处发现两侧山头，已有敌军设立的班、排哨所亮着火光，但见我大部队经过，即熄灭火光，远远退避。我们未放一枪，于拂晓前顺利地赶到锦江河边，团部已雇集民船十余艘，并派兵守护迎候。我们渡过锦河，刚把部队、船只疏散隐藏好，天已大亮，敌机 3 架，飞临上空，接着又引来轰炸机 6 架，围绕渡口上下游反复盘旋，投掷了十几颗轻磅炸弹，向江岸两侧树丛村庄，低飞扫射，进行火力侦察。幸我早有防备，未被发现目标，旋向上高方向飞去。可是，久不见掩护我们的第二营赶来渡河，只好嘱咐团部守兵，继续等待迎候。以后才获知该营接防后，因与敌接触交火胶着，未能及时甩脱，跟上我营。只得仍留山地，在敌丛中游转周旋了两天，到第二天午夜，于高安上游 20 多华里处，找到几只小船渡过锦江归建。但全营伤亡、冲散官兵 40 余人，还丢掉一些辎重行李。

我第一〇七师在这次防守战役中，从虬岭前进阵地到米山主阵地以至米岭临建的新防线，在连续的几次战斗中，由于广大官兵激于仇恨日军、保卫神圣领土的爱国热忱，是守得好的，打得硬的。我们杀伤了大批敌军兵员，消耗了它的大量军火，阻击迟滞了它的进军速度，为上峰指挥部调度部署赢得了时间，获得了应有的战果。

但是，敌我部队在军事战术技术的训练与武器装备上相差悬殊，特别是制空权全操敌人手中。所以我们付出了惨重的牺牲代价，仅我们第三二〇团，即伤亡连长以下官兵近500人，约占全团战斗兵的三分之一，还损失了部分武器装备。其他两团听说损失、牺牲也不小。

二、堵击合围途中见闻

我们在高安附近休整了一天，全师奉命急速开赴清江，负责防守、堵击沿赣江西进之敌。我营为团的先头部队，出发当天下午5时，赶到清江县属之临江镇，接替了镇北张家山一个川军营的防守阵地。据交班营长说：他们已在当地守备三天，起初从南昌外围出击西进之敌，似有向其发动攻势进而迂回侧击上高企图，曾与他们前哨部队有过接触。今早，敌之攻击矛头，忽而左转，指向高安、上高之间，当面十余华里，已无敌踪，只能听到左方远远的隆隆炮声。

我营守备到第二天下午4时，忽接团部转发前线最高指挥部的命令，调第七十军参与保卫上高城的战斗，限第一〇七师于某日某时到达上高城某地待命（具体时日忘记）。团长在电话中指示说："此地距上高城有100多华里，团部率第二、第三营，将于午后7时出发先行，你营交防后，迅速埋锅造饭，准备干粮，稍事休息，即沿团的行进路线，尽快跟进。"我向东北军一个连交防后，即集结部队做好一切准备工作，睡了几个钟头，于午夜1时出发，追赶主力。

我们在行进途中，不断碰到友军。其中有的是刚在前线作战受损撤到后面整补的，有的是从这一地段调到另一地段堵击的，还有是从后方增调赶来合围的。真是人马辐辏，摩肩接踵。这些部队，大部分属于川军。天明后，我看当中许多队伍，大都服装破烂，军容欠整，武器装备杂乱陈旧。特别是天近正午时，我们行进在一片较开阔平坦的田野，恰好与迎面开来的一个川军步兵团会合。正在这时，敌机3架飞临上空，我即令部队疏散隐蔽，架好改装高射机枪，对空监视。而我们这支友军，看到飞机临空，就像一群无头苍蝇，不顾队列秩序，惊慌地乱跑乱撞，既无军官出来指挥制止，士兵也不会利用地形地物掩蔽。敌机发现这一大好目标，立即俯冲投弹，并低飞扫射，使该团数十名官兵遭受伤亡，辎重行李更被炸得一塌糊涂，造成一笔无谓的牺牲，说明他们平时的军事训练很差。

当天下午 3 时，我营行进到一个两山夹峙的山垭前，有第七十四军第五十一师的一个营，在此列阵防守。据称：他们奉命严阻一切军队撤到上高附近，以免干扰保卫战的部署。因我出示了参与上高保卫战的命令，便由一位军官接待，通过垭口。我见该部官兵，精神饱满，军容甚壮，他们使用的武器，步兵是一色的中正式步枪，每连有捷克式轻机枪 9 挺，还配有六〇炮、枪榴弹，机枪连有马克沁重机枪 6 挺，每连有战斗兵 156 名。仅就这些，也可看出其武器装备是相当齐全划一的。我把上午看到的川军与之比较，两部之间的差别，极为明显突出。再拿自己的部队与他们对照衡量，我觉得，我们这支湖南地方部队似乎比川军稍胜一筹，却也远远不及第七十四军第五十一师。

三、上高保卫战目击记

我率部通过第七十四军第五十一师防守的山垭后，于下午 6 时赶到上高城南一座高山下，归还团的建制，当晚露营于山麓树林内。

日军进攻的最后目标是“拿下上高城”。这时各路敌军均汇集到上高城外围，完全陷进了我军预设的口袋阵地内，所以虽在黑夜，仍然枪炮轰鸣，响彻终宵。

次日拂晓，代团长王陶带领我们几个营长，爬上山巅瞭望观察，上高城就坐落在我们立足山岭左前约十余华里。城池东、西、北三面环山，锦江横贯南面，成为天堑。锦江南岸，是一片宽约五六华里，纵深狭长的平野田畴，平畴两侧，右面高峰连绵，左面山脉较低，丘陵起伏，形势险要，易守难攻。的确不愧为一座巍然屹立于赣西北中心、具有重要战略意义的重镇。

我们登山时，敌军早已开始拂晓攻击，天稍明亮，敌出动飞机，从最初的二三十架到最多时的七八十架，有如蝗虫一般，遮天蔽日地连续飞临上空，围绕上高城周围，反复盘旋侦察。旋即向城池和设防阵地及其外围轮番俯冲投弹，狂轰滥炸，各种火炮集中猛烈轰击，坦克开路，掩护步兵冲锋猛扑。眼看上高浓烟滚滚，一片火海，从飞机、炮群倾泻下来的钢铁，炸得地动山摇，震耳欲聋。敌军使用这样多的飞机和如此强大的炮火，这是我参战以来所仅见的。最令人惊服的是，当敌机、火炮猛轰时，我方阵地静悄悄地毫无反应，好像守军已被消灭，或全部撤走。可是一待敌步兵冲锋达到有效射界，设置在战壕、山洞中各种隐蔽巧妙的火力点内，轻重武器喷射出来的弹雨，就像泼水一般洒向敌群；配备在后方远射程、大口径火炮，也紧随着发出雷鸣般怒吼，进行地毯式的迅猛疾射。在我严密火网与步炮协同反击下，打得敌军晕头转向，丢下一批尸体和被毁坦克，仓皇溃退。就是这样一次又一次的反复拉锯战，使得凶顽的日军，在这座铜墙铁壁的坚城面前碰得头破血流。眼看上高城近在咫尺，就是可望而不可即，未能靠拢一步。这场持续近 12 小时的恶战，实在算得上攻防战中演出的威武雄壮的战例。

当时保卫上高城的主力，是王耀武军长统率的第七十四军第五十七师。该师凭借阵地地形优良特点和各方面的支援，大胆地只部署一个团专心防守正面，当这个团疲惫或被打垮，另一个团立即顶上去，全师 4 个团，轮番接替，所以在兵力使用上，能够应付裕如。整个第七十四军从外围到城防，与敌周旋了两天一夜。第五十七师能够顶住这样强大的攻势，的确称得起是一支善于防守、战斗力很强的精锐部队。我第七十军奉有参与保卫上高城的任务，每到战况紧急关头，我们曾一再向上请战，但一直没有奉到投入战斗的命令，只得蹲在山上作整天的壁上观（军辖的第十九、预备第九两师，是否参加其他地段的战斗，我记不清楚）。

当天下午 6 时，我前线集团军指挥部发出了总反攻的命令，所有合围部队纷向当面之敌发起进攻，守城的后备军也从城郊分路出击。已成强弩之末的敌攻城部队，抱头鼠窜，纷乱后撤。敌败局已成，即在距上高城约二三十华里的东南方向，使用数十架飞机，在我合围部队的接合部分轰炸出一个缺口，掩护着地面败军，突围夺路脱逃。

这次会战，我以优势兵力，在四面合围的有利形势下，未能把这支打得筋疲力尽的侵略军一举歼灭，而令其大部漏网脱逃，真是令人感到莫大的遗憾。

四、奉命出击追堵逃敌

我师奉命为第二批出击部队，任务是从上高防线东南侧翼插出，防止、堵截敌向赣西北窜扰，肃清前进路上残存敌军，并清扫战场。我团黄昏后从待命地出发，渡过锦江，进入上高城，城内一片漆黑，已成废墟，阵地上所有的钢筋水泥工事与坚固战壕，均被轰塌炸平，硝烟尸臭，刺鼻难忍。证明守城部队伤亡重大，打得很苦。由于敌军是战败后用飞机掩护夺路逃窜的，根本不可能分出什么力量再向赣西北窜扰，所以防止、堵截的任务，就用不着执行了。又因为有了第一批出击的部队先行，残存敌军自然已被基本肃清。我们是第二批从敌侧出击的后到者，因而缴获甚微。我营只在出城不远的地区，捉到十几个被冲散和负轻伤的日本兵，缴获长短枪 20 余支和几箱完整的小钢炮弹与轻重机枪子弹，其中两支王八匣子枪，是在敌军官尸体上取下的。

在打扫战场时，我们收集浅埋了二三十具被击毙的敌兵与战马尸体，收集了一批军粮、罐头、纸烟等军用食品，至于遗弃的零碎东西和大量的枪炮弹壳，则遍地皆是，就没有去管它了。我们在搜索、警戒追击途中，看到道路两侧的稻田、山坡，到处布满杂沓人马脚印蹄痕，由此可见敌人当时惊慌夺路逃窜的狼狈丑态。这也是敌我以往作战从未看到过的现象。我们追了一昼夜，于第二天下午进抵奉新外围附近，前面已有部队布防，我师即奉命转进至靠近宜丰地区休整。我团其他两个营，在出击时也有些收获。

长留浩气满乾坤

王道平*

一、山雨欲来风满楼

日军在侵占九江和南昌之后，江西方面的战事，呈现暂时的沉寂，除了前哨偶有小接触外，形成一种双方对峙的胶着状态。

1941 年 3 月间，日本侵略军为了打击中国军队主力部队，妄想直取我军事要地上高，完成他们一次大规模的鄱阳湖“扫荡”战。日军突然动用两个半师团的兵力，一个飞行团，采取闪电式战术，向我赣西北猛烈进攻，很快侵占高安，逼近上高县城北郊的镜山地区，企图一举拿下上高。结果他们的企图变成了泡影。上高一战，我军彻底粉碎了日军的“扫荡”计划，把他们打得落花流水，狼狈奔逃，最后龟缩南昌城。

日军为了完成这次“扫荡”计划，进行了积极准备和周密部署。他们调兵遣将，纠集兵力6.5万余人，飞行团一个，还有战车，并强拉民伕万余人。除留守原阵地两万余人外，进攻上高的兵力约有 4.5 万余人。

日军运用分进合击的战术，兵分南、北、中三路，压境而来。北路日军

---

* 作者时为上高县政府工作人员。

是第三十三师团，集结在安义一带，约 1，4 万余人；南路是第二十混成旅团，约 8000 余人，聚集在向塘镇龚家以北；中路是第二十四师团，为主力军，兵力约 2 万余人，盘踞在西山万寿宫附近，向上高进袭。

日军先由南北两路侧攻，起牵制作用。中路是主攻，在两翼辅攻之下，妄图形成苍鹰缚鸡之势，啄取上高。用飞机、大炮掩护几万大军向我猛烈进攻。

上高地扼赣西北的要冲，乃军事重镇。当时我第九战区副司令长官、前敌总司令兼第十九集团军总司令罗卓英就驻在这里。如果日军占领上高，不仅严重打击了中国军队的主力军，而且可以西向湖南侧击长沙，造成对第九战区的威胁。故对敌我双方来说，上高都是必争之地。

为此，我方下了决心同敌人决一死战，保卫上高，粉碎日军的扫荡计划。

参加这次会战的部队，是第十九集团军的 3 个军：第七十四军王耀武（主力军），第七十军李觉，第四十九军刘多荃，另有第七十二军傅全朴，江西保安团 3 个团，总共兵力约有 12 万人。

上高县城东北地区是丘陵地带，大山小岭，连绵不断。特别是距城二三里的镜山，颇有虎踞龙盘之势，控制着下陂桥（今名陂下）的要隘，居高临下，便于发挥火力，歼击来犯之敌。

对于这次日军来犯，上高驻军将士斗志昂扬，严阵以待；上高人民在中华民族反抗外族侵略的传统支持下，早已众志成城，全力支援部队作战。并且已经组织起运输队、救护队和保卫家乡队，正在整装待命。

二、抗日史上光辉的一页

3 月 15 日，南北两路的日军，首先出动，北路第三十三师团很快攻陷奉新，迅速向上高方向推进，南路第二十混成旅团也向上高包抄而来。16 日，中路第三十四师团由西山出发，在占据高安后，攻抵上高的泗溪、官桥一带，进入下陂桥镜山地区。

日军恃其武器装备优良，长驱猛进，孤军深入。从南昌到上高，在长达200里左右的狭窄道路上，摆成一字长蛇阵，不但补给困难，而且从新建西山到上高墓田这一线上，处处遭到我军的袭击和围攻，形成首尾不能相顾之势，犯了兵家之大忌。

在这条漫长的小路上，我军利用地形熟悉，处处寻找机会出击，困扰敌人，时而歼灭他们一小股，时而截断他们的补给线，打击了敌人的战斗意志。搞得敌军惊魂不定，给养不继，军心涣散。

当日军攻到镜山口时，正进入我军的狙击圈。我主力军第七十四军，在镜山口堵住敌军前进，敌军后方杨公圩、墓田等处后路，又时被我军袭击、切断，日军被围困在杨公圩到下陂桥40里的狭长口袋里。我军则是瓮中捉鳖，四周围击！

日军连遭我军痛击，进退维谷，连忙调兵遣将，增援中路日军，出动飞机数十架次，在我镜山阵地轮番低飞扫射、轰炸。山塌土崩，一片火海。从清晨到傍晚，炸弹枪炮之声，震耳欲聋。

日军在飞机炮火掩护下，同时向杨公圩、官桥、泗溪等处我军阵地猛攻，特别是对正面镜山阵地，更是倾泻了无数的炸弹炮弹，大有夷平山头之势，企图控制最高点，扭转败局。可是我军将士的斗志旺盛，誓死保卫上高，坚守阵地。人在阵地在，决不让敌人前进一步。他们前仆后继，不断狙击敌军。自3月22日起，我对日军发动了3次包围阻击战：下陂桥核心阵地争夺战（即镜山口抗击战）、官桥包围战、杨公圩虎形山激战。特别是下陂桥核心阵地争夺战，乃是我军主力第七十四军和日军主力激战的焦点。第七十四军军长王耀武、第五十七师师长余程万，亲临前线督战。在这里，敌我双方伤亡人数达4000人以上。战斗打到30日，日军伤亡惨重，无力实现其鄱阳湖“扫荡”计划。为了保存实力，不得不尽全力拼命突围，向原来进攻的老路溃退。

日军为了逃避国内舆论指责，通过广播，捏造战报，宣传他们“已经占领上高县城，达到了歼灭‘重庆军’主力之目的，乃回兵南昌”。

敌军败退，我军乘胜追击。全线出动，兵分三路：左路由第七十军、第七十二军向奉新、安义方向追击；右路由第四十九军，经高安向西牛行方向追击；中路由第七十四军从镜山口向官桥、杨公圩方向追击。

当初，日军“闪电式”长驱直入，进犯上高，趾高气扬。现在，他们也是“闪电式”地溃败，狼狈逃窜，好似水泻千里！这是日军侵华以来在战略战术上重大失算的一次战役。

上高会战，从1941年3月15日开始，至4月9日结束，历时25天，一举击溃日军两个半师团，鼓舞了全国人民的战斗情绪，从而更加坚定了抗战必胜的信心。

三、巡视战场，动魄惊心

1940年初，江西省政府任命黄贤度为上高县长。上高会战是一场残酷的战争，毫无疑问，这是对当时上高县12万人民的严峻考验，也是对县政府工作的检验。

会战迫近了，县政府紧张地进行战前的各项准备工作，督促民众疏散，转移重要物资，切实做好战斗中的通讯、联络、支前、运输等部署；还有后方的治安工作，万一失守以后组织打游击的方案等等，都一一安排妥当。

会战一打响，为了更好地指挥工作，县政府临时迁移到距上高3华里的一个山洞里。几天来，炮弹轰鸣，硝烟弥漫，山洞里电话不断，运输队、救护队往来奔跑在枪林弹雨之中。紧张的战斗，使县政府的工作人员不顾白天黑夜，也不知疲倦饥渴。

在下陂桥核心阵地争夺战的决战阶段，上高县政府工作人员与我军将士和支前民众同生死、共患难，及时地准确地指挥全县的支前工作，并到镜山下的前沿阵地，慰问正在参加激战的第七十四军将士。我们在锦江南岸的第七十四军指挥部里，会见了军长王耀武，他看见我们，感到惊奇。

在紧张的战斗中，军部将士几天不曾合眼。军长一直守在指挥所里，桌上摆着几架电话机，铺着作战军事地图。由于战斗紧张，电话特别多，无法得到休息，使得这位军长下颚红肿，声音嘶哑。他说：“敌人为了攻下镜山，打破缺口，我们不惜付出任何代价，死守镜山，决不让敌人前进一步！”在震天撼地的炮火声中，这位将军坚定的声音，特别响亮。这是广大抗日将士的心声，大家听了，感到振奋而又敬佩。王军长介绍说：“敌军白天派飞机不停歇地轮番轰炸我军阵地，大炮更是昼夜不停地猛烈轰击，一天到晚，震耳欲聋，硝烟刺鼻，火光四起。就在这个决战焦点镜山阵地，我军摆上了两个师的兵力，两个师部指挥所就设在镜山一侧的山腰里，全体将士，誓与阵地共存亡。”

上高县政府的工作人员一直到了前沿阵地，只见我方战壕挖好了又炸平，炸平了又重挖，整个山头，几乎被炸弹炮弹翻了过来。在血肉与泥土互相搅拌、互相渗透的土地上，士兵们正在抢挖战壕、掩体。他们满脸都是烟尘和鲜血，牺牲的战士身上棉衣被炮火撕裂成缕缕碎片。没有炸倒的树木，只剩下光秃秃的树干和大枝桠。在树桠上，牵挂着被炮弹炸碎的衣带和破布，残肢断臂。此时此地，没有畏惧，有的是为国捐躯，保卫国土，“生当作人杰，死亦为鬼雄”的悲壮豪情。将士们用手榴弹、步枪、机枪、迫击炮一次又一次击退了来犯之敌，一个连伤亡过大难以支持，另一个连立刻上去，前仆后继，浴血苦战，始终没有让敌人前进一步。这种舍死忘生、浴血拼搏的精神，充分表现了我们中华民族的浩然正气，上高保卫战的壮烈景象，令人惊心动魄。上高保卫战将士们的英雄事迹，可以感天地而泣鬼神！

3 月 30 日，敌人突围溃逃，上高县政府的工作人员闻讯，直奔镜山口的下陂桥战场。在墓田、杨公圩路上，只见我军正在乘胜追击敌人。

由于日军竞相逃命，人马拥挤，原先的羊肠小道，竟被他们踏出一条宽阔的大路来。从下陂桥到杨公圩的道路两旁，尸体枕藉，成群的野狗撕咬着尸体，瞪着血红的大眼，见人竟不畏避。几十里的路面，到处都是紫红的血迹。

在这方圆几十平方公里的主要战场，四周的房屋，全被日军烧毁，整个村庄，化为一片焦土。每个村口的水井，都被日军倒入粪便、毒药。日军宰杀的牛、猪内脏、皮骨，到处丢弃，腥臭之气，扑鼻难闻。更令人触目惊心者：屋前屋后，里里外外，到处可见老人、小孩、妇女的尸体，妇女则是先奸后杀。这全是被日军杀害的我们的同胞！又见两个披头散发的妇女，她们哭笑无常，这是被日军杀死亲人又轮奸致疯的农妇，被野兽残酷摧残的受害者。面对着日军法西斯强盗灭绝人性的屠杀与侮辱，稍有血性的中国人，谁不切齿痛恨！

打扫战场，留下的累累尸体，数都数不清，可见上高会战之激烈残酷。日军伤亡是非常惨重的，我军也付出了沉重的代价。战死的日军尸体，起初是大部分被他们抢运走了，后因兵败如山倒，来不及运走，许多尸体，都截去一个手指。按日军规定，战死的士兵尸体，如果不能抢运回去，须将身上佩带的标有姓名和部队番号的身份牌和手指，作为战死的凭证带回。后来，人们将这些日军的尸体，全部掩埋，叫做“倭奴冢”。

安葬我军阵亡将士，当然是极其隆重的。将尸体装殓以后，选择上高县城附近高地，把烈士们的遗骸安葬在一处，建立了规模宏大的烈士墓，竖了大石碑。碑上镌刻着闪闪发光的一行金字：“上高会战抗日阵亡烈士墓”。

当年巡视上高会战战场，处处令人感到悲壮惨烈，至今回忆，犹觉惊心动魄！

四、制胜力量的泉源

人心归向，民族团结，乃是杀敌制胜的保证。上高民众全力以赴，支援前线，是上高会战大获全胜的一个重要因素。

上高地小人少，全县人口仅 12 万。平时供应驻军的任务已经很重，而战争打响以后，大军云集，负担更重。全县总共 3 个区，全部成为战场，第一区一部分地区，如镜山、下陂桥又是战斗最激烈的地方。在这种情况之下，上高人民的支前任务就尤其沉重，这就必须切实有效地做好动员和组织工作。

上高县政府平时对民众进行了大量的宣传动员工作。对于驻军，也曾利用军民杂居的条件，对官兵们进行爱国宣传，鼓舞激发他们的抗日热情和英雄气概。

因为发动民众支前的组织准备工作做得踏实，所以，会战一开始，上高县政府就代表全县人民向参战的主力部队第七十四军，作出支前的3点保证：

1. 保证运输队、担架队跟上去，弹药、军粮及时运到前线，伤病员及时送到后方。

2. 保证电话畅通，前后方交通无阻。

3. 保证后方安全，防止汉奸放火、投毒或其他破坏活动。

上高民众用实际行动做到了这些保证，英勇的支前大军，在敌机的狂轰滥炸中，在阻击战的枪林弹雨中，他们冒着敌人的炮火连绵不断地进行输送，把粮食、弹药源源不断地送到了火线阵地上。担架队的老乡们，把受伤的将士抬下火线，转送到后方医院治疗。部队打到哪里，运输队和担架队就跟到哪里。他们已经成为了作战部队这个整体的有机组成部分。

在战争的紧要关头，敌机把锦江石桥炸坏了，前面的一座浮桥，又在敌机狂轰滥炸之下，我方运输线被切断。必须抢时间将物资送上前线，县政府的工作人员，没有半点迟疑，冒着敌机的轰炸扫射，第一个冲上浮桥。支前民众深受感动，身背弹药，形成一股不可阻遏的人流，跃上浮桥。敌机扔下的炸弹，在身边激起了冲天的水柱，浮桥在剧烈地颠簸震荡，人流滚滚，粮食、弹药不断流入前线阵地，一条钢铁运输线，飞驶在锦江两岸！

望着这浩浩荡荡的运输大军，望着这些纯朴而又刚毅的父老兄弟，我们的乡亲为了打日本保国家，竟是这样舍生忘死，赴汤蹈火，谁见了都会感动得热泪盈眶！

当我军正面坚强阻击时，为配合第七十四军歼灭日军，从修水调来的王陵基集团军的两个师，来到宜丰、上高边境的凌江口。一无桥，二无船，不能过河。正在焦急之时，上高县政府发动民众，临时组成了架桥队。两岸的老百姓闻讯，撑来了大大小小的木筏、竹筏，卸来了门板……众志成城，众擎易举，只用了一天工夫，一座新的浮桥架起来了。王部两个师的人马辎重，顺利渡过了凌江，赶到日军侧方，配合进攻。对下陂桥的日军形成包围圈，迫使日军两面作战，从而削弱了正面日军在镜山口的火力，大大加强了我军围攻敌人的战斗威力。

在墓田、泗溪、杨公圩等地激战之时，当地群众还自动组织起来，手拿大刀、长矛，推来松树炮、土炮，给我军助战！县政府的电话员，在枪林弹雨中翻山越岭，架线接线，保证了电话畅通。

上高，这个方圆仅仅百里的小地方，在这次激烈的战斗中，承受了日军不知多少吨枪炮炸弹的破坏摧残，蒙受了日军实行残酷的“三光”政策的空前劫难，不知多少父老兄弟、姑婶姊妹被日军疯狂强奸屠杀，不知多少财产房屋被日军抢掠焚烧！但是他们没有屈服，有的只是对日本侵略者的仇恨，在这个当时仅有 12 万人的小县，却有 3 万左右的乡亲，冒着敌人的炮火，奔驰在支前的战场上！很多父老兄弟姊妹，默默地倒下了，为了抗击敌人，保卫家乡而慷慨捐躯。而且，在农村生产遭到战争破坏，物资十分缺乏，生活极为困苦的条件下，上高人民毅然承担了驻扎在上高众多抗日部队的生活物资供应，节衣缩食，把一切献给了祖国的抗日战争！

流光如逝，参加上高会战的抗日阵亡将士和支前烈士，已经长眠多年了，当年参加会战的将士和群众，而今都已垂老矣！看到今天祖国强盛，心中会感到无限欣悦。今天我们可以告慰于英雄的英灵，你们的鲜血没有白流！

正是：

英雄战死山河固，长留浩气满乾坤！

抗击日伪华北“治安强化运动”

五年来对敌斗争的概略总结与今后对敌斗争的方针

邓小平*

抗战以来，敌我在华北的斗争大致可分为三个阶段：第一阶段，抗战开始到武汉陷落（一九三八年十月二十五日），这是敌人进攻作战阶段。第二阶段，武汉失守到百团大战（一九四〇年底），这是敌人“治安肃正”阶段，也可说是其“总力战”的实施阶段。第三阶段，一九四一年到现在，这是敌人“治安强化”阶段，也可说是其“总力战”的强化阶段。

百团大战给予敌人以很大的震荡，使敌人重新考虑了问题，提出了“治安强化运动的方针”，取消了“剿共灭党”的口号，而专致力于“剿共”。所谓“治安强化”，就是“治安肃正”计划的进一步发展，就是“总力战”的进一步实施，也是“三分军事七分政治”更进一步的运用。在1941年、1942年两年内，敌人实行了5次“治安强化”运动，一次比一次毒辣，特别是在太平洋战争爆发后。敌人更提出了“完成大东亚兵站基地，建立华北参战体制”的方针，所以在1942年的第四第五两次“治安强化”运动中，斗争特别尖锐。

---

* 作者时任中共中央北方局太行分局书记，八路军第129师政治委员。原文是1943年1月26日作者在中共中央太行分局高级干部会议上所作的报告，本文节选了部分内容。

前后5次“治安强化”运动可以分成两个阶段来说。

一、二、三次是在1941年实施的，第一次口号是“育成强化乡村自卫力”；第二次口号是“乡村自卫力与军警协力以实践剿共”；第三次口号是“强化剿共工作，对敌匪地区实行经济封锁”。其在本区之表现为：

在军事上，较大“扫荡”共有9次，除太岳两次外，每次兵力都不很大，而小的“扫荡”和袭扰则甚为频繁，共有253次之多。此期的特点则在于敌人更多地着眼于政治进攻。鉴于百团大战的威胁，强调了敌占区的“乡村自卫力”之强化，开始肃清点线内之不稳分子。建立情报网和保甲制度，加强各组织之训练工作，有计划地整训与扩大伪军和警备队，组织与训练灭共自卫队、保甲自卫团或防共自卫团，身份证改为居住证，扩大太平洋战争胜利的宣传，加强敌占区人民特别是青年的奴化运动，

在经济上，一方面着眼于绝对统制物资，进一步达其封锁根据地的目的，同时进行了严重的货币斗争，打击我们的冀钞；另一方面则是对抗日根据地实行其“三分军事七分政治”的“蚕食”政策。多采用反复连续奇袭、奔袭的战术，学习并发挥了游击战术，加紧特务工作，在根据地内组织秘密维持会，大肆发展会门、青红帮，策动黎城离卦道暴动和准备沙河柴关暴动，实行自首政策，收买叛徒，派遣大批汉奸深入根据地活动。同时在“扫荡”时采取“铁环合围阵”“驻剿”“清剿”的战术，实行“三光政策”，制造无人区，制造失败情绪，一切军事动作，都是配合政治特务进攻，达其逐渐“蚕食”根据地的目的。

其最严重的为冀南、太行二分区和沿平汉线，公路据点、封锁沟墙大大增加，平汉西侧向根据地发展了第二道封锁线，碉堡平均每800公尺一个，冀南与太行的交通被割断。这里还应注意的是，1939年的较大“扫荡”一般在下半年，主要在冬季。由此可以看出，敌人在敌占区的“治安强化”与对根据地的“蚕食”和经济封锁，都是为着缩小根据地，割裂根据地，以便于进行大的“扫荡”和企图摧毁根据地的目的。1941年的3次“治安强化”运动准备了1942年对根据地的大进攻。

四、五两次“治安强化”运动是在1942年实施的，中间实行了一个夏

防计划。第四次的口号是“东亚解放”“剿共自卫”“勤俭增产”。第五次的口号是“我们要建设华北完成东亚战争”“我们要剿灭共匪”“我们要确保农产减低物价”“我们要革新生活安定民生”。

其在本区之表现为：

在军事上，实行了 10 次大“扫荡”，每次兵力都比过去为多，“扫荡”时间更长，情况也更为严重。小“扫荡”及袭扰次数更为增加，共有 262 次之多。其在战术上的特点则为“铁环合围、捕捉奇袭、纵横扫荡，反转电击，辗转抉剔”等等。结果，冀南根据地变为游击根据地，据点大增，平汉西侧构成第三道封锁线。太行占领榆社，太岳占领沁源并企图打通临电公路线。上半年的“蚕食”曾引起根据地的严重形势。在政治上，则继续加强以往的一套，强调了伪军的发展，实际上也有很大发展；强化敌占区的统治，切实实行保甲，编成大编乡，在伪组织内部实行“清政”。肃清不稳分子，注意健全下层机构，提倡深入下层；大肆掠夺壮丁，平乡一县即抓去 4000 人之多，特别提出“阵头主义”，要求各级官员亲立前线，将汉奸列在阵头，以便利统治民众，同时强调“中日军合力”与军政会民的一元化。

在经济上，经济掠夺成了两次“治安强化”运动始终贯彻的中心。而 5 次“治安强化”运动的重点，完全放在粮食的掠夺上，其当时向根据地的“扫荡”，也是为了这个目的，在敌人掠夺下，冀南吃亏最大。很明显的，1942 年敌人的重点，主要是放在“剿共”（“扫荡”和“蚕食”）、经济掠夺之上，以遂行其“完成大东亚兵站基地，建立华北参战体制”的方针。

5 年来，我们同敌人在华北进行一天比一天尖锐、严重的斗争，大致可以分作 3 个阶段。

第一阶段，敌人前进，实行正面进攻，在华北兵力较少，经验缺乏，更对我党我军估计不足，给了我们从对敌斗争中创立抗日根据地以非常优良的条件。此期我们充分利用了敌人的弱点，打开了局面。当华北中央大军南撤的时候，我党我军即提出了“坚持华北抗战，八路军与华北人民共存亡”的基本口号，确定了坚持敌后斗争的基本方针。这一阶段的对敌斗争，是环绕在打开局面、创造根据地与求得大发展的任务之上。其在本区的表现为：

在军事上，1937 年我们先以一部在同蒲路北段作战，如在阳明堡火烧飞机，随即全部沿正太线作战，如七亘村、黄崖底、广阳战斗，都是在敌侧背配合正面友军防御作战；只有在太原失守之后，才是本师单独作战，如在正太路粉碎敌人六路围攻。1938 年进行了 3 次反“扫荡”作战，其中尤以敌人调兵会攻徐州之前九路围攻晋东南之被粉碎为最激烈，我大部分力量使用于邯长大道的伏击作战，打退了黎涉沿线敌人，光复了长治地区，伸向道清路活动，扩大了我们的影响，形成了晋东南根据地的局面，同时于 1937 年末，即对冀南派出东进小支队，作侦察式的活动，1938 年春夏正式进入冀南，形成了冀南根据地的局面；当徐州、武汉会战之际，我们组织了平汉线津浦线的破击作战，尤以在平汉线的十余次大破击，给了正面的国军以很大的助力。

在政治上，我们的“坚持华北抗战”的方针，打击了敌人“以华制华，以战养战”的方针。我们严重地打击了敌人的爪牙，打坍了晋东南、冀南广大地区的维持会及为敌利用的封建组织，如会门、自卫团、联庄会等，建立了广大地区的抗日政府，消灭了六七万皇协军及伪化了的土匪会门等封建武装，普遍成立了抗日游击队，发展了正规军数倍；进行了广泛而深入的抗日宣传和民族教育，激发了人民的抗日积极性，打击了敌人“招回流亡，恢复治安”的欺骗人民的诡计；游击队不断地在铁路两侧的活动，相当程度上打击了敌人的护路计划。

在经济上，我们尚无何种设施，亦未引起注意；敌人则有相当成就，但在广大乡村被我控制的条件之下，敌人未能达到“以战养战”的目的。

我们军事政治斗争的结果，把敌人束缚于点线之内。这是我们的大发展时期。

第二阶段，敌人回师华北，实行“治安肃正”计划，华北斗争局面开始严重。此期我们的方针是“巩固华北，发展华中”。其在本区的表现为：

在军事上，我们进行了 10 次反“扫荡”作战。1939 年在太行区进行了敌人打通邯长公路及我们收复邯长大道的斗争，1940 年则由我们主动地展开了大规模的破击交通线斗争，以打击敌人的“囚笼政策”，其最大者为冀南全年的破击交通线斗争，5 月白晋战役，特别是由 8 月 20 日开始直至年底的百团大战，破坏了敌人进攻重庆、昆明、西安的计划。1940 年全年之激烈战争的结果，敌我双方均有相当的削弱，敌人伤亡较我更大（九与七之比）。

在政治上，根据地日趋巩固。1939 年我党我军仍有相当发展，群众有相当发动，抗日政权初具规模。而 1940 年夏，冀南、太行、太岳行政联合办事处的成立，在统一本战略区强化根据地建设上，特别在对敌斗争上，有其重大的政治意义。这一阶段，我们几乎有一半时间处在寇奸夹击的困难局面当中，一方面顽固派进行蛮横的破坏抗日根据地的斗争，另一方面敌人则抓住机会挑拨国共关系，积极配合顽固派向我们进攻。1939 年冀南、太行、太岳处在非常严重的局面。直至 1940 年初，由于我党政策的正确，北方局和朱德、彭德怀英明的直接领导，人民的拥护，以及军事斗争的胜利，才打开了局面，既巩固了根据地，又巩固了国内的团结，打击了敌人挑拨离间的阴谋诡计。

在经济上，1939 年我们仍然是忽视的，民生凋敝，军队供给极端困难，在敌占区只有需索而无工作，故征集资财亦无成绩，这是我们（主要是太行区）最穷困时期。1940 年我们才开始注意经济问题，在根据地注意生产和节约民力，在敌占区反对“把敌占区变为殖民地”的观点（结果又形成了完全不到敌占区工作的偏向），根据地民众才缓过气来。同时，1939 年发行了冀南钞票，加强了经济斗争力量，军需才有了保障。但在此期间对敌经济斗争的成效，则甚为微弱。

在反特务斗争上，我们只作了些防御工作，故敌人的特务政策仍有相当成就。

此一阶段，在巩固根据地方面，有了进一步的成绩，但忽视了敌占区工作，虽曾屡次提出纠正，转变很少。1939 年在敌占区的需索政策，给了敌占区人民以很坏的影响，大大损害了我们的政治声望；1940 年的不到敌占区，没有挽救这个损失，这恰恰给了敌人以巩固占领区、扩大占领区的很大便利。而1940年讨逆战争后的冀南，1939年十二月政变前后的晋东南，都产生了政策上“左”的错误，既损害了根据地的建设和巩固，又帮助了敌人扩大其社会基础。1940年4月黎城会议，克服了混乱，强调了巩固根据地的建党、建军、建政三大方针，有其明显的成绩，基本上是成功的正确的。但在部分问题上亦有其片面性的缺点和错误，如对根据地的群众工作及敌占区工作重视不够，对游击战争的分量估计不够，过分强调了正规军，编并地方武装，结果更便利了敌人的前进和造成了我们的退缩。这一阶段斗争的结果，我们在极困难的条件下，巩固了抗日根据地，我们忽视了敌占区的政治工作和一些政策错误有关的。

第三阶段，敌人实行“治安强化”运动，我们加强对敌斗争和根据地建设，双方都走向深入，斗争进入空前尖锐化的阶段。其在本区的表现为：

在军事上，我们进行了19次大的反“扫荡”作战和515次反小“扫荡”与袭扰，两年作战达7976次之多。我们于1941年初即强调了军区建设工作，纠正了对地方武装的编并与放任的错误，县区基干队建立与逐渐健全了，不少正规兵团地方化了。人民武装主要是民兵的建设，打下了群众性游击战争的基础，两年来有了相当的规模和战斗能力，开始起了很大的作用，游击集团的组成上亦有进步。这些都大大地增强了保护根据地的力量。1941年开始注意向敌占区开展游击活动，但各地对此了解较差，收效不大。1942年成立武装工作队，认真地注意了面向敌占区面向交通线，提出与加强格子网内的斗争。特别是北方局，军分会提出反“蚕食”斗争之后，收效很大。所以1942年5月以前，根据地还始终是退缩的，5月以后则完全改观。抗日政府的负担面在太行区有了相当的扩大，冀南则在根据地变质的条件下，顺利地坚持平原游击战争；太岳亦有不少成绩，并开辟了岳南和中条山的局面。惟在某些区域，向敌占区发展的注意力仍嫌不够。

在政治上，1940年底北方局指示了一套明确的政策，1941年成立了临时参议会和晋冀鲁豫边区政府，抗日根据地各方面的建设有了显著的进步；惟1941年对于发动与组织群众的工作，仍在忽视之列，所以民主建设等工作，还是架在云端之上而无确实的成就。对敌占区和敌占优势的游击区，北方局提出了革命两面政策的运用，开始某些地区不懂得这个政策的进攻性，反变成了主动的退缩，帮助了敌人的“蚕食”，纠正后获得了不少的成功，冀南对伪军的工作成绩尤大。在反对敌人的“蚕食”斗争，反对敌人的特务政策，在敌占区进行对敌斗争等方面，1941 年没有多大成绩，1942 年则各地都有大的进步。我们采取了“敌进我进”的方针，创立了少数格子网内的隐蔽游击根据地，无论太行、太岳和冀南。在这方面都积累了比较丰富的经验。

在经济上，我们在 1941 年即已提出加强对敌经济斗争，因在摸索之中，未获多少成就，冀钞对伪钞比值甚低，物价高涨即其一例。1942 年则一改旧观，太行区不仅在根据地建设上有不少成绩，而且在对敌占区经济斗争上，也创造出一些经验，获得了初步的较大的胜利。不过冀南、太岳在经济斗争上仍然无力，敌人收获亦大，应加注意。此问题将有专门报告，毋庸多述。

在反特务斗争上，1941 年前，对敌人破坏根据地千奇百怪的特务活动警惕不够，直至黎城离卦道暴动、柴关暴动的惊人事件发生后，才略有注意。但对敌人之毒辣性一般均认识不够深刻，虽群众运动发展之后有些进步，但至今仍是我们应该大声疾呼的事情。

在文化宣传上，我们曾于 1941 年进行了对敌 3 次政治攻势，在敌占区作了广泛的政治宣传鼓动工作，在打击敌人的“治安强化”运动和振奋人民抗日情绪上，起了不小作用。1942 年继续进行了 3 次政治攻势，配合以游击活动，在某些地方曾结合敌占区民众反对捕壮丁、反对配给的斗争，而以反对敌人第五次“治安强化”运动的一次为最成功。这是因为过去几次政治攻势，一般只作了一些宣传工作，而在第五次“治安强化”的攻势则主动地抓住了反对敌人抢夺粮食斗争这个中心，组织了真正的一元化斗争，多支的小武装部队作了有力的行动，再配合以恰当的反汉奸、反维持、反特务的斗争和宣传鼓动工作，故成绩甚大。但必须指出：过去的政治攻势，也可以说 5 年来，我们都一般地忽视了敌占区的组织工作。照目前情形看来，在太平洋战争爆发之后，经过了几次政治攻势和1942年的敌占区工作的前进，敌占区的状况与过去大大不同了，我们的政治影响大大地扩大了，人民都认识日本必败了，这就打下了我们在敌占区进行组织工作的基础。可是过去我们是不可容许地忽视了敌占区的组织工作，今后则是我们刻不容缓的任务了。

总起来看，在敌人5次“治安强化”的阶段中，前3次都未引起我们的警觉，麻痹的结果，敌人获得了很大的成功；后两次特别是第五次，我们进行了激烈的斗争，敌人虽仍有其相当成就，但未取得更大的效果，而我们则获得了很大的胜利。

以上就是我们对敌斗争的概述。

日伪在华北的“治安强化运动”

张庆和[*]

一、日本侵略者一手策划华北治安强化运动

华北地处我国北方东部地区，地域广阔，物产丰富，是我国北方重要的经济区和战略要地。日本帝国主义侵占我国东北后，为了推行其独占中国的战略方针，加紧侵略我国华北。自1933年起，不断制造事端，企图通过华北政权特殊化的形式，使华北成为第二个“满洲国”。他们直接操纵汉奸在华北先后成立了伪冀东防共自治政府、“中华民国临时政府”等伪政权。直至1940年3月汪伪政府在南京成立，伪中华民国临时政府改称“华北政务委员会”。1941年春至1942年冬，日本法西斯为了巩固其在华北的统治，满足其“南进”的战争需要，妄图把华北建成“大东亚战争兵站基地”，实现“大东亚华北参战体制”计划，在华北发动了大规模的治安强化运动。他们将华北划分为3种地区，即“治安区”(敌占区)、“准治安区”(游击区)、“非治安区”(敌后解放区)。在“治安区”以“清乡”为主，强化保甲制度，推行连坐法，建立治安军、保安队等伪组织，以禁绝抗日运动。同时又实行

* 本文系作者根据有关资料整理而成。

怀柔政策，进行各种欺骗宣传，企图以此笼络民心，维持其统治。在“准治安区”，以“蚕食”为主，怀柔与恐怖政策并用。在实行怀柔政策的同时，普遍修筑封锁墙、封锁沟和碉堡，平毁村庄，残酷地制造无人区。在“非治安区”，则以大规模的“扫荡”为主，灭绝人性地实行“烧光、杀光、抢光”的三光政策，对中国人民犯下滔天罪行。

二、傀儡政权出面，组织治安强化

华北治安强化运动是日本法西斯一手策划、指挥并直接参与实施的。但其又怕激起华北人民的反抗情绪，为收买人心，于是便驱使傀儡政权——“华北政务委员会”出面组织治安强化运动。声称：“华北境内之治安工作向由友军主持，惟华北治安之确立，实为华北全体官民安居乐业之基础，应由华北全体官民本身担负此种责任。”这充分暴露了日本帝国主义“以华治华”的险恶用心。在日本法西斯精心策划之下，1941 年 3 月 30 日，借汪伪政府和“华北政务委员会”成立一周年之际，由后者出面，发动了第一次治安强化运动。1942 年 5 月还成立了“华北治安强化运动总本部”，制定了《华北治强运动总本部组织大纲》。该组织隶属伪华北政务委员会，统管华北治安强化运动。并规定华北各省、市、县都建立治安强化运动分支部，负责本地区的治安强化运动。

三、残酷推行五次治安强化运动

第一次治安强化运动，时间为 1941 年 3 月 30 日至 4 月 3 日。运动的目的是由华北政务委员会进行欺骗宣传，动员华北官民担负起华北治安的责任。工作重点：一是扩大强化地方自治自卫组织，肃清共产党并破坏其组织。二是扩大保甲制度，进行户口调查，扩充、训练自卫团。修筑道路、城墙、电杆、壕沟、桥梁等。三是扩大强化民众组织，扩充、强化合作社，训练青少年团、妇女会、劳动协会等。四是剿灭扰乱治安分子。

第二次治安强化运动，时间从 1941 年 7 月 7 日起，为期两个月。目的是扩大第一次治安强化运动成果。运动实施事项：一是编成剿共工作班，查收一切共产主义书籍及宣传材料，破坏共产党组织。二是编成反共视察班，视察反共剿共工作。三是对共产党及其军队进行围剿。四是对共区进行经济封锁。五是破坏中共经济建设计划。

第三次治安强化运动，时间为 1941 年 11 月 1 日至 12 月 25 日。运动目的是扩大以往治安强化运动成果，尤其侧重经济，对共区实行经济封锁，以图摧毁抗日军民的抗战意志。

第四次治安强化运动，时间从 1942 年 3 月 30 日开始约两个半月。1941 年 12 月 8 日，日本偷袭美国珍珠港，太平洋战争爆发。1942 年 1 月国际反法西斯统一战线结成，中国成为世界反法西斯的主要战场之一。日本帝国主义战事吃紧，为了维持其在华北的统治，更加疯狂地镇压华北人民的抗日活动，变本加厉地掠夺华北资源，以支持其战争需要。因此在第四次治安强化运动中提出“东亚解放”“剿共自卫”“勤俭增产”等三大目标。所谓“东亚解放”实质是在思想上进行欺骗宣传，笼络人心，极力标榜其侵略战争是为了解放东亚。宣称“大东亚战争决不仅日本对英美作战，而为全东亚对英美作战，实即大东亚解放战。故华北应与日本共负其责”，妄图把华北推上侵略者的战车。所谓“剿共自卫”，则是明目张胆地鼓吹镇压中国军民的抗日斗争。公然宣称“剿共即华北的大东亚战争”。其罪恶目的昭然若揭。而“勤俭增产”，则是为了进一步榨取中国人民的血汗，掠夺华北丰富的物产资源，以供其侵略战争的需要，使华北肩负起“兵战基地”的作用。

第五次治安强化运动，时间为 1942 年 10 月 8 日至 12 月 10 日。此次治安强化运动又提出四大目标，即：（一）“我们要建设华北，完成大东亚战争”；（二）“我们要剿灭共匪，肃正思想”；（三）“我们要确保农产，减低物价”；（四）“我们要革新生活，安定民生”。这实际是第四次治安强化运动的继续。他们妄图“彻底实施第五次治安强化运动，以期达成建设华北、完成大东亚战争之最高理念”。敌人欺骗宣传“阻碍华北复兴建设的唯一势力即系共产党，彻底剿共乃建设华北之绝对前提条件”。极力鼓吹“完成大东亚战争，是完成华北复兴建设的必要条件。华北对于大东亚战争之任务，在乎供给军需，协助日本”。日本法西斯为了侵占中国，独霸东亚，对英美开战，却要华北人民为其提供军需，这是赤裸裸的强盗逻辑。

四、通州地区的治安强化运动

日伪时期的通县（现通州区），属“治安区”，是“模范县”，是日本推行其法西斯统治的样板。当时日本华北方面军情报部门认为“共产党势力渗透华北全部地区，就连北京周围的通县、黄村等地也都有组织渗透于民众中间。中共势力对华北治安的肃正工作是最强硬的敌人。为此，应加紧收集情报，确立排除中共势力的对策，实为当务之急”。通县成为日寇排除冀东共产党势力的桥头堡，被确定为日伪推行治安强化运动的重点地区。当时通县成立了“治安强化通县支部”，配合通县公署、新民会通县总会、日本守备队等日伪组织，搞所谓集政治、军事、经济、文化、交通、特务为一体的“总力战”，在通县推行治安强化运动。

在政治上：首先他们进行欺骗宣传。内容无非是“剿灭共匪，肃清思想，建设华北，完成大东亚战争”之类的谎言。其根本目的就是为了巩固通县“模范县”样板地位，把通县乃至整个华北建成他的后方基地。日本守备队的关口准尉在一次演讲时公开宣称：“离着北京很近之通县，应注重粮食生产之增加，此亦是战争应准备之事项……北京为治安强化之中心，若想强化北京，必须先从毗邻京畿之通县着手。使粮食生产增加，巩固后方，如此而行，就是我们通县参加了大东亚战争。”这充分暴露了侵略者推行治安强化的罪恶目的。在宣传形式上，他们绞尽脑汁，在利用报刊、杂志、广播、电影、戏剧、标语口号等大肆进行欺骗宣传的同时，还编印讲演稿，开展讲演比赛，传播反共内容。专门组织“通县新民少年表演团”，深入城乡各地进行巡回表演。开展“以日华提携，建设华北及大东亚战争为主题”的日语演讲会，学生作品展览会、学艺会、运动会及识字运动等。总之，反动宣传的形式五花八门，甚至利用纸烟盒、火柴盒加印反动标语。其次在政治上为了加强对全县人民的反动统治，控制民间的抗日活动，通县于 1940 年 6 月开始实行保甲连坐制度。五户连坐，十户一甲，十甲一保。全县 5 个警区，共划分为 749 保，7266 甲。邻里相互监督，严控抗日活动。再有就是在政治上采取高压手段，查禁一切抗日书籍和宣传材料，取缔抗日活动。通县潞河中学是全县第一个共产党支部的诞生地，具有革命传统。自“九一八”日本侵略我国东三省以后，潞河中学师生抗日活动不断。他们在校园内成立抗日组织、出版抗日刊物、开展抵制日货、支援长城抗战、进行军事训练等一系列抗日活动。特别是潞河中学坚持不挂日伪政权的“国旗”，校园上空始终飘扬着中国国旗，表现了潞河师生的抗日精神。日本法西斯不能容忍潞河师生的抗日活动，于 1942 年 10 月 10 日（第五次治安期间）悍然查封潞河中学，师生被迫离校。

经济是日伪治安强化运动的重点。为了加强对根据地的经济封锁，掠夺通县的物产，他们成立了粮食贩购公会，物资对策委员会和生活必需品统制配给机构，以实行经济控制。在西集、县城东关设立农业仓库。严格控制农产品交易市场。1941 年 3 月，县公署明令将北关杂粮市场合并于东关交易市场，并取缔场外交易，严禁农产品出境。对火柴等生活必需品实行配给制。另外他们还开展募集“慰问袋”“献金”“回收废铁”等活动，以满足日军前线的急需。他们在乡村训练推广农业技术，进行棉花种植试验，掠夺通县物产，以供战争需要。

在军事上采取高压政策。日伪为了加强通县“模范县”的防务，于 1941 年将驻通的“治安军”增加到 3 个团。1942 年又增加一个警备大队 528 人，武装警察 296 人，加上日军松奇直人部队，总兵力达 5000 余人。1941 年 3 月成立地区保甲自卫团。全县 5 个地区共有保甲自卫团团员 530 人。此外他们在各村还强迫十几岁的孩子和 60 岁老人都参加“剿共自卫团”“武装青年团”“童子军”等。通县东部地区属我党领导下的冀东“平密兴”和“蓟宝三”联合县的游击区，因此被日伪视为接敌之重点地区。燕郊、诸葛店、贾家疃、伊各庄、马驹桥、应寺等被确定为“剿共”重点区域，在燕郊以东挖了数条封锁沟。增设了燕郊、马起乏、大蛇头、小五福等十多个据点。设岗楼，白天强迫老幼妇女担当警戒，夜间则由“剿共自卫团”站岗。他们还发展大批“1418”特务，在各村设坐探和情报网，专门侦察八路军和共产党地下工作人员。日伪搞“军、政、会（新民会）一体化”，视通县为“铜墙铁壁模范县”。

敌人的政治欺骗，经济封锁和军事压迫，确实给我党领导的抗日斗争带来很大困难，被迫与敌人展开隐蔽斗争。我冀东“蓟宝三”和“平密兴”联合县的党组织，派干部徐进、赵辑民、金益真、陈博文、刘椿等深入到通县东部边界地区农村，以不同身份做掩护，传播马列主义，宣传党的抗日救国政策。发动群众，组织儿童团，为我地下工作人员站岗放哨，传递情报。利用关系，做了大量伪保长和伪军家属工作。农村的伪政权变成了“两面政权”。通县东部十几个村庄建立了抗日群众组织，变成抗日游击区。到1942年底，敌人的五次治安强化运动已是强弩之末。我解放区、游击区已基本渡过抗日斗争最困难的时期。

击败日军的“治安强化运动”

毛昌五*

我叫毛昌五，是山西省昔阳县安平乡西南沟村人，今年87岁，离休前任天津市政府顾问、党组副书记，曾在保卫昔西抗日根据地的斗争中贡献了自己的青春和热血。

百团大战胜利后，日军采取了更加强暴的手段疯狂反扑。日军把昔阳（昔东、昔西）列为“实验县”，日本特务头子清水利一坐镇指挥，推行烧光、杀光、抢光的“三光”政策，从1940年4月至12月先后制造惨案28起，屠杀抗日军民2000余人。残害的手段有火柱烫、开水煮、切草刀铡、挖心下酒等40余种，惨不忍睹。“治安强化”就是日军对其占领区加强防范、扩大维持和“蚕食”抗日根据地的一种残暴手段。

“治安强化”主要有四大内容：一是制造“无人区”，二是组建“兴亚会”，三是建立“棒棒队”，四是“活埋人”。

针对敌人的策略，我们开展了针锋相对的斗争。

“无人区”，就是敌人把敌占维持区与抗日根据地之间的一段村庄，用

---

* 作者时任山西省昔阳县八路军武工队队长、八路军第129师28团独立营营长、昔西抗日县政府县长等职。

烧杀抢抓的手段搞成无人居住，无人、无畜、无粮、无物。敌人用这种手段来割断抗日战士与群众的关系，加强敌占区的统治。我们抗日政府的武工队就用各种办法，在无人区组织群众开展生产活动，建立情报消息树，进行抢种、抢收、抢藏活动，利用各种机会和空间，组织群众回村种地收粮。在春季把能耕种的土地都抢种上，秋季把所种的粮食都抢回来，以组织生产、发动群众、抗击日寇的形式把敌人用“无人区”来控制抗日活动的企图彻底打破。

“兴亚会”是敌人的特务组织，它让村村建立情报站，家家户户相互监视，弄得人人自危，提心吊胆，不知什么时候就会被敌人抓去活埋。为了打击“兴亚会”的活动，消灭“兴亚会”组织，在昔西抗日政府的领导下，我带领的武工队以二三人便衣武装活动的形式，对“兴亚会”的会长、坏蛋和群众公认的罪大恶极的分子抓一个杀一个。此外我还想出了一个威慑的办法，即“政治上枪毙”的办法，也就是对抓不住的坏人，就让其亲属给他捎话，武工队要以政府的名义一个个地正式张贴布告，把特别坏的汉奸特务及“兴亚会”的老底子全部摆出来，在群众中把“兴亚会”彻底搞臭，搞垮台。

“棒棒队”是敌人利用群众对付群众的一种破坏手段，是群众自我残杀的一种组织。因为这个组织中的每个人手拿个木头棒棒，老百姓就称其为“棒棒队”。每当敌人“扫荡”出发时就让“棒棒队”走在前边，防止抗日武装力量的打击。因“棒棒队”在村中抢劫破坏，制造村与村、人与人之间的矛盾，群众都仇视他们，我们抗日政府就专门组织力量对“棒棒队”的活动进行打击。主要做法是以教育为主，关押惩罚为辅，抓捕、教育、立字改正、释放。他们毕竟都是中国人、本地人、乡邻乡亲，有着家族关系、亲戚关系，其中多数人经过多次反复教育，也就改邪归正了，我们只对极少数不肯悔改的人进行打击。用这种政策和做法，使“棒棒队”的大多数人都愿意为抗日做事，愿意表现好，也好为自己留条后路。这样，就把“棒棒队”凶恶的破坏行动慢慢转变过来，多做好事，少做或不做坏事，群众对他们的看法也扭转过来，使“棒棒队”自消自灭。

“活埋人”是敌人“治安强化”的核心。我们抗日政府主要以各种形式揭露敌人残暴的杀人手段和形式，用文字和漫画等方式印成传单，在敌占区维持村散发、张贴，揭露敌人的杀人罪行，宣传教育群众不为敌人出卖自己的同胞，不抓人、不送人、不害人，把仇恨集中在敌人身上，教育各方人士都树立起坚决打日寇的信念，在这种政治形势下，敌人的“活埋人”策略不得不有所收敛。

在敌人不断进行“扫荡”、扩大维持村、蚕食抗日根据地的情况下，我们武工队经常活动在敌人占领的县城内外，日益强大的抗日力量和不断的斗争，使抗日形势越来越好，汉奸特务和伪职人员都终日惶惶不安，纷纷通过自己的朋友向抗日政府捎话，表示愿意为抗日政府办事、送情报，“两面政权”的伪村公所越来越多，为抗日做好事成了一种风气。村与村比，人与人比，大家都为自己能做抗日的事，能为抗日出力立功而自豪，这在当时成了一时的风尚，深入人心。

1941 年 10 月 15 日，中共太行区二地委书记赖若愚写了《昔西对敌斗争的经验教训》一文，指出对敌斗争的焦点是昔西，在昔西敌我斗争表现得最残酷、最艰苦。1942 年 2 月，二地委副书记陶鲁笳到昔西调查后决定由当时的县政府农会主席路世享带领十多名武工队员，深入岭下，边宣传，边出击，经过一个多月的斗争，摧毁了敌人 18 个检问所，初步打开了岭下局面。5 月，太行第二分区决定对地方武装调整，成立平（定）昔（阳）和（顺）独立营，任命我为八路军 129 师 28 团平昔寿独立营营长。我们因地制宜建立革命两面政权，一面改造敌维持会，一面建立抗日军政权。同时也对农村民兵进行整顿，建立了“消息树”“瞭望哨”，与武工队配合，出其不意地打击敌人。为了向敌人发起主动进攻，昔东、昔西成立县区村三级反“扫荡”指挥部，开展了反奸反特运动，组织民兵共同打击敌人的“扫荡”和烧杀抢掠。

在这个时期，日寇不仅从昔阳至沾尚至马坊一线建立了许多坚固的碉堡，还在寺口、北掌城、马威岭等村增加了一些临时的据点。我们针对敌人的行动，先集中力量干掉这些临时据点，同时也有计划地组织打击沾尚碉堡和马坊碉堡中敌人的联络活动。

马坊村位于昔西与和顺县的交界处，是敌人进攻太行抗日根据地的门户。为了能有效地打击马坊据点的敌人，切断马坊据点和沾尚据点敌人之间的联系，给敌人以重创，在7月的一个早上，我带领部队和民兵在桃沟岩伏击敌人，打了一场硬仗，把驻扎在马坊的敌伪军30余人彻底消灭干净，还缴获了许多军服、枪弹，装备了自己的武装力量。

在昔西的北掌城村是个大村，是通往县城的必经之路。敌人为了控制昔西山上山下的抗日活动，在北掌城村建立了临时碉堡维持其统治，直接影响了我们对敌斗争的开展。为打掉北掌城村敌人的临时碉堡，我发动群众，进行里应外合，由武装力量和民兵配合，在一个夜晚，端掉了这个临时碉堡，抓捕了日军和伪军20余人。

随着抗战的节节胜利，我带着的这支队伍发展到500多人。1944年夏，中共太行二地委任命我为昔西抗日县政府的县长，我再次离开部队回到昔西抗日政府工作，那一年我26岁。

浙东战役

镇海、奉化作战片断

徐会春*

一、首次收复镇海要塞的战斗

镇海要塞是战略要地，浙东重要门户，位于甬江口南北岸，南与象山港相连接，北与杭州湾相遥应，东有金塘、舟山、普陀等群岛林立，西通宁波、奉化、慈溪、余姚、上虞等县。当时防务配备，在甬江口左边有要塞炮4门，右边有要塞炮5门，分为两个中队，归镇海要塞总队指挥。从象山港横山起，经梅山岛、大榭岛、柴桥至三山一线，归第一九四师第五八二团防守；从三山起，至镇海要塞南岸镇海城南虹飞机场、霞浦、龙山一线，归第一九四师第五八〇团防守，其海岸线长达160华里。第一九四师第五八一团为预备队，控制在宁波的宝幢附近。师部位置在宁波城内。

八一三淞沪抗战后，敌舰不断向我海岸线摄影和炮击。1940年7月上旬，敌海军陆战队一旅分乘军舰20余艘，汽艇百余艘，集结在普陀以北海面上。7月14日，敌机数架由海面起飞，分批向我甬江口南北要塞滥施轰炸。午夜敌舰20余艘，以大炮向我要塞及其海岸线要点实行炮击。15日拂晓，

---

* 作者时任暂编第九军第一九四师第五八一团团长。

敌海军陆战队借其猛烈炮火的掩护，分向甬江南岸要塞及甬江北岸南虹飞机场强行登陆，当经我要塞时炮兵及守军还击，敌登陆未得逞。这天黎明，敌又凭飞机连续轰炸和炮火的掩护，向我甬江口南岸阵地前强行登陆，我阵地被敌突破，经我守军第五八〇团奋勇还击，至午前10时左右，我守军伤亡殆尽，预备队未及时赶上增援，南岸阵地大部失守。我预备队第五八一团奉令驰援，只能扼守土地岭至陈家山一线，阻敌前进。这时，师部得到第十集团军总司令刘建绪电告："总部已派部队驰往增援，其先头一部乘汽车当天可到达，令你师诱敌深入，以期一鼓而歼灭之。"第一九四师师长陈德法认为诱敌深入是下策，万一宁波失守，即无法恢复，仍根据已定决心，集中兵力，阻敌前进，俟增援部队到达后，即行反攻。

7月17日，镇海沦陷。我增援部队第八十六军第十六师星夜急行军从上虞赶来参战。该师到达宁波后，即驰往前线，协同第五八一团向敌反攻，当日争夺某高地得而后失达7次。18日拂晓前，第五八一团协同增援的一个团，集中力量向敌全线反攻，把某高地再次夺回，并乘胜追击。这时我增援部队第十六师已全部到达，即行全线出击，敌不支溃退入海，21日，镇海要塞收复。这次战斗，敌军拥有军舰上的火炮和飞机配合，占有海空优势。我第一九四师最好的武器是重机枪和迫击炮，第十六师的装备略胜一筹，也不过多了几门小钢炮。但我军英勇奋战，前仆后继，一举收复镇海要塞，在我抗战史上开创了光荣的一页。

二、镇海要塞再次沦陷的战斗经过

1940年7月17日，日军陷我镇海要塞，21日即被我收复，将敌驱逐入海。一年多来，除敌舰、敌机时向我守军炮击或侦察、摄影外，无正式接触。

1941年4月初，集结在普陀山以北约30华里的敌军舰和汽艇40艘，驶到镇海以东约30华里的海面。4月17日凌晨3时左右，敌第五师团一部乘快速汽艇百余艘，在猛烈的炮火掩护下，迫近我海岸线，一路由甬江右岸突破我第五八〇团防地，直扑镇海甬江右岸要塞及其附近地区，至 18 日天明时，敌机 18 架分两批轮番轰炸我阵地，我守军被迫逐渐后退。敌军另一路由甬江左岸距镇海要塞约 15 华里处的南虹飞机场附近进迫，该地我军只有一个排，虽作顽强抵抗，但伤亡殆尽，防线遂被突破，敌后续部队乘汽艇由此登陆，沿贵泗桥、骆驼桥向宁波前进。镇海左岸要塞我炮兵及海防守兵，因后路被敌截断，即相继撤退。敌浅水兵舰及炮艇汽艇由甬江口陆续向甬江急进。4 月 19 日，镇海再度沦陷。

我第五八一团除留一部兵力在穿山掩护苏本善部由定海撤退外，其余守海岸线的兵力迅即全部撤回，集结在清水桥附近，乘甬江右岸之敌立足未稳，施行反击，准备夺回甬江右岸要塞。我军不顾敌机轰炸，向甬江右岸之敌施行反攻，在土地岭至陈家山之线和敌激战，战斗约两小时，敌不支丢下大炮一门，向海岸线撤退。我团正在追击扩大战果时，奉师长陈德法令："宁波北面及西北方向已发现敌情，刻已令第五八二团分兵防守，你团迅即脱离战场，撤回宁波集结待命。"并云部队转移至宝幢时，应即和师部用电话联络。我团奉命即留一部兵力作掩护，于午后 3 时开始脱离战场，急向宁波转进。至宝幢时已午后 4 时，和师部联络，电话不通，部队转进至盛垫桥时，证实宁波已于 19 日午夜失守。我团分兵两路向宁波江东桥以东之敌作试探性攻击，与敌前哨部队接触一小时，敌增援部队已到，激战至午后 7 时许，天色已黑，遂形成两方对峙。午夜师部送来命令，大意是："敌已进占宁波，师部及第五八〇团一部和第五八二团以及宁波防守司令部等部队，已向奉化江口撤退，你团应即向江口附近集结待命，并应和师部取得联络。"我团奉命乘天不亮脱离敌人，向江口方向转进，至此镇海要塞的战斗已告结束。

三、奉化战斗

奉化城距江口 15 华里，距宁波 45 华里，地处偏僻，在战略上不甚重要。江口距宁波 30 华里，系通溪口至嵊县要道，可以扼敌南进。敌第五师团于 19 日占领宁波后，20 日即以主力沿鄞奉公路向江口前进，当日中午即占领了江口，我军全部退入奉化县城。第五八一团于20日在宁波外围脱离敌人后，转进到江口十余里处，得知江口已失，即向奉化县城转进。

我军在奉化县城的兵力配备：第一九四师第五八〇团以两个营兵力配备在奉化城正东及东北方向，以一个营控置为预备队；第五八一团配备在城的西北方向；第五八二团控置为师预备队。奉化自卫大队配备在我的正南及西南方向。师部指挥所在奉化城内。

敌第十五师团号称最精锐的部队之一，配有重炮及坦克部队。4月21日晨，敌由江口分两路向奉化县城进犯，一路由萧王庙前进，迂回奉化西北方向，以截断我向西退路，经我第五八一团凭险奋力阻击，敌未得逞；一路由杨树浦直趋奉化县城，系敌主力，有18架飞机及敌炮火掩护。战斗至23日，敌进迫县城东北角，12时起敌分向城的东北角及东门猛攻，至午后4时止，我第五八〇团损失惨重，弹药不继，城遂被突破，我师部即向西退却转移到嵊奉公路上枫树岭一带凭险阻敌南进。

四、反攻溪口

溪口东距萧王庙15华里，距奉化县城30华里，东北距江口30华里，南距嵊县百余华里，背负高山，南有二一〇高地，中间平坦。由溪口至嵊县有公路可通，公路两侧俱系高山峻岭，我军守住溪口，可以阻敌南进，保住蒋介石的家乡。敌占领溪口，就如扼住了我们的咽喉，要收复宁波就有困难，其战略的重要可想而知。从4月22日敌占领溪口后，就想尽方法劝蒋介石的亲属出任维持会会长，当时蒋介石曾电师长陈德法从速营救，并责令陈德法负责收复溪口。4月28日，敌第五师团长还亲临蒋母坟祭奠，这都有政治上的原因。

日军于4月23日攻占奉化县城后，24日即以主力推进至萧王庙及溪口。敌驻江口兵力约一个大队，奉化县城约一个大队，萧王庙及溪口约两个联队。驻宁波之敌约一个联队，于4月24日向江口方向推进，我第一九四师由奉化县城撤退后，即转进至陈家坪、枫树岭、妙高台以北一带，凭险阻敌向南推进，敌我两方在这一地带对峙。敌机不断向我阵地侦察、轰炸，敌炮日夜向我阵地轰击，战车时常出没在嵊奉公路上。

我军奉命反攻溪口。反攻前，我军兵力部署：以宁波防守司令部右地区苏本善部佯攻奉化县城，达到牵制敌不能转移兵力增援溪口的目的。以宁波防守司令部左地区章桂岭部攻击江口之敌，使敌无暇抽调兵力增援奉化城及溪口，并派出有力一部伏击由宁波向江口增援之敌。以第一九四师为主力反攻溪口，并派出有力一部截击由萧王庙方向向溪口增援之敌。待溪口攻克后，迅即乘胜向萧王庙之敌追击前进。各部队战斗开始时间为 5 月 2 日 1 时。

5 月 1 日夜间 12 时，我军已秘密进入预定发起攻击的位置。我第一九四师以第五八一团为主力，由嵊奉公路两侧向溪口之敌攻击前进；以第五八二团由溪口东北向溪口之敌作背后攻击，并派出有力一部截击由萧王庙方向增援之敌；以第五八〇团为师预备队，控制于枫树岭一带，并派出一部迂回溪口西北向溪口之敌作侧面佯攻；使敌四面受到威胁。2 日 1 时，我第五八一团第一营占领溪口南面二一〇敌主要阵地，当场击毙敌中队长一人和敌兵数十名，虏获大炮 1 门、步枪 30 余支。全营集中火力，以居高临下之势，向溪口之敌猛烈射击。这时，溪口之敌行动不便，非常紊乱。时我第五八一团第二营及第三营的一部由嵊奉公路西侧攻击溪口桥西小高地，未果，以致无法冲进溪口收两面夹击之效。我第五八二团又未及时到达敌之背后，使溪口之敌退出后，得以从容转攻我已占领的二一〇高地，形成争夺战，可说是失了战机。敌反攻二一〇高地后，我第五八一团第一营全力抵抗，阵地得而复失者计 3 次，我第一营损失惨重。增援部队和敌作殊死战，阵地失而复得者又 4 次，战况之烈，为浙东战役之冠。午后 5 时许，江口、奉化城以及萧王庙之敌齐向溪口增援，战况更趋剧烈。战至 10 时许，因我军兵力损失惨重，遂撤回原阵地依险固守，反攻溪口战斗于此结束。

绍兴反攻战

何聘儒*

1941年7月，第四十九军第二十六师参加江西上高会战后调回浙江诸暨，担任枫桥、汤浦一带防务。我们部队到达驻地还没有得到休整，就接受了反攻绍兴的任务。

当时日军占领萧山、绍兴以及杭甬铁路沿线各重要据点，战线过长，兵力分散，补给运输困难。这年10月，第三战区司令长官顾祝同，根据日军上述弱点，命令第四十九军刘多荃部收复绍兴，相机收复萧山。刘军长命第二十六师王克俊部为收复绍兴的主攻部队，命第一〇五师王铁汉部为助攻部队，并向绍兴西北方面严密警戒，阻击杭州、萧山增援之敌。

第二十六师接受任务后，师部由诸暨溪北推进至绍兴南面的青坛，以该师的第七十八团为主攻团，从平水镇以西的天主山、香炉峰西侧，向绍兴南面进攻；以第七十七团为助攻，从平水镇以东丘陵地区，经禹陵向绍兴东面进攻；工兵营在平水埠头担任平水镇以北地区的警戒，并监视香炉峰敌人的活动；野战补充团为预备队，在汤浦以西地区集结待命；第七十六团仍守原防，并抽调部分兵力作为机动部队，以备必要时使用。

---

* 作者时任第四十九军第二十六师直属工兵营营长。

这天夜里，正值中秋节前夕，星光闪烁，凉风习习。各部队按指定任务，静悄悄地分左右两翼前进。左翼第七十八团，决定先拔除香炉峰敌人据点（香炉峰是绍兴南面的一个制高点，可以俯瞰绍兴全境），掩护部队顺利前进，命令第一营营长刘升三担任这一任务。香炉峰山高路陡，上面有日军一个加强排，四周架设 3 层铁丝网，各险要处均有碉堡、地堡，火力封锁严密，工事坚固，易守难攻。一营经两昼夜的攻击，均未奏效。时日军发现一营指挥所在香炉峰西南的 190.9 高地附近，便用迫击炮猛烈轰击，营长刘升三不幸中弹牺牲。这时，军部电话通知，第一〇五师先头部队即将接近绍兴南门，命第二十六师迅速前进。我第七十八团乃不顾香炉峰敌军火力封锁，率团直属队及二营、三营进迫绍兴城南。三营营长杨松林（黄埔军校第八期），一向作战勇猛，他抱定“不成功则成仁”的决心，利用黑夜，带领一个步兵连先渡过城河，攻入五云门。日军发觉后，惊慌失措，立即打开沿河照明设备，光度极强，目为之眩。敌人一面用机枪火力密集封锁城河，阻止我后续部队继续渡河，一面集中兵力，堵击我攻入城内的部队。我后续部队因敌人火力封锁城河，被阻于五云门外。攻入城内的第三营一个连，与敌军激烈巷战，一时机枪声、喊杀声，混成一片。我后续部队无法渡河增援。在前有强敌、后无援兵的情况下，营长杨松林仍身先士卒，勇猛作战，因众寡悬殊，被敌军包围，弹尽援绝，全部壮烈牺牲，可歌可泣，不愧为民族英雄。

据事后逃出来的老百姓叙述当时巷战的情况：“绍兴城内全部关门闭户，情势十分紧张。日军军眷和重要物资已准备向萧山方向撤退。我部壮烈牺牲时，最后只见一个身穿黄呢军服的军官，身中数弹而未倒下，直至头部被击中，才倒在地上，光荣牺牲。壮烈之情，令人敬佩！”

我右翼第七十七团进至禹陵庙下时，日军从绍兴东面百官方向调来炮兵向我军猛烈轰击，我官兵虽伤亡 50 余人，仍不顾一切，向绍兴攻击前进。夜间，我军向绍兴稽山门进迫，但几次渡河均未成功。正准备再次强行渡河，以图再攻时，师部得悉日军趁我部队主力在绍兴附近，已派兵数千从柯桥、漓渚方向南下，向我后方师部进攻。师长即命令第七十七团撤至师部左前方之青坛西北约十华里地区集结待命，工兵营撤至师部附近担任警戒，第七十八团撤至平水以东，第七十六团在防区内集结待命，野战补充团仍集结在汤浦以西地区。

果然不出所料，当第七十七团到达指定的地点不到一个小时，日军已逼近该团前沿阵地开始进攻，枪声密集，多次冲杀。副团长何军章命令部队坚守阵地，与敌拼搏。他爬上团部后面的高地，用望远镜观察敌情，命令迫击炮集中火力向日军猛烈轰击。敌人处于山地峡谷之中，不易疏散，受到我炮火猛烈轰击，伤亡较大。黄昏以后，敌人利用黑夜全部撤回绍兴城内。绍兴反攻战就此结束。

这次战斗，我阵亡营长 2 人，伤亡连、排长及士兵 200 余人。敌人伤亡亦甚多。绍兴虽未收复，但给敌人打击很大。

温州首次沦陷见闻

叶汉龙*

抗日战争时期，日寇的铁蹄曾三次践踏我富饶美丽的温州城乡，温州人民惨遭蹂躏，过着人间地狱的苦难生活。头两次沦陷（1941.4.19—1941.5.1，1942.7.11—1942.8.15）时，我担任永嘉县动员委员会巡回督导队队长，第三次沦陷（1944.9.9—1945.6.17）时，担任国民党永嘉县警察局侦缉队队长。沦陷时，我往返于城乡搜集敌伪情报，因而对温州陷落后的情况了解较详。现将1941年春日军进犯浙东温州首次沦陷情况叙述如下：

七七事变后的半年多时间，温州处于偏安状态，日寇侵扰不多。1938年农历正月廿七日，温州第一次遭到敌机的轰炸，敌机轰炸目标是南塘飞机场。当时在机场上曾用竹、木、布伪造了4架战斗机、百余个稻草兵哄骗敌人。这一个月敌机来炸五六次，市民人心惶惶，东躲西逃。随后，日机又来轰炸我工业区。当时西郊下寅五仑头一带，有升泰、福音、伯特利等厂3条高烟囱，又有大东、陈昌记等厂的5条小烟囱，还有其他厂、店等，在市区算是最大的工业区。敌机一日炸两三次，并低空俯冲扫射。1939年4月，敌机开始轰炸我闹市区，南北大街、朔门招商局码头以及永川、株柏、朔门

* 作者时任永嘉县动员委员会巡回督导队队长。

等大码道，多处被炸毁，五马街中央大戏院，府头门钟楼县政府也屡遭轰炸。那时，温州市区遍处是断壁颓垣，瓦砾成堆。

温州人民饱尝了敌机轰炸的痛苦。1940 年 10 月的一天，我亲眼目睹三角门八角井头（即今解放电影院）炸得最惨，20 余间矮屋被炸成废墟，20 余人被炸得血肉横飞。有的半个头颅飞挂在树上，有的血淋淋的手脚飞上屋脊，有的电线上挂着肠肺。当时在八角井头放了一只竹篓，装满了血肉模糊、零零碎碎的残肢断骨，亲人痛哭悲号，真是惨不忍睹！在场的人莫不咬牙切齿，痛斥日寇暴行。那天，敌机还轰炸了松台山脚，停放在清明桥崇仁社、同仁社等处的 300 多具棺材也被炸得尸骨横飞。人们给现场编了 4 句顺口溜："屋背飞满棺材板，红绿寿衣挂满山；捆绑全尸倒河滩，雪白骨头堆满街"，真实地描述了当时的惨景。

1941 年 4 月 19 日凌晨 3 时，夜空响起了凄厉的空袭警报，到 5 时半才解除，12 时左右，警报再度响起，不到一二分钟，又是紧急警报。接着，敌机在西南方盘旋，阳岙、渚浦一带传来清晰的爆炸声。午后 2 时，县府一位姓曹的职员，气喘吁吁地从我门前边跑边喊："快逃呀，瑞安登陆的鬼子已越过桐岭，在娄桥渚浦和国军接火了！"我慌忙跑到大码道一看，除了几只军队征用的帆船外，再也看不到船只。街道上一些军官、公务员正在匆忙地押运行李，护送家眷。而周围的居民，却在安闲地观望，毫无逃难的准备，有的还在唠叨："官府还没出告示通知疏散，慌什么？"直到日寇进城之后，街头巷尾人们还在猜测，有的说是土匪暴动，有的说是红军伪装成日军，有的还认为是"广东军"进城。善良的人们都不曾想到，一场浩劫已经降临。

日军是依仗飞机大炮的掩护，迂回进入温州的。20 日黎明，日军侵踞城区之后，立即在积谷山、松台山、海坛山架起大炮，并派士兵到处搜索。有不少国军和公务员因事先无准备，一时逃脱不了而遭到杀害。有两只从乐清琯头来的帆船也遭到日军大炮的轰击，一只掉头向江北逃去，另一只被捕获，船上押送壮丁的五六个国军，全被日军押走。

日寇一进城即开始抢劫物资。东门各栈房的铁门均被打坏，他们强拉民夫，为他们搬运铁钉、铅丝、西药、桐油等物资。有个身穿海关制服的民族败类，竟指引日寇到金沙岭山脚，从洋汕栈里抬出一箱锑和铜锡等军用原料。国货公司的货品，被抢得一干二净，大块玻璃全被捣碎。县政府和各机关被捣毁无遗。九镇义仓的存米被抢一空，一位姓朱的有 2000 多斤存谷也被抢去。小南门码头货物堆积如山，他们用永瑞汽轮一批批装运到瑞安方向去。

府前街的实业银行，为日军司令部占用，门口有四五个凶神恶煞般的日军在警卫。四顾桥三青团团部驻扎敌兵。联立中学驻扎敌脚踏车队。瓯海医院被占为野战医院，已有几十个敌伤病号在医治。警察署驻扎敌通讯队。渔丰桥还设有朝日新闻社。此外，电灯公司、西郊三港庙、郭公山、东门永川码头、朔门招商局等处，都驻有敌军，人数约五六百人。我从敌军的衣物上看到写有“福田部队”字样，日军部队的具体番号不详。日军进城后的第三天，有三四百个敌兵，抬着机枪钢炮在五马街、北大街示威，店门上被迫贴上膏药旗。在府头门阵亡将士纪念碑前，汪逆精卫夫妇的两座跪像，被十几个敌兵捣毁；他们还把县府的物价评价布告牌拆下来当燃料，把跪像焚烧掉，敌兵们龇牙咧嘴地在旁狂笑。

日寇刚进城时，对老百姓曾施展其政治怀柔的欺骗手段，向居民说笑，请居民吸烟，还送糖果给孩子们，披上一块“和蔼可亲”的面纱。可是第二天起，他们的残暴面目就暴露无遗。一天，我途经三官殿巷，在温州大戏院门口，迎面遇到两个手提酒瓶、东摇西摆的敌兵，他们看到我身旁走着一位妇女，就眯起淫眼发出狞笑，而后拉进戏院轮奸。那些日子，他们挨家挨户搜索财物，抢猪抓鸡之外，就是到处寻找姑娘。原先充满生机的温州城，这时变成了一座死城，家家门户紧闭，景象十分凄凉。

温州沦陷仅 3 天，那些丧失民族气节、认贼作父的家伙就开始活动。21 日午后，黄逆等 3 人从康乐坊经过，臂上套着通行臂章，手上拿着一面白旗，上写“御用商人”4 字，径向东门走去。原来在东门有一班无耻商人，妄想依仗敌伪势力来保存财产，特请黄逆派兵保护存货。黄逆等规定，每件货物保险金 100 元，乘机发了一大笔财。24 日下午 2 时许，经过跛脚周华国等人精心策划的汉奸组织——伪临时商会，在普安施药局楼上召开成立大会。这天，我也挤进看热闹的人群上了楼，只见王永山、周华国等高谈阔论，21个各业“代表”，有的抽烟说笑，有的交头接耳。第二天，普安施药局门口出现了临时商会的第一张布告，宣布临时商会正式成立，公布了会长、董事及各股主任名单。

那时，临时商会曾向日军司令部提出3项要求：（一）准临时商会备案；（二）请即办米救济贫民，以收买人心；（三）请日军阻止奸淫行为。日军司令逐条答复如下：第一条有关政治，等宪兵到后再决定；第二条办米一事是温州人自己的事；至于第三条，司令狞笑片刻，说：“皇军劳苦功高，慰劳慰劳是中国女人应尽的义务！”商会代表连连鞠躬告辞出来。消息传到爱国志士耳里，个个气得肺都炸了。

伪临时商会成立后，汉奸们活动极为频繁。26日，伪临时商会会长王永山等，沿着大街、五马街巡游一圈，要各商号复业。可是，街上静悄悄，商店一律关门。日军司令部和临时商会先后贴出“安民布告”，临时商会的布告原文是：“查本会业经组织成立，地方秩序也已恢复，并经发出安民，凡我商民应即各安生理，照常营业，倘有不法之徒藉端滋扰抢夺，准即来会报告请兵拿办，在商人亦宜买卖公平，诚心接待，慎勿自贻伊戚为要，特此通告。”27日一早，新上任的伪临时商会运输主任，为了替日寇把抢劫来的物资运走，招来500名民夫，每人发给上盖伪印的白布臂章，以资识别。原先讲好每人每天工资3元，下午4时，民夫去临时商会领工资，经济股主任周华国要他们到日军司令部去领，民夫们不去，把周团团围住，迫得他赔了1500元。

28日，日军显得异常紧张。这天早晨4时起，交通断绝，全城实行大检查，西门大桥头布置了沙袋，九山一带的木桥全被拆毁。下午，日寇捣进各商店，不分老幼被拉走百余人，原来是要他们到海圣宫码道，扛运小汽船到永瑞内河去，以便加班抢运掠来的物资。从日寇的神色看，明眼的人都猜测到，日寇快要撤退了。这天，临时商会的汉奸还竭力粉饰太平，他们背起“开道”的木牌，敲着铜锣，由伪董事分发传单。传单内容说，城隍庙设有平粜局，每元食米2斤，茹丝4斤，定30日起子粜云云。

29 日下午 2 时，我到永临溪心找逃迁来的专员张宝琛，汇报伪组织内部人员及其活动情况，同时也汇报了日军的动向。一位秘书告诉我，政府当局已备好 30 多份给汉奸的警告信和其他印刷品，准备带进城里分发，县里还计划派人杀掉王永山等大汉奸。在这里，我遇到一群群难民，他们住无宿处，食不果腹，其状甚惨，而一班“高级”难民，却日夜聚饮，沉沦于醉生梦死的生活，大有隔江犹唱后庭花之慨！

5 月 1 日，日军向原路仓皇撤退。“温州光复”的消息一传出，全城人民欢欣鼓舞，逃难乡下的人陆续回城。人们像久别重逢一样，互致问候，互表祝贺，同时，愤怒控诉日寇暴行，要求惩办卖国贼。这次日寇侵踞温州共 13 天时间。

前一天下午，逃避在永临溪心的专员张宝琛和专署、县府职员，听到日寇有撤退的迹象，个个兴高采烈。张宝琛声言，抓住王永山、吴百亨立即枪毙，还在油印的十多份临时商会董事名单上亲笔批示：“以上各人立即拿获，如有抗拒，即予格毙。”我想，这批汉奸为非作歹，逞凶一时，也有今天这个下场，心里无限快慰。

这时的温州城，所有政府机关、学校、公共场所已全部被捣毁拆光，桌、椅、床等全被搬走，政府机关进城后无处可办公、住宿，只好暂时借用公园饭店。5 月 3 日，张宝琛带着专署、县府原班人马进了城。

张宝琛进城后，即开始缉奸除暴。6 日这天，就在苍蝇牢刑场（即今动物园）枪毙了所谓扰乱治安、乘机抢劫的“暴民”12 名，随后又枪毙一批，总共达 40 余人。其中有不少是无辜的市民，如启发、启弟两兄弟，在日军撤退后拾得敌人遗弃的铜板 35 斤，7 人平分，他兄弟俩只得 10 斤，就被定为抢劫罪，判了死刑。还有个绰号叫“碎个儿”的，在家门口拾到一把雨伞，伞柄上刻有“金环”二字，“金环”正是法院金首席的名字，就被诬为到金首席家抢劫，还一口咬定说金家财物都是他抢的，最后招来杀身之祸。那时，不论你拾到什么物件，都要遭到特工的抄家搜捕，加上政府经费无着，向市民乱派税款、催交应变经费等，弄得人心惶惶，叫苦连天。

这时期，名目繁多的特工组织和人员，不知从什么地方纷纷冒了出来。

什么“三十二集团军驻温情报员”“第三战区情报组别动队”“戴老板直属通讯员”“专署情报组”“县党部调查室”“三青团机要室”“警察局特务股”“侦缉队”等等，把整个温州城搞得乌烟瘴气、一片混乱。这些人你来我去，我去他来。临时商会董事都携眷逃离，住宅由他们自由进出，他们背着各种牌头，翻箱倒柜，恫吓诈财，搞得这几家鸡犬不宁。这时，只有吴百亨一家仍住在灰炉未走，他认为是别人把他名字报进临时商会，自感问心无愧，因而安然在家。岂料张宝琛派军法官张士达将吴逮捕，带上了手铐脚镣。

5 月中旬，有柯逢春、刘景晨等 20 余位地方士绅及各界名人，以动员委员会名义向张宝琛提出建议，这些建议表达了市民的意愿。据我所知有这几点:（一）筹备救济资金，购买粮食实行平粜，强令米行开业，恢复城隍殿施粥;（二）健全动员委员会组织，安排办公地点以便正常办公，处理事变善后工作;（三）参加伪商会董事应区别处理，不能一概而论，释放吴百亨，通缉王永山;（四）安定社会秩序，制止便衣特工任意抄家，恐吓威胁，侵犯人权;（五）对破坏秩序、趁火打劫人犯要严肃复审，以免良民遭冤;（六）惩办铁井栏宫侦缉队长黄晓凡，清算他乱捕贫民、刑审逼供、敲诈勒索、侵吞赃物等罪行;（七）严惩贪生怕死、临阵脱逃、浑水摸鱼、侵吞日军遗弃物资的不法人员。这些建议言之成理，使张宝琛不得不接受，随即释放了无辜的百姓，吴百亨也安然回家。

我还亲眼看到两件大快人心的事情:第一件是，由专署赵彬如带领自卫队，会同三青团服务队砸烂了铁井栏宫的侦缉队，打死守门恶犬，扣押了黄晓凡，收缴了探员手枪，释放了 50 余名被押无辜贫民，拆了拘留所，解散了探员，搬走大批被搜赃物，群众闻讯个个拍手称快。第二件是，张宝琛外甥、保安独立大队长厉剑凌，在日军入境时，部队一弹不发，弃甲脱逃，满山军衣、枪支，日军撤退后，又将日军遗弃的财物，掠为己有。三十三师参谋长郑平调查证实后，报请师长兼防守司令萧冀勉核准，予以军法从事，宣判死刑。张宝琛难犯众怒，外甥被毙也无可奈何。

中条山战役

第三军战斗在中条山

车学海*

第三军（军长曾万钟）下辖两个师，即第七师（曾万钟兼任师长）和第十二师（师长唐淮源）。第七师辖第十九旅（旅长李世龙）和第二十一旅（旅长沈元镇）。第十二师辖第三十四旅（旅长先为马昆，后为寸性奇）和第三十五旅（旅长朱淮）。每旅两个团，全军共两万人左右。

第三军在抗战前驻甘肃和陕西，后调开封，七七事变后，奉命北上邢台、定县、涿州、房山，后退至保定、石家庄、娘子关、阳泉、祁县子洪口，1938 年 5 月转移太行山。八路军朱德总司令曾在沁县史北镇集合第三军全体官兵，举行庆祝台儿庄胜利大会。朱总司令在讲话中阐述了毛主席的持久战战略方针，说明日军必败、抗战必胜的道理，大家听后士气大振。此后第三军即与八路军协同作战于晋东南的武乡、襄垣、长治、潞城、榆社等地。

在晋东南地区的战斗中，第三十五旅朱淮曾于武乡、襄垣之间遭遇敌之辎重部队，有敌之骡马数百匹，地形对我极为有利，但该旅竟坐失良机，任敌顺利通过。后闻这股敌之辎重部队为八路军追击歼灭。

---

* 作者时任第三军副官处处长。

我军与八路军并肩作战将及半年，在晋东南一带，先后打过日军的第八师团等部。但在此阶段中，重庆政府对我军的武器装备和经费的补充接济一再刁难。同时因部队的流动性大，后方交通也时通时阻，迫使我军离开太行山地区。到 1938 年 9 月间，电令我军由长子、沁水一带，经翼城向同蒲路的侯马、新绛出击。我军在猛袭侯马控制车站后，敌人退据新绛和南关纱厂顽强抵抗。虽然我军集中火力突破纱厂，冲入两连官兵，唯敌之工事坚强，火网炽盛，冲入官兵几全部牺牲。相持将及一周，由曲沃和临汾增援之敌已达，我军始放弃侯马，向闻喜方向转进于中条山扼守。此役计阵亡第六十八团的营长 1 人，伤亡其他官兵 300 余名。

中条山地理位置重要性

山西表里山河，四塞险阻，素有“华北脊梁”之称。惜在抗日战争开始后，晋北、晋东、晋南等地县城，均次第沦陷。为保持以后反攻的前进基地和牵制晋南敌军，就不能不扼守中条山地区。中条山位置于山西南部、同蒲路的东侧，南起平陆县的茅津渡，向东北斜行，绵亘于平陆、运城、夏县、闻喜、侯马之间，北与太岳山衔接，南临黄河北岸。山岭起伏，而山峪里村落棋布，田畴交错，在战略价值上，是黄河北岸的桥头堡。同时如能确保中条山，随时可以进出于晋南一带，也就屏障了豫西以及陕东门户的潼关，西与稷王山、北与太行山互成犄角之势。

中条山历次战役（1941 年 5 月以前）

1. 战斗序列和军的编成

1938 年 10 月，第三军转进于中条山后的战斗序列：最初隶属于第三十三军团司令部指挥，第三军军长曾万钟兼军团副军团长。为时甚短，旋即调升第五集团军总司令，我军改隶第五集团军总部指挥。曾万钟升任第五集团军总司令后，以第十二师师长唐淮源继任第三军军长，以原第三十四旅旅长寸性奇升任第十二师师长。第七师师长李世龙升副军长仍兼师长。

军的建制，虽仍系第七和第十二两师，但经一再缩编，已废除各师的旅和独立团，每师编制，仅步兵 3 个团。师直属部队除增设搜索连 1 连外，其他炮兵、工兵、辎重各 1 营，特务连和骑兵连各 1 连的编制仍旧（此时第七师仅有山炮连 1 连的编制），每师官兵约 6000 人。军部除原有的特务营 1 营外，增设辎重、通讯各 1 营，骑兵 1 连，还有补充兵两团。军部直属部队较前扩大，同时配属卜福司山炮 1 营。

2. 战斗经过的片断

1939 年 5 月，我军由闻喜方面，出动第三十四、第三十五两团，先以第三十五团指向稷王山的天井关，袭击日军一个联队，接触后该团即向侯马方向转进，诱敌深入。第三十四团预先在禹王庙一带占领阵地，伏击尾追之敌，第三十五团亦回师反攻，曾给敌重创，歼敌尤多。

1939 年 9 月，日军向我中条山进犯时，向我军左翼孙蔚如所部攻势甚锐，已占领毛家山一带，孙军的部分部队已退就司徒庙。经我军抽出 5 营的兵力，以第三十四团团长杨玉昆率领驰援，由左侧出击，驱逐了占领毛家山之敌，到敌侧背，控制了张茅大道。孙军亦奋勇反攻，使敌狼狈溃退，恢复了原阵地，追击至张茅大道，敌之伤亡甚大。当时，孙军的第三十八军军长赵寿山，曾驰赴第三十四团慰劳，并犒赏面粉 500 袋。

1939 年冬，闻喜县小岭之役，我军第十二师正面，小岭和关王庙之线已被敌突破，退至上下太田一带。正在顽强阻击中，师长寸性奇即驰赴前线指挥，激励士气，曾枪决失守小岭的营长浦剑，奋勇反攻。同时得我军右翼第九十八军武士敏部第四十二师的增援。该师师长王明钦亲率两团之众，由上下横榆向敌侧出击，和我军第七师的干部大队，由该队队长戚崇仁率部死守西交口左前方的一带高地，阻止了深入之敌向左扩张，卒将敌击溃。尤以卜福司山炮配合步兵作追击射击，命中敌密集部队，发挥了更大威力，使敌死伤尤大。

1940 年，我军于 5 月的攻势中，曾在闻喜的埝掌镇获敌之文件，有敌对这次小岭战役的攻势检讨，所印发的《冬作战教训》的小册子，亦承认此役损失惨重，内有“敌人战力顽强，机动果敢”和“皇军不能把握战机、扩张战果”的记载。

以上举例，均系战斗的片段经过，可见当时各部友军能以互相信赖，团结对敌，指挥裕如，协同动作。当时我军装备素质尚比较良好，士气亦尚旺盛。无论敌由正面或侧面进犯，即使敌已深入，我亦能稳扎稳打，收夹击之效。自 1938 年 10 月，扼守中条山至 1941 年 5 月以前，与敌相持将及 3 年，主要战役先后计 13 次，均能将敌击溃或予敌重创。至其他局部的遇机出击或敌后游击和破坏铁路等战斗，几无日无之，不遑列举。

1941 年 5 月中条山最后战役概述

1. 战情

在中条山当面之敌，计有清水师团部驻临汾，安达师团部驻运城。战前调来敌之精锐部队一个旅团（番号已记不清）和华北的一个旅团等部，由临汾以南，沿同蒲路线至运城，再沿张茅大道至茅津渡一带集结。

我第五集团军的战斗序列：最左翼由茅津渡黄河北岸起，计有第八十军孔令恂部（两个师）、河北民军乔明礼部（兵力不详）、第三军唐淮源部（第七师、第十二师和这次战役前编入第三军建制的第三十四师公秉藩部）、魏凤楼纵队（两个团）、第十七军高桂滋部，以上均为第五集团军指挥系统。本集团军右翼，还有第十五军武庭麟部（原刘茂恩部）、第九十八军武士敏部（原冯钦哉部）、第九十四师刘明夏部和毕梅轩纵队等部。

第三军的作战地境：左翼由夏县的坡脑上起，我军第七师与第八十军的第二十八师衔接，迄闻喜县的唐王山东北，第三十四师与第十七军衔接。

我军建制有第七师、第十二师和第三十四师。配属部队有魏凤楼纵队和卜福司山炮与晋军山炮兵各一营。

2. 情况判断与兵力部署

日军为了迷惑我军视听，曾虚张声势，故作渡河准备，有向洛阳进犯模样。洛阳是当时第一战区长官部所在地。敌人每天都有一些渡河材料，如橡皮船之类，南运风陵渡和茅津渡，但至深夜，又将这些东西用帆篷盖好，向北运一些回去，翌日又复南来。至其兵力部署，集结重点完全指向中条山地区。其真实企图，已昭然若揭。我军迭将已暴露和判明的情况，向军令部和长官部电报，但他们的复电都是坚持说敌人企图是由茅津渡和铁谢村渡河进犯洛阳。故于决战前夕，即将我第五集团军的总预备队、其嫡系第十四军陈铁部调过黄河南岸沿陇海铁路守备。

我军唐淮源军长于 1941 年 4 月下旬，应召到洛阳参加军政部长何应钦所召开的会议时，又将当时敌情和敌向中条山进犯的动态向会议报告，并强调说：中条山和太岳区还有这么多部队拉着敌人的后腿，在敌人还没有把这些部队解决前，日军是不会没有顾虑的。根据已判明的情况，和这次集结于中条山当面之敌比过去进犯时增加很多，这是将要大举“扫荡”中条山的信号。现在敌人决不会渡河进犯洛阳。请求仍将第十四军迅速调过黄河北岸，仍作为第五集团军的总预备队，厚集兵力，以备万一。

因情况日急，唐军长和第三十四师师长公秉藩提前于 4 月 30 日由洛阳回防。军部即于 5 月 1 日召集第七师师长李世龙和第十二师师长寸性奇开会。公师长已直接返回防地，所以没有参加会议。我曾参与这次会议。唐军长除将洛阳开会概要作简略传达外，还说：这次长官部对当前敌情判断和决策都大有问题，最近增加上来接替孙蔚如部防地的第八十军及河北民军，以及配属我军的魏凤楼纵队等，对地形、敌情尚不熟悉，同时装备素质也差。第十四军调走后，总部又无一点预备队。这次我在洛阳与第八十军孔军长见面后，彼此交换了情报，当询及孔部情况时，孔军长说，八十军的老底子早已没有了，现在组成的，是杨虎城的警备旅和由几个补训处拨来的一些补充团队，装备和素质都不好，意志也还欠统一，前方地形尚未去看看，就赶来洛阳开会了。唐军长继续说：根据上述情况和当前敌情，毫无疑问日军是大举进犯中条山，而我军对左翼顾虑很大，应该把军的重点，保持在左侧后。现在我们的部署，把军预备队第二十一团归还第七师建制，控制于黄家窑门一带，加强左侧后的防御。第七师和第三十四师，仍守备原阵地。遵照上级部署，以魏凤楼纵队接替第十二师第三十五团防地，用第十二师的番号和旗帜。以第十二师为军预备队，控制在野猪岭一带，军的前进指挥所，推进于张家后。此外还应该如何调整部署，怎样打法，希望云峰（李师长别字）和念洁（寸师长别字）各抒己见。

当时李师长曾建议说：兵力部署，我们就照军长的指示实施，万一第一线被敌人突破，我的意见，想以帽儿疙瘩为枢纽，卜福司山炮阵地以第十九团固守阵地，其余部队向敌后转进，与敌作推磨式的打法。因总部没有预备队的控制，希望军部和总部，都向前推进一段，这样我们就可以前后照应，一致行动了。唐军长同意这样的办法，并建议如果向敌后转进的话，还应保持一些机动部队在山区，利用复杂地形，截击窜入之敌，与出山部队相呼应，以收夹击之效。寸师长也无异议。唐军长最后说：综合敌我情况及长官部的决策，这次作战我们困难很多，稍有疏忽将不堪设想，大家应提高警惕，加强战备，激励士气，沉着应战。

3. 战斗经过

唐军长于 1941 年 5 月 3 日，即率必要的幕僚人员和特务营的手枪连，赴张家后前进指挥所，并到前方视察阵地。军预备队第十二师原决定推进到野猪岭一带，但因第七师的野战医院一时迁移不了，故又推进至张家后，这样使军的重点，未能保持于左侧后，事后非常遗憾。

5 月 7 日 3 时，日军突袭左翼坡脑上两军接合部，突破我军阵地后，即钻隙深入，全线战斗亦激烈展开。我军控制于黄家窑门的第二十一团（团长毕选文）突破由第八十军当面窜来之敌，该团副团长张永安和营长李志远等官兵多人阵亡。敌人拂晓后即窜至通道要点的泗交村，直接威胁到我军的左侧后。军指挥所虽立派第三十六团由张家后迎击窜入之敌，反复冲杀，将敌压迫回窜黄家窑门，恢复泗交村要点，唯窜抵泗交村之敌，已先有一股约两个大队，竟沿野猪岭向下唐回村第三军军部挺进，与由黄家窑门沿马桃沟窜犯军部之敌 1000 余人，会合于柳河及上唐回村，与我军特务营一连和通讯营，激战于上唐回、窑底村一带。众寡悬殊，我军撤退，行李辎重委弃无余，即向东靠拢马村总部。敌人跟踪追击，与军通讯营、特务连和总部增援的特务营等又激战于马家匣。此时敌机三四架，亦低飞投弹和扫射，我军旋亦不支，被迫撤退，总部和第三军军部，即向涧南沟一带转进。此时前后联络中断，指挥失灵，影响了整个战局。

当我和军参谋长谭善洋于上午 12 时抵总部时，总司令曾万钟和参谋长周体仁，即将前方情况用电话向长官部报告，接到长官部参谋长文朝籍的电话指示说："迅速制止第八十军渡河，决定新的作战部署是：缩短一线，成马蹄形，退守第二线阵地。"电话旋即中断。当时的情况是：第八十军和河北民军于拂晓后已全线崩溃，不知去向，无线电和电话都联络不上，左翼已敞开了很大一个缺口，总部又无预备队，怎么还能调整部署成为马蹄形的第二线阵地，真是纸上谈兵！

与此同时，我中央部队的魏凤楼纵队已情况不明，在军指挥所的右前方韩家岭和土岭一带已发现敌踪，唐军长即令第三十四团奋勇出击，幸占领韩家岭和土岭阵地，暂时解除了军指挥所的侧翼威胁。唯于争夺土岭时，该团副团长潘尔伯等官兵阵亡，伤亡惨重。

第七师当面之敌虽以陆空优势，数度猛攻，但我军凭借既设工事，火网炽盛，消灭敌军甚多。午后成了拉锯式的短兵相接，再接再厉地把敌人顶住，阵地尚无动摇，至晚仍在胶着中。

敌人窜犯了马村的第五集团军总部后，在第三军方面，所幸唐军长尚坐镇于张家后前进指挥所，得以沉着指挥，鏖战至暮夜，我军第七师始放弃第一线，转移至韩家岭至上下桃沟一带，军指挥所移驻樊家河。当此之时，唐军长亦拟按照原订计划，向敌后转进，但又顾虑集团军总部和军部均已被敌遮断，与曾总司令已失去联络，情况不明。他和第七师李师长拟暂退第二线阵地，俟与曾总司令取得联络后，再另作决定。

与敌相持至 5 月 9 日晚，唐军长指派第三十四团，于 10 日拂晓前向东南面的小南京和温峪之敌攻击前进，相机占领徐家大山，掩护本军通过架桑镇和朱家庄向五福涧突围。当时该团团长张正书曾说右翼情况尚不明了，因山地狭隘，运动极感困难，不如现在趁敌后薄弱下山较好。唐军长则说：现接长官部电令，已派得力部队和船只到五福涧突围，我们不唯有责任要去营救总司令，同时也不能丢掉总部和军部这么多官兵，所以向五福涧突围无论如何困难也在所不计。

第三十四团于10日拂晓向东出击，旋进旋退，伤亡枕藉，激战至午后始攻占小南京和温峪一带，将敌驱逐至徐家大山和铜沟一线。争夺徐家大山时，该团团长张正书负伤，营长向国贤等阵亡。我军正向架桑镇挺进中，适遇第三十四师师长公秉藩经过这里，说架桑镇已被敌人占领，当时将近暮夜，我军即停止前进，警戒宿营。我军这时已放弃西北的韩家岭和上下桃沟转移至上下黑蟆沟、小南京和温峪一线，军指挥所移驻张家坪。

第三十四师在唐王山一线与敌激战后，转进至上下太田一带抵抗敌人。5月10日下午，唐军长率参谋主任戚崇仁，驰赴该师阵地视察，并与公秉藩会商以后行动。见面后，适战况吃紧，公秉藩即去指挥，唐军长亦转赴东西交口第三十五团阵地指挥，迎击窜入之敌。并进占大士坪和县山一线，巩固外围阵地。唯魏凤楼纵队自第一线溃退后，即失去联络，不知去向。

此时敌之包围圈一再缩小，情况急转直下，益趋恶化。我军向五福涧突围的企图已势所不能，官兵已苦战四五昼夜，不但伤亡惨重，而且补给中断，人困马乏，疲惫万分。但士气仍极旺盛，短兵相接，前仆后继，仍在浴血苦战中。处此严重关头，唐军长与各师会商后，始决定以团为单位，化整为零，各选目标，向敌后转进，越过晋南平原向稷王山一带，与晋军会师。当日深夜，我温峪和张家坪等地的各部，即向县山、大士坪一带转移。

4. 突围

突围命令下达后，第三十四师除第二〇四团由闻喜方面的夹沟突围损失较少外，其余各部多与敌胶着，团长薛经吾等阵亡，损伤奇重。

第七师师长李世龙率特务连亦由夹沟突围，适与第三十四师第二〇四团团长陶学渊相遇，陶学渊正率领该团在运动中。幸守敌不多，两支部队协同冲出山口，经过闻喜城郊时城关紧闭，敌人仅于碉堡中以火力封锁交通线，证明敌人这次进犯中条山是倾巢而出，县城并没有多少敌人守城，其他部队通过夏县城郊时亦证明是如此。

5月11日拂晓，第三十四团向关王庙、第三十六团向下太田一带攻击敌人，均与敌相持，无法脱离敌人。当晚唐军长和寸师长均在大士坪指挥，继又转移至马家沟。唐军长本可趁各团正与敌胶着之际，选择薄弱环节冲出去，但他抱着与中条山共存亡的决心，故又趋赴第三十五团的县山阵地指挥，坚持战斗，旨在吸引敌众，借以掩护突围各部顺利脱险。血战至 5 月 12 日午后，已弹尽粮绝，颓势无法挽回。官兵死伤惨烈，更使唐悲愤填膺，痛不欲生。他屏弃随从的官兵，于县山西南隅，用手枪自戕，壮烈牺牲。及左右发觉，已无法救治。适第十二师副师长杨玉昆亦到达县山，在战况万分激烈中，会同第三十五团代团长卢培基等，匆匆殓埋唐军长于原地。其余部队反复冲杀，于翌日拂晓前，由县山东北突出重围，营长吴景桐等阵亡，副师长杨玉昆等负伤。

12 日，寸师长亦率第三十六团由上下太田向水泉沟突围，亦被敌重重包围。山路狭隘，运动极感困难，致伤亡甚重。寸师长右肩负伤，仍裹伤指挥。适第三十四团亦于傍晚向水泉沟转进，加入战斗，该团团长张正书即以唐军长的滑竿将寸师长护送走，几经冲杀始将敌击溃，突出重围。到达胡家峪，已是 13 日黎明，继续向毛家湾攻击前进时，寸师长不幸阵亡，当时遗骸下落不明。第三十六团团长黄仙谷，营长李秀林、李秀峰，小炮营长李振武，骑兵连长何阶等人先后阵亡，第三十四团团长张正书再度负伤。沿毛家湾冲出山口的部队已伤亡过半。这次我军突围各部，所遇战斗之激烈，官兵牺牲之惨重，在抗战中是很罕见的。

第七师各团，除第二十一团于黄家窑门溃退外，其他各团自第一线转进至樊家沟后，因伤亡较大，只得暂时休整。到突围命令下达后，相继开始行动，脱险各部下山后，都得到当地人民的大力协助，得以顺利地越过晋南平原敌人的封锁线，相继到达稷王山。经第七师师长李世龙向晋军商洽得到一点粮食和经费，稍事收容和休整后，奉命西渡黄河，到陕西华阴集结，旋即奉命全部调赴洛阳整补。

这次战役的经验教训

日军这次大举进犯中条山，动员兵力达 6 个师团以上，还附有一些伪军，比过去历次攻山的兵力都多。敌人系采取外线作战，正面之敌多属佯攻，其主力以钳形攻势，首先突破我集团军的左右两翼，即钻隙迂回，左右席卷，同时遮断各军的补给渡口。其攻击重点，侧重于左翼的第八十军当面。敌得以长驱直达马村总部外，由张茅大道沿黄河北岸向东挺进，遮断尖坪渡口（第八十军和河北民军的补给渡口），直捣白浪渡（第三军和魏纵队补给渡口）。在左翼方面，亦于5月7日拂晓前，突破第十七军与第十五军接合部的东、西桑池，径沿臬洛大道前进，占领了垣曲县（第十七军和第三十四师的补给渡口），并迂回至五福涧。至此，南北隔绝，补给中断，我军腹背受敌，加以背水为阵，而山区狭隘，运动更感困难。

当战斗开始后，我第五集团军除左右两翼被敌突破深入外，其他正面各军尚与敌相持，虽然于第二天放弃了一线阵地，但尚在第二线与敌鏖战中。如果总部还控制着总预备队第十四军，则无疑会配置于第二线的各要点上和马村总部的附近地区，即使来不及增援左右两翼（因垮得太快），最低限度也能于左右两翼的司徒庙和臬洛镇一带，掩护收容溃退各军，协同占领第二线阵地，制止敌之深入。同时，也有力阻击窜向唐回和马村的少数敌人。这样，可与正面各军联成一线，才有可能执行长官部所指示的“缩短一线，成马蹄形”的部署。即使难能挽回颓势，但战局暂时可以稳定一下，从而调整兵力，决定趋向，决不至于这样一败涂地，不堪收拾。

令人痛心的是在决战前夕，第一战区长官部强调敌将进犯洛阳而将总预备队第十四军等部调过黄河南岸，加强陇海路的守备，而补充上来的几支部队，很不得力，因而造成了无法补偿的严重损失。当唐军长赴洛阳开会时，军政部长何应钦问：“你们第三军现在什么地方？”可见何应钦身为军政部长，对军以上的位置，而且是扼守中条山长达近三年的第三军位置还闹不清楚。这充分表现了统帅部的无能，对战略要点的中条山与第三军不够重视，所以配置于中条山和太岳区的部队都是非嫡系部队，不关心他们的生存。这是招致这次失败的主要原因，以至整个中条山和太岳区的十几万大军几致全军覆没。牺牲军长和师长各两员（第三军军长唐淮源，第十二师师长寸性奇，第九十八军军长武士敏，第八十军新二十七师师长王竣）。其他伤亡和被俘的官兵简直无法统计。失败的次要原因是：中条山各军的补给都系就地运输，各部队还须抽出一部分兵力，且各军的补给渡口山路崎岖，全靠战士肩挑背负。不但储备有限，同时也分散兵力不少，战斗开始后，粮运即绝。加以各团的正面担负过宽，兵力单薄，空隙又大，授敌以可乘之机。有的部队警惕不高，竟将与强敌对峙的状态，看作平时驻防一样，还携带家眷，高枕无忧，以为敌人向来进犯都没有采取夜袭。这次敌人突于深夜进攻，致有一些部队竟措手不及，还没有来得及进入阵地，即被包围歼灭。麻痹大意，咎无可辞。

第三军的尾声

第三军在中条山失败后的脱险部队均集中于洛阳整补，连同第三十四师残部，合并整编为第七师和第十二师。自抗日战争开始，至这次整编完竣时止，先后补充兵员 4 万人。由第五集团军参谋长周体仁继任了第三军军长，李世龙仍兼第七师师长，以第十二师参谋长吕继周升任师长。1942 年春，由洛阳调赴汉中一带，归第三十四集团军胡宗南指挥。

第四十三军参加中条山抗战的概况

岳寿椿*

一、一九三九年“十二月事变”以前的晋东南

1938年11月8日太原失守后，八路军第129师和决死第1纵队与第3纵队，以及卫立煌统辖的中央军，共约30余万人，在南同蒲线以东、太行山以西、正太路以南和黄河以北进行抗日战争。当时八路军和决死第1纵队以武乡、沁县、沁源为中心，以太岳山区为根据地，扼守子洪口要冲（决死第3纵队在阳城、沁水一带），中央军则驻防阳城、沁水、翼城、绛县、平陆、芮城，以中条山为根据地，处于第二线。垣曲为晋东南的总枢纽，进则攻，退则守，必要时可南渡黄河入豫。

1939年初，卫立煌升任第一战区司令长官，晋东南划入第一战区，但地方政权仍属山西省政府领导。当时避居山西吉县的山西省政府在晋东南设立了第三行政公署（驻阳城岩山一带），下辖第三、第五、第七3个专署，管辖各县。行署主任由第八集团军总司令孙楚兼任。第三专区（驻沁县沁源）专员薄一波；第五专区（驻阳城沁水）专员先是张慕陶，后为戎伍胜、

---

* 作者时任第四十三军暂编第四十六师第一九六旅第二团第四连第二排排长。

续汝楫；第七专区（驻平陆芮城）专员先是关民权，后为刘涵森。后来日军占领了晋东南的大部分县城，但广大农村仍在中国人民手里。

1939 年阎锡山制造了“十二月事变”，在晋东南的决死第 3 纵队受到一定的摧残。这除了对日军有利以外，还给卫立煌扩张势力造成了可乘之机。最后，孙楚在晋东南人民的反对声中和卫立煌的排挤之下，撤出了晋东南。

二、中条山战役前的形势

“十二月事变”后，决死第 3 纵队转移沁源一带与决死第 1 纵队会合，八路军和决死队仍在第三专属的武乡、沁县、沁源一带坚持抗日。

晋东南南部原来的第五和第七两个行政区所属各县，除日本人占领县城（垣曲在外）和重镇外，都为卫立煌的军队所占据。计：刘戡的第九十三军驻芮城地区，曾万钟的第三军和孔令恂的第八十军驻平陆地区，第三十四师和河北民军驻夏县地区，高桂滋的第十七军驻绛县地区，刘茂恩的第十五军驻翼城地区，陈铁的第十四军驻阳城、垣曲地区，武士敏的第九十八军驻沁水地区，范汉杰的第二十七军驻壶关、陵川、高平地区，庞炳勋的第四十军驻晋城地区，与山西接壤的河南新乡、沁阳、济源、博爱靠太行山一带，驻有高树勋的新八军和孙殿英的暂五军。

阎锡山发动“十二月事变”，搬起石头砸了自己的脚，既失掉了牺盟会和决死队的支持，又失掉了在晋东南的大部分政权。但他并不甘心于自己的失败，仍然梦想恢复“十二月事变”以前的政局。第一步，他重用“十二月事变”时在决死第 3 纵队中以屠杀共产党人闻名的赵世铃，将他的第一九七旅和原驻晋东南的独立第三旅（旅长田树梅）合编为第七十师，并以赵世铃为师长；接着又将在晋西的暂编第四十六师（师长孙瑞琨）调到垣曲，师部驻歇马店，与第七十师（驻歇马店以东跑马池一带）合编为第四十二军，提升赵世铃为军长。第四十三军军部驻垣曲杜村河川的上涧底，是阎锡山在晋东南的基本力量。第二步，派敌工团委员傅海云为中央宪兵学校太原宪兵分校第二支校（贾宣宗的第一支校和李国枢的第三支校在汾南）教育长，率一个团的干部（班长以上），又让他兼任敌工团第三、第五、第七区办事处处长，率校尉级队员（将来的县长区长）60多人，前往晋东南扩军和开展政权。傅海云率部由秋林经韩城、潼关到河南渑池。由于卫立煌以“十二月事变”为借口，说第二战区的人有共产党嫌疑，不让过河。滞留半年，几经交涉才渡过黄河，驻于垣曲峪子村、南北堡头、谭家沟、石家沟一带。

由于垣曲当时是晋东南的交通枢纽和总后方，特别是中央军的后勤供应都要通过这里，所以第一、第二两战区协商决定，不在垣曲招兵，只有驻垣曲的民大第五分校（驻胡村）可以招生。傅海云的宪兵第二支校带去一个团的干部架子，实际上就是去招兵的。他在那里仿照民大第五分校的做法，贴出招收学兵的广告，但报名者寥寥无几。于是只好派出武装人员在垣曲至同善镇的大路上，拦截从阳城、沁水一带潜逃而欲渡河的逃兵。这引起中央军与宪兵第二支校的矛盾。当时各县一般都有3个县长，一个是日伪县长，一个是中央军派的，一个是阎锡山派的。发生矛盾后，中央军便把第二战区派的县长撵了回来。傅海云走投无路，于1941年春被调回吉县担任了阻击队的总队长。不久，阎锡山将宪兵第一、第二、第三3个支校合编为独立第一九六旅，由原宪兵第一支校教育长贾宣宗任旅长。宪兵第二支校被编为该旅第二团，由教务主任陈惠民任团长，军事主任杨元璐任副团长，团部驻垣曲峪子村（地图标为峪平）。敌工团第三、第五、第七区办事处处长则由原第三行署田粮处处长翟大昌担任。

第三行署在“十二月事变”后退居垣曲同善镇，形同虚设。阎锡山为了扭转局面，改派陆军大学毕业而与卫立煌关系较好的第八集团军副总司令楚溪春为第三行署主任，李冠洋为副主任。楚、李二人先到洛阳与卫立煌洽谈后，于1941年阴历正月下旬到达垣曲。从此，第一、第二两战区在这里的矛盾始有缓和。

三、中条山战役中晋绥军的溃败情况

中条山战役是从1941年春开始的。日军一个联队及伪警备队共约千余人向垣曲和绛县之间的横岭关发起攻击。横岭关为第十七军的防地，守军为一个团，制高点华山驻有一个连。双方在横岭关前展开激烈的争夺战，第十七军伤亡甚重，增兵至一个师，仍未扭转形势。横岭关为日军占领。

这时，楚溪春正到垣曲不久，当即命令晋绥军的第四十三军参加战斗，并以该军暂编第四十六师孙瑞琨部为第一线，命令夺回横岭关；以第七十师在东西桑池、跳马池一带为第二线；以第一九六旅第二团（共 700 多人）由峪子村进驻涧底和平原村，为暂编第四十六师的预备队。暂编第四十六师投入战斗，一鼓作气夺回横岭关，日军及伪警备队虽经数次反扑，但未能再度抢占。暂编第四十六师坚守一个多月，大大挫败了日本人的疯狂气焰。

日军恼羞成怒。5 月，日军以华北方面军司令部的名义调集山西、河北和河南的日伪军共约数万人，分五路对垣曲县（古城）发起进攻。一路由绛县出发，一路由平陆出发，一路由道清路而来，这三路是主攻。阳城和陵川的两路是佯攻。采取的战术是重点突破，长驱直入。

5 月上旬的一天拂晓，日军首先突破横岭关暂编第四十六师阵地。赵世铃随即命令第一九六旅第一、第三两营上去迎战堵击。经过两三小时的战斗，第三营 200 多人，只留下三四十人。接着就接到日军各路均已突破我军防线并由刘张、同善深入后方实行包围的情报，又接到赵世铃已率第七十师向阳城方向撤走的消息，第一九六旅第二团遂决定后撤。除第一营随暂编第四十六师不知去向外，团部机枪连、第二营（副营长孙士林带走第五连独立行动）和第三营残部共 200 多人于中午撤到马村和陈村一带。从同善和皋落下来的日军随后跟进。我们又向峪子村转移，准备靠近黄河岸边。谁知日军空降伞兵已经占领了垣曲县城（古城），并将猬集在黄河滩的中央军溃兵、后勤人员和家属都俘虏了（据我团被日军俘虏于战后回国的第五连卫排长说，这次俘虏被送往日本下煤窑的即有 1000 多人）。团长陈惠民又决定向河南济源蒲掌方向转移。当天下午夕阳西照时接近白鹅镇，即遭到从济源方向来的日军的拦截，第二团残部只好边打边退，上了白鹅北山。在山上困守一夜，官兵以麦穗充饥。第二天拂晓，日军发起攻击，我排（四连二排）担任掩护，全团撤入阳城东西峰一带原始森林里，以战马耕牛野草为食。第三天越过公路，转入沁水的南北板桥与日军发生遭遇战，晚间又遭到中央军在该县建立的武装部队的袭击。北上不行，于是又决定西折绛县渡汾河而回晋西。不料在绛县刀把沟又与日军巡逻队遭遇，拼了刺刀。敌人人数不多，被我们打退。第四天拟由绛县回马岭翻山进入绛县平原，早 8 时由第九连郭振纪连长率余部七八人为尖兵，我第四连为前卫，一字长蛇阵向山上爬去，结果遭到山头上日军据点的机枪扫射。第四连连长李春茂和第一排排长郝守温腹部中弹，不能行动，被迫自杀。队伍只得全部撤退下来，又北折向翼城方向转移。到翼城刘家渠，遇到了暂编第四十六师和我团第一营，这时军心才比较稳定下来。后来打听到第四十三军军长赵世铃已率部逃上浮山塔儿山，暂编第四十六师和第二团又向塔儿山转移。

在塔儿山见到赵世铃后，赵命令暂编第四十六师和第一九六旅第二团就地待命开展政权，当即遭到暂编第四十六师师长孙瑞琨和第二团团长陈惠民的拒绝。孙、陈指责赵世铃不顾大局保存实力，要到阎锡山那里去打官司。原来赵世铃听说暂编第四十六师在横岭关被打垮以后，即把他的基本部队拉到阳城县东西哄哄山上，然后经过沁水和翼城，躲到浮山去了。

两天后，孙、陈率部下了塔儿山，一夜急行军越过同蒲路到了汾河岸边，但河深水急不能徒涉。第二天托人向伪保安大队长（战前是杨澄源的马弁）说妥掩护渡河，当晚由陶寺出发至赵曲抢渡汾河，于 1941 年 7 月 7 日回到吉县。稍作休整后，奉命回到陕西宜川县秋林镇与旅部会合。原来的 700 多人此时只剩下 200 多人。

四、余闻

中条山战役开始时，前线无统一指挥。第一战区长官部远在洛阳，敌情不明，也谈不到有效的指挥。第二战区的阎锡山坐观失败，不予策应，所以造成各自为战、盲目行动的混乱局面。实战部队则因派系复杂，为了保存实力，各有各的打算，都不愿进行决战，所以不是闻敌远避，就是一触即溃。第二战区的赵世铃率第四十三军的第七十师由垣曲拉入阳城后又转移到浮山。刘戡的第九十三军拉到浮山后，由临汾渡河经禹门到陕西。范汉杰的第二十七军拉到林县，第八十军军长孔令恂渡河到河南，刘茂恩和高桂滋只身渡汾河逃到吉县，孙殿英和庞炳勋把部队拉上太行山。真正作战的部队就不多了。这是中条山战役失败的两个主要原因。

战役结束后，日军占领了垣曲县城（今古城），切断了黄河两岸我军的交通，击溃了两个战区近十个军。第一战区司令长官卫立煌以失职罪名被撤职。阎锡山没有受到处分，却与日军达成密约，派杨澄源率第六十一军梁培璜部和五专区专员续汝楫，公开通过日军防线，前往浮山一带，在八路军的根据地里进行所谓“开展汾东政权”的罪恶活动。

第三十四师在中条山抗战纪实

公秉藩*

奉调中条山

晋南的中条山，是保卫西安和洛阳的屏障，守军号称15万人，归第一战区司令长官卫立煌指挥。1940年，我率领第三十四师从第五战区（鄂北）调入第一战区（洛阳），参加了中条山战役。

1940年2月，我任第三十四师师长时，属于第五战区（司令长官李宗仁，驻鄂北老河口），归第十一集团军（总司令黄琪翔，驻鄂北枣阳）第三十九军（军长刘和鼎，驻鄂北枣阳）指挥。该军是参加了第二次鄂北会战后调到后方整补的军队。第三十四师正要在枣阳县开始整补的时候，接到了军长刘和鼎层转重庆军事委员会蒋介石的电令，要旨如下：着第三十四师开赴洛阳，归第一战区司令长官卫立煌指挥，脱离第五战区建制。当时不光是第三十九军军长刘和鼎莫名其妙，就是第十一集团军总司令黄琪翔和第五战区司令长官李宗仁也不知道底细。我把第三十四师开拔的计划做妥之后，部队交由副师长王自强（陕西华县人）指挥，我乘汽车绕道老河口，去向第五

* 作者时任第五集团军第三十四师师长。

战区李司令长官辞行。李设宴款待，并邀该战区司令长官部政治部主任韦永成（留俄学生，李宗仁的外甥，蒋介石的侄女婿）和该战区军风纪视察团团长王陆一（陕西省人）及团员等作陪。席间李宗仁说：“第三十四师自 1938 年 10 月武汉沦陷后就参加第五战区，作战得力。第一次鄂北会战后，公师长还得了青天白日奖章，不知道什么原因要把这个师调到第一战区去呢？”还说，“我看不可能是为对付八路军吧？”谈话中表示了惜别之意。过了两天，我接到别动总队长康泽从重庆总队部来电说：“奉委员长命令着新编××师师长刘元塘（西康省主席刘文辉之侄），率领该师从成都出发，俟到达洛阳后，以第三十四师为基干，合编为新编第十二军。以刘元塘任军长，公秉藩兼任副军长。”我才知道第三十四师调洛阳是康泽呈请蒋介石发布的命令。康泽这样做是一举两得：第一，抗战期间，四川的队伍在大后方，是重庆政权的心腹之患；第二，第三十四师与刘元塘的新编师合编为新编第十二军，能加强康泽的政治资本。

1940 年 2 月下旬，第三十四师从鄂北枣阳县开拔到达洛阳后，按第一战区长官司令部通知，暂驻平乐镇休息。两天之后，接到司令长官卫立煌的命令，派第三十四师接替第一九六师（师长刘超寰，江西省人，胡宗南嫡系），驻防地东起泗水，经孟津、铁谢，西至渑池，担任黄河守备任务，防御日军，防止异党活动，防止走私贩毒等，办法另有详细规定。师部位置在吕家庙，一面担任河防，一面进行整补。我 3 月 1 日率领第三十四师进入河防位置，按照第一九六师兵力部署情形，从师部到团、营、连、排、班，都按照原来的位置接替下来。只有该师师长刘超寰在吕家庙给胡宗南特别修建的一座别墅，是专供胡宗南来洛阳时用的招待所，这对第三十四师来说，没有同样的用途，因为胡宗南不会来到第三十四师居住的，这个地方就交给眷属工厂使用了。第一九六师交代河防完毕，开到洛阳驻了几天，就被胡宗南调到陕西去了。

1940 年 5 月，八路军朱德总司令从太行山经过洛阳去重庆开会。第一战区长官司令部临时打电话给铁谢渡口第二〇一团团长林崇轲，嘱警戒两岸，并派仪仗队准备迎接。林团长打电话报告我，要我赶快去铁谢欢迎朱总司令，还说长官司令部参谋长郭寄峤率领欢迎人员和车辆已经到铁谢渡口。我考虑长官部为啥没有通知我呢？是怕我接近朱总司令就会赤化？或者因为我以往参加过五次“围剿”，怕对朱总司令不敬呢？正在考虑的时候，林团长又打电话来，说朱总司令已经过河了。朱总司令检阅仪仗队时，问这是哪个师。答：第三十四师。又问师长是谁。答：是公秉藩。朱总司令说：“公师长是老朋友。”我听了林团长这段话，更感觉惭愧失礼。朱总司令到洛阳后，第一战区司令长官部警卫森严，三步一哨，五步一岗，马路上不许行人来往，听说是为朱总司令的安全。朱总司令还带来一连卫队，长官部事前准备好一所房屋像隔离病院一样，生怕别人受到“传染”。这一连卫队从来到去，几乎没有人看见。

1940 年 11 月中旬，第一战区司令长官卫立煌发布命令，要旨如下：一、着第三十四师开上中条山，归第五集团军总司令曾万钟指挥，接替第十四军防务，师部驻闻喜县胡家峪（现属垣曲县），担任东起凤凰山（与第十七军高桂滋部第八十四师衔接），西至唐王山以西（与第三军唐淮源部第十二师寸性奇师长衔接）。二、第三十四师现在河防的任务，交第四集团军（总司令孙蔚如）第九十六军（军长李兴中）第一七七师（师长陈式玉）接替。三、第三十四师交接完毕后，集中在洛阳车站，由火车送往渑池。我把河防任务交代完毕，部队集中洛阳车站候车时，到第一战区长官司令部，向司令长官卫立煌报告担任河防期间整补经过。第三十四师 8 个月以来虽然接收过军政部兵役司拨补新兵 2000 多名，但由于逃兵过多，缺额仍未补充起来。逃兵多的原因：一是兵役人员贪污腐败，从师管区到乡镇保甲长买卖壮丁，由秘密变成公开，价值昂贵（当时洛阳附近一名壮丁可卖棉花 1000 斤，或小麦 30 石），第三十四师在接收的壮丁中检查出有反复逃跑被买卖过十次以上的兵。二是豫西民性强悍，各乡镇保甲均有武装，士兵一逃出营门，就被保甲组织收容窝藏起来，部队不敢深究。三是中条山部队士兵的生活太苦，士兵自己打柴、背粮、推磨子。后方部队的士兵，一听要开上中条山，就争相逃跑。卫立煌听完我这些报告之后，很生气地说：“你说的这些话，我是第一次听见，其他各部队没有这种情况，你是行伍出身，反而不如中央军校毕业的学生会带兵。”其实其他各部队的逃兵缺额比第三十四师的情况还要严重，只是他们不肯讲罢了。卫立煌还自我陶醉地说：“中条山是抗日战争中的‘马奇诺’，防御工事坚强，守军士气旺盛，这是我使用背水战的成功。别人都不敢使用这个战术，只有我使用它成了大功，你去中条山一看，就会明白。”我听完卫立煌这段谈话之后，11 月下旬率领第三十四师进入中条山接替了第十四军的任务。第十四军是中央的嫡系部队，辖第九十四师（师长刘明夏）和第八十五师（师长谷炁）被调回黄河南岸去了。

1940 年间中条山敌我形势

中条山东起太行山，西至稷王山，绵延 300 余里；南至黄河，北至晋南平原，仅 120 里，是一个浅山。守军凭借北麓高峰向北防守，共分 3 段都是单线配备，没有纵深配备。东段绛县地区归第十四集团军刘茂恩部防守，中段闻喜、夏县地区归第五集团军曾万钟部防守。第五集团军辖第三军（军长唐淮源）的第七师（师长李世龙）、第十七军（军长高桂滋）的第八十四师（师长高桂滋兼任）以及新编第二师（师长金宪章，副师长赵奎阁）。第三十四师受第五集团军直接指挥，东起横岭关以东与第十四集团军衔接，西至凤凰山是第十七军第八十四师防守。凤凰山以西至唐王山是第三十四师防守。唐王山以西至夏县是第三军第十二师防守。再西是第八十军防守。第五集团军总司令曾万钟率第七师驻夏县马村，南距黄河北岸白浪渡 30 里，北距胡家峪 60 里，都是空白地带，没有军队。西段平陆地区原系第四集团军孙蔚如防守，该部调洛阳整补后，由第八十军孔令恂部接替。该军辖第一六五师（师长王治岐）和新编第二十七师（师长王竣）担任上郭村至潭峪之线，东与第五集团军第十二师衔接。日军利用同蒲铁路和曲沃到高平的公路沿中条山北麓，在山外各要路口占据要点，强迫村民把山凿成堡垒，外围绕以铁丝网，分兵驻守。经常用炮轰击山口，向我阵地示威。

中条山主峰大部是石层组成，构筑工事非常困难，历来守军都仅有站跪卧三种防御工事，十分简单。第三十四师自接替防守任务后，不断加强工事，在凤凰山至唐王山一段，从1940年11月到1941年3月，经过4个月时间，士兵为修工事把器具都磨秃了。并在全线增设交通沟，加以掩护，择要地设据点，构筑堡垒。自认工事比以前强固多了。后来苏联顾问来视察时却大加批评，说中国军队太不注意防御工事，还要把中条山誉为“马奇诺”，实在可笑。现代防御工事需把大山都掏空，能使汽车炮车都可以通行。中条山的防御工事太儿戏，希望赶快加强。

士兵生活特别苦，第五集团军前线部队距黄河渡口白浪渡120里，第一战区后方勤务部（部长杲海澜）在这里设立粮食供应站，让前线士兵到这里背粮，遇着好天气披星戴月往返需要两天多，遇着刮风或雨雪天，就要三四天才背一回。士兵要自己推磨，把原粮变成面粉，还需上山打柴，才能有燃料。没有副食，油、盐也很困难，士兵营养不够，劳动繁重，疲惫不堪。中条山气候寒冷，士兵在高山放哨，冻手裂足，只有一套棉衣，日夜不脱，夜间睡草铺，遍身生虱，虱子传染病，名曰回归热，或曰阵地热。师医院在前线设立灭虱站，用蒸笼把士兵的棉衣脱下蒸过一次，不久虱子又重生，疾疫流行，重病号送至师医院，缺少医药病床，医院附近尽成坟墓。士兵把中条山视为活地狱，强壮者争先逃命，乘夜间放哨之际，放下武器，逃至黄河边，乘当地人的牛羊皮筏渡河。前线各师缺额日增，每连士兵多者七八十名，少者五六十名，甚至三四十名者也有之。

日军的阴谋诡计

日军把中条山守军情报了解得很详细，对驻地兵力、指挥官姓名都知道。中条山守军对日军的活动则一无所知，或知之不真。

1941年3月上旬，日军先在中条山东段绛县地区第十四集团军（总司令刘茂恩）阵地前活动。驻在临汾、侯马等地铁路沿线的日军，派遣骑兵为前卫，汽车载上伪装粮秣、弹药箱，马车伪装炮兵拖拉树枝扬起尘土，扬言将大举进攻中条山东段第十四集团军阵地，白日开往第十四集团军阵地前，故作疑兵，夜间又开回原地，飞机也在第十四集团军阵地上威胁侦察，连续不断地搞了一星期。听说该集团军被日军阴谋诡计所迷惑，到处设防，因而兵力分散，到处显得薄弱。日军集中兵力向第十四集团军薄弱地点进行攻击。战斗激烈的时候，第一战区长官司令部命令第五集团军派兵支援。曾万钟派遣第三军第七师一个加强团，支援第十四集团军，路过胡家峪，我去路旁亲眼看见该团士兵行起军来还雄赳赳气昂昂有英勇杀敌的模样。数了数该团每连只有战斗兵 60 多名，轻机关枪 6 挺，每营有重机关枪 4 挺，团部有迫击炮 4 门，士兵携带子弹饱满。为啥只派一个加强团，不派一个师呢？说明当时是各自保存实力，互不愿支援。过了三天后，该加强团又从原路折转回来，听说到达目的地时，第十四集团军已放弃了中条山东段全部阵地，溃退到中条山以南平原。日军的目的已达到，没有向山外追击。

中条山东段绛县地区被日军占领后，听说第十四集团军总司令刘茂恩和第一战区司令长官卫立煌为推卸责任，硬说中条山东段的失败是由于八路军的捣乱。接着把第一战区游击第六纵队（纵队司令毕梅轩，陕西高陵人）和河北民军游击第一支队（支队司令刘荫轩，河北省人）派到绛县地区打游击。同时第二战区司令长官阎锡山还派第八集团军副总司令楚溪春率第七十师开进了绛县地区。

日军占领中条山东段绛县地区第十四集团军刘茂恩阵地之后，停顿了一个多月，5 月上旬又开始蠢动，使用惯技，故作疑兵，声东击西，每天从同蒲铁路临汾、侯马等站，开出两三列火车，满载士兵和渡河器材、架桥材料，到达潼关对岸风陵渡卸下来。到夜深人静的时候，又装上火车，开回原站，第二天又开到风陵渡，反复循环了一个星期之久。日军声言渡河进攻西安。对中条山西段平陆地区守军第八十军孔令恂部新编第二十七师（师长王竣）阵地，和对付中条山东段绛县地区刘茂恩第十四集团军一样，用汽车马车伪装大炮和运输粮秣，派骑兵拖拉树枝扬起尘土，不断地在阵地前眩惑，声言将大举进攻。对中条山中段闻喜、夏县地区第五集团军（总司令曾万钟）阵地，则派飞机不断侦察，并在侯马通横岭关到垣曲的公路上照相，强迫农民修筑横岭关公路，声言从铁路沿线调来了有力师团增加兵力。敌机还在第三十四师阵地唐王山附近用小型降落伞投下无线电收发报机，看起来这里还有日军潜伏侦探或汉奸组织，但在山林中经过搜索没有发现什么可疑的人。我把以上这些情况随时反映给第五集团军总司令曾万钟，还直接电报洛阳第一战区司令长官卫立煌，他们都完全不信，硬说是敌企图渡河，所以卫立煌他们调集后方可能调动的部队加强河防，特别是西安第八战区副司令长官胡宗南把潼关河防一再加强，对中条山防守问题则置之不理。

何应钦到洛阳视察

正当中条山日军第二次蠢动、洛阳西安震惊的时候，重庆军政部长何应钦飞到洛阳视察。第一战区司令长官卫立煌当时已去重庆，职务由参谋长郭寄峤代理，通知第一战区军长以上在洛阳开会。参加这次会议的有第四集团军总司令孙蔚如，第五集团军总司令曾万钟，第十四集团军总司令刘茂恩，还有孙连仲（驻南阳）、庞炳勋（驻豫北）、曹福林（驻郑州附近），还有第九军军长裴昌会，第三军军长唐淮源，第十七军军长高桂滋，第八十军军长孔令恂，第三十六集团军总司令李家钰，第三十八军军长赵寿山，第九十六军军长李兴中等，第三十四师师长公秉藩被邀列席，还有第一战区长官司令部各处处长等，共 40 多人。4 月 20 日在洛阳第一战区长官司令部开会，由第一战区副司令长官冯钦哉致开会辞，对何应钦推崇备至，说何部长是国民党的元勋，是常胜将军，这次亲临指导，我们一定能战胜强敌。接着请何应钦训话，大意是我们对日抗战已经进入第五个年头，由于军令不统一失掉好多国土。今后要寸土必争，不能再跑了，再跑就无处容身。中条山是洛阳西安的屏障，必须确保。还说第十四集团军失掉中条山东段地区，是由于军令不统一所致。何应钦讲完话后，让各总司令自由讲话，没人应声。由第一战区参谋长郭寄峤把何应钦的讲话解释了一下，就算收场了。接着就在大礼堂欢宴何应钦，各总司令和军长纷纷敬酒，午后何应钦与各总司令、军长分别谈话。第一战区长官司令部把我的名字和第三军军长唐淮源排在一起。唐淮源把中条山单线配备的危险和士兵生活太苦疲惫不堪的原因，报告得很详尽。何应钦听得不耐烦说："我令后勤主管部门研究改进办法。"何应钦问我：“公师长有什么意见？”我答完全同意唐军长的意见。何应钦命令我说，战事将要开始，把第三十四师拨归第三军唐军长指挥。我接受命令后和唐军长一同辞出，第二天和第五集团军总司令曾万钟、第三军军长唐淮源一同回到中条山防地。这次会议对中条山防御没有新的部署，也没有新的防御计划和作战方针，令人感觉失望。

中条山作战的失败

黄河以南属于第一战区指挥的部队和黄河以西属于第八战区指挥的部队，凡是可以调动的部队，都集中到了潼关左右，在第一战区代理司令长官郭寄峤和第八战区副司令长官胡宗南指挥下，构筑工事防备日军渡河，对防守中条山都漠不关心。日军认为诡计已经发生效用，时机已成熟。

5 月 7 日下午起，中条山刮起大黄风，黄沙弥漫，天昏地暗，对面看不见人，气候突变寒冷。日军利用恶劣天气，分兵三路，向中条山发动进攻。一路进攻西段平陆地区第八十军孔令恂部，新编二十七师（师长王竣）第八十团阵地一触即溃。据该团第一营营长刘汉卿说，日军午夜接近步哨线后，驱使伪军喊话，大叫该团营长连长姓名，还说该师第七十九团和第八十一团业已投降，日军已经包围第八十团，如不赶快投降，就要做俘虏了。该团官兵莫名其妙，恐慌之余转身就向后方逃跑，第七十九团和第八十一团听说第八十团向后方逃跑，也就跟上向黄河边茅津渡逃跑。12 日黎明，日军飞机扫射轰炸，我军官兵 400 多名被炸死在茅津渡以北某地。日军没费吹灰之力，占领了中条山西段平陆地区。一路向夏县、闻喜交界处第十二师阵地进攻，随即突破，向东直驱第五集团军总司令部驻地马村，与第七师战斗。一路进攻唐王山第三十四师阵地，该师第一九九团守兵一连被击溃，团长薛金吾闻讯即率该团反攻。12 日黎明，我率师预备队第二〇一团（团长林崇轲在重庆受训，团附鲁平阶代理团长）和临时配属的山炮兵一连（有卜福斯山炮 4 门）以及师直属部队特务连参加反攻。从早到午，激战甚烈，唐王山周围阵地业已夺回，敌已退据庙内。眼看快要收复唐王山的时候，第五集团军总司令部参谋长周体仁打电话说：“总司令部驻地马村守军第七师阵地被敌突破，总司令部危急，你师应该放弃唐王山，驰援马村，限4小时到达，不得有误。”我说：“马村距离唐王山80余里，敌前撤退困难很多，4小时如何能到达呢？”周说：“情况紧急，若有延误，由你负责。”我没奈何只得命令各团一面掩护一面撤退，转向马村急进。经过胡家峪时，天已黄昏，细雨蒙蒙，午夜抵架桑镇，遇见第三军军长唐淮源率第十二师寸性奇部，退至这里。第七师师长（李世龙）也从马村撤退到这里，李说：“马村已被日军占领，第五集团军总司令部不知去向。”13日早，马村之敌跟着第七师尾追而来，唐淮源命令第十二师和第三十四师同时投入战斗。据第八十四师的艾捷三团长溃退到架桑镇附近在电话上和我联络时说：“12日清晨，敌炮击横岭关，略有战斗，第十七军军长兼第八十四师师长高桂滋不知去向。”

13日上午，敌乘大雨攻击更猛，炮声机枪声震耳欲聋，第七师、第十二师、第三十四师凭借山地与敌激战，伤亡惨重，山谷流水被人马践踏和伤亡官兵的血染变成红泥浆。夜间站在高山上看见唐王山之敌已经占领胡家峪，焚烧房屋火光熊熊。听说敌占后，在这里杀人很多，因为这里驻过师部。

14日上午大雨不停，敌仍攻击猛烈，包围圈越来越小。官兵冒雨激战两三天没有休息，没有吃饭，浸在大雨中，外无援兵。唐淮源召集第七师师长李世龙、第十二师师长寸性奇和我，在架桑镇附近山谷中一座大庙内开会，命令晚间化整为零，以团为单位向外突围，渡过黄河后集合。各单位用无线电联络，把伤兵自行设法藏匿在山洞里。我回到架桑镇附近一座高山上，召集团长以上的军官传达了命令。

当晚，我率领第三十四师师部直属部队特务连、工兵连、输送营、通信连等和第二〇一团一起，开始突围。第二〇一团因战斗伤亡以及平时缺额的关系，实际兵力不足两营。但原系荣誉团改编，官兵久经战斗，士气旺盛，战斗力强。冒着大雨，忍着饥饿，向南摸索。战斗一连三日，两天多大雨不停，包围圈日益缩小，没有情报来源，只凭臆断。南来敌主力已进至架桑镇附近，正在前线激战。我想黄河北岸势必空虚，乘敌战斗三日，夜间休息之际，我们突击其后，接近黄河北岸就能取得接济，渡过黄河。这是我从眼前形势决定的方向，其他各团由团长自行决定。晚间当我冒着大雨率领这支部队经过架桑镇附近高山上的交叉道路时，看见第三军军长唐淮源坐着一顶大轿，由 8 名士兵抬上高山向北行进，身边带着一支队伍，其他各团也有向北走的，也有向西走的，也有向东走的。我率领的这支部队整整走了一夜，15 日天刚亮，到达一个小镇（忘记地名），镇上居民逃避一空，我命部队宿营做饭吃，利用河水洗脚，休息后再看情况行动。

想不到炊烟一起，被周围山上的日军发觉，大举来攻，机枪大炮齐发，飞机轰炸扫射，直属部队仓皇应战。第二〇一团距离我们二三里宿营，我命令加入战斗。又同副师长王自强（陕西华县人）、参谋长唐汝昌（四川安岳人）、政治部主任欧阳瑛（湖南省人）等爬上附近高山，欲谋选择指挥所。登高一望，各山口均有敌兵活动，一时周围高山均被敌占。眼见我们业已误投强敌怀抱，勉力支持至夜，利用日军休息，又转向西北方向摸索。此次战斗伤亡惨重，溃不成军。我就和副师长王自强、参谋长唐汝昌、政治部主任欧阳瑛和卫士刘荫学、赵学仁等七八人走上逃命的道路，在高山丛林中摸索了两天，总是钻不出日军的重围。18 日上午，日军步兵带领山西省伪军约二三百名搜山，发现山头上有人便包围上来，王自强、唐汝昌、欧阳瑛等钻进密林，我和卫士刘荫学、赵学仁 3 人被俘。

中条山战役中的第一六五师

史镜清*

1940年秋至1941年5月，第一六五师在山西平陆县东北张茅大道与日军展开激烈的战斗，现将当时战斗概况记叙如下。

日军攻占太原以后，派片山旅团牛尾国成大队乘胜南下，沿平陆县张茅大道占领八政村、圣人涧一带，以火力瞰制茅津渡与会兴镇车站，阻挠破坏我陇海铁路的通行。1940年秋，第一六五师由陕西部阳县开往山西平陆县东北中条山张茅大道以东地区，接替第三十八军第十七师的防务。

第一六五师隶属于第八十军，军长孔令恂。第一六五师师长王治岐，副师长何番，参谋长朱耀武（已他调，接任者未到职），参谋长业务由蓝蔚代理，副官处长张叔宝。师辖3个步兵团，第四九三团团长王灏鼎，第四九四团团长史镜清，第四九五团团长潘乐伯。师部直属部队有：工兵营（营长张炯堂）、输送营（营长朱某）、警卫连（连长刘醒亚）及通信连、卫生队和无线电排等单位。

部队开到后，由第四九四团担任从黄河北岸（含河面）经占庄、计王村到南北桥子之线（团部驻计王村）的防务；第四九三团担任庙湾、尧店、桥

* 作者时任第八十军第一六五师第四九四团团长。

堡到中村之线（团部驻桥堡）的防务；第四九五团为师的预备队，位于过村、岳庄附近；师部及直属部队，位于望原村附近，卫生队与野战医院在洗耳河西岸。新编第二十七师的阵地为第一六五师的右翼。我师接替防务以后，当面之敌牛尾大队似有觉察，除炮兵不断向我阵地作扰乱射击之外，并派少数部队，以火力向我阵地进行威力搜索，收买当地居民刺探我军情报。我师为巩固阵地，亦不断派小股部队，绕敌侧背进行威力搜索，并派出部队掩护阵地内居民，利用夜间越过张茅大道到运城敌人封锁之盐池背盐。

1941 年 1 月，第四九四团第一营营长潘盈汉带第一连潜伏在敌人经常通过的八政村至茅津渡之间要道两侧，伏击敌人一个小队，激战一小时许，击毙敌人 10 名，缴获掷弹筒 1 具，三八式步枪 7 支，子弹背包若干，晋南五万分之一地图若干份，步兵操典两本，日本小太阳战斗旗一面。这次战斗的胜利，大大鼓舞了我军士气。敌人为了报复，于 2 月上旬集中火炮数门，向我阵地射击，次日凌晨敌部队在炮火掩护下，向我南北桥子之前进阵地猛力冲击。我防守该阵地之第二营营长张贞带领第四连和第五连竭力与敌激战。在众寡悬殊下，且战且退，略有损伤，最后放弃了前进阵地。敌占据南北桥子后，居高临下，运用各种兵器不断向我主阵地射击，对我守军威胁很大。师部为了巩固主阵地的防守，令第四九四团设法反攻夺回前进阵地。第四九四团组织兵力乘夜进行反攻，敌在牢固的碉堡以外又架设铁丝网数层，虽经数次反攻，均未奏效，遂成敌我对峙状态。3 月间，第四九五团奉命接替第四九四团防务，交接后第四九四团即移驻过村、岳庄附近，构筑第二线防守工事，以支援第一线战斗。

1941 年 5 月 8 日凌晨，盘踞晋南张店、侯马等处之敌结合八政村之牛尾国成大队，由张茅大道向我全军及第三军第十二师之线发动进攻。敌以优势兵力，在步、炮、空军的协同及日伪便衣队的配合下，首先突破我右翼新编第二十七师防线，新编第二十七师全线溃退，师长、参谋长等人战死。敌人企图席卷压迫我师于黄河北岸而歼灭之。在此同时，我第一线阵地当面并未发现敌人的活动情况。上午 11 时许，师部用电话令第四九四团迅速进入第二线阵地，竭力支援第一线两个团的战斗。此时敌人飞机数架开始反复向我师阵地全面轰炸，各团与师部之间通讯与交通都受到影响，但第一线阵地前面仍无敌人步兵活动。13 时，师部令第四九四团掩护第一线的第四九三、第四九五两团向望原以东地区撤退。14 时许，敌人由我右侧突击望原师部，师部在直属部队与敌激战中仓皇向军部驻地太寨方向撤退。各团之间，因联络被切断，各不相顾。第四九三团在转进中与侵望原之敌展开战斗，该团以一部掩护，主力得以安全转移。第四九四团亦乘夜绕道向东转移。第四九五团遭到敌人层层截堵，团长潘乐伯脱离部队逃跑，各营连遂分散向东撤退。5 月 9 日上午 12 时许，各部队先后到达太寨军部附近同师部会合。师长王治岐派副官处长张叔宝传达口头命令：各部队暂时休息，派人到南沟第三军仓库领粮并侦察地形，构筑工事，准备在此固守。

这期间，敌人飞机数架向我部队狂炸，混进我军之敌伪便衣队，穿着新编第二十七师士兵服装，在各部队之间进行扰乱射击，河北民军到处乱窜。一时间敌我阵营无法分辨，所有部队都各自跑散。配属我师之炮兵连因目标暴露，受敌轰炸较重，该连王连长负伤。我第二营营长姚汝崇奋不顾身，率兵抢运火炮，与敌便衣队激战，不幸身负重伤，因无人抢救而殒命。傍晚，跑散的各部队陆续集中在南沟附近（南沟与河南岸白浪渡口遥相对峙）。当时新编第二十七师、河北民军之溃兵仍与各部队混杂在一起，少数人造谣生事，扰乱军心。军长孔令恂目睹此情，束手无策，竟率军直属部队，争抢船只渡河逃跑，并令第一六五师师长王治岐跟随渡河。此时师部直属部队尚未跑回，王师长乃令第四九四团第三营营长赵承志率领该营护送他们抢渡黄河。河上拥挤不堪，新编第二十七师与河北民军散兵千余人，争抢船只，鸣枪怒吼之声震撼人耳。亦有抢夺不到船只而寻找门板、木头漂浮过河者，淹死的不下百余人。谚云：将是兵的胆，兵是将的威。此次敌我双方尚未正式交战，将领即首先逃跑，影响士气，罪责不谓不大。

5 月 10 日上午，敌步兵分两路向南沟进犯。第四九三团副团长孙铁峰指挥该团第一营在西山头抗拒敌人。第四九四团团部和第一、二两营在东山头及公路两侧对敌进行阻击，战斗甚为激烈。我方伤亡较重，第四连连长施国治负伤，排长陈占海、杜如林阵亡，团部副官柯芳国重伤，军需黄国政阵亡，负伤士兵约五六百人。下午 5 时许，敌人停止反扑，逐渐退走。第四九四团副团长张贞即往南沟向第四九三团王灏鼎团长和师部工兵营张炯堂营长通报战斗情况并研究渡河部署。王、张主张另行整编部队，以王灏鼎为支队司令进行游击战。张贞副团长坚持遵照王师长临渡河时指示各团设法渡河的规定。因意见分歧，第四九四团在深夜自行离开南沟，沿黄河北岸向西绕敌侧后转移。

5 月 11 日晨，敌步兵飞机协同再次侵犯南沟，战斗极为激烈。王灏鼎带兵两名，坐在门板上渡河逃到南岸。副团长孙铁峰率一部兵力在东北山头指挥战斗，不幸背部负伤，遂绕道撤离南沟。5 月 14 日，接到师部情报队长蔡剑峰转达王师长口头命令，着各团及直属部队即日设法在槐坝渡口渡河。第四九四团第一、二两营及新编第二十七师与河北民军散兵约四五百人，于是日晚陆续渡河。敌侵占南沟后，除封锁附近渡口及由渑池至晋南之公路要口外，没有大的扩展。我师跑散之部队，多由槐坝渡口先后渡河返部。在这次战斗中，我们既不知彼，又不知己，仓皇逃散，实堪痛心。

战后部队在整补期间，第八十军军长孔令恂被撤职，以王文彦继任军长（军政部派），第一六五师师长王治岐调升第八十军中将副军长，遗缺由副师长何番升充。第四九四团团长史镜清升充少将副师长，遗缺由副团长潘盈汉升充，第四九三团副团长孙铁峰调升为第四九五团上校团长，第四九三团团长为孙铁英（由第一师调来），师部上校参谋主任为孙伯泉（由副旅长任内调来），上校参谋长为雷声远（由陆军大学特别班调来）。

重庆大隧道惨案

记重庆大隧道窒息惨案

康心如　康心之*

1941年6月5日，由于日军对重庆进行所谓“疲劳轰炸”，重庆城内较场口公共防空洞大隧道里发生了令世人震惊的窒息惨案。死亡和重伤的人数，当时社会传说在5000人以上。据大隧道窒息惨案调查委员会的调查报告，死亡992人，重伤送入医院者151人，共计1143人。这个数字，显然是大大地打了折扣，究竟死亡的人数有多少，谁也无法知道。遇难者的姓名，除了重伤的151人送入医院有案可稽外，其他死者的姓名无从知晓，当时也没有做过调查。

这次事件的发生，固然由于敌机空袭引起而造成，但惨案的责任，究竟应由何人来负，这是本案的关键。调查委员会的报告也不过是官样文章，敷衍塞责，可说是虎头蛇尾，雷声大雨点小。兹据所存文件和我们的回忆，将此惨案的经过简述如下。

---

*　作者康心如时任重庆市临时参议会议长，康心之时任川盐银行总经理。

一、惨案发生时的情况

重庆市所称的大隧道防空洞，共有7段，据专家的实地勘测，可容六七千人，而出入洞口只有3处。另有重庆市纸烟业公会的防空洞与大隧道相通，但有木栅栏隔断，不能自由通行。大隧道的洞口是斜坡台阶式，每个洞口都有木栅门，最奇怪者仅有一个洞口的木栅门是由内向外开的，其他均为由外向内才能打开。洞内虽有通风设备，也有发电机，但因未通过验收，在惨案发生的时候未能使用。洞内也有电灯、油灯照明，但因无人管理，多处失修。

1941年6月5日日机空袭重庆，采取疲劳轰炸战术分批前来，空袭时间较长。在大隧道内躲避轰炸的人多，空气不畅，而通风设备又未开动。加以重庆的6月天气已非常炎热，洞内的民众因为时间过长，发生窒息现象，都想到洞外呼吸新鲜空气。而在洞口执行任务的防护团坚决制止，不准外出，甚至向空鸣枪，予以恐吓。洞内的群众在空气缺乏，呼吸困难，生命危殆之际，只求外出或可幸免不死，不愿在洞内窒息等死，因之都涌向洞口。而洞口木栅门紧闭，又是从外面锁闭的，人们欲出不得。突又听见枪声，乃纷纷后退，洞内秩序因之大乱。妇孺号啼声，少壮呼叫声，嚷成一片。洞内一片漆黑，前边的人们想回洞内，洞内的人们又想挤到洞口，拼命呼叫道："要憋死人了！""没有空气！"而防护团又在外面大嚷："敌机来了，请安静一些。"坚决不准一人出来。当时的情况即使将木栅门锁劈毁，事实上人也出不来了，因为两扇洞口门是由外向里开的。结果致使洞口和台阶上的人进退维谷，互相践踏，死难者尸体积满台阶，遂将洞口完全堵塞。尽管大隧道洞内的人们嚷叫道："死人了！""死人了！"洞外的防护队员还认为是民众的恐吓，置之不理。

久而久之洞口平静下来，殊不知这是因为通往洞口的道路已被死难者的尸体堵塞，后面的人已经无法走到洞口来了。

前一段时间是因拥挤践踏而死的人多，窒息而死的人少；后一段时间是窒息而死的人多，因拥挤践踏而死的人少。大隧道口既为死尸堵塞，空气流通更少，洞内窒息的人愈多。据当时的亲历者说，防护团发觉情况有异，高声呼唤，里面已无人应声，方才打开木栅栏。只见尸体重叠，几齐洞口，无法进出，并且尸身互相扭结不能分开，浑身汗出如水流，可见垂死挣扎者用尽全身力气的惨状。

当时的防空负责人调来许多军警将尸体搬出，洞口一带遍地皆是，未死者抬入“唯一”电影院抢救。他们为掩饰自己之罪过，限在天明以前将死者伤者处理完毕。于是除轻伤和复苏者自动回家外，重伤者分送各医院。遇难者尸体先在附近棺木店征用薄棺装殓，后薄棺已不足敷用，改用蒲包包裹，甚至两三具包在一起。蒲包仍不足时，即裸体装上军用卡车运往朝天门，再用驳船运往江北黑石子埋葬。

事后各机关所报尸体数字各不相符，其草率可想而知。尤其令人愤懑的是，凡避空袭的人大都将珍贵或必需物品携入洞内，惨案处理后这些物品皆荡然无存，甚至死者身上衣物亦均被剥取。

二、民众的愤慨与蒋介石的措施

惨案发生后，民众的愤慨可以说达到沸点，每天街谈巷议都以这件事为中心，对政府的谴责辱骂随处可闻。有的人甚至说，与其进防空洞被憋死，还不如被敌机炸死痛快些。战时民意机关——国民参政会和重庆临时参议会开会时，对防空机关和人员也提出了很多指责。民间报纸如《新民报》《大公报》《新蜀报》《国民公报》等除报道新闻外，均有社评抨击防空机关和失职人员。《大公报》那时在重庆被称为权威报纸，该报在 6 月 7 日至 13 日一个星期内，共发表了 4 篇社评，主张追查责任，以平民愤。

惨案发生的时候，《大公报》总编辑张季鸾住在重庆南岸汪山康心之家里养病，据他亲口说：“我为此事曾去电话到黄山要求见蒋介石，下午侍从室就派汽车接我去吃了晚饭才回来的。”“我将外面愤激的舆论都对委员长说了。我说这是长沙大火后又一次重大的事件，你应该严办一下以平民愤，藉以收拾人心。”蒋介石听了他的话后颇为动容，看样子有决心要彻查严办一下。果然 6 月 8 日在报上就看见了蒋介石初步处分人员的命令，同时发表了组织本案审查委员会的成员名单。

在民怨沸腾的舆论压力下，蒋介石大发雷霆，将重庆防空司令刘峙、副司令胡伯翰、重庆市市长吴国桢先行革职留任。为彻底清查肇事真相以明责任，他特命组织大隧道窒息惨案调查委员会，以中央党部秘书长吴铁城、国民参政会主席团成员张伯苓、重庆市临时参议会议长康心如、党政工作考核委员会秘书长张厉生、行政院代理秘书长蒋廷黻、司法行政部部长谢冠生、监察院秘书长程中行等 7 人为委员，另指定吴铁城、张伯苓、康心如为主席团成员。但实际上是以吴铁城的意见为主，张、康两人不过是代表民意机关作为陪衬而已。

三、虎头蛇尾的处理

大隧道窒息惨案调查委员会成立时，一副非常慎重的样子。开会时决定本着舆论所要求的，采取以下措施:（一）查明肇事的情景和死伤人数;（二）查明应负责任的机关和人员;（三）提出以后改进的建议。调查步骤又分为五项：踏勘；调查；询问；研究；呈报。

调查后发现的情况，第一是所谓防空负责机关有 6 个之多，即重庆卫戍总司令部（总司令刘峙兼任防空司令、副司令为胡伯翰）、重庆市政府（市长吴国桢）、重庆市警察局（局长唐毅）、重庆空袭服务总队（总队长谷正纲、副总队长洪兰友）、陪都空袭救护委员会（主任委员由刘峙兼任）。这些机构都是军事委员会核准设置的，平常是有权力就争，有困难就推，事权极不统一。第二是大隧道之设备极不完备，极不安全，如开凿和使用都不合理，虽有通风照明用的发电机，但完全未使用。第三是此次警报时间很长，洞内已发生拥挤、践踏、窒息的情况，而洞外防护团坚不开门，是造成惨案的最大关键。第四是死伤累积，仓皇处理，连死亡人数都未准确登记，财物更被窃取一空。依据防空机关的组织和职权，防空司令部和空袭服务总队应该负责，也就是兼任司令的刘峙，负实际责任的胡伯翰和总队长谷正纲、副总队长洪兰友的责任最大。

在询问阶段，调查委员会在中央党部客厅内设置长桌，主席团三人坐正中，其他委员和秘书分坐两边。对面亦设桌椅，将有关本案人员逐一请来，由吴铁城照拟定的问题提出询问，当事人答复。首先被询问的是刘峙、胡伯翰、吴国桢、谷正纲以及防护团人员、运尸的卡车司机和驳船水手等。这不过是就调查所得的情况，向当事人询问加以证实而已，不意竟因此引起风波。军政部长何应钦对吴铁城说："刘峙是陆军上将，现役军人。你们私设法庭审讯他，侮辱军人，军界人心愤激，闹不好会酿成兵变。"对委员会进行恫吓，使之不敢对刘峙等人作出不利的报告。

惨案发生时，民众呼号欲外出，而防护团坚不开门，以至死伤累累，负责防空救护责任的机关和人员，应负大部分责任，这是不言而喻的。但谷正纲等人却交出一张蒋介石的手令，其大意是："在空袭警报未解除前，防空洞内避难的人不许出来，由防护团负责执行。"他据此称不开门放人出来是执行命令。

大隧道窒息惨案调查委员会的成员们心中有数，军人是不能处分的宠臣，只有煞费苦心地炮制出一篇大事化小、小事化了的调查报告才能息事宁人。这份调查报告用宣纸裱成册页式，界画朱丝格，用楷字誊写，由三位主席盖章后送请蒋介石批示。果然，蒋介石发表的处置命令，仅将刘峙免去兼职，将一个副处长谢元模撤职，其余人员一概不究。同时他不得已发表了一篇训勉防护人员的通电，隐约地自咎一番。于是这一震动全国的大惨案，就用这种轻描淡写的手法结束了。

记侵华日军对重庆的狂轰滥炸

蓝卓元*

我当年在四川重庆山洞陆军大学校读书，经常进重庆市区，几次遭到侵华日机的空袭。现就我的回忆所及，如实记述，让大家明确认识日本侵略军惨无人性的真面目。

一、重庆是日机轰炸的总目标

重庆市位于嘉陵江与长江的汇合处，整个市区包括南岸海棠溪、南温泉和江北巴县县城，形成夹两江三市鼎足而立的山城。因天气多雾，又称为雾都。1937 年 12 月日本侵略军攻占了南京之后，国民党政府迁都重庆，此地成为当时中国政治、军事、经济、文化的中心。侵华日军为了威逼蒋介石投降，便把重庆作为战略轰炸的总目标，经常出动日机空袭重庆。特别是在武汉沦陷之后，日机可以从武汉、宜昌起飞，往返航程缩短了，空袭次数就更多了，如果不是天气多雾的话，恐怕天天都要遭受其害。国民党的空军在武汉空战受到重大损失后，在重庆就不敢起飞与日军作战，任其大发淫威；高

---

* 作者时为重庆陆军大学学员。

射炮不多，高度又不够，也起不到什么作用，重庆居民只有挨炸受害一途。

国民党军政机关为了安全和工作需要，统统离开市区，疏散到重庆附近各县、镇。蒋介石把官邸和军委会等直属机构，迁到重庆南岸的黄山、南温泉；白崇禧带着军训部迁到离重庆北面 100 多公里的璧山县；参谋总长何应钦、军令部徐永昌亦都分散在重庆郊区海棠溪、上清寺、青木关、沙坪坝、山洞、北温泉等地。重庆市区只住着商业居民，已经不是什么军事、政治中心了。国民党要员大都修筑有安全、舒适的防空洞，内有电灯、电话、收音机、食堂、医疗设备。国民党政府搜刮了人民大量防空费用，可是为老百姓只在都邮街挖了一道防空大隧道。空袭警报一响，老百姓便争先恐后往防空隧道钻，市内交通断绝，全城顿时变成死城一样。

二、我身受其害的几次大轰炸

日机空袭重庆，抗战以来难以计数。现在只将我身受其害、亲眼所见的惨状叙述一下。

1939 年 5 月 3 日中午，我由峨眉山洞搭车进城到菜园坝找朋友，一到市区便碰到警报，我与友人赶忙躲在仙丝洞国民党军政部电话总机防空洞。该洞是利用原有山洞扩建的，可以容纳数十人和军用电话、总机一台，即使在空袭时间仍有 100 部军用电话可以通话，大多数是向空防指挥部询问日机空袭情况的电话。我得此机会能够更多地了解日机空袭的情况。5 月 3 日下午 2 时左右，20 多架日本重型轰炸机，在几架驱逐战斗机掩护下，从东北方向窜入市区，对重庆进行了轰炸。日机从东北向西南排成“品”字队形，高空约 1 万米飞过，将大批炸弹像倒西瓜一样集中倾泻在重庆最繁华的陕西路一带。爆炸弹、燃烧弹在空中下降发出强烈的“嘁、嘁、嘁”声响，跟着山崩地陷的响声，地面也被炸得一阵震动。顿时，浓烟滚滚，火光冲天，人们的惨叫声，与炸弹的爆炸声、房屋的倒塌声混成一片，出现了一个个令人揪心扯肺的凄惨场面。敌机投弹约半个小时，致使这一带的 19 条街，几乎都被炸成废墟，市民们死伤无数，到处是死尸和鲜血。

第二天，敌机又来轰炸，以另一个繁华商业区都邮街为投弹的中心目标。大量的爆炸弹、燃烧弹雨点似的不断投下，使这个地区像陕西路一样又遭到毁灭性的破坏，建筑物被摧毁，财产衣物也化为灰烬，一大批百姓无家可归，无处藏身，哭哭啼啼的悲惨景象，直到今天仍历历在目。

警报解除后，我到七星岭车站，搭车回山洞陆军大学，沿途看见不少房屋被炸成残墙断壁，一片瓦砾。因为消防设备差，人员又少，许多燃火处来不及扑救，任其燃烧。太平桥下、中山公园、两路口公园，横陈着不少男女及儿童死尸，树枝和电线杆上挂着血淋淋的人肉，断垣残壁上溅满了鲜血，不少尸体断手缺足、四分五裂，地上更是血红一片，真是世界上罕有的惨状。

我有一位姓李的世伯，曾做过四川省内江县的县长，自己建有一座两层楼的小独院，在院中也挖了一个小防空洞。警报时自认为有防空洞可躲不必怕，全家及一些亲友正在他家中为他欢庆六十大寿，紧急警报响起才慌慌张张躲进防空洞，不料一颗炸弹正落在他家中，房屋被炸成一片废墟，全家死去大半，仅剩下在四川大学读书的最小的儿子和女儿受点轻伤被救治。耳闻目击，日机的暴行血债，真是罄竹难书。

更令人发指的是 1940 年的一次灭绝人性的大轰炸。事先，日军侵华电台还恬不知耻地发出叫嚣：“对重庆进行毁灭轰炸，彻底摧毁国民党的政府机构，使之瘫痪……” 1940 年 8 月 19、20 两日，日机以武汉、宜昌为基地，一连出动 136 架，对重庆进行毁灭性轰炸。100 多架日机分 4 批进入市区，除了朝天门和银行建筑稳固受害较小之外，其他市区及小龙坎、沙坪坝、江北巴县等广大郊区，均受到日机的极大破坏。据当时报纸所载：“有 38 处被炸起火，殃及商店、房屋在 2000 户以上，死伤者达五六百人，巴县县城被毁五分之四，重庆街市顿成一大片瓦砾之地”等等。事后，日军电台还自鸣得意地说：“重庆已被炸成平地，中国政府消灭了，中国快快投降，免遭更大的灾害”等等。

上述几次日机的疯狂轰炸，只不过是我亲眼所见、亲耳所闻的事实。从 1939 年 5 月 3 日开始，日本侵略军的飞机几乎每天都来重庆骚扰。警报响后，炸弹跟着就落了下来。每次袭击都使大批房屋倒塌，大群市民丧命，市民们整天生活在极度恐怖之中。

三、重庆防空洞大窒息死亡惨案

1941 年 6 月 5 日，日机 100 多架分批轮流空袭重庆，每一批 9 架，前一批刚走，后一批又来，整天都没有解除警报，老百姓饿了一天肚子。这次日机不单进行了空前野蛮的大规模的轰炸，还投下大量燃烧弹，霎时间，整个重庆市被黑烟红焰笼罩，成为一片火海。市内自来水源遭到破坏，警戒又不解除，交通行人受管制，给救火工作增加了极大困难，大火蔓延，连续燃烧了七八天，财产损失之大，不可计数。更惨的是死人之多无法计数，可说是历史上空前未有的大惨案。

重庆市民用的防空洞只有一条大隧道。由于国民党政府的腐败，官员们只知搜刮民财，哪管百姓的死活！这唯一的一条又大又长的防空隧道，竟没有足够的通风设备，电灯也不多，全靠进出洞口照明、通风。那天，我同姓李的同学想到陕西路商务印书馆买书，突然警报拉响了，紧接着敌机来袭，我与市民们一道潮水般涌入大隧道。真想不到整个白天都没有解除警报。由于人太多，空袭的时间又长，里边的空气不够用了，便发生了骚动。里面的人拼命向外挤，靠门口的人想冲出门外，国民党的宪兵和警察以警报未除不准出外为由，干脆把门一关。隧道漆黑一片，空气更少，呼吸极端困难，叫喊无人理会，最后我便难过万分拼命扯抓，终于不省人事晕倒了。所幸我的位置在洞口，停止呼吸时间不长，被送到江北陆军医院抢救，留下一条命。但那位姓李的同学已救不活了，由我忍痛处理了后事，写信通知了他在湖南的父母。

这次惨案中究竟死了多少人，蒋介石下令报章不准公开。事后，据处理掩埋尸体的人说："政府派了 20 辆大卡车，把尸体像装死猪一样，一排一排堆起来，每车装满成百个尸体，共运了一天一晚。"尸体分别从朝天门、临江门和通远门运出去，据当时在朝天门负责指挥运尸的贺志中说："只朝天门运出去的尸体就有4000多具。”以此推算，3个门最少运出尸体1.2万具。这次惨案，使不少人全家死亡，大梁子、小梁子等街道有些店铺门关闭后再也无人开门；运尸者从死尸身上捞到的手表、首饰和钞票不少。

这件天大惨案是无法掩盖的。在重庆的参议会上，一些有正义感的参议员就大声疾呼，要求追查处理。蒋介石的御用报纸《中央日报》不得不进行掩饰，说什么蒋介石亲自视察灾区，手令重庆卫戍司令部和警察局撤职查办当事人员，责令防空部门立即加开天窗、加强通风设备等等，不了了之。

1941年冬，由陈纳德率领的美国人民志愿援华抗日的飞虎队飞来重庆后，在一次空战中一举击落了几十架日本侵略军的飞机，接着又出击武汉、宜昌等日军机场，日机对重庆空袭这才停止了。

美国飞虎队

抗战中的陈纳德“飞虎队”

梁　深*

美国空军飞虎队，在中国的抗日战争中立下过赫赫战功。飞虎队中，还有 200 多名黄埔生与美军比翼长空，并肩战斗，一直奋战到日本侵略者无条件投降。

笔者梁深，当年是黄埔生中的飞虎队员，在印度、卡拉奇接受美军新机训练后回国，在中美混合团轰炸机第一大队任领航员、轰炸员，参加过轰炸香港、武汉、海南岛、广州等地敌空军基地及鄂西会战、常德会战、中原会战、桂柳大反攻等大小战役、战斗上百次。

“飞虎队之父”陈纳德

抗战期间，许多人称陈纳德为“飞虎队之父”，此话并非过誉。因飞虎队从无到有，从小到大，从单一机组到联合机组，从在大陆抗击日军到远征日本本土，从微弱空中优势到牢牢掌握制空权等等，所有这一系列的发展壮大，都和陈纳德的辛劳擘画和卓越指挥密切相关。

---

*　作者时为飞虎队队员、中美混合团轰炸机第一大队领航员、轰炸员。

陈纳德原系美军退役中校，20世纪30年代应聘来华担任我国航空学校顾问组长。他教学认真负责，工作一丝不苟，学生考试不及格的不准毕业（转到军官学校去学陆军）。据说能达到毕业标准的不足60%。当时人们对此议论纷纷，毁誉参半。曾有一位德国顾问提议说：“如改用德军培训办法，学生毕业率可高达80%—90%。”我国急于求成的人士中，也有人主张改弦易辙，但更多的人却考虑德、意、日早有三角同盟关系，我国空军建设应独辟蹊径，不应师承德国。当时，任航空委员会秘书长的宋美龄力排众议，坚持贯彻陈纳德办学方法。她说：“建设中国空军就应该从严从优，重质胜于重量，宁缺毋滥。”七七事变后，年轻的中国空军健儿之所以能够一鸣惊人，顽强战斗，不怕牺牲，取得辉煌战果，陈纳德功不可没。

飞虎队组建概况

飞虎队经历美军志愿队、美军驻华特遣队、第十四航空联队3个发展阶段。

一、美军志愿队

抗战初期，中国军队以血肉之躯与拥有现代化装备的日本侵略者相拼搏的大无畏精神，使陈纳德深受感动。他同情中国人民，同情中国抗战，曾向美国政府和美国人民大声疾呼，以实际行动支援中国抗击日本侵略者。当时美国政府对此持观望态度，不愿开罪于日本。陈纳德快人快语地建议说：“政府怕得罪日本人，我们不怕。就让我们组织志愿援华队前往中国参战，岂不名正言顺？”罗斯福总统考虑再三，终于答应陈纳德的请求，批准租借给中国P–40战斗机250架，并准许陈纳德在美招募志愿援华陆海军退役军官300名，前往中国组成美军志愿队。1941年8月1日，美军志愿队在昆明正式成立。这个队共分3个中队，由陈纳德任指挥官，招募的人员分任中队领导及空地勤人员。经过短期组训，志愿队于同年底投入战斗，执行昆明至缅甸的防空任务。当时日军为破坏中缅国际交通及阻止我远征军入缅作战，频繁空袭滇缅公路。志愿队每次升空迎战，都像猛虎出山一样，非把日机击溃决不收兵。截至 1942 年 6 月底，共出战 100 余次，击落击伤敌机 500 余架，战果辉煌，举世瞩目。罗斯福来电祝贺，中国人民前往慰问。从此，志愿队荣获“飞虎队”光荣称号，陈纳德成为叱咤风云的常胜飞将军。

二、美军驻华特遣队

1941 年 12 月 8 日，日本联合舰队偷袭珍珠港。美国终于对日宣战。美国政府为加强中国空军战斗力，除批准售给中国 500 架飞机外，还下令将美军志愿队改为美军驻华特遣队，序列为二十三战斗机大队。由原志愿队成员担任领导骨干，队员则多是从美国调来的现役陆海军飞行员。人员充实，装备加强，战斗力显著提高。

驻华特遣队的建立，大大减轻了中国空军对日作战所承受的重大压力，使在作战中受到严重创伤的中国空军，得有喘息和休整的机会，从事整补训练，充实提高，恢复战斗活力。

三、第十四航空联队

1943 年 3 月 10 日，罗斯福总统由于作战需要，下令将驻华特遣队扩编为第十四航空联队，陈纳德被恢复现役，晋升空军少将指挥官。十四航空联队的实力，除了原有的二十三战斗机大队外——该大队有双机身的 P–38、P–47、P–51 等战斗机 60 余架，又新增加 B–25 双发轰炸机和 B–24 重型轰炸机各一队；还将由印度到中国跨越驼峰的 C–46、C–47 运输机各一队，亦纳入第十四航空联队建制。此外，新成立的中美混合团，亦加入第十四航空联队，归陈纳德指挥。

那时节，我国沿海口岸被封锁、中缅通道被截断，我国的武器装备和一切军用物资，全靠第十四航空联队运输队一批一批地空运而来。他们不但要克服喜马拉雅山高空变化无常的恶劣气候，而且还得应付可能随时出现的敌机截击，其任务之艰巨，诚非局外人所能想象。

中美混合团，是根据史迪威“美国出机，中国出人”的方案组成的。中美混合团拥有一个轰炸机大队，即第一轰炸机大队；两个驱逐机大队，即第三、第五驱逐机大队。

轰炸机大队分 4 个中队，拥有 B–25 轰炸机 50 多架。驱逐机第三、五大队各有 4 个中队，共拥有 P–40 驱逐机约 100 架。人员方面，中队以上领导全由美军担任；所有空地勤战斗人员，绝大部分由黄埔毕业生担任。第一批参加飞虎队的是黄埔十五期赴美留学的 12 人。他们英勇奋战，不怕牺牲，到 1943 年底就殉国 5 人、被俘 1 人，只剩下 6 人。尔后又陆续由留美的黄埔同学和在印度兰姆伽接受飞虎队新机训练的黄埔同学中选调 200 余人，充实到中美混合团来。他们是中国空军精英，无论领导指挥和作战技能，都属一流。

中美混合团的建立，是史迪威的“一厢情愿”方案。当时，蒋介石为了争取美空军飞机参战，虽不愿意亦不得不屈从于史迪威的压力。可成都空军司令王叔铭却大发牢骚。他在成都士校举行的欢送空军二中队（梁深在内）赴印学习的大会发言中，牢骚满腹地说：“陈纳德有什么了不起！论指挥才能、论战术修养，我哪一样不如他。至于中国空军的素质和牺牲精神，更不比美军逊色。”王说这番话的言外之意，是责怪政府当局没有让他与陈纳德分享中美混合团的领导权。我听后不由心中暗笑，连蒋介石都得让史迪威三分，你一个小小的成都空军司令，岂敢妄想争权。中美混合团领导权的旁落，连蒋介石在对赴印人员训话中，也只好谆谆告诫大家要顾全抗战大局，团结合作，打败日本侵略者，千万勿存门户之见。

飞虎队的赫赫战功

1943 年中美混合团的建立，飞虎队如虎添翼，军威大振。不过，飞虎队担负的任务也更加重大和艰巨，不仅要直接协同陆军地面战斗，还肩负着保卫大后方战略要地的重任；同时，还要远征台湾、日本，监视和破坏南海海域的敌舰艇活动，拒敌于国门之外。

日本侵略者鉴于中美空军日益壮大，致其损失惨重，不得不将在华作战的航空兵第三师团，由 16 个中队扩充到 33 个中队，并确定 1943 年的侵华战争，以空军作战为重点的战略方针，企图彻底摧毁中国空军基地，保证日本本土不遭轰炸。从这一年 2 月 27 日至 4 月底的短短两个月中，日军先后出动 4500 架次飞机，对我桂林、丽水、零陵、衡阳、遂川等机场进行轮番轰炸。日本航空兵第三师团长中薗中将以为胜利在望，得意地宣布：中美空军短期内再无力空袭日军。

结果怎样呢？请看实战记录（以下各次战斗，梁深大部参加）：

5 月 4 日，我飞虎队 20 架轰炸机，突然从琼岛上空云层里钻出来，把成吨成吨的炸弹，倾泻在三亚市和榆林的海军基地上，炸得日军目瞪口呆。

5 月 8 日，十多架 B–25 轰炸机在相等数量的战斗机掩护下，对广州地区的日军进行了劈头盖脸的一顿狠炸，日军伤亡惨重。

与此同时，中薗盛孝得到密报，说是最近又有 90 多架飞机由印度进入中国昆明，加上该地原有战斗机 52 架及 B–24、B–25 轰炸机几十架，仅昆明一地就有飞机 200 多架。此外，桂林、衡阳机场新到数十架飞机，机种及由何处飞来待查。中薗阅后，十分恼怒地对他属下指挥官说：“飞虎队员的脑袋就像韭菜一样，割了一茬又长一茬！广西境内的飞虎队，对皇军太平洋作战造成极大威胁，非把它们彻底歼灭不可！”

5 月中旬，日军大机群编队向桂林飞来，飞虎队迅速起飞迎击，经几番恶战，日机惨败。5 月 19 日，中薗亲率大批飞机扑向昆明进行报复性轰炸。可是天不作美，敌机群进入昆明上空，却陷入无边无际的茫茫雾海中，几乎迷航。正欲突出雾海，又遭到飞虎队机群的迎头痛击，敌机被打得七零八落，狼狈逃窜。中薗盛孝仅以身免。

5 月下旬，武汉敌十一军发动鄂西会战，在我第六战区展开拼杀。为配合地面作战，我驻恩施、零陵、梁山等地飞虎队机群分别频繁出动，掩护陆军攻击挺进。与此同时，飞虎队还轰炸了武汉、宜昌、沙市等地日军机场，击落击伤敌机 60 余架，炸沉敌舰 23 艘。

5 月 29 日，中薗暴跳如雷，命令 36 架飞机从炮火连天的鄂西上空，直扑四川梁山基地轰炸。结果，返航时零零落落，有如丧家之犬，只剩十几架飞机。

日本军政闻风丧胆

中薗对越战越强的飞虎队伤透了脑筋。当时，飞虎队除了那 400 架运输机外，能作战的飞机少说也还有 335 架；另有一批批由印度转运中国的飞机正在源源而来。到 1944 年春夏之交，中美空军可达到拥有战斗机、轰炸机上千架的雄厚实力。中薗中将明知无力回天，却又想逆天行事，煞煞飞虎队的威风，给部下打气。9 月 9 日，中薗带领几个幕僚从汉口起飞前往广州督战，试图扭转屡战屡败的颓势，重振雄风。不料，他的座机起飞不久，即遭到飞虎队机群的包围截击，在一阵冰雹般的火炮袭击中，这位骄横不可一世的侵华日空军最高长官，连同他的座机和幕僚，都在空中化成无数碎片。

中薗葬身中国长空这一年的最后 3 个月里，飞虎队的战果更显辉煌。

11 月 25 日，中美混合大编队，出动战斗机、轰炸机 30 架，从遂川前进基地起飞，巧妙地避开日军雷达警戒线，超低空飞越波涛万顷的台湾海峡，奇袭台湾新竹日海军基地，日军连警报都没有放，我已大获奇功，胜利返航。日大本营大惊失色，惶恐哀鸣：“中美空军从大陆轰炸日本本土，已经为期不远！”

1944 年春，日本大本营指令日驻华派遣军总司令冈村宁次对中国实施打通大陆走廊的“一号作战”。实施一号作战的目的有二：一是歼灭中国军队有生力量，特别要击毁中原地区的汤恩伯精锐部队，防止中国军队反攻；二是彻底摧毁华东地区前进空军基地，保障日本本土安全。因为他们判断现有中美飞机的装备和性能，只有从华东前进基地起飞，才能到达日本本土。如把上述地区的机场设施破坏，日本本土就不会遭受中美空军轰炸的威胁。

然而，正当冈村宁次打着如意算盘，指挥“一号作战”，在中原地区打得热火朝天之际，飞虎队 B–29 超重轰炸机 68 架，以异军突起的姿态，从大后方成都基地起飞，直航日本北九州八幡，把八幡的重工业和日本全国仅有的炼焦炉炸成一片废墟，至此，冈村调集 66 万大军进行的“一号作战”计划，成为画饼一块。

扑朔迷离的间谍战

日大本营很快就知道上述轰炸北九州的 B–29 机群，是由中国腹地成都起飞的。于是派出间谍潜入成都，摸清情况，以便将成都空军基地彻底摧毁。

1944 年 7 月间，一场扑朔迷离的间谍战，在蓉城拉开帷幕。

我军统局成都行辕调查科科长何芝园，把一份重庆军统局长戴笠来的密电交给谍报组组长周震东。电报说："日本间谍川岛芳子派其得力助手某小姐经河内、昆明到重庆，可能到蓉活动，希严密监视。"

何给周一张漂亮姑娘的头像，告诉他说："就是这位小姐，她叫吴冰，是国民党元老许崇智的日本太太所生，后由川岛芳子收养。她精通日、中、印、英等诸种语言，长期在吉隆坡、新加坡、河内等地，为日军收集军事情报。吴冰此次来蓉，是专门收集成都地区新修七大机场有关情报。应十分重视，尽快破案。"

周震东将吴冰照片连夜放大十多张，分别交给他手下的十多名特务，责令马上行动。军统特工们有的装成浪荡公子，有的化装成叫花子，有的又是一副江湖术士模样，分别在锦官城内外游窜。他们走遍大街小巷、车站码头、旅馆饭店、舞厅戏院，寻找吴冰。

20 多天过去了，连吴冰的影儿也没见到。又过了几天，周震东终于在一条小巷内的破旧院落里，发现了照片上的那个女人。这女人真不愧为出色间谍。她住进这破旧的院落，像她那样打扮的人住这破落小院的在当时的成都不足为奇，她的穿着打扮也不露丝毫破绽。

周震东对其盯梢，躲进那破旧院子的隔壁邻家，从窗帘缝隙窥探她的一举一动。后来周震东特派了一名女间谍住进那个破院落。这名女间谍姓张，年龄与吴冰相仿。她伪装一个结婚不久即被丈夫遗弃、生活无着落的可怜弃妇。不久二人即成为"知己"，"张少妇"打进了吴冰的圈子。

吴冰的任务是要找一个内线——与潜伏在成都的一个间谍接头，并从那里取得所要的情报，供日军采取措施，彻底摧毁 B–29 空军基地。

为了掩人耳目，不致暴露目标，吴冰以她的色相和魅力，多方勾引男性。在很短的时间内，她先后与金城银行职员何某、中央银行职员朱某、航空委员会第三路司令部唐参谋、灌县空军幼年学校教师马某等七八人打得火热。

到底谁是潜伏的特务？搞得周震东和那帮子特工眼花缭乱，连“张少妇”也感到束手无策。根据工作单位和职务性质，周震东曾初步认定唐参谋为怀疑对象，然而，经多方明察暗访，又找不到任何可靠证据。

一次，“张少妇”趁吴冰外出之机，用早已配制好的钥匙，捅开了吴冰那只皮箱的锁，里面什么情报之类的东西都没有，但在她那皮箱的底层，发现一把三菱株式会社制造的花纹奇异的小剑刀。她将箱内东西小心翼翼地恢复原样后，飞快跑回向周震东汇报。周认为那把小剑刀大有文章。也许就是联络接头的暗号，真是“踏破铁鞋无觅处，得来全不费工夫”。

几天后，“张少妇”跟随吴冰一起去一处酒吧间跳舞，偶见她和一个梳背头的男士交谈，打开手提包亮了一下什么的，随后他和那人说了几句话就走开了。回来的路上，“张少妇”故意脚下一滑，身子歪倒过去，正好触撞到吴冰手提包里那个硬邦邦的东西，好像就是小剑刀。她心里顿时亮堂：跟了这么久，把什么都赔进去了，现在总算抓住了狐狸尾巴。

三天后的夜里，吴冰和“大背头”在一家马路旅馆的单人房间里正在举行告别幽会，被周震东和一帮特工逮捕。当场查获几张军用地图，上面描绘着成都七大机场的详细位置，其中 4 张是供 B–29 使用的机场。另外详细标示了防空部队的驻地和高射炮阵地的位置。日军的阴谋就这样被挫败了。

大规模反攻作战

中美空军反攻作战，始于 1944 年 6 月的轰炸日本北九州，到 1945 年起规模越来越大。那段时间里，从我国大西南空军基地起飞的轰炸机群，同太平洋上马绍尔群岛、菲律宾等地起飞的盟军轰炸机群，对日本本土构成了联合作战的空中夹击，开始了大规模的反攻作战。

进入 1945 年春季，在长江中下游数千公里的战场上，以及重庆和大西南后方基地上空，已很少见到涂有“红太阳”的飞机了。相反，涂有美军星徽和国民党青天白日标志的战斗机和轰炸机，却经常大群大群地翱翔于祖国广阔的蓝天，对日军进行毁灭性的轰炸。在豫西南战役（日本称为老河口作战）、湖南雪峰山战役及桂柳大反攻，都有大批飞虎队机群协同陆军地面作战，取得了一个又一个令人惊叹的胜利。

从同年 2 月下旬起，B–29 战略轰炸机开始使用燃烧弹轰击日本城镇。

3 月 10 日午夜零时 8 分，330 架 B–29 轰炸机，超低空飞临东京上空，进行地毯式轰炸，大量燃烧弹从天而降，东京火光冲天。也不知什么原因，轰炸开始 8 分钟之后，东京才发出空袭警报！此时，居民已陷入极度混乱之中，再也无法组织疏散和躲避了。

东京虽有飞机起飞应战，但因 B–29 飞得太低而无法追踪。加之，B–29 机本身火力猛烈，日机根本不敢接近，只得听任 B–29 机居高临下滥施轰炸。高射炮火倒挺浓密，但 B–29 机群整整在东京上空炸了 2 小时又 32 分，日军发射了 11000 多发炮弹竟未伤及 B–29 一根毫毛。330 架轰炸机阵容整齐地悠然返航。

这次大轰炸，仅东京民房就被炸毁 32 万户，炸死烧死居民 83070 人（军队伤亡除外），轻重伤 113602 人，受灾者 120 万人。

4 月 13 日和 15 日深夜，我们又接连对东京进行大空袭，日本皇宫被炸，明治天皇的神宫化为灰烬，皇族住宅变成一片废墟。天皇和宫内大臣几乎无家可归。

在对日本城镇、工业区和军事设施实行大轰炸的同时，还对日本列岛周围海域，投施了大量水雷，封锁了日本与外部的航运交通，使日本成为一座孤岛。至此，日本飞机在作战消耗之后已无力再生产补充，打掉一架少一架，越战越弱，一蹶不振，已无招架之力。

可日本军方还想垂死挣扎，试图对美国本土进行报复轰炸。说来既可气又可笑。没有重磅炸弹，就赶制 10 公斤以下的小炸弹；飞机短缺就利用气球凭风飘送！据我方事后获悉，日方共飘放了 9000 多枚炸弹，大部分都葬身在大西洋的浪涛之中，真正飘到美国的为数寥寥。

从1944年11月到1945年8月，中美空军轰炸日本本土共出动飞机17500架次，投弹7万吨。

日本飞机对中国城镇的野蛮轰炸是惨无人道的，但中美空军对日本城镇的报复轰炸，也毫不手软，我们是“以牙还牙，有还有报”。

日本方面作过统计，以重庆和东京为例，日本向重庆出动飞机最多的一次为104架，而中美空军轰炸东京最多的一次是330架。日本飞机向重庆每丢一颗炸弹，而东京遭到的报复轰炸是23颗，多达22倍，而且多是4000磅的重型炸弹。

一出不应该发生的悲剧

尽管飞虎队在战斗中所向披靡，无往不胜，但在执行任务中，也发生过一次不应有的失误。那是在1944年11月27日，日军正由广西向贵州边境进犯，其前锋已抵达南丹、六甲地区。在成都的飞虎队奉令出动B–29机17架去轰击六甲的日军。由于指挥部的译电员粗心大意，竟把六甲错译为六寨，一字之差，导致了一场灾难性的误炸。B–29机队带着错误命令，从成都基地腾空而起，向广西北端预定目标飞去。

六寨是广西边陲一个市镇，在这纵长不及三华里的街市上，麇集着数万难民和后方机关人员，张发奎司令长官的第四战区指挥所也设在这里。

当这些两翼标有五角星徽的B–29飞机出现在六寨上空时，居民纷纷涌上街头欢呼跳跃。飞机低空掠过小镇时，撒下无数雪片似的传单，群众争先恐后去捡拾传单。突然一颗接一颗的重磅炸弹从飞机上丢下来，顿时血肉横飞、哀声四起。

这一场不该发生的悲剧，使张发奎的指挥所被一颗4000磅的炸弹炸得粉碎，战区长官部所有的作战资料、文件、地图，都付之一炬。在地动山摇的轰炸中，除张发奎安然无恙外，战区长官部的1名中将、2名少将、8名上校、200多名中校以下军官、800多名士兵，连同1500名难民，都做了这场错误轰炸的冤死鬼。飞虎队员们事后获悉，个个哭得泪人儿一般。

飞　虎　传

［美］W. 克里门*

本文作者是当年美国著名随军记者，深入飞虎队观察多日后撰写的一篇新闻报道，以当年美国国内读者为主要对象。文中介绍了陈纳德组队援华的艰难曲折，赞扬飞虎队将士写下了美国历史上光辉的一页。原载美国《读者文摘》1942 年 6 月号，于大千译。

在去年（1941 年） 12 月 21 日，日本飞机从越南起飞，轰炸昆明车站。他们丝毫没有想到会发生什么困难，旭日旗不是控制了东方的天空已经整整有 4 年了吗？

可是突然之间，有三对飞机从云端出现，向日机横撞过来，于是在 20 秒钟之内，日本的 6 架轰炸机中弹焚烧、落地。受惊而幸存的日机，当他们飞返基地的时候，大概除了说那些敌对的战斗机头上一个个都漆着显露刀状牙齿的鲨鱼大口之外，不会有什么别的报告。

三天之后，有 80 架日机飞袭仰光。他们知道那里英国驱逐机只有 30 架，而且这一天是平安夜，照例，西方人是会在这一天忙着庆祝圣诞的。当领队

* 作者时为美随军记者，本文选自《美国飞虎队援华抗战纪实》。

机飞近目标的时候，18 架鲨鱼嘴的飞机又一对对地突然出现了。在不到一分钟时间内，11 架日本驱逐机与 8 架轰炸机化为焰火，坠落在地。其余的也就四散奔逃了。

日本的最高统帅部这时被弄糊涂了。究竟这些神勇而可畏的空中战士是谁？

这是“飞虎队”，一个投效于中国空军的美国志愿队，由陈纳德领导的一群青年人。陈纳德是一个身材高大、年已 50 岁的人，曾任教练于瓦透普洛夫航校。这一队有力的空军一直只有数十架驱逐机。在 12 月 21 日以后的 90 天里，这些飞虎们往往没有预备队与增援，以一当二十，在空中每一次战斗只剩下最后一分钟发射的子弹。可是，有 21 位“飞虎”创下了击落 457 架日机的纪录，平均每一架飞虎队飞机的牺牲，要换到敌机 30 架；每一个飞虎队战斗员的死亡，要抵到 92 个日本空军战斗员的生命。这个纪录是前所未有的。飞虎队这个惊人成绩的秘密不是别的，就是他们坚强的久经战阵的领队教育的结果。飞虎队的故事，主要就是陈纳德的故事。

陈纳德生于得克萨斯州，是一个植棉农的儿子。他成长于路易斯安那州，并在那里进了州立大学。他曾担任乡村教师有 7 年之久。他投军的那一年是 1917 年，那时他已是 3 个孩子的父亲，当欧战结束的时候，他在空军里任中尉，此后，他就变成为陆军中最好的驾驶员之一。

当陈纳德宣传一个革命的见解——降落伞部队与轻机枪——的时候，全世界只有 3 个苏联军官对其发生兴趣。他还写过一本教科书，阐述另一种革命的战术，那种传统的一对一的“狗斗”战术被他扬弃了。因为如果两架作战飞机成队飞行，穿行于敌机编队中间，即足以集中两支火力对付敌机。

为了向空中的军官们讲解他的新战术，他和他的两个兄弟，用 30 尺长的绳索把飞机系在一起，表演起飞、俯冲，甚至于盘旋。但是，当时同事们把这种表演只当作是一种累赘的方法。之后，陈纳德由于驾驶飞机伤及听觉，于 1937 年退休，他和他的夫人及 8 个孩子，到路易斯安那隐居去了。当时有两位他的同伴也同时退休，到中国来协助训练中国空军战斗员。当他们听说中国需要一个美籍空军顾问，便立即向蒋委员长劝言，陈纳德正是适于担任这项工作的人。

1937年6月，陈纳德到了中国。不久，中国遭受到日本的侵犯，所有的不到100架的战斗机，不幸都一一牺牲了，但是，陈纳德并不因此灰心，他研究日机战斗员和战术的弱点，他向美国请求援助飞机。但当时美国援华还只是国会上一个争论的题目，租借法案也仅先供应欧洲国家。最后到1940年12月，100架陈旧不堪的P–40式驱逐机，原定要拨给瑞典的，转送到了中国。

陈纳德必须把一半飞机留作补充，把50架飞机用于空中。他没有好的机械师，没有子弹，高级的汽油简直比金子还要珍贵，更糟糕的是中国还没有驾驶员能使用P–40飞机。去年夏天，经过一番艰苦的努力，他来到了华盛顿，得到了在美国招聘驾驶员的许可。于是，有一群“冒险”的青年航空员，请准了假期，伴同200名机械师，跟着陈纳德来到了中国。

中国政府于是在某地建立了一个空军根据地（即昆明西南部军用机场——编者注），千万名苦力被雇来铺设跑道，筑造机库和储弹房，埋藏大桶汽油，此外还建了一个垒球场。陈纳德告诉他的弟兄们所有他知道的关于日本的经验，同时也教授他们战术：永不单独飞行，始终成双成对，计算子弹，不放过一个敌人，苦斗，然后飞返基地。

志愿队驾驶员每位月薪600元。此外，每击落敌机一架，可寻获或证实者，得奖金500元。在仰光保卫战中，大约有50架日机被击落。志愿队还炸毁了停放在地面的日机。但是所有这些，飞虎们并没有要求任何奖赏。

由于迷信的日本人怕鲨鱼，所以志愿队在每架飞机的头上漆上一个鲨鱼头。他们便把自己叫做“虎鲨”。似是不久以后，他们就以“飞虎”的别号著名了。

到去年（1941年） 11月，陈纳德有了一支训练成熟的战斗机队，每队18人，另外有一个8个人的服务队。陈纳德这时准备为中国好好干一下。但是，英国在缅甸保卫仰光，急需援助。仰光正是滇缅路重要的港口。因此，陈纳德派出了他的第一队驱逐机，由洛杉矶生长的奥尔生率领飞往曼德勒，一举击落19架日机。

圣诞日整天，日军派出一批批轰炸机，由驱逐机保护着，空袭仰光。美国志愿队的飞虎们和两队英国“皇家空军”起飞迎击，击落18架敌机。26日清早，敌机又来了，这一天一共有80架日机袭击仰光，结果有22架被击毁。日机向缅甸的进犯是被阻住了，12架“虎鲨”飞机，也已经没有一架不受损伤了。但是，59架敌机，等于进攻缅甸敌机的二分之一——却在3天之内被击落了下来。

这位“老人”（指陈纳德——译者注）这时从昆明拍电给他出征的小兄弟：“我知道你们成功了！上帝祝福你们！”东京广播正式发出了怨言：“除非美国志愿队中止他们神怪的战术，否则将以游击队看待，日本决不宽赦此非正规的部队。”

这支小小的美国队伍就变成为亚洲大陆上联合国抗战的发火机。到1942年1月，日本在缅空军减少了一半。志愿队确信，这时如果他们有较多飞机的话，他们和英国皇家空军，就可以从日军手中夺回制空权。

陈纳德向华盛顿请求轰炸机。有这些，加上驱逐机的护卫，就足以阻滞日军向马来亚的进犯。但是，华盛顿不能供给他轰炸机，之后他获得了12架陈旧的苏联轰炸机。就用这些飞机，飞虎们仍对日本在南太平洋的空军基地加以破坏，使其不能应用。经过多次战役，陈纳德损失了几架P–40式飞机，他派苦力们到森林里去寻找零件和发动机，以资修补作战受伤了的飞机。他的电报、无线电和密使向华盛顿呼吁，都没有结果。一直到今年1月，忽然来了一笔“横财”。中国航空公司的经理偶然在加尔各答堆栈里，发现了一批美国租借法空运来的若干箱P–40飞机的零件。经理告诉了英国人，并写了个收据。在英国人运回收存以前，这些备用的飞机零件交给了陈纳德。两天以后，飞虎们又击落了20架敌机。

陈纳德他们的战斗员找燃料和子弹的本领真是神秘。一部分是从日本方面得来，一部分从分散各处的零售商那边得来，子弹又是从什么地方“借”来。就这样维持着志愿队的飞行与作战。

2月9日这一天，在某处飞机场，日本停放着48架轰炸机，用芒果树枝伪装着。志愿队3名队员——杰克、庞特、特尔——飞临机场上空。庞特和特尔俯冲扫射，投射爆炸弹和燃烧弹，大部日机起火焚毁。3 架日机匆忙起飞迎战，但杰克在高空等候，将其中两架击毁，剩下一架败逃。同一天，另外 6 个“飞虎”在另一机场又击毁了敌机 13 架。

敌机也回击志愿队的基地，但是，美国人员都从中国防空监视哨的小型无线电上得到情报，因此，这些飞虎们从未因猝不及防失过事。当炸弹破坏了他们的飞机场时，中国苦力们就迅速地填好弹穴。苦力们都以协助“飞虎”作战为荣。飞虎们时常出动，往往没有受到一点损失，这得感谢陈纳德巧妙的战术。但是，并非所有人员都一直能出动的。飞虎们究竟受了多少损失，这是一个军事秘密。有一个弟兄在一次飞行中踱了腿离队了。他当时被 5 架零式敌机包围，强迫降落，降落时并被机枪扫射。另一个，飞机发动机被击粉碎，“飞虎”跳伞降落，敌机竟跟随着下降，并用机枪射破跳伞。从此以后，飞虎们在同伴跳伞降落时，即驾机在空中保护，直到他安全落地。

牺牲的确使志愿队的实力削弱了，有时只用两架“飞虎”对付三队日机，这该是 50 架驱逐机的工作。但是他们苦干着，用血与勇敢写下了美国历史上光辉的一页，在今年（1942 年）4 月里，陈纳德以上校资格在退休表上已留了 5 年，这时被任命为少将，担负着更重大的职司。

难以磨灭的记忆

刘同霖*

日寇飞机狂轰滥炸

1941年，14岁的我从开远只身来到昆明求学。当时，正是抗日战争相持阶段。中国的空军已被战争消耗殆尽，日军肆无忌惮地狂轰滥炸云南大后方的交通要地、民生必需品工厂与设施，破坏正常的生活秩序，以迫使中国投降。开远、昆明就在其滥炸之中。

来到昆明后，我住在做生意的姐夫家里。因为每天遭受日机袭击，昆明城内人心惶惶，全城商店无法营业，学校也都搬到城郊去了，白天不开课，以防日机空袭。当时昆明在圆通山上虽然有高射炮，但要对抗日本强大的空中力量，无异于螳臂挡车。在那段时间里，人们每天都要准备好干粮到昆明东郊村里躲空袭。我夜晚则到青年会夜校修学英语，学校的老师是西南联大的学生。

* 作者时为军事委员会战地服务团昆明空军第二招待所后勤兵。

飞虎队来了

这样每天早起准备干粮、水果、书刊等到昆明城东郊躲空袭，直至下午五六点，百姓生活怎么过啊！一天下午，在东郊躲空袭的我正和别人说着话，突然见滇池上空有飞机作战，3 架日机被击落，掉在滇池里。当天，昆明一家进步报纸——《正义报》就出了号外。大意是美国志愿援华航空队来华作战，给日本空军迎头痛击，共击落敌机 9 架云云。我后来知道，这支打起仗来不要命的美国志愿航空队是中国人民的朋友，因其作战勇猛而被称为“飞虎队”。

飞虎队在昆明首战告捷后，又连连击败日本空军。吃了败仗的日本空军再也不敢贸然进犯昆明。昆明上空没有了空袭警报，商店重新正常营业、学校回迁，生产生活秩序得以恢复。昆明全城百姓欢欣鼓舞，万万没想到还有这一天！飞虎队队员走在街头，老百姓都伸出大拇指说：“老美，顶好！”一时，这声音成为中国老百姓在还不懂英语的情况下，对飞虎队纯朴、真诚的感激之情的表达。飞虎队员经过翻译理解了这声音的内涵，认为中国人是有礼貌的民族，他们也回敬了一声“顶好”。从此，不仅大人，甚至连三岁的小孩都会说“顶好”。这一声音也成为双方互相见面时的问候语。直到今天，飞虎队老兵重访昆明时，还连声问候“顶好”。

1942 年 7 月，美国政府出于战略考虑，将飞虎队这支志愿航空队并入美国陆军航空队，部分队员继续留华协助作战，成为美国驻华空军特遣队的重要力量。1943 年 3 月，特遣队被编为第十四航空队。

见到了陈纳德将军

1943 年底，因为懂英语的缘故，我经人介绍进入中华民国军事委员会战地服务团昆明空军第二招待所当后勤兵。这个战地服务团的组织者是郭沫若。昆明空军招待所有十几个，实际上是美国第十四航空队的军营，有数百名飞行员、地勤人员驻扎在第二招待所。

在招待所里，我主要负责宿舍、食堂、洗澡间、礼堂等后勤服务管理，工作十分琐细：安排人员打扫美军宿舍卫生、床单两天一换、飞行员 5 点半要吃上早餐、每天保证热水供应等等。然而平凡琐碎的工作中也有激动人心的时候——在礼堂听美军官兵一月一次的演讲。其中印象最深的演讲题目是《我们为何而战》。美国军官在台上慷慨陈词："我们为何而战？是为和平而战！我们为何而战？是为正义而战！"精彩的演讲感人肺腑，台下掌声雷动。

交织着琐细与兴奋、平凡和激动，日子过得飞快，不曾驻足，直到有一天，陈纳德将军带着夫人陈香梅来到第二招待所。美国陆军退役军官陈纳德组建了飞虎队，飞虎队并入美国陆军航空队后，陈纳德恢复现役军衔，后来升任少将。身着军装的陈纳德将军给我的印象是：高大英俊，满面笑容，说话诙谐，没有官架子，和士兵们打成一片。我有幸在招待所礼堂里听了陈纳德将军的演讲。如今时隔将近 70 年，我仍然清晰记得陈纳德将军的演讲内容："日本法西斯是全世界的敌人。我们帮助中国人，也是帮助我们自己。"抗战中，飞虎队每一次与日本空军作战或飞越"驼峰航线"，无不体现着陈纳德将军演讲的精神。

与"飞虎"交朋友

在蓝天，飞虎队给人留下了勇敢刚毅的"硬汉"形象，而在招待所，我却看到了生活中飞虎队队员们更鲜活、生动的一面。

第二招待所的条件很艰苦，住的是平瓦房。飞行员、地勤人员白天出任务，很辛苦，为了调剂生活，招待所里除了一月一次的演讲，每周还有舞会、放电影，美军官兵们也会打打桥牌等。有时晚上没有任务，这些美国兵就会三三两两到昆明城里消遣。当时昆明城里有一条晓东街，很短，却热闹非凡，街上卖着各种洋货：塑料提包（当时中国还不会生产塑料）、玻璃包、尼龙袜、丝袜等，有非限制性酒吧，街上还有当时西南最好最大的电影院——南屏电影院，影院里放的都是英语汉字的好莱坞电影，音响和图像效果相当于当时美国国内电影院的水平。招待所里的美国官兵来到昆明城里，就去晓东街泡吧、看电影。

随着日子一天天过去，我发现招待所里的美国官兵都很随和，没有等级观念，最喜欢吃桂花炒饭、糖醋里脊等中国菜。他们对招待所里的中国人态度很好，会分给后勤人员一些他们从美国带来的香烟、口香糖等。一些美国士兵愿意与我探讨人生问题，乐意和我做朋友，而我也像朋友一样帮助他们。有好多次，这些美国官兵晚上要到昆明城里消磨时光，会带上懂英语的我为他们做随行翻译。那时昆明城里通用的货币是国币，而美国官兵带的是美元，本来美元也在市场流通，但没有换成国币便宜。我的“任务”是把美元兑换成国币，让他们方便看电影、泡酒吧、买东西，我则在一旁做翻译，有时也帮他们买电影票。

这些美国航空兵每一次飞行任务都是出生入死，即使是最优秀的飞行员在飞越“驼峰航线”时，也有大半献出了宝贵的生命。他们在与我的交往中，谈得最多的就是战争以及生死。有几次，他们和我说起战后的打算，有的说要买个农场当农场主，有的说要继承父业办工厂，有的说如果战死沙场，希望把遗物带给未婚妻。一个叫约瑟夫的美国宾夕法尼亚州人回国后，曾给我寄来一封信，说他还没有找到工作，估计到圣诞节前都找不到工作了，言语间有些悲观。我给他回了一封信，说了中国当时的就业情况，并鼓励他乐观地生活。遗憾的是，后来因为各种缘故，我们没有再联系。

抗战结束后，招待所解散了。此后，我的人生经历了许多坎坷。但无论怎样，为飞虎队服务的这两年时间，是我毕生最难忘的一段经历。

（王宏杰整理）

晋察冀根据地反“扫荡”斗争

一九四一年晋察冀根据地的反“扫荡”斗争

聂荣臻[*]

1940 年 9 月，德意日三国结成军事同盟。1941 年 6 月苏德战争爆发。日本帝国主义为发动太平洋战争，急欲肃清我军，稳定其后方。此时，敌华北方面军司令官多田骏因连吃败仗被调职由冈村宁次继任。这个屠杀我东北同胞的刽子手，一上任便提出了“治安强化运动”，对各根据地实行杀光、抢光、烧光的“三光政策”。1941 年秋，他集中 7 万多兵力，向我北岳区进行规模空前的大“扫荡”，采取“铁壁合围”“梳篦式清剿”和“马蹄形堡垒战”等战术，分进合击，以重兵向中心区进逼，妄图消灭边区各级领导机关和主力部队。

8 月下旬，我率领一个团，带着军区机关转移，遇到敌人的层层包围，突围计划难以实现。晋察冀分局、北岳区党委机关和学校等都需要军队掩护，而这时敌人又通过无线电测向发现了我们，派飞机连续轰炸，情况非常紧张。我令军区电台停止了对外联络。继而，我们一面用电台诱使敌人重兵向我小分队合围，一面分散行动，好几次几乎和敌人遭遇。经过 3 次突围，“三进三出常家渠”，终于在 9 月 7 日夜间，跳出敌人的合击圈。那次遇险，

* 作者时任晋察冀军区司令员。

带着部队、机关数千人马和敌人周旋，我一周内几乎没有合眼。

在两个多月艰苦的反“扫荡”战斗中，全边区涌现出许多英勇壮烈的事迹。著名的狼牙山五壮士，就是其中之一。9月25日，敌人以3500多人的兵力围攻易县狼牙山。我1团的一个班扼守险要地形，抗击敌人凶猛的攻势，掩护机关和主力部队转移。敌人先以大炮连续猛轰，继以数次猛扑。这个班尚存的5名战士，打光了最后一粒子弹，然后将枪摔断，高喊“八路军誓死不当俘虏”，跳下悬崖。马宝玉、胡福才、胡德林3名壮士落入崖底，壮烈牺牲；葛振林、宋学义两位勇士挂在山腰树枝上，带伤脱险。据说，日军在付出惨重伤亡登上狼牙山阵地时，对我五壮士视死如归的精神也深为震惊。

1941年秋季反“扫荡”，北岳区和平西地区部队，避实就虚，灵活穿插，同敌人进行大小战斗800多次，毙伤敌5500多人。我党政机关和主力部队仍然活跃在广阔的根据地内，敌人的企图再次成为泡影。

1942年5月1日，冈村宁次又集中日伪军5万多人，配备飞机、坦克、炮兵、骑兵和自行车队，由他亲自指挥，对冀中平原进行“扫荡”。

冀中抗日根据地与冀西山区根据地互为依托，像是插入敌人心脏的一把尖刀，在华北抗战中占有重要的战略地位。从1941年开始，日本侵略军就加紧了对冀中区的“蚕食”。一年多的时间里。冀中根据地大大缩小，基本区的面积和人口，减少了约三分之二。敌人这次大“扫荡”历时两个月，罪行之残暴，骇人听闻。

面对敌人空前残酷的大“扫荡”，我冀中军民表现了英勇顽强的战斗精神。有的部队一次再次地被敌人冲散，又一次再次地集中起来；有的一时找不到部队，遇到哪个单位，就和哪个单位在一起战斗。有时，几个单位的零散人员主动组成一个新的战斗集体，与敌人搏斗。他们那种临危不惧的战斗气势，宁死不屈的英雄行为，书写了抗战史上光荣的一页。

在敌我力量悬殊的情况下，冀中区党委和冀中军区为减少损失、保存实力，除留一部分基干团和地方游击队继续坚持斗争外，其余机关、部队于5月份分别向外转移。敌人发现我冀中部队的行动，立即封锁、阻拦，加紧追击、堵截。我军顽强抵抗，灵活穿插，经过英勇的战斗，大部分突出重围。

冀中“五一”反“扫荡”，损失是严重的，根据地大部被敌人占领。留下来的地方武装和广大群众，改变了组织和斗争形式，继续坚持游击战。

1941 年 12 月太平洋战争爆发后，日本军国主义为维持更大规模的侵略战争，对我国的人力、物力、财力进行了更加疯狂的掠夺。敌人妄图把华北建成所谓“大东亚战争的兵站基地”，我敌后抗日根据地，自然成为他们的掠夺重点。1942 年，日本侵略军对晋察冀边区接连发动了第四、第五次“治安强化运动”。对冀中、冀东、平西、平北和北岳区，都进行了大规模的反复“扫荡”。敌人所到之处，房屋被烧，庄稼被毁，牲畜、粮食等财物被抢掠一空，人民被残杀者不可胜计。这一年，边区又发生了罕见的大旱灾，群众吃树皮、野菜，部队也经常挨饿。一个时期，多种疾病蔓延流行。当时晋察冀边区在各个方面，都进入了前所未有的困难时期。

我们根据党中央关于坚持长期斗争，要采取一切斗争方式同敌人周旋，力争保存实力，冲破黎明前的黑暗，以待有利时机的指示，一面抓紧反“扫荡”斗争，一面大力动员干部战士，利用战斗间隙进行生产，帮助群众重整家园。我根据地的机关、部队实行精兵简政，节衣缩食，拨出部分军粮救济群众，齐心协力，战胜困难。

当时，敌人以堡垒推进为核心的“蚕食”活动，对我根据地威胁很大。到 1942 年秋季，敌人的据点、堡垒、封锁沟、封锁墙，有的一直伸到我们的腹心地区。尽管我军每天都派出部队打击敌人，拆毁碉堡，组织群众破坏封锁沟、墙，可是日伪军不断抓民伕抢修，步步进逼，使我根据地日益缩小。我考虑，太平洋战争爆发后，敌人对华北增兵的可能性已减少，其堡垒推进的结果，必然造成兵力上的分散配备和后方空虚。我们抓住时机，转到封锁线外向敌后展开活动，将会收到较大的效果。当年 9 月，我在平山县寨北村召开的晋察冀党政军干部会议上，提出了“到敌后之敌后去”的口号。我们本来就处在敌后，到“敌后之敌后”是指到根据地周围敌人统治的地区去活动。

寨北会议之后，北岳区组织了几十支武装工作队。伸向“敌后之敌后”，深入到封锁线外，积极进行游击活动。这些小部队，既是战斗队，又是工作队和宣传队。在广大人民群众的支持下，打炮楼、拿据点、捉特务，开展政治攻势，在敌人后方重新燃起了抗日的火焰。这样，敌后活动同正面斗争相配合，平地与山地斗争相配合，地方部队与主力部队相配合，武装袭击与政治、宣传工作相配合，形成了一个反“蚕食”斗争的有机整体。10月上旬，正当冈村宁次推行所谓第五次“治安强化运动”，叫嚷“建设华北，完成大东亚战争”的时候，我深入敌后的小部队，相继奇袭了平汉路王京车站，烧掉日军抢掠的棉花20多万斤；袭入唐县城关，把警察所、维持会等汉奸组织全部捣毁；袭击了望都、正定城关和正定车站。12月初，在敌后活动的武工队对平汉路西几乎所有的敌占县城和较大的据点，普遍发动了一次袭击。几天之内，抓获了近6000名伪军和伪组织人员，使日伪政权在许多地方陷于瘫痪。

冀中区的恢复工作也取得很大进展。在当地坚持斗争的抗日武装，组织了多支小部队。利用青纱帐作掩护，以四通八达的地道作依托，逐步开展地道战、地雷战，由“五一”反“扫荡”后的隐蔽活动，转为积极主动的进攻。他们在碉堡如林的险恶环境中，灵活机动地打击敌人，不仅熬过了最困难的时期，还扩大了游击地区，发展了抗日力量，为迎接主力部队重返冀中创造了条件。

冀东地区在接到向“敌后之敌后”挺进的指示后，一面继续向长城外东北方向发展，一面组织部队采取各种方式重返冀东腹地——丰润、遵化、迁安、滦县等地区，开展反“清剿”、反“集家并村”等一系列斗争，沉重打击了敌人，恢复和开辟了一些地区。平北、平西抗日根据地也逐渐扭转了严峻的形势，斗争日益活跃起来。

晋察冀抗日根据地关于向“敌后之敌后”挺进的方针，是一个重大的战略决策，对打破敌人封锁“蚕食”，变被动为主动，恢复根据地，起了决定性的作用。

1943年1月15日，在晋察冀边区政府成立5周年时，我们召开了边区参议会，总结了5年来获得的成就。这时，边区部队有8.3万多人，民兵40

多万人，5 年间，粉碎了敌人无数次“扫荡”和“蚕食”进攻，作战 1.4 万多次，毙伤日伪军 17.4 万多人，连同俘虏、投诚人员，共计歼敌 21.3 万多人。边区政府领导着 13 个专区，98 个县，650 多个区，15300 多个行政村，共约 2000 万人口。5 年来，边区军民从战争中学习战争，经受了严酷的战火考验，不管敌人何等疯狂残暴，施展多少阴谋，依然不能摧毁晋察冀抗日根据地。而我们却愈战愈强，不断壮大。

记晋察冀三分区反“扫荡”的几件事

王进仁*

1937 年 11 月 7 日，中共中央决定成立晋察冀军区，任命聂荣臻为司令员兼政委。八路军总部决定建立隶属于晋察冀军区的 4 个军分区。聂荣臻于 1937 年 11 月 13 日宣布：第 3 军分区由陈漫远为司令员，王平为政治委员，所辖地区为平汉路保定至新乐以西地区及部分路东地区（这就是阜平、曲阳、唐县、完县、定北、望都以及路东地区）。第 3 军分区于 1937 年 11 月 17 日在曲阳县灵山镇成立，地方同时也组建了 3 军分区地委，王平同志参加了组建工作，并兼任常委。1942 年中央决定实行一元化领导后，王平任军分区政委兼任地委书记，领导 3 分区党、政、军、民的全面工作。

八年抗战期间，我一直在王平同志领导的 3 分区工作。现将我亲历的 1941 年跟随王平、刘杰同志在秋季反“扫荡”中的 3 件事，叙述如下。

栗元庄巧妙转移

王平、刘杰（晋察冀第三特委书记、边区委员会委员，中共北岳区第三

---

* 作者时任晋察冀军区第三分区青年抗日先锋队队长。

特委副书记）同志率 3 分区军政机关住栗元庄。9 月 30 日，我从白花山打电话，向他们报告了与敌遭遇的简单经过，王平、刘杰认为敌人包围了白花山，立即通知机关做好转移的准备。当驻豆村侦察兵站的电话中断、敌人从西边包围过来时，王平、刘杰立即下令机关转移。不是向北进山，而是向南过一条马路经北齐家佐、白合，到唐梅过唐河到同龙村住下。当队伍走到白合时，发现日本兵在街上横躺竖卧，才知道敌人在麋城、白合的这条公路又布置了一道包围圈。我们趁敌人未发觉，迅速通过白合到唐梅。这次转移完全出乎敌人的预料。拂晓，敌人袭击栗元庄，扑了个空，以为我们要突围向北边进白花山，因而重重包围了白花山，而我们偏偏向南转移，转到边沿地区同龙。这一招是非常英明的，体现了王平同志高超的指挥艺术。

大茂山勇敢突围

在同龙村住了几天后，分区机关进驻和家庄，我们群众团体住稻园。10 月底，敌人从灵山出发，经过曲阳宋家庄直向分区机关和家庄扑来。我们随分区机关立即出发，进入大茂山（即古北岳恒山）。夜幕来临，敌人停止追击，在山梁这边驻扎。我们在大茂山深处，准备向西边阜平台峪突围，侦察兵报告台峪已被敌人占领，又拟向东北出大沟到涞源，侦察兵听到了沟口有枪声，说明敌人已堵住沟口。这样 3 个沟口都被敌人封堵了，只有向东突围，要走难以行走的深山小路。王平下令：年老体弱的同志离开队伍，就地上山在密林中隐蔽；随机关转移的同志要轻装，不带行李；机密文件立即焚毁（只带边区钞票）。同时通知：行军时不要说话，万一掉队不许叫喊，就地上山隐蔽，不拖累队伍，骡子牲口如失足也不要留人抢救。队伍出发前派一个加强连封锁住山口，然后队伍在距敌人哨兵只有百米左右的地方向东边进入深山，在向导指引下，队伍在深山密林中沿着崎岖的山路疾进，天亮前走出山沟到达唐县的葛公村，彻底冲出了敌人的包围圈（华北联大校长成仿吾随队转移）。天亮后敌人先用飞机沿山沟飞行侦察目标，然后三路大军向大茂山中心合围，结果又扑了个空。这次和敌人“捉迷藏”，取得了又一次“跳圈子”的胜利。

白花山下英勇脱险

1941 年秋，敌人集中优势兵力对边区腹地——阜平进行“铁壁包围战”和“铁脚闪击战”，企图消灭我边区首脑机关。王平、刘杰派主力 2 团支援阜平，拟从阜平东翼对敌袭击，同时派出地方工作组随军队一同进入阜平做群众工作。地方工作组由地委组织部长李光宇带队，由专署秘书张桐、分区武委会主任李博元、农会主任王纯、地委党校副校长李仲、分区“青抗先”队长王进仁组成。行前刘杰告诉我们，李光宇同志已随军队出发在白花山等我们。9 月 30 日下午，我们从栗元庄出发赶到白花山村，村长告诉我们李光宇已经先走了，叫我们到阜平台峪找黄文明、李光宇同志。白花山村村长和“青抗先”队长当向导，领我们下了白花山。这时天已黄昏，我们在河沟里行进。忽然右前方有人喊：“站住，不许动！”只见一个人正用驳壳枪逼着我们。我当即意识到和敌人遭遇了，立即掏出手榴弹，准备与敌人同归于尽。特务自称是“游击军”（抗日部队），问我们是干什么的，我答是白花山的老百姓。敌人看我们身着老百姓衣服也放松了警惕。这时，从西边向我们走来了一队日本兵。当特务背过脸和日本军官交头接耳的一刹那，李博元首先向敌开枪，我趁机扔出手榴弹，敌人顿时一片慌乱，用机枪、步枪向我们胡乱扫射。我边跑边喊：“前边发现敌人！”迅速地爬上地阶，钻进庄稼地，敌人也不敢追赶。在回白花山的小路上，我遇上李仲。一回到白花山，我立即到侦察科用电话向刘杰报告了与敌遭遇的经过。刘杰说你们回来吧。当晚我们宿在白花山。拂晓又遭敌人袭击，我们二人在枪林弹南中冲出村子，向栗元庄方向跑去。路上听人说栗元庄已被敌人包围了，我们又向东南方向跑，到了一个山头，只见白求恩医院的伤员正在挖工事，准备和敌人战斗。我们又考虑从东北边冲出去，到神北大山去。在半山腰又看到日军正过唐河，向白花山包围过来。这时，四面包围了，只有回到白花山深处隐蔽。在一个山洞里，我们碰见边区妇救会的刘光运、边移山二人，他们手握撸子枪，随时准备和敌人拼了。辗转一天，我们饿了吃生玉米，渴了喝“爬水”。夜里由北齐家佐一个民兵带我们下山，在齐家佐、史家佐的河滩的空隙中穿过，辗转回到分区领导机关同龙村。到了机关后，才得知李博元在敌人慌乱时爬上南边地阶，钻入庄稼地脱险，但因膝盖被石头扎伤到医院治疗去了。王纯也已脱险。惟有张桐因走在最前头，准备被俘，吞下机密文件后，被敌人抓住。敌人用枪托击打他的脑袋，被打昏过去，等他醒来时已在敌人担架上。敌人白天行军，晚上对他进行审讯，面对酷刑拷打，他始终不泄露党的机密，只承认自己是送信的老百姓。在敌人回保定的前一个夜晚，趁敌人疏忽，他和村长、“青抗先”队长 3 人跑了出来。辗转回到了同龙分区机关，又和同志们相聚，回到了党的怀抱。

事后，地委高度评价了这个集体，并进行了表彰。

反“扫荡”斗争的艰苦岁月

杨尚德*

1941 年秋，由于苏德战争的爆发，日军为解除后顾之忧，加紧了对晋察冀抗日根据地的进攻。从 8 月中旬起，华北日军集中 5 个师团、6 个旅团和伪军共 7 万余人，对北岳区和平西地区进行了为期两个月空前残酷的大“扫荡”。这次扫荡不仅兵力大，时间长，经济破坏极其严重，而且在战役战术行动上有明显的改变。由单线的分进合击，改为鱼鳞配备的“铁壁合围”，实行军事决战、政治欺骗和经济摧毁并重的所谓“总力”进攻和“三光”政策。

8 月初，北岳、平西周围的敌人突然调动频繁，集结于各交通要点的敌军，分别向根据地边沿逼近。13 日，我军大规模的反“扫荡”战役开始了，作战科的全体同志立即紧张地投入到这场新的艰苦斗争中。

日军在分区域的“扫荡”扑空后，即对以阜平为中心的沙河两岸地区和以篷头、小峰口为中心的平西地区进行大合围，企图聚歼我领导机关与主力部队。

8 月 31 日，日军 6000 多人分 6 路对我平西地区党政军机关所在地篷头、小峰口进行合围。我党政军机关已在 30 日夜先行转移，使敌扑空。

---

* 作者时任晋察冀军区作战科科长。

为吸引敌人，以便确保主力跳到外线作战，军区领导机关没有离开中心区，只是由第 1 军分区 1 团（缺一营）随军区机关行动，执行掩护机关的任务。当日军进一步向纵深发展时，军区机关便由娘子神向西南转移。27 日，我们到达阜平东北 6 公里的马驹石。由于白天转移暴露了目标，部队刚刚入村，聂荣臻司令员正在一间民房里同唐延杰参谋长及我们几个作战科的同志围着地图研究突围路线，突然听到外面侦察科长罗文坊大喊："司令员，敌机轰炸，快到外面隐蔽！"空袭过去，军区机关伤亡 7 人。司令部副官长刘显宜被弹片分别打入脊椎和肺部，我的左袖被弹片划开，所幸没有受伤。

8 月 31 日，已有三路日军距马驹石不到 25 公里，聂司令员决心率领机关越过沙河，跳到敌人合围圈外机动。黄昏，军区机关和直属部队近千人，通过阜平南渡沙河，向第 4 军分区西部前进。走了 45 公里到达马兰时，恰与宿营不久、意欲北渡沙河的晋察冀分局、北岳区党委机关相遇。当时沙河以南日军重兵集结，层层设防，显然企图在此聚歼我军。我军在这里停留时间愈长，被动程度就愈大。但是，冲破敌人的层层包围继续往西南转移，则要冒更大的危险。聂荣臻司令员当即决定，军区、分局与北岳区党委等领导机关、部队分两路跳到沙河以北，首先摆脱沙河以南极端不利的地位。

9 月 1 日早晨，部队二度徒涉沙河，下午到达阜平以北的雷堡，不幸又遭到 4 架敌机的轮番轰炸扫射。我在晋察冀抗日军政学校时的同乡学友、通讯营教导员胡青泉和司令部文书李红光当场中弹牺牲。

当时虽已摆脱了沙河南岸的不利地位，但仍处在沙河北岸敌人合击圈内，而且还有事先到沙河北岸的边区政府、晋察冀分局党校、北岳区党校、抗大二分校等单位，总人数达 8000 人左右，已经暴露。经过周密的研究和分析判断，决定向西沿着西、北两路敌人合击的空隙，跳到常家渠一带山区去。军区首长冷静分析了几天以来的敌情，感到日军主力和轰炸总追着我军机关，极大可能是我们的电台呼号被敌人掌握，并用来测定我领导机关的位置从而追随不舍。聂司令员立即向八路军总部和延安急电报告危机情况，然后命令所有电台立即停止和外界的一切联系；指示军区命令部侦察科长罗文坊带领一支 50 余人组成的精干侦察分队携带一部电台，于 9 月 1 日黄昏出发，到雷堡以东的台峪一带故意暴露目标、频繁呼叫。军区派出的伪装电台果然成功地迷惑了日军，误以为我领导机关和主力已经向东转移，并仍然处在它的合围之内。9月2日下午，7000余日军分多路向台峪逼近。当到距台峪二三里时，各路日军又都就地展开，控制有利地形构筑工事。日军飞机对台峪轮番轰炸至黄昏，步兵才以小股梯次向台峪村前进。敌人扑空了，罗文坊带领侦察分队早已巧妙转移到了常家渠。

我领导机关和部队，则在黄昏后挨着日军下午才通过的段庄南山脚下，秘密迅速地西进。正行军间，一股日军数百人从涞源和倒马关下来，由大小横岭向我转移队伍的侧面进攻上来。我军第1团副团长宋玉琳当即率一营以迅猛动作抢占制高点，坚决堵击。在第1团掩护下，我部一夜走了40多公里，摆脱了敌人，到达常家渠山区一带。为不再暴露目标，军区严令各部队上山分散隐蔽，一律不许烧火做饭，所有电台停止联络。实在饥饿难忍时，聂荣臻司令员也和大家一样吃生玉米充饥。

日军飞机多次顺着山沟低空侦察常家渠地区，没有发现任何目标，在北平发出广播，说什么“共军”聂荣臻总部已被“英武的皇军空军”炸毁。

但是，敌情仍很严重，屯集在阜平地区及东西大道上的日军主力，距我隐蔽地区前哨部队仅十余里，其小股搜索部队常常接近我军警戒附近，甚至是一山之隔。虽然常家渠距敌很近，我军也很少来这里，四周山峦相连，大部队不便通过，日军意想不到，但是，我们的人马多，8000人的吃饭成了困难。党中央、八路军总部和各军分区的电台时刻呼叫，而我们的电台不能回答。这种情况延续下去显然不行，聂司令员决定分散机关、学校，除分局、边区政府、北岳区党委等主要领导同志随军区指挥机关一起行动外，其余单位和人员均向几个不同的方向分散活动。军区机关仍按原定计划，转向第4军分区西部滹沱河两岸地区机动。

9月5日黄昏，部队集合出发，前进约3公里，便发现由阜平出动之敌正沿大道向西开进，于是返回原地，继续隐蔽。

9月6日黄昏，部队再度出发，但由阜平西去的日军都宿营在大道上的法华、安子岭、东西下关、大教场一线村庄，堵住了我往西南方向的行进路线，部队又原道返回。

9 月 7 日晚，东西大道上已没有敌人，我军立即集合出发，数千人马第三次成功突围，跳出日军包围，由龙泉关南下到达漫山。在稍事休整，通过最后一道封锁线时，遇到日军强大火力。奉命前来接应的第 4 军分区 5 团 3 营，为保卫军区机关，以重大伤亡与日军激战，坚决阻击敌人。军区首长根据第 2 军分区司令员郭天民建议，摸黑从一条崎岖的羊肠小道走下山，有五六匹驮弹药的牲口相继跌下深沟摔死。穿过平山蛟潭庄和东文峪，胜利到达卸甲河一带。

日军此次“铁壁合围”的大“扫荡”，在我晋察冀军民的坚决打击下，伤亡日益增大，交通运输日益困难，于 9 月底开始撤退。但为了掩护其安全撤退，日军在撤退中采取合击我军的姿态，甚至采用去而复返的“回马枪”。例如：从城南庄经口头 27 日撤到行唐的日军，在 29 日又返回占领口头。

我军区发出指示，集中主力部队、在地方部队和人民武装配合下，采取各种战斗手段，大量杀伤敌人有生力量，积极地打击敌人的交通运输，夺回被抢掠的物资，迅速逼退敌人。

这次反“扫荡”，北岳区和平西地区部队共向日军进行了 800 多次战斗，毙伤敌 5500 多人，我部队也付出了伤亡 2000 多人的代价。据统计，人民群众死伤 4500 多人，青壮年被抓走将近 2 万人，房屋被烧毁 15 万余间，损失牲畜 3 万头。日军在第 2 军分区的冀晋边界以西地区制造了无人区，根据地遭受了一次空前的损失。

我军第 1 军分区第 1 团第 7 连第 2 排第 6 班在班长马宝玉带领下，为完成掩护任务，在狼牙山上坚决抗击日军 500 余人的进攻，直至弹尽粮绝。最后 5 位壮士摔坏自己手中的武器，高呼口号纵身跳下棋盘陀深崖。他们是马宝玉、胡福才、葛振林、宋学义、胡德林。除葛振林和宋学义被山腰树丛架住，由群众救护脱险外，其余全部牺牲。他们的英雄事迹，显示出中国共产党领导的军队抗击日军侵略的坚强决心。

奋战在狼牙山上

葛振林*

1941年8月，日寇集中3万多人的兵力，对我晋察冀抗日根据地进行规模空前的大“扫荡”。那时，我们1团驻扎在河北易县狼牙山上。我们同当地2000多民兵密切配合，经常出没在狼牙山麓、易水河畔，埋地雷，设陷阱，打伏击，日夜跟敌人周旋，打得敌人蒙头转向。日寇“扫荡”了一个多月，不仅没有得到半点收获，反而被我们和民兵埋设的地雷、陷阱和伏击打死打伤不少。

9月25日，驻扎在狼牙山周围的界安、龙门庄、北娄山、管头的敌人共约3500人，在飞机、大炮的掩护下，气势汹汹，分成九路向狼牙山发起进攻，妄想把我们一网打尽。当天，我们在狼牙山东边与敌人进行了一天战斗，连续打退了敌人十几次进攻。团首长估计到敌人第二天一定会派更多的兵力围攻，为了保存有生力量，有效地打击敌人，当天晚上团的主力秘密转移了。移营前，团首长命令我们7连2班和6班到狼牙山西边，担任阻击敌人、掩护部队转移的任务。临走时还嘱咐我们说:“主力能否安全地跳出敌人的包围圈，全看你们能否把敌人死死地捆在棋盘陀上。你们要想尽一切办

---

* 作者时任晋察冀军区第1团第7连第6班副班长，狼牙山五壮士之一。

法，把敌人拖住，明天 12 点钟以前，不准敌人越过棋盘陀。”接着，他又嘱咐说：“你们一定要很好利用狼牙山的险要地形，以及你们的勇敢和智慧，把三者很好地结合起来。这样，你们一个人就能够抵挡住一百个、甚至更多的敌人。”

当时我是 6 班的副班长。我们班只有 5 个同志，任务是非常艰巨的，但是我们明白：为了使主力安全转移，就是再大的困难也要去克服。这个方圆 40 多公里的狼牙山，每一条小道，每一块石头，每一棵树木，我们是非常熟悉的。为了粉碎敌人的“扫荡”，我们曾经走遍了狼牙山的每一个角落。翻山越岭，跳沟越涧，爬过山羊也难上去的“天梯”，跨过飞架万丈深涧上的“仙人桥”，攀登了很少有人上去过的“阎王鼻子”“小鬼脸”。现在我们可以利用这些有利条件，同敌人较量。

主力部队转移后，我们 6 班 5 个人守住东山口。为了狠狠地打击敌人，当天晚上，我们同民兵们一起，趁着月色把团部留下的 180 多个地雷，从山脚一直埋到山腰，把凡是能上山的小路都埋上了地雷。

第二天，天刚蒙蒙亮，山下就响起了枪声。我们一看，山下影影绰绰可以看出大约有五六百敌人向东山口奔来。班长马宝玉说：“来了！准备好！”我们立即揭开手榴弹盖，把子弹推进枪膛，人人目不转睛地盯着山下的敌人。突然，天崩地裂般的一声巨响，紧接着又响起了连续的爆炸声，烟尘四起。这是我们昨天晚上埋下的地雷到处爆炸了。地雷把敌人炸得尸体横飞。硝烟过后，山下的敌人又战战兢兢地向山上爬来，当离我们二三十米的时候，班长马宝玉爬起半截身子，高高地举起手榴弹，大喊一声：“打！”紧接着，我们 4 个人的手榴弹也一齐飞进敌人群里，纷纷爆炸。

这时，我们估计到敌人一定还会来大的反扑，便趁着硝烟弥漫，立即转移到另一个山头。刚刚转移走，就来了 3 架敌机，朝着我们原来的阵地用机关枪扫射，用炸弹炸。浓烟滚滚，铁石横飞，震得我们耳朵嗡嗡响。飞机过后，敌人又朝我们山头爬来。班长说：“干脆，咱们把敌人往山上引吧！”我们利用险要地形，一边打，一边走，一步一步把大帮的敌人引上了山。我高兴地对班长说，“这回敌人的鼻子被我们牵住了，就得由我们摆布啦！”班长说:“对！把它引到棋盘陀再狠狠地揍。”就这样，我们一边往山上爬，一边用冷枪杀伤敌人，吸引敌人。爬到我们接受任务的那个山坡，班长停下来，看了看太阳，对我们说:“咱们必须在这儿坚守一会，不能把主力转移的路暴露给敌人。必要的时候，咱们就往陀顶上爬，把敌人引到死路上去。”

敌人不了解我们究竟有多少兵力，他已经吃了不少亏了，这时期更加狡猾，不敢横冲直撞。他们一会儿用机枪扫，一会儿用炮轰，一会儿又一小股一小股地试探着轮番冲击。他们这样做，还有一个企图，是想寻找一条攀上棋盘陀的道路，以为我们团指挥所就在棋盘陀上。我们心里非常清楚，通往顶峰的路，只有我们扼守的这一条。让他们寻找吧，我们非常欢迎，我们所需要的正是时间。

敌人摇晃着膏药旗，挥舞着东洋刀，嚷叫着，拥挤着，又向我们冲来。我们恨不得把敌人全部消灭光，总感到枪的口径太小，泄不出满腔的怒火。一直打到太阳当午，敌人始终未能爬上棋盘陀。相反，在那崎岖的山路上，躺满了敌人的尸体。

我们一边打一边爬，爬到离棋盘陀顶峰不远的地方，班长同我研究，决定利用这里的地形再狠狠揍敌人一顿。我带着胡德林、宋学义 3 人占领左边的岩石，班长带着胡福才占领右边的岩石，把一条通往顶峰的绝路封锁住了。我们把手榴弹盖打开，正等待着敌人冲上来，趴在岩石边一看，离我们不远的山坡上有 100 多个敌人；其中有一个指挥官，把小膏药旗插在地上，又将一块大红布铺在地上，还点了一堆火。原来是指示飞机来侦察我们山头上有多少人。不一会来了两架飞机，在我们头顶上打了四五个圈圈。大概什么也没有看到，就飞走了。这时，敌人指挥官挥舞着指挥刀要那 100 多人向我们山上冲。当敌人爬到我们脚下不远的时候，我们投出手榴弹，在这条绝路上敌人无法躲藏，100 多敌人就在手榴弹爆炸区丧了命。

打完了这次敌人的冲击后，班长看了看已经西下的太阳，便下命令:“我们的任务完成了，走！”我们刚迈出两步，班长忽然又停住了。他望望棋盘陀的顶峰，又望望主力转移的路。摆在我们面前的有两条路：一条是主力转移的那条。走这条路，我们可以很快回到同志们的身边。可是敌人就在身后，我们走到哪里，他们就全跟到哪里。另一条是通往棋盘陀顶峰的路。顶峰上，四面都是悬崖。班长回过头来望着我们，他虽没有开口，我们也意识到他是征求我们的意见。大家不约而同地指着通往棋盘陀顶峰的那条路坚定地说："走！"我们 5 个人都是一个愿望：那就是宁愿牺牲自己，也不能让敌人发觉我们主力部队。当我们向棋盘陀顶峰攀登时，转过头一看，敌人的大队人马全跟在我们后面。我们一面攀登，一面依托着岩石和树木向敌人射击。有的敌人中弹滚下去了，有的踏落石间坠入深谷。他们每前进一寸，都要留下尸体和血污。

太阳还有一竿子高，我们便攀上了棋盘陀的顶峰，敌人也像一群疯狗似的跟了上来。现在，摆在我们面前的，三面是万丈悬崖，一面是紧追不放的敌人。我们举枪向敌人射击，但枪里已经没有子弹了，子弹袋也是空空的。胡福才还有一颗手榴弹，他刚要往下掷，班长抢前一步夺了过来插在腰里。敌人这一阵没有受到打击，爬得更欢。可真把我气坏了，我搬起身边一块大石头向最前面的几个敌人砸去，四五个敌人像猪一样地号叫着滚入深谷。大家都说："好啊！砸呀！"都一齐举起石头，狠命地向敌人砸去。把敌人砸得叽哇乱叫。敌人指挥官督战的洋刀在敌人队伍中闪着寒光，敌人还是继续往上爬，而且离我们越来越近了。班长突然住了手，拔出那颗手榴弹。我们明白到了什么时候，一齐靠向班长。4 个喉咙喊出了一个声音："拉吧，班长！"正当拉导火线的时候，一群敌人冲上陀顶来，为了再多消灭几个敌人，班长毫不犹豫地将手榴弹掷向敌群，只听"轰"的一声，一群敌人又被打下山坡。

后面的敌人紧紧地向我们逼迫了。一个共同的声音在我们 5 个人的心里响着，我们是受压迫的劳动人民，我们参加共产党领导的八路军，是为了打败日本帝国主义，解放全中国的人民。我们宁可为民族解放事业战斗牺牲，绝不能当俘虏。班长举起他那支从敌人手中夺来的三八大盖说："砸吧！同志们！不能把武器留给敌人！"枪虽然是我们最心爱的东西，但事到临头，我们只得把它砸碎，甩到深谷里。

那时我和班长是共产党员，其他3个同志还没有入党。班长对我说："老葛！通过这次战斗的考验，我们5个人都不愧为党的好儿女。胡福才、胡德林、宋学义三同志已够入党的条件，现在我们就介绍他们入党吧。”我说：“完全同意。”我和班长立即在自己的小日记本上写上我们同意介绍他们3人入党的信。班长把这件事告诉他们3人，他们感动得流出了热泪。

这时敌人冲上来离我们只有几十米了，才发现我们只有5个人。敌人乱喊：“抓活的！抓活的！”我们心想：“抓活的，连我根毫毛你都捉不着。”我们班长正了正帽子，拉了拉衣襟，然后像每次发起冲锋一样，大喊一声：“同志们！跟我来！”纵身飞向深谷。紧接着，我们一个个高呼着“共产党万岁”“打倒日本帝国主义”，一个接一个地往深谷里跳去。

在这次狼牙山战斗中，我们5个人凭着5支步枪和手榴弹、地雷，牵制着日寇3000多兵力，同500多日本兵加上飞机、大炮打了一整天，敌人被我们打死打伤几百人，而我们5个人，除了班长马宝玉、战士胡德林、胡福才三同志壮烈牺牲外，我和宋学义跳下深谷时，在半山腰被树枝挂住，后被当地抗日军民救出。我们重返部队，继续战斗，直到亲眼看到日本帝国主义投降，迎来抗日战争的伟大胜利。

悲壮的梯子沟突围战

冀玉泽*

一

1940年8月至12月，八路军在华北发动了百团大战，歼灭日伪军4.5万人，取得了空前的胜利。侵华日军对我抗日根据地进行疯狂报复。1941年9月，日军华北方面军司令官冈村宁次集中第二十一师团、第一一〇师团、独立混成第三、第四旅团等共7万兵力，号称10万，分三路由北向南，由南向北，由西向东，在太行山一带成犄角攻击阵势，向我八路军主力包剿合围，对晋察冀抗日根据地发动了空前的大“扫荡”。他们采用“马蹄形堡垒战”“远程迂回”“铁壁合围”等战术，企图一举歼灭我抗日主力。

晋察冀抗日根据地进入最为困难时期。

为保存抗日力量，跳出强大敌人的包围，晋察冀军区第1军分区司令员杨成武带领1分区指挥机关700多人，从阜平、唐县、完县（今顺平县）向易县狼牙山以北撤退，在完唐二县交界处的神南、杨家台一带的花塔山、梯子沟被包围。据杨成武回忆，他们准备过了三岔口后直奔玉皇庵，然后跳到

* 本文系作者根据采访多名亲历者并实地考察后整理而成。

花塔山中。因为花塔山地势较为险峻，山的西面是唐河，远离大路，平时没有敌情；再者，他们周围已发现了许多敌人，而穷追不舍的大良岗的日军已经压过来，从涞源开来的敌人也向玉皇庵逼近。若不及时决断，后果难以想象。因此，杨成武司令员与副司令员高鹏和参谋长黄寿发等人赶紧研究新的军事转移路线，商议对策。尽管他们初始是想和主力部队一起经紫荆关方向，跳到狼牙山背面去，但在面临被包围的情况下暂时跳到花塔山，或许更安全。

黄昏时分，太行山麓雾雨蒙蒙。曲逆河畔的抗日地方部队已与敌人交上了火，许多村庄一片火光。为牵制敌人，驻完县的军区骑兵团在马耳山一带阻击敌人，战斗十分激烈。

日酋冈村宁次异常凶狠，非常狡猾，他企图一举剿灭我主力部队，包围我冀中兵工厂和后方医院以及位于唐河附近葛公村的白求恩卫生学校。强敌追围不舍，军情非常紧急，关键时刻万万不能犹豫。黄寿发参谋长催促道：“怎么办？据前方传电，马耳山西侧也发现日军兵力。”高鹏副司令员也说：“日军混成第三、第四旅团，已对我完（县）满（城）、阜平、涞源、易县等地形成夹击合围。”杨成武问：“现在我1区主力部队情况怎样？”黄寿发告诉他：“20团、6团，已分别跳出敌人合击圈。”高鹏接着说：“完县的3区队、4区队已突破敌人封锁，跳出合击圈。现在，骑兵团一个连的兵力奉命阻击马耳山以西以南的日伪兵力，战斗很激烈，日军动用了飞机大炮。已打退敌人多次进攻，连队有很大伤亡。”这时，马耳山下曲逆河畔村庄都起了火，不时传来双方交战的枪炮声……

杨成武听汇报后分析道：“我们周围的敌人太多了，传令部队快速奔向杨家台玉皇庵，跳到白洋驼，直插紫荆关，然后再跑到狼牙山北面去，这样，就能全力甩掉南面西面敌人的两个师团。”高鹏说：“这样好是好，但要跋涉100多里山路。现在队伍连夜奋战，已经疲劳不支。再说，敌人第四混成旅团已从阜平、唐县向我逼近，还是找个安全地带，先让部队修整一下，等待天亮。”黄寿发也有这个意思，说：“是不是咱们跳到花塔山去，跳到敌人背后，那里还较为安全。”高鹏分析道：“敌人很可能要占领玉皇庵，卡住我们的咽喉，那时我们哪都跑不了，还是先避开一下。”杨司令员觉得有理，便传令下去：“撇开玉皇驼，向花塔山突进。”

就这样，机关部队决定改变原定行军路线，转向偏居一隅的花塔山。

二

月黑风高，杨成武指挥机关部队沿龙潭湖西北大峡谷，绕过玉皇庵，拂晓时分，部队全部爬上花塔山。此时，战士们又饿又累，疲惫不堪，东倒西歪地躺在山坡上，刚一挨地就睡着了。只有炊事班的不敢放开休息，稍打个盹就赶紧打灶生火——部队已两天一夜肚里没进食了。

杨成武睡不着，一个人到石崖旁，端起望远镜向远处巡望，天上飘下小雨，从山顶往下望一片漆黑，什么也看不见。警卫员过来小声说：“司令员，天还不亮，睡会儿吧。”杨成武未予理会，吩派警卫员把周参谋叫来，下令：“你马上通过传电，了解一下情况。”周参谋说：“这里远离村寨，又山高路险，不会有事吧？”杨成武说：“此地消息闭塞，虽然安全，但绝壁无援，一旦出事，后果难以预料。”不一会儿，周参谋回来报告：“四团失去联系，情况不明。冀中 18 团的一个连和 3 区 2 团在司仓、东山岗、三角村一带与敌遭遇，18 团的连指导员阵亡，大部分战士在英勇抵抗。”杨成武问：“伤亡情况怎样？”“当地百姓冒死将伤员救了下来，轻伤员包扎后继续战斗。”“重伤员呢？”“当地区队已派出担架队，准备将重伤员转移后方医院。”

杨成武还是放心不下，看看天色微曙，又凭借着望远镜巡视山下，不禁大吃一惊——镜头里到处是日军的帐篷！

周参谋接过望远镜看后，倒吸了口凉气。高鹏和黄寿发赶来。杨成武叹道：“我们错判了敌人目标。”高鹏恨恨有声：“他娘的，真没想到，还以为把敌人给甩了，这儿比较安全哩，真没想到……”杨成武说：“我们连夜奔波，跑了一夜，白跑了，竟然跳进了敌人的合围圈！”黄寿发指着山下说：“敌人真够狡猾的，你看，连着搞成几个包围圈，你不知道怎么跳才能跳出去，出了小圈，却又进了大圈。”高鹏着急了：“现在，咱该怎么跳出去？天快亮了。”黄寿发也说：“司令员，赶快决定吧，现在离拂晓还不到一刻，我们得马上转移。”杨成武略一沉吟，发话：“周参谋，你通知部队做好准备，等待命令。”

周参谋刚离开，冀中军区后勤部的王文波政委和几个干部赶来，他们也爬到这座北山上，有近 300 人。王文波说：“后勤部的同志让我过来请示，看我们怎么能出去，花塔山三面发现敌人，北面虽然还没有，但很难走，都是山崖……”说话间，白求恩卫生学校的俞中良政委、2 队丁一队长和当地的向导也赶来，报告说：“白校所在地葛公村已被敌人占领，学校房子也被炸了，亏出来得早。我们连夜钻山突围，可是被敌人发现了目标，想甩也甩不掉，他们在屁股后头一个劲儿地追……”杨成武问：“现在白校学生怎样，有没有伤亡？”向导说：“目前还没有多大损失，就是他们连夜爬山，一天一夜没吃没喝，都是些孩子，已筋疲力尽了。现在敌人还在追赶，看怎么一起出去？”丁一焦急地看着杨成武说：“司令员，我们白校的学生过来了，怎么办呀？”“白校有多少人？”“有 200 多人，大都是女学生。”这时，白校一群学生相互搀扶着来到跟前，当地 3 区政府和 1 区的干部以及神南一带的百姓也在山上出现了。杨成武问有多少人，区干部估计说：“有两三千吧，那不，都困在这座小山上了。”

杨成武真的犯难了。后来他回忆：“说实话，如果光是我们这些惯于战争的部队还会好些，我们好多排长、连长都是长征过来的，经历战斗上百次；可是，难就难在还有这么多手无寸铁的群众，特别是这么多已经被追得散了架的白校学生！他们都是知识分子，不少女同志放弃了名门闺秀的优裕生活，自愿参加八路军，抗日救国，她们只有十几岁。就说方玲那个女孩儿吧，她当时还不满 15 岁，在家跑出来时，她还是一个还没毕业的女校的中学生。都识字，都有文化，她们是我们整个革命队伍中不可多得的宝贵人才，我们说什么也得把他们带出去！可怎么跳出去，突破这重重合围？”

杨成武看着面前一个个仍然带有稚气的女孩子，心里有一种说不出的疼爱——他感到自己肩上担子的分量。

怎么跳出山下敌人一层层的铁壁合围？杨成武询问区干部：“这里还有

没有突出去的道路？”区干部几近绝望地摇摇头：“没有，没有了。鬼子把这座山围铁了……”“那怎么办？咱怎么也不能这样等死吧？”

当地一个百姓忽然插话：“西北有一条山谷——梯子沟。那儿大概能突出去，就是……”

“你讲。”杨成武保持着沉稳。

“就是太危险了，光那条沟就有十几里长，沟里满是水，齐腰深，脚下坑坑洼洼；一旦被鬼子堵住，一个也跑不出去。”

沉默了一会儿，白校的向导小声说：“后山太陡，又没有路，男同志还怕有危险，别说又有这么多女孩儿，怕是不行。”众人议论之际，前方情报员跑来报告：“司令员，从银坊过来的敌人已占领玉皇庵，正向石家庄子推进，南面的敌人也向石家庄子合围。”3 区干部也说：“西南川里从马耳山冒出来的一股敌人，也好像冲花塔山来的。”丁一和几个白校学生望着杨成武恳求道：“司令员，我们不怕，我们能行，下命令吧！”

杨成武看看大家，又抬眼望望细雨濛濛的天空，对俞中良说：“小俞，保护好这些学生，千万小心！”俞政委应道：“是！司令员请放心，我和丁队长一定跟着部队把我们的学生带出去，部队能走我们就能走。”丁一也说：“司令员，我们是学生，可也是一名八路军战士，我们不怕！你不要为我们担心。”白校的学生也纷纷发话：“我们能坚持！”“司令员，别管我们，快下命令吧！”

杨成武望着周围一张张稚气的面孔，吸了一口气，叮嘱向导：“你们一定要让学生注意安全！”又嘱咐区队长：“让村的群众都跟上，别掉队。”

“轰”的一声巨响，一颗炮弹落在山上，接着轰隆隆的炮声连成一片——山下敌人开始进攻了。炮火硝烟中，杨成武果断下令：“向梯子沟突围！”

三

部队出发了。老炊事班长端着半碗还没熟的小米饭喊道：“司令员，饭还没熟，大家还没吃饭哪？你也得吃上一小口呀！”……八路军将士、机关人员、地方干部、青年学生、当地百姓，几千人很快从花塔山上消失了，只留下一灶灶还没煮熟的小米饭在晨曦中冒着缕缕热气。

花塔山后的崖坡，真是高耸陡峭，下面黑洞洞的看不到底，脚下又湿又滑，稍不小心就会摔下去。白校的学生背着装有教学讲义和粮食的背包，与战士一起艰难地爬行，特别是一些城里来的体弱的女学生，每移动一步大家就捏着一把汗。她们被大家搀扶着，有的拉着绳头，缓慢下山。一个女学生不慎被滑倒，幸亏抓住了荆草，险些掉下山崖，被跟前战友拉拽上来，继续跟着部队前行。但有几个人影从山崖掉下去，不知是谁，也不知死活——大队人马在万分危急时刻的紧急撤退，是不可能顾及这些的。

花塔山下的两侧日军已拉开战线，向花塔山、龙潭湖包抄过来。白校学生跟随部队沿龙潭湖北侧山路奔向梯子沟。杨成武站在高岗上边观察地形边指挥大家行进。日军冲石家庄子方向开去，区干部们猛然想到驻扎在石家庄子的后方医院和北面依岭庄百姓家的伤员。杨成武说：“看来敌人还没发现我们机关部队目标，是奔石家庄子来的。”区队长焦急地说：“石家庄子是军区后方医院哪，那里有我们好多伤员！”黄寿发参谋长也说：“我们不能丢下他们不管呀。得赶快安排一下，把后方医院的伤员和医护人员解救出来。”杨成武问：“那里有多少伤员？”区队长估计道，“连伤员带医护队员有300来人吧。”黄寿发说：“那里大都是前线下来的重伤员，走路不方便，需要护理。”区队长请示道：“司令员，把任务交给我们吧，我们地熟。司令员放心，就是驮，我们也把他们驮出来。”白校的俞政委和丁队长也赶来请求任务：“司令员，我们这些学生都懂医学护理，现在是最需要我们的时候，我们去吧！”

杨成武看着满脸污垢、体力实在难以支撑的白校学生，摇了摇头。学生们听说要去解救伤员，立刻来了精神，围过来纷纷请求：“司令员，让我们去吧，我们没事。”“我们能挺住。”杨成武心里明白，只有他们才能完成这个任务，不然那些伤员撤不下来，但这又是一个多么艰巨、难以想象的艰巨任务啊。

最后决定，白校学生中体力差的留下来，抽调一部分骨干，跟 3 区队周队长帮助后方医院跟部队转移。可这些洋溢着青春热血、上进心极强的女学生，又有哪个承认自己“体力差”、不是“骨干”呢？杨成武看着这些喜笑颜开、摩拳擦掌、整队待发的白校学生，内心一阵阵发紧，他命令侦察连和 3 连赶快抢占梯子沟进口两侧山地，顶住从玉皇庵扑过来的敌人，接应救援队，压住梯子沟，掩护突围。他对 3 连胡尚义连长下令：“你们死也得给我顶住！等部队和后方医院的伤员撤完，再撤下来。不然，不要见我！”

石家庄子后方医院里，知道撤离消息时，医护人员还在紧张地抢救伤员。区队长和白校的学生赶到，告之：“这里马上被敌人包围，司令员让我们接应你们，立刻向梯子沟撤离！”“撤，这些伤员怎么办？”“白校学生也来了，我们找了些担架，别说了，快准备。”这样，后方医院在匆忙中开始转移。有的重伤员流血过多，需要输血救急，白校的学生争着将自己的血输给伤员。转移中，有的重伤员知道敌情万分危急，怕连累大家，便向自己头部开了枪。一个姓秦的护士在撤退时正赶上难产，当时找来的担架有限，都让给了重伤员；她拼尽全力将孩子生下后，交给最后一批撤离的白校学生，在三四个人的搀扶下勉强上路；她自己知道怎么也走不动了，半路上挣脱开，一头扎进龙潭湖里……

3 区队和白校的学生带着后方医院的伤员及医护人员，终于赶上了正在梯子沟撤退的大部队。杨成武深深地呼出一口气。区队长汇报说：“我们刚钻进沟，胡连长他们就与鬼子交上火了，打得很激烈。我们从枪弹中抢下几个伤员，胡连长逼着我们跟了上来。”杨成武对黄寿发说：“通知侦察连和 3 连，无论如何也要压死在梯子沟进口！”

梯子沟内雾气弥漫，阴森寂静。人们屏住呼吸，小心行进，担心在梯子沟里出现意外。杨成武对几位领导讲：“前面就是梯子口了，一旦与敌人遭遇，或者敌人封死了出口，老高你带部队保护群众和后勤部，还有白校和后方医院突出去。”高鹏问：“那你呢？”“我带警卫连 200 名战士掩护，拼命也要往外突。”杨成武在做最坏的打算。高鹏说：“那太冒险了。”“敌人逼的，只能这样了。没有冒险，就没有奇迹。现在情况危急，就是付出几十人乃至几百人的代价，也要杀出一条血路，带几千人冲出去！”

还好，梯子沟里，还有出口，都没有发现敌人。

杨成武看着一个个从梯子沟出口爬上来的战士，心里一阵难受——每个人都要累迷糊了，不少人还带着伤。尤其是白校的女孩子，多跑了个来回，还搀扶着后方医院的伤员。真想不到，这十多里狭长崎岖、积满寒水的梯子沟，她们是怎么过来的！

四

上午 10 点，3000 多人陆续冲出梯子沟。

这时，黄寿发参谋长带着执行掩护任务的侦察连和三连也上来了。战士们满面烟尘，眼睛布满血丝，身上衣服撕碎了，满是血迹。他们互相搀扶着，抬着背着牺牲战友的遗体，迈着沉重的脚步朝司令员这里走来。杨成武看着他们，慢慢举起右手，行个军礼。

黄寿发汇报说：“攻上花塔山的敌人扑了个空，到石家庄子后方医院又扑了个空，发现我们进了沟后，就疯狂追来。侦察连和 3 连在梯子沟进口两侧山头顽强阻击，但因敌众我寡，打得非常艰苦。敌人有巨大伤亡，我们的部队损失也很大。敌人后来转移了方向，没再回来攻击，可能是发现了兵工厂人员撤退目标。”杨成武询问：“伤亡多少？”黄参谋：“两个连伤亡四五十人，三连胡连长……”

杨成武这才发现没有三连长胡尚义。黄寿发含泪汇报：“胡尚义同志执行任务非常坚决，作战非常勇敢。他身中十几枪，我们把他驮下来，一句话也没说就牺牲了，现在还睁着眼，看着我们，像活着一样。”

杨成武来到胡尚义遗体前，禁不住失声道：“胡尚义！你给我起来，给我立正！我要你顶住，可我是要你活着回来呀，不是这样！你怎么不回答？我是杨成武，是一起长征过来的杨成武……”

黄寿发几人流着泪，用力按了按杨成武的肩膀。杨成武默然了，用手轻轻合上胡尚义大睁着的无神的双眼……大洼地里，躺着 20 多位烈士的遗体。

两个侦察员从大坪地回来："报告司令员，大坪地村目前还没有发现敌人。村里人都跑光了，见不到一个人，无法与情报站的同志取得联系。"

高鹏催促道："事不宜迟，我们还没有完全跳出敌人合围圈，要赶快转移。"杨成武召来后勤部、白校、后方医院和几个区的领导议定："现在敌人虽然还没有尾追，但我们还没有跳出去，要尽快离开这里。目前大坪地村还没有发现敌人，部队准备到那里搞点吃的，然后急行军跳到狼牙山背面去。"后勤部潘部长问："还有多远？"杨成武告诉他："还有 100 多里山路。"潘部长看看大家："后勤部的同志，带着不少行李，行动不便；再说，那里我们路途不熟，还是从这里向南转移吧。这里还有兵工厂的同志，有他们引路，不会有问题。"杨成武点点头，对白校的俞中良政委道："你们跟部队再走一段吧，跳到狼牙山背面去，才可能跳出敌人的合围圈。再说，敌人已经发现你们，他们是不肯罢休的。"俞中良与丁队长商量，见白校的学生过于疲劳，一个个和伤员一起歪倒在地上。丁一不忍地说："还有 100 多里，大家一步都不愿动了，都是女孩子，再走，就是爬了。"后方医院的王院长也来到俞中良面前说："那就留下来吧，这次伤员转移多亏这些学生救护，不然就我们医院十几个人，200 多伤员，根本逃不出来，你们跟部队走了，这些伤员，一旦有事，我哭都没有办法。"俞中良说："我们一起走，都跟过去。"王院长指着满地的伤员说："怎么走，说是 100 多里山路，根本就没有道，抬着担架怎么走？大家又不会飞。"区队长过来："我们给司令员说去，这些白校学生说是八路军战士，可在家还是娃娃，不能比咱五尺男人。"

他们一同来到杨成武跟前，杨成武仍然劝说："大家的情况我清楚，参加战争的女同志确实太艰苦了，尤其是这些十几岁的女孩子，要不是亲眼看到还真不相信。不过我还是要大家跟我们再走一段，经验告诉我，越是最困难最艰苦的时候越是关键，你们能跟上就跟着走。"俞中良说："学生实在走不动了，再说后方战士还需要照顾……还有侦查员和 3 连的伤员需要尽快处理疗伤……"王院长说："白校跟部队走了，这些伤员也走不了。我看就此告别吧。我们想办法在 1 区队所在地转移，那里敌军已经撤离了。"杨成武看说不动，只好应允："好吧，我们走了你们不要在这停留，尽快离开梯子沟，有情况及时联系。”

就这样，杨成武带军区机关部队向大坪地村进发，区队和后勤部也分头向白校及后方医院告别。潘部长一再嘱咐：“你们不要停留太久，要不要我们一起奔贾各庄？那里敌人已经撤退，可能会更安全些。”俞中良说：“不用了，我们稍作休整，和王院长一起护送伤员，向断口湖大峡谷方向穿过，过了那儿，王院长作了安排，设了临时医院，把伤员们安顿下来。”王院长说：“大家都辛苦了，除了担架队的同志还需要送一程，这里有白校的同志和我们一起，都回去吧。”区队长还是放心不下，再次叮嘱：“这里不太安全，敌人随时会包抄过来，不可大意。”

机关部队疾步行军，穿过大坪地，直插狮子峰。杨成武命令大家：“各连部队跟上，我们跳到狼牙山北面去，那里 1 团部队早已把日军赶回平汉线了，那里让大家睡它三天三夜。”

五

白校学生和后方医院医护人员及伤员在梯子沟出口的洼地里休息了一下，缓了缓劲儿，正准备南下向完县转移时，不知是谁喊了声：“山上有鬼子！”众人抬头一望，大惊失色——沟口北侧山头上，日军一排机关枪都对准了这块大洼地！还没等他们组织撤离，敌人的机关枪就吼叫着泼扫过来。俞政委、丁队长、王院长等人一边举枪还击一边大喊：“快！快！保护伤员！向断湖口峡谷撤离！”有的女学生被这突如其来的情况吓懵了，竟对着敌人的枪口跑了过去，一个个应声倒下……

王院长边指挥着医护人员救护伤员逃离包围，边救护倒下的学生：“掩护好伤员，快退！快！”

白校靠着仅有的几杆枪反击强敌。俞中良、丁一带着几个男学生迎在最前面。俞中良叫丁一带女同学们冲出去。丁一喊道：“不行！这么多伤员还没撤离，我们怎么离开？”一个伤员从担架上滚下来吼道：“别管我们，带学生们快走！”学生们含泪道：“我们不走，咱们就是死也要死在一起。”一个副班长爬到学生面前："傻孩子，我们死了也够本了，你们怎么眼看着去送死？"护士长大声喊道："都别说了！只要有一个伤员，我们白校学生也要和你们在一起，决不退下去！"

山头上，敌人狂吼乱叫着"抓女八路""捉活的"，端着刺刀向山下猛扑过来。

为了阻止敌人，白校的男学生掩护女同学，奋起还击，与敌人拼起刺刀。伤员们支撑着身躯同敌人厮打在一起，滚下坡谷。而手无寸铁的女学生们用石头砸，用手抓，用脚踢，用嘴咬，同敌人展开殊死搏斗……

敌人确实狡猾，见攻不进梯子沟，便佯装转移，实际是联络就近部队在梯子沟出口堵截。敌人早来一步，会与杨成武的大部队碰撞，敌人有枪，我方也有枪，不会吃太大的亏；敌人晚来一步，则白校和后方医院已然撤离，会再次扑空；但敌人堵截得正是时候……

已经离开梯子沟口大洼地的区队和后勤部听到枪声，知道不妙，调头便往回赶，去解救白校的学生和伤员。而已经远去的机关部队，则根本不知道大洼地里发生了怎样的情况。

白校的学生和伤员极其艰难地退到断湖口峡谷，赤手空拳的女学生用血肉之躯堆起一堵生死墙。伤员们拼尽全力从敌人手中夺过刺刀，但没能夺下几把，更多的是死在敌人的枪刺之下。这是一场极不对等的惨不忍睹的拼杀，一方是人多势众、身强力壮、全副武装、嗜血成性的赳赳武夫；一方是孤立无援、疲惫不堪、手无寸铁、宁死不屈的柔弱女子。王院长倒下去了，护士长倒下去了，俞政委和丁队长躺在血泊中，白校的女学生被凶暴的日军当做练习拼刺的活靶……

机关部队到达目的地狼牙山北麓，开始歇息，极度疲劳的战士立即进入梦乡。而杨成武、高鹏、黄寿发等部队首长却不敢放松神经，特别是一身系全军安危的司令员。刚才派出去的两名侦察员从狼牙山赶回来告之日军已从狼牙山撤走，1 团主力在平汉路段袭击了敌人，现在已经转移。负责阻击敌人、掩护大部队转移的 7 连 6 班的 5 名战士，打退敌人无数次反扑进攻，最后子弹打光了，他们砸碎了枪支，跳下深崖……一同跟来的邱伟告诉杨成武:“跳崖的5个人，有两个挂在了树杈上。我们连夜派人前去营救，一直没有找到；今天一早，我们又派一个小分队去找。昨晚山风很大，人在山上根本站不住脚，估计挂在树上的两位同志会掉下去，要那样，生还的可能性很小，肯定也牺牲了。”

杨成武沉痛地问道:“他们5个人叫什么名字？”邱伟说:“班长马宝玉，副班长葛振林，还有战士宋学义、胡福才、胡德林。”

“他们是我们全分区的光荣，也是我们八路军的骄傲。把他们的事迹上报给军区，告诉聂司令员……”

杨成武还没说完，情报员喊着过来:“报告司令员：马耳山30多名战士坚持到最后，身负重伤，子弹打完，全部跳崖牺牲！”

巨大的悲痛笼罩着所有在场的人，杨成武还没来得及反映，大坪地情报站打来电话:“我是大坪地！请找司令员！找杨司令员！”

杨成武赶紧接过电话:“我是杨成武……”

电话里立刻传出大坪地情报员的哭咽:“司令员……后方医院的伤员和白校的学生给敌人包围了……”

“快说，情况到底怎样……不要哭！”

“白校学生只有四五十人突出包围，其余……都遇难了……”

据杨成武将军回忆，他自长征以来，打的仗大大小小上百次，见的死人也不少，他没流过泪。这次他流泪了。这一悲剧，使他终生难忘。

惊人的噩耗风一样传遍全军，惊醒的战士们都站起身来，望着南面刚走过的梯子沟口道士观附近的大洼地。老炊事班长将端着的枣酒，泼洒在脚下的山地上……

梯子沟口道士观附近的大洼地，鲜血染红了沙土地，刚厮杀过的战场，触目皆是横七竖八的烈士的遗体，抛弃的背包露着被刺刀挑破的棉絮。禽兽不如、残暴无耻的日军，将白校女学生尸体上的衣服扒光，用刺刀挑烂，对她们圣洁而美丽的胴体肆意践踏，用刺刀挑开的胸膛还淌着鲜血，皮靴跺扁的头颅还冒着脑浆。被砸碎的锅碗和女人的头梳、发卡，散乱着一片狼藉；那页面上染着血的教学讲义，乱纷纷地在风中哗哗作响……

…………

据掩埋白校学生殉难烈士尸体的大坪地村的老百姓说，当时的血呀，流成了河，就在断湖口的石缝里往下流……

老乡们还说，当年战事紧张，得赶紧掩埋，多年风刮雨冲，难免会露出忠骨。有人就捡到过一根儿半片儿的。那骨质又细又白又轻，一看就是年轻姑娘的；这是谁家的孩子呀，也不知名姓……

乡亲们还说，每逢秋天蒙星小雨儿，空旷的大洼地里往往回荡着隐隐约约的厮打声，尖叫声，哇哇的喊声，听不甚清，但绝对有。不信你就拣日子过来听听。唉，那么年轻的女孩子，150 多个呀，想起来心尖儿都哆嗦……

第二次长沙会战

第二次长沙会战兵力部署及战斗经过

赵子立　王光伦*

一、会战发生前的敌我态势

（一）日军的兵力和概略位置

1941 年 4 月上高会战以后，日军由第九战区调走了两个师团（第一〇一师团、第一〇六师团）。江西方面日军原有 3 个师团，仅剩下第三十四师团和独立第十四旅团了。第三十四师团，似在南昌、谢埠跨赣江至厚田街、八尺铺、永修、甘木关方面；九江是汪精卫的伪江西省政府（伪主席萧淑宇）所在地，第十四独立旅团，似在九江、星子、德安方面；日军由于兵力减少，放弃了奉新、赤田等据点。鄂南湘北原是第六师团等 3 个师团，仅剩下两个师团了。自 1939 年下半年以来，沦陷区各县渐渐有了地方性的伪军，南浔线、岳（阳）汉（阳）路上也有了汪伪军，协助日军作战。

至 1941 年 8 月下旬，湘北日军大量增加，有进攻的模样。后来知道是在准备第二次长沙会战。日军由其他战场调来第三师团、第四师团、第十三

---

*　作者赵子立时任第九战区司令长官部参谋处处长，王光伦时任第六十军第一八三师营长。

师团一部、第四十师团一部，约 10 个联队。除赣北、赣中、鄂南、湘北原防上留置的兵力外，总共使用于进攻的兵力约二十六七个联队。

（二）第九战区辖境的屡变

约在 1940 年夏，第六战区成立，陈诚出任司令长官，战区司令长官部设恩施，将第二十集团军商震部改归第六战区指挥。但这时在洞庭湖南岸担任湖防的第九十九军傅仲芳部仍归第九战区指挥。陈诚初任第六战区司令长官时，第六战区与第九战区是从常德、汉寿间分界，后来改以临资口为界。

（三）第二次长沙会战时的战斗序列

第九战区司令长官薛岳，副司令长官罗卓英、杨森、王陵基，参谋长吴逸志。

第九战区在名义上是受桂林西南行营主任指挥。至第二次长沙会战前，李济深代白崇禧为西南行营主任。

第九战区当时指挥下列部队：

1. 第十九集团军总司令罗卓英，副总司令刘膺古，指挥：第二挺进纵队康景濂，赣省保安司令熊滨，预备第五师曾戛初，第一九四师郭礼伯。新编第三军杨宏光，辖第一八三师李文彬，新编第十二师张与仁。第五十八军、新编第三军仍留第九战区，第六十军于第二次长沙会战后开回云南。

2. 第三十集团军总司令王陵基，参谋长宋相成，指挥：第七十二军韩全朴，辖两个师。第七十八军夏首勋，辖两个师。

3. 湘鄂赣边区挺进军总指挥李默庵，副总指挥王劲修，指挥四五个挺进纵队，其中有一个挺进纵队司令是钟石磐。

4. 第二十七集团军总司令杨森，参谋长杨鉴黎，指挥：第二十军杨汉域辖两个师：第一三三师夏炯，第一三四师杨干才，附暂编第五十四师孔荷宠。第五十八军孙渡辖两个师：新编第十师鲁道源，新编第十一师梁得奎。第三十七军陈沛，辖两个师；第九十五师罗奇，第一四〇师李棠。第二十六军萧之楚，辖 3 个师；第三十二师王修身，第四十一师丁治磐，第四十四师陈永。以上各部除第二十军外，其余在名义上虽归第二十七集团军指挥，在实际上均是薛岳直接指挥。

5. 战区直辖军：第十军李玉堂，辖 3 个师：第三师周庆祥，预备第十师方先觉，第十九师朱岳。第七十九军夏楚中，辖3个师：暂编第六师赵季平，第九十八师王甲本，第八十二师欧百川。会战开始由六战区调来：第七十四军王耀武，辖 3 个师：第五十一师李天霞，第五十七师余程万、第五十八师廖龄奇。该军于会战开始前在第三战区，会战开始后，调第九战区。第四军欧震，辖 3 个师：第五十九师张德能，第九十师陈侃，第一〇二师柏辉章。该军守备新墙河南岸及大云山前进据点，其第五十九师集结关王庙。

（四）会战开始前的部署

第十九集团军：守备梁家渡、石头冈、靖安附近各线，总司令部驻上高附近。

第三十集团军：主力在澧溪地区对东北占领阵地，与武宁方面的日军对峙；一部控置于修水县城附近；总司令部驻渣津。

湘鄂赣边区总部所属各部队，以九宫山、大湖山为根据地，在幕阜山山脉地区活动。

第二十七集团军：第二十军主力在南江桥地区对北占领阵地，与通城方面日军对峙；一部控置于平江以北地区。第五十八军主力在新墙河南岸占领阵地，与北岸日军对峙；一部在汨罗江口至新墙河口间担任洞庭湖东岸湖防。第三十七军担任长街、瓮江一带守备。第九十九军守备归义、营田、湘阴之线，第九十二师集结上杉市。第二十六军控置于金井、浏阳附近地区。几个挺进纵队在通城、崇阳、临湘地区活动。指挥部驻平江附近。

第十军集结于衡山控置于长沙、株洲地区。

二、会战经过概况

第二次长沙会战，从表面看，仍是根据 1939 年春即南昌会战后策定的作战计划来指导的，但实际上，并没按照那个计划的要求——争取外线去做，所以结果很不理想。

第二次长沙会战，于1941年9月上旬至10月上旬，进行了30多天。

（一）战区于会战初期的措施

由于敌后沦陷区的人民能够及时将日军的情况供给我情报人员，所以在会战开始前第九战区长官部对日军的调动是相当了解的。赣北的日军减少了，湘北的日军大量增加了，铁路公路上运兵、运粮、运弹络绎不绝，日军到处捉人充当苦力，搞得湘北人民怨声载道，大有山雨欲来风满楼之势。这种情况说明，这次作战与第一次长沙会战时日军分三路进攻的情形有所不同，湘北将有严重的战斗发生。长官部一面将湘北情况报告军事委员会，请增加三四个军的兵力，以利作战；一面通令各部队完成作战准备，将在前方的眷属一律送到后方去。

第一次长沙会战时，薛岳让参谋长吴逸志率长官部大部人员到耒阳（当时湖南省政府所在地）去留守，前方只留少数人员和薛岳在一起。这样，一个参谋也可随时当面提出意见，不需写签呈、打电话等程序，所以文电处理比较快。第二次长沙会战一开始，薛岳又让吴逸志去耒阳，但吴逸志不去，他认为一作战就让他到后方去，对他来说是不光彩的。结果，薛岳同意他留在前方。薛岳和吴逸志仍住唐生智公馆，参谋处仍住文艺中学。

日军对新墙河南岸第一线阵地的攻击一开始就很凶猛，薛岳急忙部署汨罗江南岸的阵地。他在电话上让参谋处起草一个命令，要第二十六军、第三十七军在平江以西—浯口—新市—营田—湘阴—临资口之线占领阵地；要炮兵指挥官王若卿亲自指挥战区直辖炮兵在浯口方面的汨罗江南岸占领阵地，支援步兵，固守汨罗江。赵子立一听，吓了一跳，认为这又是罗卓英当年守修水、丢南昌的战术，但一时又不知咋说好，只好答应着先把电话放下。思考成熟以后，一面让第一科照薛岳的指示拟命令稿，一面就去唐公馆找薛岳、吴逸志当面具申作战意见。一到唐公馆，吴逸志就很高兴地对赵子立说：“哈哈！你看我们把第二十六军使用上，把炮兵使用上，在汨罗江好好地打个胜仗。哈哈！”赵子立说：“情况怕不是这个样子，我正想向参座和长官说一说参谋处的看法。”于是赵就分别向吴、薛具申了下列的意见：

“日军此次进攻的兵力，看情况较上次进攻时的兵力为大；日军进攻的正面，较上次为宽。上次日军虽然兵力没有此次大，但它还是找我们的右翼包围；此次日军的兵力大，将更要找我们的右翼包围。”

“我们为了‘争取外线’，免受敌人的包围，并能攻其侧背，在汨罗江以南的各逐次抵抗线的右翼必须向东延伸到三眼桥至浏阳这一条线上。”

“我们为了等待第七十九军、第七十四军全部到达决战地区，必须‘争取时间’。但争取时间只能用‘逐次抵抗’来争取，像上次长沙会战那样；绝不能用‘一地持久防御’来争取。如果这样做，我们不企图和敌人决战，但敌人要强迫我们决战，将我们防御部队击破了，就影响我们以后在预定决战地区的决战，就要重蹈前年守修水丢南昌的覆辙，万不可行。”

“请考虑这样部署怎样？”

“让第二十七集团军的第二十军由南江桥现阵地，一面逐次抵抗，一面向三眼桥东北转移，而后待命向汨罗江以北进攻敌后。第五十八军由新墙河现阵地一面逐次抵抗，一面向汨罗江以南转移。第二十六军、第三十七军在汨罗江南岸的抵抗线，右翼必须向东延伸到三眼桥对岸。第二十六、第三十七、第五十八这 3 个军从汨罗江开始向南交替进行逐次抵抗，至浏阳河南岸转为防御，待命向当面敌军主力反攻。”

“即让新归本战区指挥的第七十四军向浏阳东北地区前进；即让第十九、第三十集团军以一部守备现阵地，以主力从社港市、相公市以东地区前进；待命向西索敌主力攻击。”

“让第十军守备岳麓山及长沙。”

“战区直辖炮兵不宜使用于汨罗江方面，仍使用于长沙地区。”

薛岳、吴逸志不理睬这个部署意见，并且他们在电话中对第二十六军和炮兵指挥部已经作了处置，刚才不过是让参谋处补一个命令。

（二）新墙河南江桥的战斗

日军一开始就以大量炮兵、战车、飞机支援步兵进攻，一下子就把第五十八军杨林街方面的阵地、第二十军南江桥方面的阵地突破了一个缺口。听说当时第五十八军军长孙渡打电话给薛岳，说敌人兵力很大，攻击很猛，新编第十师师长鲁道源住在长沙不回去，部队没人指挥，阵地已被突破一个缺口，请示薛岳怎样办。本来这时应当按计划规定开始进行逐次抵抗，但薛岳并不这样指示，反要求孙渡坚守，并问鲁道源为啥不回去。孙渡告诉薛岳说，云南方面要免鲁的职，所以鲁消极不愿回前方。薛岳当时告诉孙渡，让鲁回去收复阵地，人事上他负责任。就这样，薛岳不让第一线部队主动作战，结果，那就只有被绝对优势的敌人打垮下来。杨森、孙渡等将部队大部分收容在梅仙、平江以东的山中，一部来不及东移的，就离道潜留在新墙河以南较偏僻的地区。

当新墙河、南江桥阵地被日军大部突破后，薛岳才决定让第十九集团军抽一个师，第三十集团军抽一个军，开往平江东南地区。但为时已晚，这些部队未能与第七十四军同时到达湘北战场，反而落到由第三战区开来的第七十四军的后面。并且抽的兵力少，按当时情况，可以从这个集团军抽出 4 个师来，留两个师在高安和澧溪方面的原阵地都没问题。

（三）汨罗江的战斗

第二十六军在平江以西—浯口—新市线汨罗江南占领阵地，重点保持于右翼。第九十九军守备归义—营田—湘阴之线占领阵地。长乐街、瓮江方面有第三十七军一部守备。

日军突破了新墙河、南江桥的阵地，仅以小部兵力沿着原粤汉铁路和杨林街、长乐街道南下，向汨罗江阵地正面进攻，并不怎样激烈，战况很稳定。薛岳、吴逸志都很高兴，认为他们处置对了。其实这个时候，正是日军的主力经平江方面向第二十六军右侧后方迂回的时候。原来第二十军、第五十八军转移到梅仙、平江以东的山地；第二十六军的右翼尚在平江以西。这样一来，中间就有了一个空隙，日军就利用这个空隙，并扩大这个空隙，通过主力来实现它所追求的作战目的——包围我军右翼，将其压迫于洞庭湖东岸、汨罗江南岸而歼灭之。

当萧之楚发现日军以主力向他包围时，他急忙打电话向薛岳报告。薛岳暴跳如雷，开口就骂：“为啥让敌人包过来？为啥不打？丢了汨罗江的阵地，就杀你！”

当赵子立计算时间，日军由平江方面通过汨罗江，快要到瓮江的时候，打了一个电话给金井的炮兵指挥官王若卿。赵问：“你炮兵阵地上发现敌人了没有？”王答：“咦！你怎么瞎扯，前方稳定，炮兵阵地何来敌人？”赵说：“不，敌人快到炮兵阵地了，注意，不要丢了炮！”通过话没有多大时候，王若卿的电话来了，他很紧张地说了一句：“距离炮兵阵地不远的地方，发生了情况……”就丢下话机，不再说了——大概是指挥炮兵转移阵地去了。

日军主力由北、东、南三面围攻第二十六军，使用了约二十几个联队的兵力，按实际战斗力计算，五倍于第二十六军。不管态势如何，不管兵力对比如何，第二十六军死守阵地，在不利的情况下坚决战斗，支持了一定的时间（约两三天）。第二十六军是很有战斗力的：它的第三十二师是原西北军的部队，师长王修身曾任冯玉祥的卫队旅旅长，能征善战；第四十一师原是徐源泉的部队，师长丁治磐，机警过人；第四十四师是萧之楚的基本队伍，师长陈永在作战上大胆沉着。但再有战斗力的部队，如果使用错误，它也是不能发挥出战斗力的。

第三十七军的情况，比之第二十六军更糟。它在洞庭湖与汨罗江所形成的三角地带内，真是一个死地。薛岳让它固守这个地区，日军不到，它不敢动；日军一到，它就动不了。日军解决了第二十六军，就来解决它，把它包围在新市、白水、湘阴这个地区，约一两天就把它打垮了。薛岳又将第十军一个师、一个团拨给第三十七军使用，又都被打垮了。

日军用不到十天的工夫，击退了第二十军，击破了第五十八军，击垮了第二十六军、第三十七军、第十军，使这 3 个军当时失去了战斗能力。

（四）浏阳西北地区的战斗

当第三十七军、第二十六军、第十军尚未全被击垮，第七十四军已到赣西的时候，第九战区司令长官部又有两个分歧的意见：薛岳、吴逸志认为，日军突破汨罗江的阵地后，一定要直取长沙。长沙重要，必须力保，要第七十九军守长沙，第七十四军守长沙以东黄花、永安地区。

赵子立去唐公馆再建议："日军是要先消灭我们的部队，再占长沙。根据日军惯用战法和地形来判断，根据目前汨罗江南岸正在进行的战斗来证明，日军的主力是一定要找寻我军的右侧来包围。现在作战的关键问题，是日军和我军争夺外线的问题，得之者胜，失之者败。如果把第七十四军向长沙以东拉，那正好是以右侧背授敌，是自己进入内线，是自投罗网，万万使不得。第二十六军、第三十七军已经使用错了，现在看来，这两个军已经没有什么希望了，一错不可再错。如果将第七十四军暂时停止在浏阳东北，即浏阳河上游东岸地区，俟第十九、第三十集团军的部队到达后，以第二十七集团军之第二十军和第五十八军、第三十集团军的一个军、第十九集团军的一个师、第七十四军、第四军、第十军等共约 17 个师的兵力确保外线同时进攻。这样，是我们的主力打日军的左侧背，是日军以侧背授我。虽第二十六军、第三十七军、第十军失败了，我们仍可转败为胜。"

吴逸志认为："长沙丢了不得了。"薛岳坚决要把第七十四军向长沙以东拉。赵子立离开唐公馆回到文艺中学，适逢第七十四军军长王耀武在湘赣途中打电话和赵子立联络。赵除了将汨罗江的情况告诉王以外，还对王说："把你的部队向长沙以东拉，我是绝对不同意的。我的意见是要把你的部队摆在浏阳东北，将来协同友军向西索敌左侧进攻，那样有胜无败。现在决定把你的部队向长沙以东拉，我估计你们由东向西前进，敌人将由北向南前进，恰好出现在你们的右侧，你们将要与绝对优势的敌人发生严重的遭遇性的战斗，但他们硬要这样做，真糟糕透了！"

薛岳在第二十六军大部被击溃，第三十七军、第十军一部被击溃的时候，一面让第七十九军固守长沙岳麓山，并催第七十四军迅速至长沙以东布防，一面将长官部撤向衡阳。同时，让第二十六军、第三十七军、第十军在渌水南岸收容整理。

日军将汨罗江南岸部队完全击垮以后，不是乘胜直取长沙，去攻击长沙的既设阵地，而是以全力马不停蹄地迅速向东南——浏阳方向急进。这时第七十四军正行军通过浏阳方面西进，它的右侧正送到日军的面前。日军倾全力向第七十四军侧背包围猛攻。当然运动中的部队比占领阵地的部队容易打。第七十四军虽然在行进中有作战的准备，但兵力悬殊，态势不利，立足未稳就被日军打个落花流水，尤其第五十八师垮得最厉害。日军的先头小部队直逼株洲附近。消息传来，不仅震惊了薛岳，也震惊了蒋介石，因为第七十四军是蒋介石认为最有战斗力的部队。正在这时，长沙传来电话：第七十九军赵季平师进了长沙，日军正全部迅速撤退中。

（五）日军的撤退和汨罗江、新墙河阵地的恢复

日军为什么忽然撤退呢？日军此次进攻的目的仍是在“扫荡”我们的部队，消灭我们的有生力量。他们一直进攻到长沙附近时，并没有开始修复由新墙河至长沙的道路，并没有设置起兵站线来，除了随身携带的粮弹外，并没有新的粮弹补充，空投是很有限的，经过三个星期的作战，粮弹已经消耗得差不多了。日军虽然在新墙河、汨罗江及浏阳西北、捞刀河、浏阳河间的战斗中打垮了我们 3 个军，但它也疲劳了。当日军撤退的时候，我第三十集团军的部队已到献钟附近，第十九集团军的一部已过铜鼓接近东门市，并且第七十九军进入长沙，第二十军、第五十八军在南江桥、梅仙以东山地威胁着敌人的后方。日军如果不撤退，就得在疲劳与粮弹不足的情况下继续作战。当时前方许多官兵都知道，日军要是不带大小行李出来“扫荡”，只能打一两天，要是带着大小行李出来“扫荡”，只能打三五天，要是大部队带着加强的行李辎重出来“扫荡”，也只能打两三个星期。

日军一撤退，薛岳马上命令各军迅速前进。日军退过捞刀河，我军也跟到捞刀河；日军退过汨罗江，我军跟到汨罗江；日军退过新墙河，第四军、第五十八军跟到新墙河，收复了新墙河。

日军退过汨罗江时，第三十集团军主力到了平江以南地区，长官部也未用它追击，就让它回原防了。日军退过新墙河时，第十九集团军的一部到了平江，休息了两天，长官部也让它回原防了。

战役后，第二十军仍担任南江桥方面的原防；第五十八军仍担任新墙河方面的原防；第三十七军收容后，仍担任湘阴方面原防，并就防地整补。第二十七集团军总部仍驻平江附近，在名义上第二十军、第五十八军、第三十七军仍归第二十七集团军指挥。第十军仍驻衡山地区，第七十九军驻长沙，第四军仍驻守新墙河阵地。长官部仍回到长沙。

三、战役后的检讨

战役刚结束，蒋介石就飞到南岳召集军长以上的人员开会，要追查第二十六军、第七十四军等失败的责任。在战役中，薛岳向蒋介石打电话以及叫参谋处起草的电稿中早已说萧之楚作战不力，失败太快，所以长沙以东的防线没有能配备好，日军就到了。在重庆军令部或蒋介石侍从室的人员打电话问情况时，赵子立曾将敌情、长官部对第二十六军的部署、第二十六军的战斗等情况具体地告诉他们，希望他们能从情况和部署中看出究竟是谁有错误。南岳会议，赵子立没有参加，详情不知道，只听说薛岳在开会时，仍是把汨罗江第二十六军、第三十七军失败的责任，浏阳以北第七十四军失败的责任都推到萧之楚身上，要求蒋介石严惩萧之楚。但蒋介石并没有处分萧之楚，而把第七十四军第五十八师师长廖龄奇枪毙了。

会战以后，薛岳召集了九战区干部训练团将官班第二期中参加了第二次长沙会议的学员和长官部的一部分高级人员开了一个会，由赵子立报告了一下战斗经过。薛岳讲了一会儿话，大意说：这次作战，各部队都很努力，只有个别指挥官、个别部队一遇严重情况，指挥不沉着，战斗不沉着，结果是它自己受了损失，还影响整个战局。今后作战，越是状况不顺利时，越要拼命地打，孙子说“死地则战”，就是这个道理，只有拼命打，才能转变情况，获得胜利。

第二次长沙会战，虽然是未按作战计划，但在会战过程中，也感觉到原计划确有不足之处，所以会战一结束，参谋处就迅速着手修正计划。

第二次长沙会战的经过

宋瑞珂*

上高会战后，我军战斗力日渐增强，加之苏德战争爆发，英、美的制日行动比较积极。美国宣布派军事代表团东来，同时禁止飞机、汽油输日，并冻结了日本在美国的资金。日军深恐我军乘机反攻，便孤注一掷，纠集南北战场之精锐部队，大举进犯湘北，企图占领长沙。

其具体部署如下：

第三十四师团守备南昌、谢埠、沙埠潭、万舍街，跨赣江，至厚田街、八尺铺、石鼻街、安义、仁首街、滩溪及吴城、永修、甘木关一带地区。

第十四独立旅团守备德安、星子、九江、瑞昌一带地区。

第四十师团守备阳新、大冶、金牛镇、通山、南林桥、咸宁、白霓桥一带地区。

第六师团守备大沙坪、崇阳、蒲圻、临湘、岳阳一带地区。

第三、第四师团，第十三师团之一一六联队，第十八独立旅团之 3 个大队，由鄂中方面逐渐向岳阳集中。

第三十三师团之第二一四及第二一五联队，由武汉方面逐渐向岳阳

* 作者时任第九战区司令长官部高参。

集中。

第十四独立旅团之3个大队，由赣北方面逐渐向临湘、岳阳集中。

第四十师团由鄂南方面逐渐向临湘、岳阳集中。

第六师团逐渐向忠防、桃林、西塘移动。

独立炮兵两个联队和独立工兵两个联队，由武汉向临湘、岳阳集中。

海军陆战队乘军舰30余艘，汽艇200余只，由长江向洞庭湖集中。

在武汉另有飞机100余架，支援步兵作战。

以上敌陆海空军，合计约12万余人。敌还强征民伕15万人，担任粮弹运输和修筑向长沙进犯之简易公路。

我方参加第二次长沙会战的计有第七十四军、新三军、第三挺进纵队、江西保安纵队、第七十二军、第七十八军、第四军、第七挺进纵队、第五十八军、第二十六挺进纵队、第三十七军、第九十九军、第二十六军、第十军等部队。具体部署如下：

在赣北方面：预备第五师警备梁家渡、市汉街之线，江西保安纵队警备市汉街（不含），沿锦河南岸迄车前渡口之线及港口、南港周家、七里岗各据点。新三军警备祥符观、峦岗岭、奉新、靖安之线及西山万寿宫、赤田张、宋埠、干州各前进据点。第二挺进纵队警备望湖岗、上东坑之线及茅山、横峰山各前进据点。第七十四军集结新喻、分宜、彬江大桥一带，积极整训。第七十八军警备坳头坪、老塔下、火烧白、观者阁之线及潭坊、津口大桥河各据点。第七十二军集结三都南北地区，积极整训，并以一部警备留嘴桥，周牌、东坑岭之线。

在鄂南方面：第二十军警备杨芳林、湾口及斗米山、雪壶岭、通城之线及堰市、铁柱湾各前进据点，其一三四师集结桃树港积极整训。第五十八军警备九岭、琉璃坳、保定关、黄岸市之线及赛公桥、北港各前进据点，其新十师集结上塔市积极整训。

在湘北方面：第四军警备新墙河南岸公田、杨林街、鹿角、磊石山之线及桃林、西塘各以东油港河东岸筻口、草鞋岭、大小桥岭各前进据点，其第五十九师集结关王桥积极整训。第九十九军第九十九师警备归义、营田、湘阴之线，其第九十二师集结上杉市、安沙积极整训。第三十七军集结瓮江、蒲塘、长乐街、白沙桥、石门源一带地区积极整训。

在湘西方面：第九十九军第一九七师警备芦林潭、螃市、廖潭口、沅江、汉寿一带湖防。

军委会直辖归第九战区督训部队的部署：第二十六军集结浏阳、普迹市及金井一带地区积极整训。第十军集结衡山附近积极整训。

根据第九战区预定的“敌如以主力从杨林街、长乐街、福临铺道及粤汉铁路两侧地区向长沙进犯时，则诱敌于汨罗江以南、捞刀河两岸地区反击而歼灭之”的反击作战计划，我军在关王桥、大荆街及金井、福临铺、栗桥、三姐桥一带，构成纵深强固阵地，步步为营，抗击敌人。然后转用赣北、鄂南兵力，于杨林街、关王庙、长乐街、平江、沙市街、永安市方面，自东向西侧击，并以有力兵团紧衔敌尾，打击敌人。同时加强外翼，对敌形成包围，断其后路，从而战胜来犯之敌。

这次会战，从 1941 年 9 月初开始，到 10 月初结束，中经大云山战斗、捞刀河战斗、洞庭湖战斗，终于获得了第二次长沙会战的胜利。下面将各次战斗经过分述如下。

大云山战斗

大云山横亘湘鄂边境，地势险要，为我军袭击敌人之隘，敌深感威胁，意欲攻占。

早在 8 月间，敌第六师团于武昌、岳阳之间来往频繁，扬言他去，以掩人耳目。9 月 3 日，其师团长神田忽进驻西塘，翌日复至托坝视察。忠防、桃林等地敌军，亦各增至七八千人。6 日中午，日军袭击我南山、孺岭、鸡婆岭阵地。7 日清晨，敌第十三联队及第四十五联队，突然分两路来犯：一路自忠防经南山詹家桥直逼南冲；一路由西塘经尖山刘家冲向八百市急进。同时，10 架敌机狂炸八百市和杨林街。

我军第四军第一〇二师，以“死守活打”方式与敌周旋，搏斗到中午，敌未得逞。午后，敌集中轻快部队，用大炮掩护，猛攻鸡婆岭、草鞋岭之线，激战久许，宋家坳阵地被突破。黄昏，百羊田、八百市、甘田一带均为敌军所占据，于是大云山阵地遂陷于敌军包围。8日晨，敌复自南冲来攻，企图合围，我军竭力苦战，不利，大云山制高点沦于敌手。

9日午夜，我军以第四军、第五十八军之新十师、新十一师，第二十军第一三三师从各方面合力截击、侧击敌军，敌北溃，我乘胜追击，逼使敌军退据五龙桥、白羊田附近。

10日清晨，我军新十师再次进攻，战至下午，克复大云山，并收复石塘冲、石壁桥，敌军退据石庙一线顽抗。茅冲、和尚庄、郊家桥一线敌人，经第五十九师、第一〇二师各一部猛力袭击，伤亡甚重，当晚，我第二十军、第五十八军攻击队与第六挺进队第八、九、十支队，分途向大沙坪、萍楼岗、赵李桥、石城湾各地之敌进行夜袭，以牵制敌人，断其联络。

11日拂晓，新十师、第五十九师、第一〇二师、第六十师等4个师合力会攻残敌。天亮后，新十师在八仙桥、五龙桥、石塘坳一线猛攻敌人，致使困守石塘坳之敌不得不向甘田撤退。旋与我第五十九师、第一〇二师各一部遭遇于甘田附近。中午，敌大部溃退至西塘，一部被我包围于港口东南地区。随后，敌增援部队赶到，进行反扑，双方搏斗至晚，遂成对峙。

12日，第五十六军长孙渡指挥新十师力攻甘田西南之敌，第四军军长欧震亲率所部扫荡困据在港口附近的敌人。敌人一再增援，且陆空协同猛烈反扑，双方搏斗十分激烈，伤亡甚重。13日以后，港口、甘田、白羊田一带地区，敌我两军进行了数日拉锯战。

此时，临湘、岳阳地区已结集了数万敌军，并开始南运。17日晚，箕口之敌开始大举进犯，一场更大的战斗即将爆发。

新墙河战斗

当敌我激战于甘田、八百市之际，敌军第三十三师团第二一四、二一五联队，独立第十四、十八旅团各3个大队，陆续分由鄂中、鄂南、赣北秘密集中临湘、岳阳。17 日晚，筻口附近之敌，突然以大炮轰击潼溪街，旋复施放毒气弹，掩护步兵渡河。我第四军第一〇二师一部奋勇抗击。

18 日凌晨，敌军万余人，藉大炮掩护，分途向小塘、四六方、潼溪街、杉木桥等处强渡，我第四军奋力抵抗。上午，敌机数十架在我阵地上空大肆轰炸，第一线阵地全被摧毁，我军伤亡惨重。数万敌军以骑兵数千、战车数十辆为先导，蜂拥渡河。中午，窜达长湖一带。

18 日晚，敌主力窜至关王庙、大荆街，我第四军进行抗击，在消耗敌力后，按预定计划放开正面，主力转移至步仙桥、双石洞、洪源洞、向家洞一线，协同第二十军、第五十八军对敌进行侧击、尾击。敌以为我军溃败，大军遂贸然深入。

汨罗江战斗

19 日晨，敌主力部队陆续分经杨林街、关王桥及长湖大荆街公路直趋汨罗江岸。

我第三十七军正在南岸严阵以待，北岸亦有我先头部队向前搜索。当天上午，敌前锋与我军于长乐街北遭遇，激战时许，敌被击毙甚众。接着敌骑兵、炮兵配合数千步兵三面来犯，我守军一连浴血阻击，因寡不敌众，伤亡殆尽，长乐街为敌所占。晚 7 时许，磨刀滩敌人开始强渡，守备在南岸的我军奋力阻击，激战通宵，敌未得逞。

20 日凌晨，敌以飞机、大炮掩护，再行强渡。上午 7 时许，敌我双方在伍公市、归义、河夹塘一线展开激烈战斗。当日上午 9 时许，蒋介石电令说："我军决定确保长沙，并乘机打击、消耗敌人，第九战区努力固守湘江西岸及汨罗江南，保持主力于外翼，求敌侧背，反包围而消灭之。第三、第五、第六战区自 23 日起，乘虚对敌发动全面游击，予敌严重打击，并积极攻袭荆（州）宜（昌）及襄（阳）化（光化）、京（山）钟（祥）、汉（口）宜（昌）、荆（州）当（阳）各路之敌，相机收复宜昌。"

我军于 20 日击毙大量敌军，克复兴隆山、马头岭、鸭婆尖、狮形山、西山庙及五公市、新市等据点。21 日晚，敌增援反扑，我又猛烈阻击，敌仍不得逞。这时汨罗江上游的敌骑兵四处窜扰，于 21 日上午 7 时许到达张家陂，并与从浯口渡河的敌人会合，继续南犯。

22 日，汨水正面之敌第三师团，因我军连日阻击，未敢大肆蠢动。然自张家陂、浯口南渡之敌，不断增加，并以第六师团向东、一部向南分途突进。黄昏时，向东之敌直沿公路已到达三各塘。向南急进之敌主力，于 22 日中午陷我瓮江西之南阳庙、班君庙诸阵地。我军第一四〇师则于栗山巷、大兴岭迎击敌军，激战两昼夜。

23 日拂晓，敌第六师团继续以主力攻击我喻家关、风源洞阵地；另以一股向我右翼大迂回。我第二十六军奋力将侧翼向右延伸至横洞，并对正面之敌予以迎头痛击。然敌后续部队仍不断经三各塘、更鼓台向南流窜。黄昏，石湾、南阳之敌大量增加，向大头岭进犯。我第一四〇师决死拒敌，双方死伤甚重。晚 9 时许，敌骑兵扰袭金井东北及凤形山，我第十军预十师猛烈阻击，敌佯退，接着敌骑兵蜂拥而来，我军增援反攻，在金井市街与敌搏斗，歼敌甚众。然栗山巷、麻峰嘴却陷于敌手。

24 日午夜，第二十七军各师及第九十九军第九十二师一部，按预定计划转移至官懋石、双江口、神鼎山之线，敌始得大举南渡机会。上午 9 时许，敌以全力向我猛扑，进犯双江口及其以西地区。中午，敌我阵地犬牙交错，接着阴功桥阵地被敌突破，我军转守太桥、石门源以北地区，奋力阻击。黄昏，麻峰嘴敌军窜到李家坡东侧。密岩山之敌亦窜至新开市。我军复转移至福临铺新阵地。同时，我右翼之胶甲桥、象鼻桥阵地及金井阵地，亦先后为敌占领。

25 日晨，敌军主力猛烈进犯荷塘桥、学士桥、福临铺一线；其另一股步兵混合队，在铜盆寺南猛攻栗桥，我军奋力阻击，敌未得逞。中午，第二十军第一三四师一举攻占长乐街以东一公里处的赤马江、三里牌，击毁敌军汽车 20 余辆，并击溃敌军坦克车队；第五十八军亦于大荆街附近重创敌军，击毁汽车十余辆。

26 日中午，敌军以轻装部队 2000 余人，由明月山向我迂回，我军转移至麻林桥、唐田铺、上杉市以南地区，对敌侧击。

捞刀河战斗

在日军逼近长沙时，薛岳决心聚重兵于主战场与敌决战，遂命第七十四军与第七十二军迅速西移，准备决战。第七十九军与暂第二军亦经军委会命令集中长沙、株洲担任守备。

当我军开始移动时，敌机即追踪扰袭，但我军不顾空袭及疲劳，以一路纵队急行军，日夜奔驰。至 24 日，第七十九军一部已到达捞刀河南北岸及长沙东北部，进入既设阵地。25 日中午，第七十四军第五十七师前锋，亦赶到黄花市附近，准备占领春华山至赤石河一线阵地，迎击敌军。与此同时，我第三十七军、第十军正在金井、福临铺、栗桥一线与敌主力激战；而敌之另一纵队，已乘虚进至沙市街、路口畬一带，其前锋已抢先占据春华山；我第五十七师仍奋勇攻击，敌拼死顽抗，战斗十分惨烈。

26 日晨，第五十七师全部进入阵地，第五十八师一个团亦赶来参战，两部合力猛攻，上午 9 时许，收复春华山。

当天上午 7 时许，第七十四军第五十七师在大坝桥以南至赤石河间地区向麻林桥南犯之敌展开攻击；第五十八师在永安市至春华山间地区，向路口畬南犯之敌展开攻击。

这时，我第三十七军、第十军自金井、福临铺之线逐渐转移；敌第四十师团第三十三联队一部、第六师团分途蜂拥南下，与我发生遭遇战。敌乘我第七十四军尚未集中之际突然扰击，我军奋勇还击，苦战至晚 7 时许，敌锋稍挫。第七十四军利用夜袭，夺取要点，至 27 日拂晓前，我军进至捞刀河以南地区。正继续进击时，敌主力部队以骑兵为先导，藉 20 余架飞机为掩护，自长（沙）平（江）公路向我猛扑，并以另一纵队攻击我大桥寨一线阵地。敌便衣队及汉奸四处活动，破坏电线，鸣枪扰乱。我军沉着应战，与敌进行拉锯战。中午，我第五十七师步兵指挥官李汉卿亲率军预备队及一个团，自春华山北向东出击。当时，敌后续部队参战者甚众，敌机轰炸亦甚猛烈，两军搏斗更是十分激烈，李汉卿及其部队1000余人均以身殉国。第五十八师在永安市附近的阵地亦被敌突破，敌军乘隙南犯。

28日清晨，敌第十三师团一骑兵支队，突进至东山附近，企图南下株洲。薛岳命令新三军新十二师一部于马鞍山、白田铺之线严阵以待，敌骑刚到，即遭痛击。接着，敌步兵、骑兵4000余人在32架敌机掩护下，自黄花市前来增援，并企图包围我军。我新十二师前仆后继，愈战愈勇，团长刘世炎身先士卒，率众冲锋，杀声震四野，顽敌为之丧胆。下午5时左右，敌势稍挫。

29日子夜，第七十八军赵季平师从常德赶到岳麓山，清晨5时许，即渡湘江进入长沙城。这时，敌第四师团及第十三师团一部，围攻长沙城郊。中午，敌势稍挫。薛岳令第七十四军、第九十九军分途向永安市、榔梨市及石子铺猛攻。第三十七军、第十军由浏阳河南岸攻敌侧背，合围聚歼顽敌：并命第二十六军、第七十二军、第四军、新三军等，向豺狗垅、路口畲、上杉市、麻林市、万家铺、新安铺之线急进，以防敌突围回窜。当敌第四师团攻击我长沙城郊时，其第三、第六、第三十三、第四十师团藉大量飞机掩护，企图渡过浏阳河。我第七十四军、第三十七军、第十军早已转移于洞阳市、子埠港，沿浏阳河南岸渡头市、枫树河之线攻击敌人。29日中午，敌大部被我包围于梅花、田心附近，恶战至晚7时许，双方伤亡惨重。30日晨，我军再次猛攻，敌渐溃。中午，敌飞机十余架，轮番轰炸我阵地，掩护其主力北退。

这时，长沙城郊之敌，经我第七十八军两个师在捞刀河及城东郊内外夹击，逐渐支持不住，加以后援断绝，便于10月1日午后，在我军再次攻击下，无力抵抗，狼狈北遁。

追歼逃敌

10月1日午后，长沙附近敌军既全部溃散，薛岳命令第七十八军向新市、长乐街跟踪追击，命令第七十二军经平江西北山地向杨林街截击；命令第五十八军迅速超越浯口由长乐街、关王桥截击；命令第四军、第二十军及第九十九军两个师，分别在金井、麻峰嘴、青山市、马鞍铺，自东向西截击；命令第二十六军、第七十四军等清扫浏阳河、捞刀河两岸战场；命令鄂南指挥官王劲修亲率第四、第五、第六挺进纵队，于咸宁、蒲圻间截击；命令第六、第七挺进纵队于新墙、杨林街及忠防、杨林街间截击。

敌军自 10 月 1 日遭我围追堵截后，伤亡惨重，欲夺取湘阴为抢运伤兵港口。3 日拂晓，敌海军 500 余人，藉飞机 3 架作掩护，在湘阴城北箭毛嘴、马头山一带强行登陆，我军奋力阻击，敌伤亡甚众。上午 9 时许，敌机 12 架再次飞来轰炸我阵地及湘阴城区，并放毒气，敌稍获进展。晚上 7 时许，我援军赶到，立即进行反攻，敌又放毒气，战斗十分惨烈。接着，我锡江口炮兵对敌猛轰，午夜遂形成对峙局面。及 4 日中午，敌增援部队赶到后，再次发动进攻。自长沙北溃的敌第四师团主力万余人，窜至湘阴东南周家桥一带后，亦向湘阴城猛烈攻击。

这时，湘阴虽受敌围攻，且遭敌机狂炸，军民伤亡惨重，房屋大半被炸毁，但我守城官兵誓与县城共存亡，拼死力拒，搏斗至中午，敌未得逞。下午 4 时许，敌以飞机载伞兵数十人降落于北城及八甲，扰我后方，北溃之敌亦分途向我猛攻。此时，我守城官兵虽伤亡甚众，但仍奋力与敌人进行巷战，搏斗至 7 时许，守城官兵均以身殉国，湘阴遂为敌侵占。

4 日晚 9 时许，薛岳申令：第四军应速由长乐街北渡，协同第五十八军自东向西截击；第二十军由伍公市、新市渡河追击敌军；第九十九军及第七十八军速分途向新市、归义、营田、湘阴之敌逼进。令下，各军积极行动。5 日晚，各军均到达目的地。超越敌前第七十二军，也已赶到杨林街、黄岸市；第五十八军则早已在洪源洞及其以西地区严阵以待。于是狼狈北渡之敌主力，又遭我军截击。

6 日子夜，第五十八军、新十军将主力部队分编为若干袭击队，并先编官兵多组，潜伏敌退路两侧，准备截击。凌晨 3 时，我军以迅雷不及掩耳之势，袭击北溃之敌前卫，敌猝不及防，乱成一团，我军乘势冲杀。各潜伏小组亦四起阻击，遂使敌军人马互相践踏，死伤甚众。天亮以后，敌一再增援反扑，并用飞机、大炮不断向我狂轰滥炸，以掩护其主力北逃。我官兵亦前仆后继，奋勇冲杀，毙敌甚多，截获敌军用品、辎重无数。

此时，敌主力经我军一再截击，势如拉朽。而我第七十二军又猛攻新墙、簟口，第四军亦赶至关王桥，协同第五十八军继续向潼溪街追击。第二十军、第二十六军、第五十八军、第九十九军源源北渡汨水向北急进；各挺进纵队则四处破坏敌军交通，焚毁敌粮弹仓库，声势十分浩大。岳阳之敌惊恐万状，宣布特别戒严，纷纷转移重要物品，抢运粮食。

7 日中午，薛岳指令各军追歼逃敌，并作了新的部署。8 日，各军积极行动，分途向指定目标前进。9 日，我第七十二军越新墙河向忠防、临湘一线急进。第五十八军、第四军猛攻栅林、西塘之敌，敌负隅顽抗，我军攻击甚烈。

此时，第六战区司令长官陈诚率第二、第八两军逼近宜昌城，华中敌军便纷纷调动。为了适应新的形势，我军各部位置亦重新调整，不再穷追溃败之敌。于是，第二次长沙会战，在 1941 年“双十节”前夕结束。

洞庭湖战斗

当敌军强渡新墙河之初，其舰艇亦同时在洞庭湖面蠢动，妄图乘隙窜入湘江，配合其陆军主力作战。

早在 8 月初，即有敌舰出没湖面，向我青山、华丰垸、增福垸、灵官嘴等地搜索。9 月 16 日，敌海军集中军舰 28 艘、汽艇 200 余只，加配飞机 24 架，准备对我军攻击。

18 日子夜，敌军舰 5 艘，汽艇 50 余只，浮游战车 5 辆，窜入石湖包，突然袭击我青山阵地，我守军一营奋力抵抗，敌未得逞。乃以一部绕至东湖及沈家湖，从侧面攻击我军，我军猛力迎击，敌稍却。接着又由下青山正面强行登陆。上午 7 时许，敌机数十架，轮番轰炸，投弹 700 余枚，我军伤亡惨重。9 时许，电话线被炸断，湖面满布敌舰艇。我军无法增援。

其时，新墙河南岸陆战正酣，敌水陆并进，企图南犯长沙。薛岳命第一九七师务必确保芦林潭、锡江口各要点，以固江防。

19日中午，敌舰数十艘，经横岭湖进犯锡江口，我守军以战车防御炮猛轰，击沉敌舰2艘，毙敌数百人。接着又有敌舰数艘，窜入杨林寨湖，炮击锡江口左侧。另有敌舰十余艘，驶入团林港，围攻我畎口阵地，均被我军击退。当晚，第一九七师星夜将通往湘江的各湖汊要口，以木筏、树木、乱石、沙土等物严密封锁。

20日黎明，敌机开始轰炸锡江口、芦林潭，上午9时许，敌舰十余艘再袭畎口，并炮击老龙潭、团竹寺。我军集中战车防御炮及轻重火器于各湖汊要口，予以反击。下午3时，我军击伤敌舰一艘。

21日上午7时，敌舰7艘，汽艇10余只，自青山来犯团竹寺，并企图援救受伤军舰，我集中迫击炮及战防炮猛攻敌舰，鏖战时许，击毁敌艇3只，毙敌百余人，受伤敌舰亦着火下沉，敌兵纷纷投水潜逃。我以轻重机枪扫射，毙其海军少佐以下人员二三百名。并缴获大炮2门及枪弹军用品无数，敌锋顿挫。中午，横岭湖面敌舰5艘，集中火力轰炸我芦林潭，掩护其陆军分乘汽艇十余只及帆船8只登陆，我军一个排浴血抵抗，激战一小时之久，敌未得逞。乃另以汽艇十余只绕至斗米嘴附近，同时猛攻锡江口，至此芦林潭四面受敌。下午5时许，我守军牺牲殆尽。为了确保江防之要点芦林潭，晚9时许，第一九七师李佐才团长亲率步兵两连和一个机枪排，乘夜反攻，敌军拼死顽抗，两军短兵相接，反复搏斗，激战达旦。至22日凌晨，终于歼灭残敌，收复芦林潭。不久，敌机6架飞临我军阵地上空，与三四十艘敌舰配合再次猛攻我军阵地，我军勇猛阻击，敌几次强行登陆，均被击退。但我阵地工事几乎全被摧毁。下午3时许，敌再次增援猛扑，我守军一连，奋战整日，终因弹尽失守。

当日晚7时许，敌又集中步兵、炮兵700多人，分乘20余只汽艇，猛攻斗米嘴，并以一部分兵力进犯我锡江口、团竹寺。是时，恰逢我援军赶到，进行反击，遂将敌压至斗米嘴东北隅。23日凌晨，横岭湖、东湖敌舰7艘，以大炮射击，阻我前进。敌机6架也再次飞临我阵地上空轰炸，我军伤亡甚众。中午，我空军大队飞临湖面上空，轰炸敌舰艇，敌焰稍敛。

24日凌晨3时许，我军再度增援反攻芦林潭、斗米嘴，我野炮击毁敌炮1门，毙敌甚众。我步兵乘胜挺进，再将斗米嘴敌军压至东北一隅，芦林潭敌军亦动摇。接着20余艘敌艇赶到，敌机复来轰炸，我军无法前进，乃以一部据守斗米嘴，主力返回锡江口。25日子夜，我军乘夜奇袭，毙敌甚众。中午，敌以4门大炮掩护其步兵进攻我锡江口阵地，我军奋起迎击。下午5时许，6架敌机凌空投弹，我军虽有伤亡，但阵地安然无恙。同时进犯灵官嘴、畎口之敌舰艇，亦为我炮兵击退。晚7时，十余只敌艇再次来犯，我军顽强抵抗，激战通宵。26日晨，敌乘晨雾弥漫，猛攻老鼠夹我军阵地，企图占据斗米嘴。经我军全力反击，敌又未得逞。

27日中午，敌大小舰艇十余艘，突然驶至虞公庙江面，对我阵地猛攻。28日晨，敌舰再来侵犯，并旋放毒气，企图进入湘江。

29日下午5时，我军集中大炮开始反攻斗米嘴、芦林潭，全体官兵以秋风扫落叶之势，向敌军勇猛冲杀，敌伤亡惨重。晚9时许，克复斗米嘴和芦林潭，残敌大放毒气，掩护其舰艇逃走。这次战役击沉敌汽艇2只，毙敌100余人，缴获军用品及文件甚多。

30日早晨，敌艇4艘复由虞公庙江面南犯，经我炮兵还击，敌败北而逃。

10月1日，长沙近郊之敌开始全面崩溃，洞庭湖之敌亦因之动摇，但仍然不时以飞机及汽艇四处骚扰，防我进击。5日，敌军大部经湘阴、营田北逃，湖上敌舰亦远遁。7日正午。我军遂全部收复失地。第二次长沙会战告捷。

防守新墙河阵地

刘铁轮*

紧靠新墙河中段渡口南端有一个小镇叫新墙，有百十户人家，在第四军第一〇二师第三〇四团的防区以内，位于交通要道，是渡新墙河必经之地，乃是敌人过河首先进攻的要点，是守卫长沙的第一道门户。1941 年秋间，我方得到情报，敌军四五万人从武汉运到蒲圻、临湘一带集结，有进犯长沙模样。师部掌握当面敌情动态并奉上级指示加强戒备，即令各团加固全线防御工事，并针对敌人重炮能量构筑重型掩护体。并命第三〇四团动员疏散新墙小镇和附近村子里的老百姓，又即时收回潜入敌后活动的部队，全线严阵待敌。

9 月 17 日，新墙河北岸之敌集中 3 个师团兵力附坦克、骑兵、炮兵向我发起攻击，首先以重炮轰击新墙小镇，一时弹落如雨，小镇顿成一片瓦砾。我机枪掩体工事多设在小镇两侧小山峡内，以全部机枪斜交火力集中封锁新墙渡河点，敌人几次强渡未逞。敌另从第三〇四团右翼笪口强渡过河，建立了桥头堡。柏辉章师长严令该团团长许世俊一定消除敌人桥头堡。许世俊立即组织冲锋，亲自督战，勇猛冲杀，将桥头堡敌兵歼灭殆尽。生俘一

* 作者时任第四军第一〇二师参谋处主任。

个军曹（班长），押到师部审问，他说："你军大大的好，有名有名的军队。"他讲出一些敌军情况，然后要求："我俘虏的不杀。"

敌人以飞机大炮掩护，修复了新墙河上被我炸毁的军用桥梁，出动坦克。我重迫击炮阻击，把桥梁打塌一节，坦克未能过河。

经过激烈战斗，第三〇六团正面被敌人骑兵徒涉突破。敌骑到处穿插冲击，该团团长陈希周几次告急请示，柏辉章要他仍旧原地据守各个据点，互相支撑，机动作战，阻击敌人，不得后退一步。继而敌人骑兵沿线强渡，分股突击，柏辉章通令各团坚守据点誓与阵地共存亡，无命令不得擅自撤离后退，并以补充团紧接前线构成第二道据点防线。全线浴血苦战，官兵死了一批又一批，新墙河畔的土地洒遍了烈士们的鲜血，将士效命，前仆后继，顶住了敌人强大攻势。

师应战斗情况推进指挥所于潼溪街附近，紧靠前方火线督战。第三〇六团第一营比家山阵地受敌第十三联队大股敌兵猛攻，该营伤亡惨重，难以支撑。此时已别无兵力可派往增援，即命师直属工兵营前往接守阵地。激战几个昼夜，工兵营只剩下营长杨炯和第三连连长孙逸民以下 31 人，情况紧急。经请军部派兵增援，欧震军长指示："相机退守潼溪街。"次日，敌人进占比家山，乘势强渡潼溪河。杨炯率 31 人退守街南几里处的一个高地，掩护师指挥所转移位置。敌人一排骑兵尾随追到，柏辉章师长命令工兵营 31 人一齐开枪射击，一阵火力打倒敌骑两匹。杨炯心下暗想：开枪显露目标，岂不招引敌人骑兵上山搜索，敌众我寡，必将导致全部牺牲。但却见敌骑转向朝东北方面窜去。杨炯见柏辉章临危不惧，从容指挥，把敌人骑兵打走，心里暗服。柏辉章向杨炯说："我以火力齐发，故作疑兵，使其误认为我有大部队在山上埋伏，避战退走，不然，敌人一定上山搜索。"顷间敌机临空轰炸，投下两枚小型炸弹击中山头，盘旋几周向南飞去。柏辉章急率指挥所人员进驻黄沙街指挥战斗。

刘威仪团伤亡惨重。陈开本第一营只剩百余人据守古家村，受敌围攻。连长曾德正战死。第二营代理营长徐锦江率 18 个人坚守黄泥港，受敌骑兵冲击，全部牺牲。第三营在激战中，营长孙国桢阵亡。

欧震从关王桥军部打来电话，要求坚持战斗，全力阻滞敌人前进，掩护战区部队完成后方反击部署。柏辉章笑着说：“现在敌人步兵分头攻击我各个据点阵地，敌骑乱窜，连日激战伤亡过重，剩下不足千人，恐怕敌人钻隙突进打乱战区后方部署，要求派一个团的兵力前来支援。”欧答：“军只控制第九十师一点部队作而后决战使用，抽派不出兵力。薛长官有令，当前战场成败，责在我军，我就把这个任务交给你了。”柏辉章放下电话筒，面含愤色，连称：“孤军作战，孤军作战。”立即又用电话转令：“各团守住阵地，绊住敌人，不得后退一步，直至最后牺牲，在所不辞。”他打完电话，转身向熊钦垣说：“欧军长不肯派兵增援，现在火线上兵不满千，营长以下快牺牲完了，剩下一些零星部队分守各个据点，看来支持不久，前线一垮，后面就难以设防。我决定到第三〇五团督战，陈副师长到第三〇四团去，即刻出发，我们以决死效命，师部后方一切事务请你完全负责。”熊钦垣说：“师长此去，给前线官兵莫大鼓舞，必使一以当百，所谓尺箠当猛虎，一定取得战局的好转。”说罢，柏、陈二人就上火线去了。

柏辉章持枪上阵督战，直到前沿阵地与官兵并肩战斗，全线又奋战两日，使战区完成了后方反击部署。即时奉命撤离火线，率部前往黄花市集中待命。在撤退途中，我后勤辎重队伍和随营家属妇女惨遭敌机轰炸，敌人骑兵追杀，沿途尸骸枕藉。

敌人快速部队已先我进占黄花市，途中我师又奉命撤到浏阳及株洲田心镇集结。熊钦垣集合全师官兵清点人数，到队官佐不满百人，士兵只有 540 余人。柏辉章临场讲话，他说：“此役战斗到现在，全师仅存官兵 600 余人，牺牲损折九成人数。在历次战役中，先期出省的贵州士兵已伤亡殆尽，军官生存的寥寥无几。历次新兵补充不久，未及训练完就匆匆赴战，在敌人的强大炮火下，军官身先士卒，士兵负伤不下战场，全都抱着誓死卫国的决心浴血奋战，杀敌报国。殉战的官兵弟兄是军人的楷模，是我们大家的榜样。现在在场的官兵都是久经战场富有战斗能力的将士，我们要时时刻刻准备再赴战场，为国献身，努力杀敌，夺取抗战的最后胜利。”柏辉章说得慷慨激昂，列队官兵个个都很感动。

一时间收到薛岳、杨森和参谋总长何应钦等来电慰勉。何应钦的电文是："该师临战奋勇，阻击强敌，保卫长沙，克尽厥功，致予嘉勉。对殉战将士深寄哀悼。"柏辉章回电称："敬师钧鉴，生辉所部，每战当敌精锐，痛歼顽寇，伤我士众，生以身存，实深愧疚。嗣当效命奋力，竭尽我责。"何应钦别号"敬之"，早年曾任贵州讲武堂校长，柏辉章肄业于讲武堂，是何应钦的学生，在电信中都称"敬师"。

工兵营长杨炯率31人在潼溪街被敌隔绝，转入岳阳大云山收容各部溃散600余人组成游击队，由九战区游击第七挺进纵队总指挥李子亮统一指挥展开游击活动，多次在敌人交通线上埋设地雷，炸毁敌人运输车辆，又夜袭桃林镇，击毙敌大队长一名，突袭麻布大山掳获敌安抚所男女14人，炸毁敌人野战弹药库两处。在大云山地区还有岳阳县长黎治格率领的游击队和民众自卫队等游击组织，共有2000余人的力量，在敌人的后方打击敌人。

第一〇二师撤离新墙河战场以后，敌军主力节节迫近长沙，进入战区大军反击阵线，受到我军的包围痛击，后方联络线又被李子亮、杨炯等游击部队截断，敌人首尾不能相顾，又即窜回新墙河北岸。第四军奉命追击，追到新墙河，第一〇二师再次奉命担任防守任务，此时全师只有600余人，官佐也参加持枪放哨。兵力过于微弱，只好在防线上遍设疑兵，瞒住敌眼。同时急请补充兵员，就近由湖南茶陵师管区拨来2000新兵，又在贵州师管区接来2000人，加紧训练，充实防务。

为悼念历次抗日战役阵亡将士，同时激励士气，柏辉章在师部驻地湘阴关王桥举行追悼大会，自长官部以下各级司令部都发来吊唁电文。师部各处、室和各团、营及直属部队都敬送挽联，现录两联：

淞沪挥戈，陇浔鏖战，壮烈英名高；
湘江毅魄，洞庭忠魂，碧血丹心照。

——师部参谋处

一马当先，新墙河上功赫赫，雄风尚在；
三军披白，汨罗江畔血丹丹，虽死犹生。

——师工兵营

经报请军事委员会批准，在黔军将士的家乡选定贵阳大南门外地址，建立“国民革命军第一〇二师抗日阵亡将士纪念塔”，于 1942 年建成。

第十军参加会战简记

熊武琪*

第二次长沙会战时，我任第十军第一九〇师第五六九团中校团指导员，曾随军在长沙金井至福临铺之线，参与战斗；溃散后，又在长沙至衡阳和桃源担任收容工作的沿途，见到了许多片断的情况。战后还参加过师的作战检讨会议，听到一些情况。

第十军李玉堂部辖第三师（师长周庆祥）、第一九〇师（师长朱岳）、预备第十师（师长方先觉）3个师，是蒋介石的嫡系部队，各连使用的都是捷克式轻机枪，装备较好。从浙江萧山战役下来，即在湖南沅陵（军部及第三师）、桃源（第一九〇师）、溆浦（预备第十师）长期进行整训，列为统帅部的战略预备军，没有作战。1941年6月间校阅后，奉令开往衡山（军部及第三师）、石湾（预备第十师）、大堡、荣山坳（第一九〇师）等粤汉铁路沿线车站，待命开赴缅甸。

1941年9月中旬，日军第二次进犯长沙。这时，蒋介石拟令第十军开往长沙，担任守城。薛岳则计划在金井至粤汉路东西之线与敌展开会战，以急需加强金井的兵力为理由，令第十军在衡山、大堡、石湾等车站集结，车

* 作者时任第十军第一九〇师第五六九团团指导员。

运至株洲西北的田心。下车后，采取紧急的战备行军，赶往长沙金井。第十军奉令之后，没有时间进行充分的作战准备工作，对官兵更没有进行必要的战斗动员教育，各团仅在开拔的当日，由各连长和指导员匆促地对士兵讲了一下战斗纪律，就集结上车。到田心后，下车步行，天气不好，一连下了几天雨，道路泥泞没胫，很难行走。士兵没有防雨装备，背着军毯、米袋、弹带，周身全湿，负荷渐重，加以连续日夜行军，疲惫不堪。许多士兵边走边打瞌睡，有的还不自觉地倒卧道旁睡着了。待抵高桥、金井，雨始停止。但官兵过于疲劳，在到达金井之后，有的不待进餐，即睡着了。

第十军开往金井之前，第三十七军第一四〇师、第九十五师在金井至湘阴归义之线驻防，第六十师驻湘阴杨林街，军部驻在金井附近的剑山将军坝。第十军到达金井的当晚，即奉令接守第三十七军第一四〇师在金井及金井西北一带的防地。据第一四〇师交防时介绍敌情云："当面敌人的先头部队尚在平江浯口；沿粤汉铁路进攻的敌人，刚渡汨罗。"浯口在金井以北约 60 华里，中间都是山地，形势复杂险阻，不通大道，只有崎岖小径可行。我军估计敌人不会从小路进攻，如果进犯金井，必先占瓮江，沿大道南下，因此，把防守瓮江至金井之大道，作为堵击日军南犯的注意中心。

预备第十师接防后，进驻金井西北沿河的村庄，以为金井东北有第一九〇师扼守金井通往瓮江的大道，而瓮江还有第三十七军第一四〇师的部队防守，西北不通大道，可以安然休眠一晚，没有严密戒备。不料拂晓前，日军一支快速部队（骑兵，当时说是一个快速联队），从浯口取道崎岖小径，夜袭预备第十师。预备第十师驻在金井西北最前沿的一个营，鼾睡中被日军突入营舍，乱刀砍杀，猝不及防，受到很大损失，死伤二三百人。预备第十师其他各部，不知敌人夜间从何而来，究有多少，阵势如何，于是在黑夜中盲目抵抗、搜索，乱作一团，师、团、营、连之间，失去联系。及到拂晓以后，师长方先觉才把情况弄清，报告军部。

第十军第一九〇师到达金井的当晚，宿营在金井东北各村庄，奉令抓紧时间休眠，次日拂晓赶往瓮江以南的高地占领阵地，设置第二道防线，准备堵击经由瓮江南犯的敌人。拂晓，各团即开始集结向瓮江以南高地进发，预计到达目的地后再吃早饭。行约三四里，接到军部紧急通知：“敌人骑兵已从小道迂回窜至金井西北夜袭，预备第十师受到很大损失。”接着军长李玉堂急令第一九〇师“立即就近占领有利阵地，一面准备堵击正面敌人，一面防止敌人迂回偷袭侧背”。师长朱岳急令所属各团停止前进，迅速就地占领有利阵地，准备战斗。第五六九团团长彭祝龄，刚令部队就地集结，与各营营长爬上左侧高地侦察地形，准备进入阵地，又接到朱岳转达军长李玉堂紧急命令，令第一九〇师各团迅速向西转移至古华山东北高地，堵截由平江浯口取小径进犯金井的敌人后续部队，围歼敌人迂回偷袭部队。第一九〇师各团，于是急忙向西转移，在一条不到 200 米宽的狭长谷地展开，分两路向古华山东北麓前进。中途，敌人飞机发现目标，即低空盘旋扫射，并发射信号弹向敌人迂回部队和正面部队指示目标。朱岳即令第五六八团团长陈家垕和第五六九团团长彭祝龄立即率领该部抢登右侧古华山东北四五里的高地，占领阵地，自己同副师长彭××率领师部直属部队和第五七〇团向古华山东麓前进，预备在该地选择适当地段设置师指挥所。行进中，又接到第十军军部通知：“第一九〇师配属第三十七军军长陈沛指挥，听候第三十七军命令行动。”前后不到两小时，连续变更了 3 次命令。

这时，敌机不断低飞盘旋侦察、扫射，向敌人地面部队指示目标。朱岳预备设置师指挥所后与第三十七军军长陈沛联络，不料行至古华山东麓二三里的一个独立家屋处，突被日军迂回的一队骑兵从左侧猛烈冲击，朱岳负伤，副师长彭××阵亡。师部直属部队和第五七〇团于是溃散。而在古华山东北高地占领阵地的第五六九团团长彭祝龄、副团长徐雅颂等，看到山下北麓有日军大部队行进，师部及第五七〇团又在南麓遭到袭击溃散，联络不上，忙令迫击炮连对正面（北麓）密集前进的敌人打了 20 多炮，当敌发起向山上冲锋时，便沿山向西南福临铺退走。彭祝龄因右足被柴桩刺破，脱离部队化装独走。第五六八团团长陈家垕亦率部撤退。于是，由平江浯口向金井进犯的日军，得以长驱直入，径扑古华山。迂回到金井附近的敌军骑兵，在第十军和第三十七军的后方横冲直撞。第三十七军军部在金井附近的将军坝遭到袭击，军部的关防印信遗失；第十军军部向西南转移。至此，第十军和第三十七军军部与各师，各师与各团都失去联系。

我沿路收容了本师百多名散兵，率领他们一气跑到孙家桥。在孙家桥后面山麓的一个村庄里，我找到了军长李玉堂和军部参谋长蔡雨时。他们急忙问我第一九〇师的情况，我把师部被袭击、师长负伤、副师长阵亡、各团溃散的情况，以及第三师第七团在古华山占领了阵地和敌人攻古华山，一路已占领福临铺，威胁古华山左侧的情况报告了之后，蔡雨时说："那得赶快堵住福临铺的敌人，不然，古华山要被敌包围，军部安全受到威胁。"李玉堂发牢骚说："我只当一个团的军长，哪里还有兵力使用？叫第七团赶快注意左侧，叫特务营赶快侦察地形，占领阵地，防止敌人袭击军部。"（按：第十军的预备第十师，第一九〇师和第三师的两个团都已拨归第三十七军陈沛指挥，只剩下第三师第七团和第十军军部直属部队归李玉堂指挥）同时，叫我把收容下来的散兵 100 多人也交给了军部特务营指挥。我问："我是否随军部行动？"李玉堂叫我至孙家桥大道上继续收容，收容的枪兵交给军部。我便去了孙家桥。

我奉命到孙家桥时，已近黄昏，听到枪炮声渐近，便进了山。次日清晨，军部直属部队有几个散兵也退到了我所在的山里，我问他们孙家桥昨晚战斗的情况和军长李玉堂的下落。他们说："天黑不久，听说日本鬼子包围了孙家桥军部，和特务营发生了战斗，又听说军长命令突围，不知道冲出来没有。我们是向南跑出来的，没有遇着日本鬼子。"后来，我回到衡山大堡，听师长朱岳向各团介绍军长李玉堂在孙家桥突围的经验时说："……军长在孙家桥被日本鬼子包围了，参谋长（蔡雨时）要向南面突围，军长说：'不行，敌人包围我们，重点一定放在我们的后方，防止我们突围，拼命也突不出去。即使突出去了，敌人跟踪追击，也逃不掉。我们的前方，也就是敌人的后方，是敌人估计我们不会突围的方向，兵力一定比较单薄，容易突出去，突出去了，也比较容易逃走。我们决定向西北突围。'于是军长和参谋长就带着特务营向西北方向——敌人的后方突围，结果，没有遇到敌人的阻击就冲出来了。突围之后，转了一个方向，绕道跑到青山铺，都没有遇到敌人，安然地脱离了战场。"

奔袭截击日军侧背

陈德邵*

1939年秋，我军取得第一次长沙会战的胜利，冬季攻势又重创日军。因此，1940年初，军事委员会根据国内外形势调整第九战区指挥系统，将关麟征第十五集团军他调；卢汉集团军（高荫槐代）总部及第六十军调回云南，留第五十八军在湘北。即以第九战区副司令长官兼第三十集团军总司令王陵基，指挥第七十二军、第七十八军及其他部队守备赣北，与日军对峙；又以第九战区副司令长官兼第二十七集团军总司令杨森，指挥第二十军担任通山以南至通城的守备；第五十八军担任通城（不含）经黄岸市至大云山（不含）的守备；第四军担任大云山、八百市、草鞋岭，沿新墙河南岸至鹿角的守备，与日军对峙。杨森命令各军采取以攻为守的战术，务将当面日军压缩在一些城市和狭小的交通线附近，以保证沦陷区人民安全生产和生活。

在敌我对峙的一年多里，第二十军曾取得鄂南反“扫荡”大捷和收复通城的胜利。在深入敌后，广泛开展游击战争中，第一三三师第三九九团在通山、咸宁、崇阳等地区，多次袭占日军据点和奇袭日军运输车队，斩获甚多。第三九七团王真翔营，战绩卓著。特别是该营蓝纹波的加强连，挺

---

* 作者时任第二十军第一三三师第三九九团代理团长。

进汀泗桥附近，在民众的支持下，多次避实击虚，粉碎敌人的“扫荡”；第一三四师李怀英营，在敌后亦甚活跃，特别是奇袭汀泗桥守敌，重创日军后，迫使日军不敢外出“扫荡”。

1941 年 9 月，日军第二次进犯长沙。首先以第六师团两个联队，分由忠防、西塘向我大云山进攻；同时以浅水兵舰 20 余艘及独立第十四旅团一个联队，配合海军陆战队，分乘汽艇、民船，向洞庭湖上下青山一带佯动，以牵制我湘西的增援部队。

敌主力分由港口、西六房、潼溪街、新墙镇，强渡新墙河，击败欧震第四军后，即分数纵队，由浯口、长乐街、新市、归义等处强渡汨罗江，击退守备汨罗江的第三十七军，继续南犯。杨森查明日军仅由湘北进犯长沙，急令守备通城及通山以南的第二十军，分由通城、黄岸市、天岳关、南江桥至新墙河以南地区，阻击日军后续部队和破坏后勤设施。第一三三师连夜赶到岳阳步仙桥附近，不畏敌机狂轰滥炸，乘敌机间隙积极备战。日军步骑兵及后勤部队 2000 余人，配合坦克十余辆，看守堆积在大荆街的粮弹仓库。其工兵数百人，强拉民众数千人，赶修新墙镇至大荆街公路。师长夏炯急率第三九八团团长徐昭鉴、第三九九团代理团长陈德邵，利用敌机轰炸间隙，详查敌情地形后，决定以三九九团附工兵一排（轻装带地雷），夜袭大荆街日军；以第三九八团夜袭筑路日军，并阻击新墙镇敌人增援大荆街。

我立即召开连长以上军官紧急会议，告诉敌情、地形和任务后，决定以勇敢善战的任和清第三营为突击大队，又以该营机智勇敢的第七连连长吴天佑指挥该连及团便衣队穿插敌仓库地区，负责焚烧粮弹仓库；又以第二营一个连，掩护工兵排埋设地雷，并掩护第三营左侧背的安全；团的其余部队构筑主阵地工事。会后分别做好夜袭一切准备。傍晚到达夜袭准备位置，各营分别执行会议安排的任务。

当日午夜 2 时，穿插敌后的突击队，发射信号弹，突击大队以排山倒海之势，一举击溃日军警戒和守库部队，立即使用战前准备好的各种易燃物品，焚烧粮弹仓库，我迫击炮亦集中猛射露营地区的酣睡日军。顿时，大荆街附近黑烟冲天，弹药仓库相继起火爆炸。敌营一片混乱，人马互相践踏，东奔西窜，仍逃不出浓密的火网，死伤枕藉。同时我第三九八团亦击溃敌工兵部队，被掳民众乘机逃回家园。激战至次日拂晓，我团转移至主阵地。8时许，敌才纠集步骑兵千余人，在坦克掩护下，向我团攻击。在激战中，敌一部被我预埋地雷和横放路中树上的集束手榴弹炸得人仰马翻，血肉横飞。我团即乘机集中各种武器，猛射混乱日军。激战至10时许，残敌在飞机掩护下向新墙镇溃窜。我团即以一部追击，主力肃清大荆街附近残敌，并控制该地。同日敌步骑兵2000余人，窜至关王桥附近，妄图包围我师后方，又被我第一三四师击退。

本日正午，第五十八军新编第十师师长鲁道源，率领该师一部来到大荆街侦察，并说："奉副长官（指杨森）命令，追击南下日军。"我如实向他报告当面敌情、地形，并建议取道长乐街南下，向西侧击渡河日军。鲁同意建议，并立即行动。旋杨汉域军长奉杨森电令："日军分窜浏阳、株洲，长沙已陷敌手，你军立即挺进至捞刀河附近，协同友军围歼日军。"军即经长乐街分两路南下，多次击溃敌掩护部队，连夜赶到捞刀河以北地区，与敌展开激战。此时第四军、第三十七军亦挺进捞刀河南北地区阻击日军。

日军伤亡惨重，粮弹奇缺，遂于9月30日在飞机掩护下，分数路突围北窜。杨森急令各军截击、侧击，并衔尾追击；又令第五十八军乘隙挺进敌后，协同第七十二军攻击忠防、临湘、羊楼司等地日军，迫使敌无法南援和补给。我第二十军在金井、麻峰嘴一带阻击战中，向文彬团攻占敌啸天狮子阵地；第三九九团争夺日机投下粮弹，歼敌最多。

第一三三师即以第三九九团为前锋乘胜追击，不断击溃日军掩护部队，直抵新墙镇东南大批日军露营地区。我请来一保长，询问敌情时，来一爱国民众报告：大批日军在我村庄附近干田搭设帐篷睡觉，自愿引路夜击敌人。经保长证明，确系该保良民，曾经当过兵，胆子大。我即派第一营（营长李道成）轻装由来人引路，绕过日军警戒，穿插敌后，发射信号弹，与第二营（营长苟肇修）南北夹击日军，打得人马狂奔，互相践踏，伤亡枕藉。但敌炮兵垂死挣扎，猛射毒气炮弹。我官兵及时戴上防毒面具，继续战斗。我急指挥全团迫击炮轰击日军炮兵，团防毒排及时标明毒区，并进行消毒。这时师部电话接通，我略报告战况后，即问师长后继部队到否？当答："三九八团刚到。"我即建议："速以一个营，掩护全团迫击炮占领师指挥所东北高地，猛射敌露营区域。"师急令第三九八团参加战斗。旋第三九七团陆续到达，亦乘胜围歼日军。为切断日军退路，我又派第三营（营长任和清）由当地民众引路，迂回敌后扼要占领阵地，掩护我团明晨追击。激战至次晨，残敌在飞机和新墙河北岸据点炮兵的掩护下，遗尸遍野，仓皇徒涉新墙河，退守原阵地。此时已是 10 月 8 日。经过 22 昼夜的激烈战斗，我军又取得第二次长沙会战的胜利。

战后，新墙河防线交由第二十军守备，军部驻水口桥；第一三四师师部驻罗内，担任新墙镇（含）至大云山守备，右与五十八军衔接；第一三三师即驻关王桥，担任新墙镇（不含）经荣家湾至鹿角的守备。第五十八军仍担任通城（不含）至大云山守备。第三十七军守备汨罗江。杨森总部移驻平江甲山三圣庙。

此次战役后，蒋介石在南岳军事会议上，对第二十军全军将士给予嘉奖，并特授杨森为陆军上将。会后蒋介石派国民党中央组织部长朱家骅到长沙第二十七集团军办事处亲切慰问杨森。

我对此次会战中日军伤亡人数和击毁缴获日军武器及军事物资数，因时久回忆不起。仅记得最后新墙镇东南地区伤毙大批日军马匹，除一三三师全师官兵饱餐马肉外，附近民众都分尝马肉，其数量之大可以想见。我官兵在胜利后，一面饱餐马肉，一面畅谈胜利战果，有的说："是日本侵略者用马肉祝贺我们的胜利。"有的说："我们伤毙日军人马都多，可算是笑谈渴饮倭奴血。"

郑州战役

郑州战役回忆

孟宪尊*

1940年冬，我毕业于陆军大学第十六期，应第三集团军总司令孙桐萱的邀请，由重庆乘总部派去的汽车经西安、洛阳到达郑州该集团军总部，任参谋处作战科科长。孙桐萱为了使我与上下各方面的联系方便，并给我以少将高级参谋的军衔。

第三集团军由孙桐萱任总司令，曹福林任副总司令。共辖两个军，即第十二军和第五十五军，孙桐萱兼第十二军军长，曹福林兼五十五军军长。总司令部直属单位有240毫米重迫击炮兵团、山炮营、工兵营、辎重营、特务营、侦察连，还有两个补充团。总司令部率第十二军担任新黄河泛滥区的河防任务，北起花园口，经中牟、尉氏、鄢陵、扶沟，南至周家口，沿河弯曲约有300公里的正面防务，与日军隔河对峙。当时的形势是：

日军占领新乡、开封、商丘一带，不时以机械化部队掩护步兵部队，窜扰我豫东皖北一带；新四军在蒙城、涡阳、永城、夏邑一带游击；我军右翼为何柱国骑兵军，左翼为孙蔚如部的赵寿山军。

我集团军（欠五十五军）以持久防御之目的沿花园口、中牟、尉氏、扶

---

* 作者时任第三集团军参谋处作战科科长、高级参谋。

沟、西华、周家口黄泛区一带占领阵地，拒敌于黄泛以东地区。以两个师在第一线占领阵地；以一个师为机动布防，位置于新郑县附近，并适时以主力或一部渡过黄河到豫东一带地区执行游击任务；总司令部及直属部队，位置于郑州附近地区。

另一方面，当时我方一些情报机关，每日派出大批情报人员，过河刺探敌情。第三集团军、各战区（第一、第五、第八战区）长官部及重庆统帅部每日早晚都要“敌情及黄河水位与流速”的报告。那时内地工业品奇缺，连人民生活必需品如食盐等，也必须由对岸敌占区运来。情报人员为了工作便利，就以“跑生意”为掩护，回来时都带些货物。河两岸物价差额甚大，一来一往即可赚到不少的钱，成为“发财”的好路子。军统局、指挥机关、游击队、战地服务队等等，都巧立名目，在河口设立办事处、联络处等，都以派人过河“搜集情报”为名，实际上干走私行当。特别是汤恩伯副长官部在临泉指挥部由周口、界首与汪伪的走私，是公开的秘密。所有这些情况，给担任河防的部队造成极大的麻烦，既要防止敌人混入，又可能得罪有关上级机关和友军的关系。以所谓杂牌部队（原西北军）的孙桐萱部对待这些问题，煞费苦心。

一、郑州作战

日军以步兵一个混成旅团，内附有骑兵部队和机械化联队约万余人，并配属空军部队，于 1941 年 10 月 3 日夜，由开封方面突然进犯我郑州河防。其主力由中牟，一部自花园门，在炮火掩护下，强渡黄泛区进犯。

先是敌军由中牟偷渡黄泛区。我第二十二师某连守兵发现情况曾立即报告连、营部，而该连、营长以为是“奸民走贩私货”，未加重视，并未即刻采取紧急的有力措施。时近午夜，敌军登陆已多，该驻守连始行应战。但敌军偷袭登陆者，以枪炮猛烈轰击，我少数驻防部队伤亡殆尽。此时营、团、师部均已闻枪炮声，知敌已过河，开始向枪声紧密处调集队伍阻击。当时敌以主力来犯，而我以薄弱之步兵在正面防守，敌犹如以尖刀突薄纸，当然一突即破。我第一线在拂晓时已被突破。我第二线部队即沿第二线阵地阻止敌人西进。敌后续部队在炮火掩护下向我阵地左右扩张。

这时我在孙总司令办公室，即以电话询问第二十师师长周遵时与第二十二师师长张测民战情，均回答说第一线正在与敌激战，但第一线电话已不通了，想是与敌人肉搏，正派兵支援第一线，并侦知其真实情况。孙桐萱当即命第二十师与第二十二师应竭尽全力阻止敌人扩张前进，不得已时即退守早已准备的第二线阻敌西进，待第八十一师到达增援。又以电话命令第八十一师师长贺粹之迅速由新郑沿新郑、郑州大道急来郑州以东地区增援第二十二师及第二十师。又令重迫击炮团迅速就郑州以东预定阵地向中牟方面来窜之敌准备火力迎击；山炮营进入阵地对花园口之敌准备火力射击。又令步兵第一、二补充团迅速至预定的包围郑州的阵地待命。并将当时情况与处置，报告第一战区司令长官部，同时要求另派部队接替尉氏以南防务，以便集中力量抗击登陆之敌。同时又将上述情况分别电告左右翼邻军及有关方面，并通知河南省第一区行政督察专员杨一峰。

部署完毕后，天已明亮，有敌机向郑州总部轰炸。总部即移到预设的掩蔽部（即防空壕）内以电话及无线电指挥。这时敌炮火更加猛烈，郑州城内百姓虽很恐惧，但还不乱，向后方撤走的也很守秩序。

10 月 4 日，我第二十师及第二十二师，一面沿黄泛区集结兵力，一面竭力阻止敌人西犯。在敌人步、炮兵猛烈的火力下，我守军在每个据点的争夺中都能不顾在敌机枪与炮火下的伤亡，以短兵相接。在肉搏时，一些未撤走的村民也持劈刀、斧头参加对敌搏斗，士气振奋，这样苦战了一天，使敌人无所进展。

至下午 6 时，第八十一师赶到郑州附近。师长一面报告总部，一面部署部队接第二十二师的一部分阵地，主力沿贾鲁河旧沿岸占领阵地，阻止敌军前进。

是日晚，我和总司令孙桐萱乘月夜至第八十一师师部，由孙当面将敌我情况向贺师长讲清楚，说明对岸敌炮火甚烈，明日拂晓可能以主力向你师进攻，须严加防范，要求他们提高士气，艰苦作战，任何困难也要克服，发挥冯（玉祥）先生教导的艰苦奋斗的优良传统。第八十一师的官兵听到总司令到前线慰问，大为振奋，虽经过一日急行军仍不顾困乏，当夜奋力挖掘战壕。

10 月 5 日拂晓，敌在其猛烈炮火与飞机的掩护下，向我军阵地发起进攻，幸我第一线部队经过调整，各师的团、营以猛烈的火力阻止敌军前进。第八十一师在第二线占领阵地，对前进之敌予以有力打击。

但来犯之敌在步、炮、飞机协同下向装备极其劣势的我第二十师和第二十二师不断猛烈进攻，致我军感到坚守困难，迫使我第二十师向京水镇方向、第二十二师逐次向郑庵附近转移阵地。

我第八十一师在沿贾鲁河新堤一线，利用有利地形阻止敌主力前进，战斗极为激烈。尤其在大花庄西北、李庄以东与敌隔河激战，更为壮烈。我坚守大花庄桥头之吴营长指挥所部毙敌逾百人后，白刃相接，该营长负伤，腹破肠拖，仍与其连长夺回机枪一挺，毙敌二三人，最后战死于桥下。似这种浴血战斗的例子很多，事后百姓缅怀英烈，广为传颂。当时不但我方军人战斗中奋不顾身，附近民众在激战中亦大力相助，如北李庄农民用大铡刀、铁叉与敌肉搏，迫使敌人不得过桥。午后，有零股敌军向桥东南 5 里许之小孟庄、枣园等村进攻，防守该村的第二十二师的两个连由于敌步、炮、飞机联合作战，不支败退。敌越过贾鲁河堤，由小孟庄、南李庄、小花庄，占据磨台岗，向北包围北李庄。由于桥头血战有村民助战，敌人死伤惨重，日军进入北李庄后，即行报复，火施凶暴，村人不及逃避者，男女老幼全遭杀戮；复放火大烧，全村房舍都付之一炬！

二、主动放弃郑州

与日军激战数日，既未能阻敌于黄河（黄泛区）以东地区，而敌军主力又渡过黄泛区迫近郑州。郑州以东地区，地形开阔平坦，不利于我军防守，反利于敌之机械化与步、炮、飞机协同作战。我既无飞机又无有力炮火，除仅有重迫击炮团及山炮营外（均系曲射炮火，对进攻敌军效力很小），别无得力火力阻击敌人，而处于挨打的地位。5 日起，敌时以远射程炮火和飞机轰炸郑州城内外。为了调整作战力量争取主动，孙桐萱主张暂时放弃郑州，撤至郑州以南、东南及西南密县之嵩山山麓，这里地形隐蔽，天然沟渠纵横，利于我之防守而不利敌之机械化的活动。我重新调整部署，可与敌保持对峙的局面，以逸待劳，打击敌之有生力量后待机反攻。

孙桐萱持此理由，一再请示第一战区司令长官批准后，于 5 日下午通知有关银行、机关撤离郑州，并拆卸火力发电厂主要部分，凡有可能被敌利用之场所，均行有计划地破坏或运走，决不资敌。市民凡能走动者均向郑州以西山区亲朋处暂避敌势，由专员公署同县政府做有秩序之撤退。

命令兵站支部，将多余之粮弹即行撤到密县附近；辎重兵将总部的械弹粮秣向密县以东曲梁镇附近运送；各师伤病员由各部队送至后方医院：第二十师、第八十一师由郑州沿荥阳公路送至后方医院；第二十二师沿郑州、密县公路后送。一路注意隐蔽。

命令第二十师于黄昏后逐次撤至郑州迤南十八里河附近，面向郑州方向占领阵地；第二十二师于黄昏后逐次撤至十八里河迤南至张庄街之线占领阵地，注意掩护军之右翼；第八十一师于黄昏后撤至郑州西南黄岗寺附近，确保军之左翼。各师到达指定地后即行构筑工事，待机反攻。总司令部由郑州转移到密县以东曲梁镇附近。

命令下达后，并分电第一战区司令长官部及第五战区司令长官部，以及有关友军得知。

5 日夜，各师、团均按总司令的命令执行有计划地撤退，并到达指定之线占领有利地形，正在积极构筑防御工事之际，不料第十三军（汤恩伯副长官第三十一集团军的军队）忽然在登封（洛阳东南、郑州西南）南北之线占领阵地，扬言：“孙桐萱部队抗战不力，将郑州丢掉了。我军从洛阳以东沿登封一线布防，严防孙部的退却，如再退就要解决它！”汤并以战区副司令长官的地位令所部截留由第一战区供给部队的物资，甚至有些因公去洛阳的第三集团军的军佐人员也在途中被扣留。

大敌当前，后面的“友军”不但不协力打击敌人，反在背后来此一手，怎不令人痛心！孙桐萱即将上述情况，由电话报告第一战区司令长官部郭寄峤参谋长，请其转告卫立煌长官。

三、密县会议

第一战区司令长官卫立煌了解以上情况后，即电我总部略事准备，于10月7日晚在密县召开会议。那日黄昏，我随同孙桐萱到密县第八十五军第一一〇师师部。会议由卫立煌主持。参加会议的还有：汤恩伯副司令长官、长官部的温副参谋长、第八十五军副军长兼第一一〇师师长吴绍周、副师长廖运周等人。

首先由卫立煌说明开会的目的。继由第三集团军总司令孙桐萱报告情况，然后大家共同研究如何消灭敌人、收复郑州。我已将敌我情况及战斗经过要图挂在会议厅上，孙桐萱总司令按图把敌情及战斗经过作了详细报告，并指出：当前河防既被突破，郑州及其迤东地形均系平原，不利我守势作战，不如郑州西南嵩山麓下地形隐蔽，且有天然深沟纵横，利于我守，相反不利于机械化部队的活动。故决心主动暂时放弃郑州撤至，郑州以南、以西张庄街、十八里河、黄岗寺、须水之线，与敌保持对峙，日夜以逸待劳，坚守阵地以火力杀伤敌有生力量，夜间以敢死队游击敌之后方以断其补给。如此消耗来犯之敌，相机收复郑州。报告刚完，汤恩伯副长官对孙说：“有人说：你的第二十二师某连长出卖黄泛河口，敌人才轻而易举地渡过黄泛区的！”

当时孙桐萱也豁出去了，他接着说：“副长官不能听信敌人的挑拨离间的宣传，所谓某连长，我敢说第十二军中连长以上我是多数认识的，有的都能知其是某某地方的人（这是冯玉祥副委员长的好传统）。如果真有人出卖河防，只要说出姓名，除战死者外，我立即把他抓来，以军法从事。”这时，卫立煌立即插言说：“我们今天大敌当前，应该讨论今后作战方案，不是来听谣传的。好！孙总司令你们今后作何打算？怎么办？有什么把握？还有什么困难需要我们替你解决的？”

孙说：“我们初步计划是：利用有利地形构筑阵地，各师以主力坚守阵地。敌来攻时，以逸待劳，充分利用严密火力，消灭其有生力量于阵地前。敌人夜间不敢出，我利用敌人这个弱点，每师组织 3 个敢死队，每队约百人，以轻便武器轮流至敌后袭击，或游击敌人，使敌疲于应付，相机反攻郑州，不收复郑州决不罢休。”

密县会议后，我随孙桐萱连夜返回曲梁镇总部，即召集各师长及主要团长开会。孙将密县会议情况概略传达后，提出：大敌当前，唯一的出路是各师、团提高士气，加强团结，大家齐心合力，把部队整顿好，爱护民众，军民结成一条心。只要积极抗日，消灭当面敌人，收复郑州，这样，我们即使部队牺牲光了，我孙桐萱本人牺牲了，也留得个抗日英雄，千古传名。希望各部队全体战士下定为国牺牲的决心，除此之外别无出路。

经过动员，全军的斗志陡然提高，各师主力坚守阵地，以逸待劳，猛力打击来犯之敌。各师又组织了 3 个敢死队，轮流每夜袭击敌人。其余主力，坚守阵地，以逸待劳，猛力打击来犯之敌，这样 20 余日来，使敌人疲于奔命，损失甚大。

四、克复郑州

分渡新旧黄河窜踞中牟—郑州—旧荥泽县之敌，曾数度分向张庄街（中牟西南）、十八里河（郑州南）、黄岗寺（郑州西南）、须水镇（郑州西）、广武（郑州西北）等地进犯，均为我守军以逸待劳予以击退。我军复不断向窜踞各该处之敌夜袭反攻，均予敌以重创。

10 月 31 日上午 8 时，敌复纠集步、炮、机械化及骑兵部队万余，由中牟、郑州、旧荥泽县，分股向张庄街、南曹、十八里河、黄岗寺、须水镇、石佛之线猛攻。我军各师各对当面之敌，奋勇迎击，激战至当日晚 10 时许，进犯张庄街、南曹、十八里河、黄岗寺、须水镇、石佛各股敌人均不支后退。郑州之敌亦被迫向京水镇（郑州东北）方向撤退。孙桐萱根据各方面战情判断：收复郑州的时机已到。随令各部队咬住敌人不放，向郑州大举反攻。于当夜 12 时完全收复郑州。

兹将上述战斗中的主要情节回忆如下：

是日敌军以主力进攻黄岗寺我守军第八十一师。日军开始向我军以飞机轰炸和炮击，掩护其步兵数千人向我守军猛攻。但在我强大火力网前，敌屡遭顿挫，直至黄昏才接近阵地前沿，约数百名敌人强攻进入黄岗寺寨内与我寨内第二四一团第一营发生巷战，展开肉搏。师长贺粹之亲率手枪连赴前线督战，除令该团长刘本传加强信心坚守外，并命第二四二团前来黄岗寺增援。继而得知寨内顽敌已被我尽歼（我寨内营长董万选也受重伤，官兵伤亡百余），并闻寨外敌人受重创，即急令第二四三团由黄岗寺迤北乘势大举出击反攻。在黄岗寺北门外当场击毙日军大佐小林联队长及其以下官兵百余名。

贺师长从获得小林袋囊中的文件和地图的标示上，确知敌总指挥为鲤登少将，其指挥所设在花园口以南之独立大庙内。他即时将这情况报告孙桐萱。

第二十师方面于 31 日黄昏时，见当面敌火力渐弱，似有退却模样，当即按总司令指示咬住敌人，决心以师预备队的第六十团即行出击。该团于当晚 10 时许由团长孙得祯率领先头部队尾追敌人攻入郑州南门，一部入陇海花园内进行奋战，少数敌人向东门逃窜。这时第二十师主力已攻入郑州城内，正在肃清城内残敌。

第二十二师追击残敌至郑州南门外，敌骑兵数队便向中牟方向逃窜。

孙桐萱得知各方情况后，随即命令第二十师全部兵力确保郑州；第二十二师与窜向中牟之敌保持接触；第八十一师即与郑州以北敌人保持接触并注意敌人动向。

孙桐萱进入郑州，即以电话报告第一战区卫立煌长官：我军于 10 月 31 日深夜克复郑州，正向当面之敌侦察搜索追击中。当夜 12 时，又以电报报告重庆统帅部。

五、追击战果

敌人主力部队和骑兵部队，由郑州向中牟方向撤退，以一部向花园口方向撤退。

孙总司令遂决心以第二十师主力固守郑州，以一部向郑州以东渡口追击。

第二十二师即向中牟之敌追击并攻占中牟县及其渡口。

第八十一师即向京水、花园口之敌追击。

11月1日，中牟方面敌人被迫放弃黄泛各渡口，固守中牟县城顽抗。

第八十一师向花园口方面追击顺利。是日正午敌飞机数架低空飞行，并发出怪声鸣响。我军以为敌机将投弹轰炸故均作掩蔽队形。谁料敌机忽而升高、忽而降低，并向大庙附近投下通信筒，被我第八十一师获得，内装有鲤登指挥部逃到开封的少佐参谋（忘记名字）给鲤登指示逃走路线的简略要图一纸，并注明将竭尽所能，抢救鲤登脱险。因此我第八十一师除一面报告孙桐萱外，一面按其逃窜方向沿途设下埋伏。

孙桐萱得知此情报后，他一方面报告卫长官，一方面即转马北向，指挥所暂由我以少将高参名义代理指挥事宜。这时汤恩伯即派第一一〇师副师长廖运周率领该师归第三集团军指挥。总部即拨指挥所指挥。我即向廖副师长通报了上述情况，即着第一一〇师协同第二十二师向中牟县城围攻，第二十二师担任中牟东、北门的围攻，第一一〇师担任西、南门的围攻。指挥所位置在小李庄。

第八十一师方面，已确知敌指挥官鲤登少将没逃掉，被围困在黄河三角地。那天风力特大，使黄泛水滚向东岸，西岸泥泞，舟船不能靠岸，河滩淤泥不能徒涉。故敌空投帆布船、帆布筒、降落伞、飞鸽等均被我所获得。此时，战区长官卫立煌来命令要活捉鲤登。我立即停止炮火射击，尽量向大庙缩小包围圈。敌因抢救鲤登，花园口对岸敌重炮向我纵深射击，黄昏时刻，敌飞机空投伞兵数十名，并以飞机投掷各色照明弹和信号弹。鲤登在其卫队与汇合之伞兵掩护下企图逃窜，均被我军包围于大庙外及沿途（按其指示图纸之方向）伏兵阻击，鲤登再次受重伤。但敌军以死掩护抢救，鲤登由老黄河逃至新乡，而终于伤重死亡。日军后在开封、新乡开追悼会，并在日伪报刊上发表了这一消息。

第一战区长官卫立煌将我收复郑州及主要战果报告重庆时，我第三集团军亦将收复郑州的战斗要报报告重庆最高统帅部。

回忆郑州战役

李勋甫*

1941 年 9 月，华北日军为策应其第十一军进行第二次长沙会战，从晋东南、豫东调集了第三十六师团、第三十五师团及骑兵第四旅团各一部，化学兵一部，约 5 万余人，并配以飞机百余架、战车 70 余辆及大批重炮，发动了郑州战役。

战前负责守卫郑州两翼黄河河防的我军部队是：东侧花园口、中牟、尉氏、扶沟、西华至商水县周家口段为第三集团军第十二军（总司令兼军长孙桐萱，辖第二十师、第二十二师、第八十一师），西侧广武、汜水、巩县、偃师段为第四集团军（总司令孙蔚如，辖第三十八军和第九十六军）。当时我任第三集团军第十二军第二十二师副师长兼政治部主任。第二十二师共有 4 个步兵团（第六十四团、第六十五团、第六十六团和补充团），负责守卫郑州东北部至尉氏一带的新黄河河防，师部驻郑州以东的祭城。

我集团军自 1939 年 4 月以来多次袭击开封，士气旺盛，进一步掌握了对岸日军的活动规律，多次击退了企图偷渡西犯的小股日军。为了更有效地打击来犯的日军，并迟滞其快速部队的行动，我们还以挖堑壕、毁桥梁、破

* 作者时任第三集团军第十二军第二十二师副师长兼政治部主任。

铁路、拆城墙等方式，对可能为日军利用的地形地物进行了破坏。我军还以一个团的兵力常年在新黄河以东的敌占区打游击，更是搅得日军惶惶不安。

10 月 2 日凌晨 3 时，日军在战车和强大地面炮火的掩护下，分三路由界马、琵琶陈、荥泽口强渡新旧黄河，向我军发起猛烈进攻。我河防部队奋起抵抗，终因寡不敌众，加之日军又使用了化学武器，伤亡严重，日军乘机直扑郑州。第三集团军总司令孙桐萱把预备队和总部直属部队全部调上火线后，又急电正在新郑整训的第八十一师师长贺粹之率部星夜回援郑州，并令第二十师和第二十二师竭尽全力顶住日军的进攻。我师奉命撤至贾鲁河南岸构筑工事，与日军隔河激战。天亮后，大批日军飞机对郑州市区及附近地带进行了一整天的狂轰滥炸。在我师阵地上空，30 多架日机轮番不停地投弹、扫射，日军步兵发起了一次又一次的冲锋，均被我军击退。经过一天的鏖战，敌我双方伤亡均重。与此同时，另两路日军也分别在广武的上河王村附近和郑州东南地区，遭到了第四集团军第三十八军（军长赵寿山）和我集团军部队的顽强阻击，双方往返冲杀，战斗持续到次日。

日军后续部队陆续渡过黄河投入战斗，其攻击力量不断增强，对我军造成的威胁越来越大。至 2 日晚，我师阵地对面的日军已达 6000 余人，并进逼至祭城附近。我和师长张测民、副师长孙政训三人对战场形势和下一步的行动进行了分析研究，认为这样硬拼下去只会使自己遭受更大的伤亡，唯有避敌锋芒，向南转进，节节抵抗，然后伺机反攻方为上策，并决定由我去向总司令孙桐萱当面汇报。

3 日上午，我率 4 名卫士策马前往总司令部驻地郑州陇海花园，行至郑州城东门时，突然遭到一队日军骑兵的射击。我的战马受惊，我被摔了下来，全身多处被磕破，所幸没有伤及骨头。我们到达陇海花园后，得知总司令部已经转移，于是就催马直奔郑州西南的黄岗寺。在那里，我见到了孙桐萱总司令，向他汇报了我师的战况和计划。孙总司令表示同意，并令我师第一步先撤到郑州以东的圃田和中牟的白沙一线进行抵抗。此时天已过午，我不顾饥饿和伤痛，喝了几口水就返回师部。

4 日，郑州外围的战斗更加激烈，日军的包围圈越缩越小，其先头部队已迫近城西关和南关附近，并空投了数百名伞兵，加紧对市区的空袭。为了减少无谓的牺牲，孙桐萱决定暂时放弃郑州，将部队撤至郊区，与日军进行游击战。撤退之前，我军还对电灯公司、棉花打包厂等处进行了彻底的破坏，将全部机器连同电杆、电线、废铁等统统运走。当日深夜，郑州陷入敌手。仅在广武的上河王村和我师原防地郑县大花庄、北李庄，就有近 300 名村民惨死在日军的屠刀之下。在郑州市区，日军闯入商店、民宅，将金钱、货物、粮食、家具洗劫一空，甚至还闯进铭功路天主教堂，强奸在里面避难的妇女。更令人发指的是，日本兵竟逼迫儿子活埋父亲、父亲奸污女儿。

我军撤出郑州后，遵照总司令部的统一部署逐次向南转进，与日军展开了游击战。在此期间，第三集团军总部再次南移至密县曲梁镇，我师师部也先后由祭城转移至郑州以南的五里堡、十里铺和十八里河附近的一个村庄。起初，我师第六十四团和第六十五团分驻十八里河周围，第六十六团驻东面的南曹附近，补充团随师部驻防。后来根据战局的变化，又逐渐向东南方向转移，到达中牟的西南部和新郑的东北部一带。每到一地，各团立即抢修工事，做好迎击日军的准备。

在与日军进行游击战的日子里，每到白天，日军总是先派出侦察机飞临我师阵地上空盘旋侦察，然后出动小规模的地面部队，在战斗机和轰炸机的掩护下向我军发动进攻。在遭到我军的强烈抵抗后，便偃旗息鼓撤回郑州。我师共与日军进行过八次这样的战斗。记得有一次在中牟西南的张庄街，上午先是十余架日军飞机侦察一番，中午 12 点来 300 多名日军，配以坦克、装甲车和飞机，向我师第六十四团阵地发起进攻。经过 3 个多小时的激战，该团派出两个连并携带轻机枪十余挺，迂回至日军右翼进行猛烈侧击，日军不支，于下午 5 时撤退。另一次是在新郑薛店车站以东的一个地方，日军仍是上午以飞机侦察，中午以坦克、装甲车和飞机开道，掩护 600 多名步兵向我阵地猛攻。我师第六十六团和第六十四团进行了猛烈的反击，一直战斗至下午 3 点，才将这股日军击退。这次双方都有伤亡，第六十六团二营六连连长受伤。日军在地面作战中，确实没有捞到什么便宜，但由于他们完全掌握了制空权，因而使我方遭受了很大损失。在我师师部驻过的五里堡、十里铺和十八里河以及战场周围的许多村庄，几乎所有的房屋都被日军飞机投掷的燃烧弹烧毁，整个村庄变成废墟，不少未及躲避的村民被炸死炸伤。我军部队也因日军空袭而受到了一些伤亡。

日军虽然占领了郑州，但却使自己陷入了北和东北面靠黄河，西、南和东南面被我军包围的不利境地。每到夜晚，日军既不敢出动，也不敢在城南各要道口设岗放哨，只是在市区内的仓库、营房周围布岗。针对日军这一弱点，我集团军总部以直属特务营为主，并从第八十一师抽调部分兵力组成突击队，经常在夜间突入郑州市区，烧仓库、炸营房、毁设施、杀哨兵，使困守孤城的日军不得安宁。有一次偷袭，我军突击队杀死了 5 名日军哨兵，放火烧毁了日军的仓库和房屋，一时火光冲天，映红了郑州市区的夜空。

经过一段时间的游击战，日军被拖得疲惫不堪，其锐气也被消磨掉了大半。第三集团军总部决定乘此机会进行全线反攻，将日军赶过黄河。大约在 10 月 10 日后的一天，总司令部在驻地密县曲梁镇召开团以上军官参加的会议，进行反攻部署。总部决定：由第二十师担任正面主攻部队，布防在郑州以南的平汉铁路小李庄车站附近；第八十一师为左翼攻击部队，布防在总司令部所在地密县曲梁镇附近；第二十二师为右翼攻击部队，布防在中牟以西、郑州以东地区。会后，各部队按照总司令部的决定及时调整了布防。同时，第四集团军所辖各部队也做好反攻的准备。

10 月 13 日，我军开始了反攻阶段的作战，并于当日一度攻入郑州，打死打伤日军数百名。19 日，我军袭击中牟的日军，并一度攻占县城。此后，日军多次向郑州西部和南部地区的我军阵地发动进攻，均因受到我军的顽强阻击而被迫退回郑州。经过十多天的反击战，我集团军各部队根据总司令部的要求陆续进入了总攻击前的集结地域。我师师部已前进到郑州东面的圃田。4 个团的分布是：第六十六团驻郑州附近，攻击祭城；第六十五团驻郑州城东门外的一个村庄；第六十四团在第六十五团的左翼；补充团为预备队，随师部行动。此时，第三集团军总司令部已由密县曲梁镇北移到了郑州西南黄岗寺附近的一个村庄，并派出了近一个营的便衣部队，陆续潜入市区隐蔽，以便在总攻时里应外合。

10月31日凌晨4时，第三集团军总司令部在黄岗寺发出了总攻击的信号，我军开始全线反攻。第二十师首先破城而入，第八十一师随后赶到。下午7时左右，我师第六十六团冲进市区，其他各团也很快到达。各部队进入市区后，立即与日军展开了激烈的巷战，逐垒逐屋地反复争夺。战斗到下午8时以后，终于将日军全部逐出市区，我军收复了郑州。次日，我军冒着数十架日军飞机的轰炸和扫射、黄河对岸远射程炮的猛烈射击，乘胜追歼败退的日军。到11月3日，除黄河南岸邙山头的日军桥头堡和中牟县城外，其余日军全部被驱逐到了新、旧黄河对岸。在反击战斗中，我军第八十一师击毙了日军联队长小林大佐，并将其旅团指挥官鲤登少将打成重伤。日军从新乡派出30多架飞机空投伞兵将鲤登救回，但他不久即死于新乡的医院里。至此，历时整整一个月的郑州战役，以我军毙伤日军6000余人、光复郑州而告结束。

收复郑州的翌日，孙桐萱率第三集团军总司令部回到了陇海花园，我师师部也进驻郑州火车站以东的福寿街。十天后，我师又回到了原来的防地，师部移到中牟的小潘庄渡口，继续守卫新黄河防线。

（邢海江整理）

血战郑州

郭宗正*

1941年，中华民族抗击日本侵略者的战争正处于相持阶段。华北日军继5月大举进犯晋南中条山区之后，8月间又集结3万余人，以鲤登少将为指挥官，强渡黄河，向我中原腹地大举进犯，兵分三路包围郑州。

面对大兵压境的危急势态，守备郑州的第三集团军全军将士，在总司令孙桐萱的指挥下，奋起抗击日军侵犯，血战一月零两天，击溃入侵之敌，保住了郑州。

此次抗击日军的血战，适值我在第三集团军司令部供职，任总司令部的通讯营总机排排长，负责司令部与所辖各部的通讯联络。与我同籍的贾本武（宁陵县城郊乡孙叉楼人）任该集团军第十二军第二十师第五十三团第一营第三连连长。忆起当年这场决死抗日的血战始末，我们犹觉于国难当头之日没有愧对民族、愧对祖宗。事情相隔半个世纪，回忆难免舛错，希知情者指正。

* 作者时任第三集团军司令部通讯营总机排排长。

一、日军进犯

1941 年农历八月十四日夜 11 时许（注：本文日期均按农历），华北日军以鲤登为指挥官，率所部及小林部队 3 万余人，由炮兵、骑兵、机械化兵及空军部队和伪军的配合，向我中原腹地大举进犯。日军在飞机大炮的掩护下，集中精锐兵力朝我刘庄渡口猛攻强渡。我守军一个连面对入侵之敌，一面向上级紧急报告，一面浴血抵抗，激战 20 多分钟，援军未到，全连官兵尽皆阵亡。鲤登指挥日军蜂拥冲过黄河，迅速兵分三路向距黄河 30 华里的郑州进发，形成包围态势。

紧急情报旋即传到设在郑州市陇海花园的总司令部。总司令孙桐萱闻报，处变不惊，一面命令补充团长刘东海、辎重团团长秦依农急速率部出发阻击敌人，一面电令驻新郑的第八十一师师长贺粹之（河北献县人）率部速到郑州增援，并令第二十师师长周遵时（山东即墨人）、第二十二师师长张测民（河北盐山人）将河防任务暂时交游杂部队和地方武装把守，速至郑州参战。补充团、辎重团很快在第一线与敌接触展开激战，夜两点第八十一师赶到郑州增援了火线。15 日，第二十师与第二十二师各部也由黄河防线上先后到达郑州。孙桐萱命第二十师在关虎屯以北投入战斗，命第二十二师在东十里铺以北投入战斗，命第八十一师在任寨以北投入战斗，补充团、辎重团因伤亡过重，令其换下补充休整。

二、弃城野战

八月十五日，日军继续进逼郑州，并不时派出飞机对市区狂轰滥炸。中午 12 点，孙桐萱亲赴火线督战，鼓励官兵奋勇杀敌，将日军拒于郑州市外。在返回途中他亲眼目睹长春路、德化街一带已被敌机炸得房倒屋塌，断壁残垣，被炸断的电线杆横三竖四地躺在路上堵塞交通，有的居民被炸死街头，血肉模糊，惨不忍睹……昔日繁华的街市变得满目凄凉。孙桐萱看着这一切，忧心如焚。他一回到司令部，便急要参谋长唐邦植（安徽合肥人）召集各师师长前来共议作战大计。各师师长到齐后，他谈着一路的观感，为避免城市遭到更大破坏，减少军民的无谓牺牲，决定放弃郑州，与敌野外作战。为此他与师长们共议了新的阵地区域：命第二十师为正面在十八里河北构筑工事；命第二十二师为右翼在凤凰台构筑工事，左与第二十师联系；命第八十一师为左翼在小李庄、黄岗寺构筑工事，右与第二十师联系；转移时间待命。

下午 4 点，敌人在飞机大炮的掩护下，再次发起猛攻，迫近白庄、马坟、张庄、关虎屯，战斗十分激烈。孙桐萱严令各部队坚守阵地，在黄昏前绝不准敌人进入郑州市区。此时陇海花园也不时受到敌机轰炸，总司令部周围硝烟弥漫，爆炸声震耳欲聋。直至 12 点放弃郑州空城，孙桐萱令全军撤至新阵地作战。

16 日，市电报局倪局长匆忙至总部向总司令报告："电报局职工闻风携眷逃命，一台话报两用总机丢到小李庄报局，恳请总座设法抢运。"此时总司令部已再无机动部队可调，连警卫营也拿上火线，孙桐萱万分焦急。我得悉此情，作为通讯军官，深知抗战期间通讯器材紧缺，即向总司令请求，率通讯营架设排前往小李庄抢运总机。总司令转忧为喜，一再嘱托："通讯器材事关重大，望能舍命抢救，决不可落入敌手！"当我率兵接近小李庄附近，据先遣尖兵报称：该村无敌情。我听后便率部进村，一面派出警戒，一面急至电报局收拾通讯器材。瞬间发现敌骑兵一队，由旮旯王向小李庄进犯。我当即派冯排长带兵两名，抬着总机火速返回总部，同时指挥队伍抢占有利地形伺机投入战斗。待敌数十骑进入我有效射程后，我一声令下，机步枪一齐射，致敌于措手不及，敌人顿时人仰马翻，乱作一团。敌人见先头受击，随即分头从两翼向我夹击。我迅速率部撤到村南高地。敌人还以为我们仍在村内，待他们扑向村中，我指挥队伍向敌人来个猛烈反击，致使敌人伤亡重大。待敌人醒悟过来向我们反扑时，我们便利用凹地边打边撤至我军火线。后该敌与特务营接触战斗，我们安全返回总司令部，无一伤亡。当我向总司令报告完成任务时，总司令连称："好！好！办得好！打得好！"战后倪局长报请交通部，对我和冯排长予以传令嘉奖，这是后话。是夜 8 点半，总司令部由黄岗寺再度转移到密县曲梁镇。

三、危中求冯

华北日军以陆空联合进犯郑州，目的在于占领中原这一重镇。鲤登万没料到第三集团军将士竟如此英勇顽强，致使他速战速决的计划连连受挫，遂于八月十八日传令所部及小林部队，向我阵地发动全面进攻，力图短时间内结束战斗，全歼我第三集团军。十八日晨，敌人再次集中炮火，出动飞机数十架，对我阵地狂轰滥炸，敌装甲车、坦克车配合步兵，连续向我阵地发起猛攻。数十里战场终日硝烟滚滚，弹片横飞。我军官兵奋不顾身与敌展开浴血搏斗，一日连续击溃敌军十数次进攻，始终坚守阵地寸步不让。直至黄昏，双方停止了大规模的战斗。激战接连数日，致使敌军锐气大减，鲤登对此战局一筹莫展。直至九月初，敌军改用炮战和飞机轰炸，不与我军短兵交锋。不论敌人怎样变换战术，炮火如何炽烈，我官兵誓与阵地共存亡，在侵略者面前表现了中华民族宁死不屈的高尚气节。

九月三日，据前方各部队报称：弹药告急，请求拨发。军械处芦鸿滨处长也报：由洛阳领回的弹药行至登封，被汤恩伯的第十三军扣留，并言第三集团军擅弃郑州，如再退必就地消灭。孙桐萱一听火冒三丈，破口大骂：“汤恩伯欺人太甚，派兵打他王八蛋！”参谋长唐邦植见总司令雷霆大发，急忙劝道：“荫亭（孙桐萱字），我们的遭遇如此，发牢骚又有何用，还是忍为上策。如今国难当头，我们还是以民族大局为重。至于弹药问题，我马上派人赴洛，往返经北路偃师运回，料无问题。”

九月三日之后，一连数日前线各部队要求增兵、拨发弹药的消息不断传来，但当局除补充给少许弹药外，不见援军。孙桐萱孤军作战，加之开封伪军密使不时前来离间诱降，种种困扰缭绕心头，一时陷入迷茫之中。此时，孙忽然想起追随多年的冯玉祥先生，危难之中何去何从，何不求他赐教。于是他即派桐萱中学校长吴惠民（黄埔军校毕业，现住郑州）赴重庆求见冯玉祥先生。吴惠民到了重庆上清寺冯的寓所拜见冯玉祥先生后，将孙桐萱的亲笔信呈上，并详述了孙桐萱当前的处境。冯先生当即写了复信，并嘱托吴惠民转达孙桐萱：“当前的出路只有一条，就是整饬部队，爱护民众，努力抗日。只要为抗日而死，即使全军覆没，第三集团军也能万古流芳。孙桐萱能战死在抗日沙场，做一个抗日民族英雄，足可以含笑九泉！”吴惠民临归前，冯玉祥特地亲笔画了一幅“老汉骑驴”图。冯解释说：“人家骑马（暗指蒋介石）咱骑驴，日本兵打不走，骑马的也好，骑驴的也好，还不都是亡国奴！只要把鬼子打走了，那时我们回家种地也高兴。”

四、敌军增兵

第三集团军连日作战无援。十三日，敌人从开封调来一部，到郑州增援。十四日拂晓，由京水发现敌机十余架，由圃田发现敌机十余架，在我阵地上空盘旋侦察，继而扫射投弹。敌炮兵也开始射击，企图摧毁我阵地工事，机械化部队掩护步兵对我军猛烈进攻。我官兵毫不畏惧，沉着应战，战斗异常激烈。此时前方战况告急，各师长纷纷向总司令要求增援。孙桐萱命直属部队，除学生营外统统增援火线。因敌人兵力雄厚武器先进，而我军兵力薄弱武器差劣，以致战斗十分危急。各师长仍不断要求增兵，总司令又把学生营每师增援一个连。最后孙桐萱忍痛割爱，将桐萱中学学生凡是能扛起枪的也上了火线。此时总司令办公室电话铃当当直响，不是要增兵，便是要弹药。总司令当即用电话通知了各师长：“总部除了我和几名卫士之外，再无一兵一卒，现在我就去参加战斗，望你们不要再有要求，只有死拼争取到最后胜利。”说完对孟副参谋长说：“有电话你接，就说我到前方去了。”当时孙桐萱考虑，目前援兵没有，粮食弹药不足，持久我必遭失败，只有置之死地而后生，决心用自己的鲜血染红郑州的沙石黄土！

五、决一死战

九月十四日 12 点，孙桐萱命令各部队即刻发动全面进攻，只准前进，不准后退，不论官兵，如有畏缩不前后退一步者，立即枪决，不把敌人赶过黄河决不罢休。各部队受命后，开始向敌人发动进攻。第二十师第五十八团团长王书鼎（河南淮阳人）在枪林弹雨中，往来指挥官兵作战。走至第一营第三连阵地，连长贾本武挺身而出，他说：“报告团长，我能提个建议吗？”王团长说：“可以，你说吧。”贾连长说：“按敌我武器对比，敌人一个中队9挺机枪、2门步兵炮、9具掷弹筒，另加枪榴弹；而我们一个连只有3挺机枪，每人一支破烂杆子老套筒、湖北造，一个营顶不了敌人一个中队的火力，光靠枪炮很难战胜敌人。我的意见是，除了拼刺刀没有别的办法。如果这样办我打头阵，待我连挑起白刃战时，全团一拥而上，要不杀他个片甲不留，就杀我的头！”王团长说：“好，我听你指挥，开始吧。”贾本武向官兵说明任务后，命每人携带4枚手榴弹，上好刺刀，冒着枪林弹雨，以跃进、匍匐、滚进，接近了敌人阵地前沿。敌人也不甘示弱，跳出战壕迎击。贾本武喊了个投掷的口令，一颗颗手榴弹在敌人散兵群里爆炸了，炸得黑烟弥漫天空。第三连官兵在手榴弹爆炸的黑烟中，与敌人拼起了刺刀。这时，王团长命司号长指挥各营各连号兵一齐吹响了冲锋号，全团官兵喊着杀声扑向敌人，一场白刃战开始了。此时两翼兵力也相继策应，冲锋号声、杀声、劈刺声连成一片，惊天动地，敌我羼杂混成一团。贾本武连一个士兵被日军刺死后，贾本武将死者的枪摘下，斜背在自己脊梁上。贾在弯腰刺中一个日兵时，不妨后面过来个敌军官，双手举起洋刀朝着贾本武脊梁砍去，该连另一弟兄眼看着连长就要一刀两断，一个箭步过去，手疾眼快，猛地一刀，刺中了要害，将敌军官刺死。事后贾本武摘下脊梁上背的那支枪一看，发现枪筒上有一厘米深的刀痕，他心有余悸地说：“不是这支枪救命，我早已做了敌人的刀下之鬼了！”白刃战一直拼到4点，双方都精疲力竭，敌人不支后退。

此时，第八十一师战场亦十分激烈，双方为争夺黄岗寺，曾几度失而复得。在激战时，敌指挥所为我军察觉，董万选营长以轻重机枪集中火力，击毙了敌人小林指挥官，董营长也受了重伤。

第二十二师在司赵一带利用起伏地形，在一个竖行内以伏兵歼敌骑兵一队，官兵奋发斗志昂扬。

六、大举反攻巧架通讯网

农历九月十四日这天，是双方投入数万大军战斗最激烈的一天，是生死存亡关键的一天。我军由于武器不行，胜败没有把握。此时孙桐萱忧心如焚。忽然前方各部队胜利捷报纷纷报到司令部，孙桐萱获悉，喜出望外，精神大振。此时总司令即向各部队下达了反攻令。各部队长受命后，指挥部队向敌人猛烈进攻。

7 点，第六十团团长孙德桢（河南淮阳人）向总司令报告：该团已占领郑州胶皮厂，正继续向陇海花园、乔家门、布厂街进攻。孙桐萱接到报告，即命该团火速进攻大同路、德化街；命令第八十一师克复郑州后继向黄河南岸的京水追击；命令第二十二师向小潘庄、中牟直击东退之敌；命令第二十师守卫郑州城；命令通讯营长卢彩岑（河南偃师人）和总机排长（笔者），限 12 点以前在陇海花园开设总机，构成所有通讯网。卢彩岑说："报告总司令，电线太少，仅有能架 20 华里的线路，难以完成任务。"总司令一听火了，他说："20 里的线路顶屁用，我不管那些，耽误了军机就杀头！"卢彩岑学生出身，军校毕业，胆小怕事缺乏实战经验，说："没有器材还叫完成任务，否则要杀头，我是无法，效先（我的字）你看怎么办？"我说："不怕，就说把任务交给了总机排，误了事杀我的头，与你卢营长无关！"卢营长说："好，除电线太少，此外什么我都大量支持。"我即到第一连挑选 5 个班，以急行军步伐，到达郑州市陇海花园。我派一个班在地下室开设总机；命一个班利用敌人未撤走的铁丝网，经改架完成了市里的各通讯网。利用通圃田地方线路经改架完成了通第二十二师线路；利用通京水地方线路经改架完成了通第八十一师线路；还利用通老鸦陈地方线路经改架通第二十师线路；并利用长途线路与洛阳长官部取得联系。没动用自己器材，完成了长达数百华里的线路，构成了全军反攻追击的通讯网，提前完成任务。

夜 11 时半，总司令率各处室办公人员到达陇海花园，各住原地。总司令一进办公室见桌上已安上电话，高兴地问我电话通了吗。我说："郑州市、洛阳长官部、前方各部队都通了话，现在可以上报下达，友军联络畅通无阻。”总司令又问：“你是怎样做的？”我将采取的措施、灵活应用的原委陈述一遍。总司令高兴地说：“看，敌人就知道我们的器材缺乏，把铁丝网丢给我们当做电线用，你郭宗正真有办法，有前途，今后遇缺即升。”战后曾对我大会表扬并奖大洋 500 元，不久又提升上尉教官。

七、血战大庙

夜两点，敌人一路从小潘庄渡口撤向开封，大部从京水向新乡撤退。我军接踵追至黄河南岸，敌人大部撤到黄河北岸，船至河中心之敌，被我轻重机枪的扫射，打得船翻落水，仅有少数掩护部队，被我军歼灭。敌指挥官鲤登在大庙压住阵脚，指挥部队渡河。由于我军追击紧迫，很快封锁了黄河南岸，迫使鲤登欲逃不得，被我军围困于大庙（大庙位于黄河南岸，平地用土积高数丈而建）。孙桐萱当即向洛阳第一战区司令长官卫立煌汇报了战况。经过一昼夜的激烈战斗，敌不支溃退，分别向开封、新乡逃窜，唯有鲤登被我军围困在大庙。正当我军调动炮兵要将大庙轰平消灭残敌时，卫长官严厉指示：“能要活‘赵云’，不要死‘子龙’，一定要活捉，切勿炮击！”鲤登被困后，敌人派出 40 架飞机和黄河北岸的炮兵，向大庙周围狂轰滥炸保护鲤登。

15 日拂晓，我前方部队派一个连进攻大庙。敌人在飞机大炮的掩护下，居高临下射击得利，以炽盛火力将我进攻部队挡住，连长阵亡，士兵伤亡过半。总司令为此召开将领会议，研究大庙问题。大家一致考虑，以硬攻消灭敌人得不偿失，只可炮击，但卫立煌还要活捉鲤登，致使孙桐萱犹豫不决。经过讨论，最后决定派第五十八团第一营第三连贾本武连长进攻大庙，立即派小车去第五十八团第一营，将盛茂斋营长和贾本武连长接至总部见到了总司令。总司令说：“贾本武，今夜命你攻拿大庙，活捉鲤登，我相信除你贾本武谁也不能完成这项任务。昨天拼刺刀立下一功，希望今夜再立一功，先赏你 3000 元，祝你马到成功，凯旋而归！盛营长你要支持。”贾本武说：“报告总司令，只要打不死我贾本武，拿不下大庙，就自投黄河不回来见您。”

时值九月十五日，皓月当空，贾本武回到连内，将笨重东西和轻病号暂留张庄，率部向大庙前进。贾本武别号二虎，骁勇善战，此去颇感凶多吉少，内心也有些嘀咕。行至距大庙五六里处，上空敌机群往来穿梭，投下的照明弹，照得像白昼一样。黄河北岸敌大炮还在猛烈射击，迫使我军不能接近大庙。贾本武久经战场，颇有经验，遂转向正北到了河边，利用河道阴影，悄悄接近了大庙北面阴影处，开始了摸索前进。到了庙基腰部为敌发觉，双方展开了激烈战斗。此时贾本武望见一小型直升机在庙上空低飞微停，旋即飞过黄河，但没料到鲤登能被救脱险。之后庙内敌人群龙无首，士气低落。我军跃进接近了围墙，一阵手榴弹投掷冲进庙院，迫使敌人投降缴械。经过逐人审问没发现鲤登，后来有一日本兵战前在中国经商是个中国通，他说："鲤登被贵军打伤后，由飞机投下伞兵营救逃了。"经检查敌人除死伤外，生俘 27 名，获步兵炮 2 门、机枪 3 挺、步枪 30 余支，还有其他战利品。贾本武将俘虏和战利品押送至第二十师师部，又转缴总司令部。

八、清理战场

十六日清扫战场。经检查，我军伤亡营长董万选等 3 人、连长以下军官 27 人、士兵 1200 余人，其中据洛阳关林后方医院统计，光第五十八团受刺刀伤者占 100 余人。此次战役中，被日军杀害无辜民众也为数不少，据大花庄一名小学教师对大花庄、北李庄两个村调查：大花庄死难人数，男性 27 人、女性 5 人，共 32 人（其中姓花的占 14 人）；北李庄死难人数，男性 26 人、女性 21 人，共 47 人。两个村合计共 79 人。击毙敌人小林大佐联队长 1 人，击伤鲤登少将指挥官 1 人，鲤登回到新乡一命呜呼（此消息据我军潜伏新乡坐地探获悉）。根据战斗情况以及便探汇报，敌人伤亡约在 2000 人左右。生俘日军 30 余人，缴获步兵炮 2 门、机枪十余挺、步枪 100 余支、战马 26 匹，还有其他战利品。一个月零两天的郑州战役，至此结束。

郑州战役见闻

黄廷选*

1940 年 4 月我在黄埔军校成都本校十六期三总队毕业时，总队长唐宇纵（唐继尧的侄子）调任军政部第二十八补充兵训练处少将处长。他从全总队 1000 多名毕业生中挑选了 100 多名跟他去当少尉连附（即排长），我是其中之一。半年以后，唐总队长又调任军政部少将交际科长。我们这些青年军官失去了上级优宠，就纷纷请长假离去。我和骆业海、葛志仁同学于 1941 年 4 月请准长假，径赴重庆军政部投拜唐总队长。他让我们住到他的府上，宾客相待，共食同饮。他询问我们各自的打算，我们均表示愿到抗战最前线，直接与日军拼杀。总队长就分别送路费，让骆业海回原籍福建，葛志仁回原籍浙江，送我国币 100 元，并安排军车送我到成都。

我到成都先去母校，到第十七期第一总队会见我的童友王维翰（时易名王辉），他介绍他的同队要好同学宋明起与我相识。宋明起的舅父是驻防郑州前线第三集团军第二十二师中将师长张测民，宋明起为我写了封介绍信，请他舅父为我安排工作。6 月某日我到中牟县府李庄第二十二师司令部谒见师长张测民。张师长看信后对我说：“眼下师里还没有合适空缺，你先到参

* 作者时任第三集团军第十二军第二十二师参谋处参谋。

谋处工作，等有机会时，我给你安排实缺。”

在参谋处，同事们都喊我黄参谋，卫士、勤务兵都喊我黄参谋官，参谋处长也不断派我工作。约 7 月间，参谋处长传达师长指示，命我视察本师防区郑县（今郑州）、新郑、长葛、洧川（今裁入尉氏、长葛）、尉氏、中牟等 6 县道路破坏及防敌伞兵降落阵地配备情况，并坐催各县制图报师部。我在副官处领了 200 元法币的出差费，不带卫士，觅脚驴依次到各县视察。那时，郑县县长鲁彦、新郑县长李曰商、长葛县长唐绍庭、洧川县长王克佐、尉氏县长马凌波、中牟县长周述文对我都很热情。当时，我的家乡长葛所有主要道路均已深挖成交通沟样子，沟中可单线行马车、太平车，每隔数十米有加宽的供对行车错车处，符合规定；唯防敌伞兵降落阵地未备一处。由于我也不相信敌人会有什么伞兵部队突然降落我县，就告诉唐县长不必毁坏田苗，扰民害民，只在已扒了半截的四周城墙上挖战壕，构筑工事，其他在地图上标示出来即可。唐县长欣然照办。我在每县约逗留四五天，共历时 20 多天，任务完成，图囊中装满图表回师交差。200 元的出差费只花了 180 元，剩余 20 元当即交还副官处。同事们说我“傻瓜”，我说：“这不是实报实销吗？”他们都哈哈大笑。

8 月间，第二十二师司令部移驻郑州东郊祭城，部队仍在黄泛右岸布防。10 月 2 日拂晓，日军炮空联合从中牟界马和郑州琵琶陈村一带向黄泛右岸我军防线突然大施轰击，掩护其陆军部队过河。我军也集中火力击敌于半渡。敌人登岸后，我军便以手榴弹、刺刀与之拼杀。战况激烈，寸土必争，歼敌甚多，我军的伤亡也重。战斗白热化时，师长把预备队一个团也增援上去。我在师部附近路旁，亲眼目睹到部队雄赳赳、气昂昂地疾步前进。有一位少年排长腰挎手枪，背插宝剑，英姿飒爽，疾进中与我互相举手示意。当时我想，我们的士气这样旺盛，敌人的进犯决难得逞。

师部人马转移至一片枣林中。下午，突然有敌机 20 余架轰鸣而来，在枣林上空盘旋、俯冲、投弹。我急忙卧倒在一条浅沟内，弹片如雨，在我身边纷飞。我从图囊中掏出日记本写最后一篇日记：“十月二日，敌机疯狂般扫射、投弹，吾命休矣。”遂闭目待死。十数分钟后敌机遁去，我站起身来，拍打了满身尘土，看见几位同事，都会利用地形地物保全自己，不觉相视苦笑。

前线激战两昼夜，4日忽闻谍报人员传说，郑州已经失守，敌人骑兵利用中心突破战术从我军两翼阵地间隙突袭了郑州。只见我们亲临第一线指挥战斗的师长、参谋长飞马奔回，令师部急速向南转移。前线作战部队伤亡较重，也陆续南撤。

因战斗激烈，给养供应不上，全师官兵已两天没有进食了。撤到某村，副官设法弄来一大桶带汤面片，给师长、参谋长各盛上一碗，师长未吃，就先招呼我们参谋人员每人去盛一碗。

敌人大部队进据郑州后，不断抽出兵力向我军追袭。我军采取运动战和游击战与敌军周旋于郑州南郊和新郑、中牟境内，给来犯之敌以沉重打击，并曾夜袭郑州市区，使敌胆战心惊，不敢久恋郑州。

10月底，忽闻郑州之敌有撤退态势，我军迅即猛烈反攻，一举收复郑州，并乘胜追击，与敌后卫部队展开激战，敌我伤亡均众，我师部人员随追击部队跟进。当追进到中牟境内某村时，见敌军遗尸甚多。听群众讲，敌军在此奸淫烧杀，惨绝人寰。有一年轻妇女被敌轮奸后，奄奄一息，性命危殆，我们听了无不义愤填膺。

敌军后卫部队撤至中牟县城，凭险顽抗。中牟城北边黄泛主流呈弓背形弯曲，县城正位于弓背以内南岸。敌军从北岸以重炮密集炮火封锁中牟南部弓背以内区域。我师前锋官兵冒死猛烈进攻，伤亡甚众。连续组织多次强攻，均难通过敌密集炮火封锁区，不能逼近中牟县城，只好暂停进攻，构筑工事，与敌对峙。

1938年6月花园口决堤时，黄水在中牟县城以西分为南北两段，把县城夹在中间。后来，北面的河水越来越多，南面河流逐渐干涸，我们师长和参谋长想把弓形弯曲半包围中牟县城北部地区的黄河水道引直，把中牟城隔到黄河北岸。此时汤恩伯部第一一〇师已开到前线增援，在我师阵地右翼布防。师长派副师长孙政训去第一一〇师与其师长吴绍周商谈联合反攻中牟大计，并就改引黄河水道之事征求意见。参谋长指定我随从孙副师长前往，协助完成任务。另外，孙副师长还带了一位上尉副官和两名卫士。我师距第一一〇师驻地约 20 华里，需骑马前往。我在军校学的是步兵科，没有练过马术，骑马还是第一次，不得要领。5 匹战马在中牟境内沙土地带枣树林中奔驰，我驾驭不住，竟一连被摔下 3 次，每次均由孙副师长和那位副官回过马来，扶我上马。副师长笑我说："当参谋不会骑马哪行？你紧踏马蹬，夹紧马肚，挺腰直立，不要把屁股实坐马背，马跑得再快也不会摔下。"我照孙副师长指示要领去做，果然得心应手，不再摔倒。

到达第一一〇师司令部，副官上前通报，第一一〇师师长吴绍周偕其副师长、参谋长出迎。时届中午，寒暄过后，就端上午餐。他们让孙副师长首座，我陪坐上首，他们于两旁和下面相陪。副官和卫士则另有他们的副官招待。席间，我们孙副师长强调此战我师伤亡甚重，吴绍周则强调彼师缺员太多，兵力不足。孙副师长提出两种联合作战方案：一种是两师各派一个团作前锋，并肩强攻，前仆后继，哪怕牺牲殆尽，也要攻克中牟；一种是挖直黄河水道，使中牟城隔在黄河北岸。他们三位一致同意后一种方案，工程由我们第二十二师负责。协商任务完成后，我们辞行回师交差。

师长决定成立前线指挥所，设在前线部队与师部驻地白沙之间的刘巧村，副师长兼政治部主任李世卿（字勋甫）任指挥官，另派一位曾任上校团长当时为上校附员的韩莲台为副指挥官，参谋处指定我去协助工作。另从特务连抽调一个班常驻指挥所，负责保卫和通讯联络工作。指挥所的任务是随时与师长联系，指挥前线战事，并指挥挖直黄河水道工程。第一专区专员杨一峰负责抽调我师防区各县民工近万人，由各县长率领挖掘河道。黄河水利委员会派去两位工程师负责设计和技术指导。因白天敌人炮火连天，只有夜晚才能施工。时届初冬，泥深水寒，民工苦不堪言。

有一天，师长通知指挥所，前线第六十四团因伤亡很重撤下来休整，补充团调上去接防。并命我去新接防的补充团，绘制其战斗部署及阵地构筑配备图送师部，我受命前往。该团指挥部设在黄河大堤以内三四百米处的掩蔽部内，当时敌炮正向黄河堤以内地区轰击。我进了掩蔽部，只见该团团长张廷彦、团附王菊岩和一位担任预备队的营长等人正围桌牌战。我说明我的任务后，他们一面仍牌战不休，一面由张团长口述其作战部署及阵地配备情况，我在另外一张小桌上按照他的口述绘图。这时掩蔽部附近已落下数发炮弹，我把图绘成即起身告辞。团长说中午有肉吃，要留我午餐。我说师长急于看图，我得速回。他们说“不送”，我就急回。当我走到黄河大堤上，猛听轰隆一声巨响，回首见该团掩蔽部烟尘冲天，心觉不妙。走回指挥所差人把图送达师部，约两小时后，从前线抬下4副担架，在掩蔽部“参战”的4位校级军官，无一幸免。我心中惋惜之余，庆幸自己早走了一步。

有一天晚餐后，我带几个士兵去前线视察阵地及民工挖河情况，在黄河大堤内沙滩上向东行进。这时为时尚早，还听见敌方稀疏的炮声和断续的机枪射击声，民工尚未到达工地。

约走至我师与第一一〇师阵地衔接处，看到一根南北方向的铁丝拦着去路。我走在最前面跳过铁丝，只见铁丝以东地段，密密麻麻插着很多柳橛。后面几个挎手枪的士兵用手中所持棍棒敲打着柳橛说：“他妈的，什么东西？”我们刚走出柳橛区，忽听黄河堤上哨兵大呼：“什么人？干啥？”我答：“第二十二师参谋，视察防地。”哨兵说：“请你们上堤说话。”我们走过去，他用惊异的口吻告诉我们：“下面铁丝以内柳橛区是我们第一一〇师埋的地雷，你们竟敢通过，难道不要命了？奇怪，为什么你们竟没有踏响？”我说：“我是初上战场，还没有这种布地雷的经验，迷迷糊糊地就走过来了。”哨兵说：“你们真是万幸！”我们辞别了哨兵，回头走黄河堤归来，士兵们咂嘴说：“真危险，我们差点完蛋。”有的说：“因为黄参谋命大，我们托福啦！”

大堤上有我们前方团预备营挖掘的战壕和构筑的掩蔽部。这时敌方稀疏的炮声和断续的机枪扫射声仍不时传来。敌人是夜夜如此，以防我们偷袭。当我们回到指挥所一小时后，就听到新郑县民工经过布雷区踏响地雷死伤数十人的不幸惨剧。

1942年初，挖掘新河道工程完工，从中牟城西河道弯曲处扒开口子，引黄河水进入挖直的新河道内，各县民工撤回各县。可是黄河水并未完全改道，主流仍在中牟城北的弓背形原河道通过。我军撤到新河道南岸，配备纵深阵地，构筑工事，严阵以待。在指挥所里，我诘问黄委会两位工程师，为什么黄河主流未曾改道？工程师说："龙王爷想走哪里就走哪里，咱要强迫它改道，它是不会完全听命的。"当时我想：黄河主流不能取直，中牟据点仍在敌手，将来必有后患。敌人如欲侵占中原，必以此据点为突破口。但人微言轻，徒叹奈何。果然 1944 年春敌军进扰中原，中牟为其突破口之一。

日军在湖南等地进行细菌战

日寇在常德进行鼠疫细菌战经过

邓一韪*

1941 年，日寇在湖南省常德地区用飞机空投大量感染鼠疫的跳蚤，进行灭绝人性的细菌战，杀害我国人民。当时，我在省卫生处任主任技正，曾以防疫特派员的身份，率领防疫人员前往协同防治。现就回忆所及，将日寇这次投掷细菌的经过记述如下。

1941 年 11 月 4 日（农历九月十六）早上 6 时许，天刚破晓，浓雾弥漫，常德市区发出了空袭警报。随即有巨型日寇飞机一架由东向西低飞，在常德市上空盘旋三周后，又从西门外折转市空。当其折转低飞时，没有投掷炸弹，而是在市内鸡鹅巷、关庙街、法院街、高山巷以及东门外五铺街、水府庙一带，投下大量的谷、麦、豆子、高粱和烂棉絮块、碎布条、稻草屑等物。尤以关庙街一带，投下的数量最多。

空袭警报解除后，市民将这些东西扫集拢来，共约四五百斤（有些屋顶被击破，室内也散落了一些敌机空投的东西），除由警察局取了一点存于玻璃瓶以备检验外，余尽焚毁。

常德地方当局即将空投情况和处理经过电报省政府，并派专人将两瓶毒

* 作者时任湖南省卫生处主任技正、防疫特派员。

物送省化验。与此同时，警察局另将敌人所投下的谷麦等一包，送东门外的广德医院进行了化验。据原广德医院医师谭学华提供的材料证实，该院当时将敌机投下的谷麦取出一小部分，用无菌生理盐水洗涤，然后用离心沉淀，取其沉渣作涂片，用革兰氏染色法，在显微镜检视下，发现有许多革兰氏阳性杂菌，但也发现有不少两极染色较深的革兰氏阴性杆菌，与鼠疫杆菌图谱极相似。再用无菌方法，抽出患腹水病人的腹腔积水约100毫升，分别装入3个灭菌试管内。在第一、二试管内，放入敌机投下的谷、麦，而在第三试管内则投入由当地粮食行取来的谷子，以作对照。经温箱培养后，取出三管中的沉渣作涂片染色检查，结果在敌机所投下的谷物培养基中，又发现有革兰氏阴性两极染色较深的杆菌甚多，而对照管中则未发现。

11月5日下午，常德县卫生院、防护团、广德医院和当地国民党军警机关开了一个座谈会，讨论敌机在常德投下谷麦及棉絮块等物的问题。根据敌机反常的空袭情况和广德医院不正规的初步检验结果，发现敌机投下物中有类似鼠疫杆菌的存在，判断敌机投下的东西是带有烈性传染病的细菌。于是，急电省卫生处，报告敌机在常德市上空投下谷、麦等物的经过，请其即派专家前来检验，并进行防治工作。

敌机投下谷、麦等物后的五六天中，在常德市的大街上常有死老鼠发现；有的病在大街上爬行迟缓，致被行人践踏而死，街谈巷议，以为怪事，但没有人将死老鼠送医院检验，地方当局也没有引起注意。

11月12日早晨，12岁的女孩蔡桃儿，由其母背着到广德医院急诊。据其母诉说，她家住在城中关庙街，父亲是铁匠。前一天晚上，患者吃了晚饭，到夜间9时左右，忽然畏冷、寒战，继而发高热，周身疼痛，整夜吵闹不安，等等。经谭学华医师抽取病孩的血液及腹股界的淋巴结液，涂在玻璃片上染色检查，发现有少数两极染色较深的杆菌，同敌机投下物中所发现的细菌相似。根据患者住在敌机投下谷、麦等物较多的关庙街，再联系敌机空投的日期和发现死鼠，结合患者起病的日期分析判断，这一病例是鼠疫症。因此，收留住院，隔离治疗。当夜，患者病况更形严重，多方抢救无效，13日上午8时许死亡，距起病时间仅36个小时。在死亡前，曾再作血涂片检查，发现涂片上满布鼠疫杆菌，以后在死者的肝、脾组织中，也发现有一些同样的细菌。蔡桃儿的死是日寇在常德进行细菌战的确凿罪证。

继蔡桃儿无辜死亡后，关庙街、鸡鹅巷一带相继发生病例多起，往往不及医治而死。染疫人数一天天增多，平均每天在 10 人以上，传染极为迅速，一人有病，波及全家。据后来了解，蔡桃儿一家就死去两人。疫势严重地蔓延，市民们谈虎色变。至次年二三月间，疫情流行才缓和下来。在这一段时间内，死于鼠疫的约在 600 人以上，其中大多数是腺鼠疫（淋巴腺）。

防治和证实鼠疫的经过：

国民党湖南省卫生处最初接到省政府转来的常德疫情电报后，认为敌人进行细菌战的可能性最大，但无设备证实空投物品所含细菌的性质，必须慎重处理。因此，急电重庆国民党政府请示处理办法。得到复电的大意是：不得谎报疫情，有关国际信誉。后来知道真正发现了鼠疫病人，才开始重视，派医疗防疫队到常德。其时距发现鼠疫病人已有十多天了。

省卫生处在电告重庆国民党政府的同时，向省政当局提出了假定以防治鼠疫为对象的防疫工作计划。其中主要是设置防疫管理机构，负责进行防治工作。以 6 个月为期，约需经费十余万元（伪法币）。这个计划提出后，经财政厅、会计处和审计处审查，认为疫情尚未证实，经费预算无所凭借；因此拖延下来，没有及时提交省政府会议正式通过。后来常德市已经发现了鼠疫病人，再次来电催促防疫，卫生处又找有关单位商洽。他们推托责任说，这是地方性事件，应由常德地方当局拨款办理；又说事属战争性质，应由中央政府统筹拨款。经过为期一周的往返磋商，初步在省政府会议上通过了卫生处所拟订的工作计划，但经费被核减至两万余元；在中央拨款未到达之前，由省政府陆续垫付。省医疗防疫队临出发前，还是由卫生处垫借 500 元才成行的。

11 月 11 日，由我和护士长林慧清率领医事职业学校学生 50 余人组成的省医疗防疫队到达常德后，即向专署报到，并会商防疫办法。随即开始调查疫情，召集市区各机关、团体、学校代表开会，宣布成立常德联合防疫处（后改为湘西防疫处），并征求与会人员对鼠疫发生后应如何协助防治的意见。会议决定：一、迅速设立隔离医院，收治发热和可疑的病人。同时向全市人口进行预防注射，并发给注射证。二、敌机空投物类最多的鸡鹅巷、关庙街、高山巷划为疫区，派兵警戒封锁，断绝交通，不准居民外出，直至疫情消灭时为止。在封锁期间，居民日用生活物资，指定购买地点，分别供应。三、在常德全市开展灭鼠灭蚤工作，动员市民捉老鼠，并规定死鼠应烧埋，活鼠须上缴。四、在常德西门外郊区建造火葬炉，专门焚烧疫病尸体，以免鼠疫蔓延。五、加强疫情报告管理。除公私医院、诊所一律登记病号，以备随时查核发现鼠疫外，并规定居民、旅社，凡有病发热者，必须报告防疫处派员调查，以便鉴定是否鼠疫患者。六、为防止疫病外传，在船舶码头、汽车站及通往乡村的交通线上设立检查站，凭预防注射证方准外出。七、开展防疫卫生宣传工作，并组织防疫卫生检查。

隔离医院设在东门外约二华里的韩家大屋，是迁走十余户居民，利用其房屋临时改建的。房屋周围挖了一条1丈5尺深、1丈2尺宽的壕沟，引水灌注，使与外界隔绝，并防鼠类窜入。沟上架设了活动木桥，以便随时出入。这个医院陆续收治了120多个病人，其中多数死亡，少数得愈。原因是设备条件太差，护理质量也不好。

常德鼠疫发生后，重庆国民党军医署和卫生署，派来德籍犹太人专家伯力士，负责剖验鼠只和测定跳蚤的工作。由防疫处规定各保甲每天共送活鼠100只，交他进行解剖。这个专家在常德工作了两个月光景，解剖了五六千只老鼠，断定常德市流行的鼠疫是老鼠和鼠身上的跳蚤传播的。

火葬炉设在西门外，前后共火化了360余具尸体。当时群众对火葬很有抵触，我们强迫实行，并将已掩埋的染疫尸体也挖出来火化。因此弄得人心惶惶，不可终日。一些群众怕火葬，往往有病不报疫情，或在夜晚偷运出城埋葬。如东门外陈家大屋有个80多岁的老头病死了，其家属就在深更半夜偷偷地埋在自家菜园里。

为了防止疫病外传，在常德市的6个城门口都设有检查站，由防疫人员对出进行人进行预防注射。由于事前没有做好细致的宣传解释工作，群众顾虑很大。有的因逃避注射而偷爬城墙出城；有的半夜爬城墙进来；有的则花钱买了别人的注射证作假证明。如在农历春节前，有一个家住桃源县马鬃岭的李姓布贩到常德贩布，住在旅社中。他不愿注射防疫针，而买了一张注射证，以便出境。忽一日头痛发热，怕被发现送进隔离医院，于当夜雇舟潜行返家，第三天就死了。他家的两个儿子、媳妇和一名幼子相继患同样的病死亡，并波及邻居，共死去十四五人。他的岳父是个巫师，闻讯赶来为他设坛祈禳，事后也得了同样的病死亡。经省卫生防疫处防疫人员由常德驰往防治，历时半个月，方得扑灭。这次在桃源县发生的是肺鼠疫流行。

重庆派来的医疗防疫队头一批共 20 多人，由军医署训练班的细菌学教授陈文贵率领，于 11 月 17 日到达常德。陈文贵与我有同学关系，他听了我们介绍防治情况并检查了广德医院所制的染色细菌玻片之后，说："根据流行情况和证据看来，鼠疫是很可能的。但政府考虑是否真正为敌机投下的鼠疫杆菌，还须作尸体解剖；剖验得到确切证明后，方可肯定。这样才能使国内外科学界信服无疑。"我当时对他说的这番话深为不满，因为他对地方的疫情报告太不信任了。但他是中央派来的，自己对于细菌学没有他那么熟悉，又拿不出实验证据，只好唯唯听命，并设法找一个疫死的尸体给他作剖验，以便把日寇进行细菌战的罪行肯定下来。

恰好在 11 月 20 日傍晚，防疫人员在常德东门外拦住了一副抬往郊外埋葬的棺材。死者龚得胜，是个住在鸡鹅巷的裁缝，当天上午因病身死；其家属怕遭火葬，故潜行抬往郊外掩埋。拦住棺材后，防疫人员勒令抬往隔离医院的外围空地上，同时派人看守。次日，由陈文贵和我共同进行尸体解剖。我们将死者心脏的血，以及从肺、肝、脾、肾和腹股界淋巴腺取出的汁液，当场作玻片染色，并将血及器官的汁液注射到 4 只荷兰猪和两只兔子的腹腔内；同时还作了细菌培养等程序。从玻片染色的材料所见到的细菌，与广德医院所制的两张玻片上的细菌形态比较，不仅完全相同，而且更加清楚。至此，陈文贵才表示，当真像鼠疫杆菌。上述用作试验的动物，在两三天内都病死了。我们又对这些动物进行解剖。此时细菌培养基上的细菌也生长出来了。经过检查，发现无论是动物体内的或培养基上的细菌，都与死者体内的纲菌一模一样。在真凭实据面前，陈文贵承认常德的疫病是鼠疫杆菌所致，并根据他们自己的调查材料，判断为敌机空投物品所导致的鼠疫。他将这些情况立即电告重庆军医署，建议加紧防疫工作。

常德鼠疫流行严重并经过剖验证实以后，中央和省方陆续派出了 20 个医疗防疫队约 200 余人，在常德进行紧张的防治工作，进一步加强了预防措施。例如，敌机空投物类较多的地区，都经过“滴涕”消毒两三天后，才解除封锁；严格执行交通检疫制度，由外地来的船只，一律须距河岸十丈左右停泊，等等。全市防疫工作，直到 1942 年 3 月才基本结束。

对于日本帝国主义这一滔天罪行，当时国民党统治区的报纸却没有报道过片纸只字。国民党政府在抗日战争胜利后也没有向远东国际法庭正式提出控诉，这是使人无法理解的。

日寇常德细菌战幸存者的惨痛记忆

徐海瑞　冯　平*

常德市民张礼忠老人保存着一张1938年的全家福，这是张家三代八口人唯一的一张全家福，弟弟国成、国民面带笑意，每次看到他们的面孔，张礼忠总会想起那段惨绝人寰的记忆。

1941年11月，日寇一支秘密部队到达常德前线，这支30多人的小分队来自臭名昭著的“731部队”，他们携带着36公斤秘密武器——鼠疫杆菌。此后，包括张家5口人在内的许多常德居民惨死于细菌战。

1938年，张家住在常德高山街，那是当时常德最繁华的一条街道，父亲张金延开了家刻字店，一家人过着平实的日子。不久，宁静的生活被日寇的炸弹击碎了。“日机在武汉起飞轰炸常德机场，那年炸飞机场我才五六岁。”在不断的轰炸中，张家的铺面和房子变成了一片废墟。

1941年11月4日上午，张礼忠在去学堂的路上听到空中传来奇怪的响声。“是一架飞机，转了几圈就出城了”。空袭警报很快响起，男女老少慌忙离开房舍，有的躲进防空洞，大部分人跑出城区。飞机没有像往常一样投掷炸弹，而是绕城转了一圈，撒下一些杂物。“空袭警报直到下午5点才解

* 本文系作者根据采访多名亲历者撰写而成。

除，人们发现，沿着城中心的关庙街、鸡鹅巷等街区，散落着谷子、破棉絮、烂布条等”。

幸存者遗属李元珍回忆，当天下午，常德城内贴出国民党县政府的布告，提醒市民，日寇可能投下了鼠疫病毒，要求居民清扫并焚毁日机空投下来的垃圾。一包垃圾被急速送往常德广德医院化验。这天下午，张礼忠在学堂里听到了老师非常严肃的告诫:“日本人投的东西不要捡，一捡就会死人。”

广德医院是美国人在常德城区建的一家西医院。时任广德医院副院长的谭学华收到敌机空投物后，马上叫检验室主任汪正宇对空投物作了详细化验，结果证实是鼠疫杆菌。

日寇空投鼠疫杆菌后的第 5 天，常德城内开始出现大量死老鼠，最多的地方是鸡鹅巷和东门一带。第 7 天，关庙街蔡鸿盛碳行 12 岁的女童蔡桃儿高烧寒战，被送往广德医院急诊。次日上午 7 点多，蔡桃儿的心脏开始出现间歇性停顿，呼吸越来越弱，皮肤表面的黑色素越来越多，上午 8 点 15 分心跳停止，从发病到死亡不到两天。蔡桃儿的病例报告，如今被完整地保存在中国第二历史档案馆。

当时，8 岁的张礼忠并不明白老师为何那样认真严肃，他也不知道已经蔓延开来的鼠疫到底是怎样的灾难，但不久后发生的事情让他铭记终身。

“丫头带着我的两个弟弟国民、国成在街上玩，一个 3 岁一个 5 岁。奶奶对他们非常关心，每次回来都摸一摸身上烧没烧，3 人同时高烧，蛮烫手，经诊断是鼠疫。”张礼忠说，两个可爱的弟弟因为发病发烧喊着要吃西瓜的一幕，至今仍在他的眼前浮现。

1941 年 11 月 11 日后，常德城内每天都会发现鼠疫病人，染疫人数一天天增多。国民党当地政府规定，一旦发现鼠疫死亡患者，就地强行火化，这让崇尚土葬的常德人民一时很难理解。

家里因鼠疫死了人，为了不让保甲长发现拉去火葬，张礼忠一家连哭都不敢大声。“我奶奶哭了半晚上，哭得血都出来了。”两个孙子去世，张礼忠的奶奶伤心过度，在 1942 年冬病故。张礼忠的祖父张友元，也于 1943 年阴历九月身染肺鼠疫吐血身亡。两年中，全家死了五口人，3 处房屋被烧光，张礼忠的父亲于 1944 年冬病逝。

在常德细菌战中，日寇共投掷了 36 公斤“谷子”，一克谷子含有 1700 多只鼠疫跳蚤，36 公斤就是 6000 多万只跳蚤，按当时常德 6 万人计算，平均每人面临 1000 只跳蚤的攻击。

起初，重庆国民政府接到急电后，并不知道潜在的巨大危险，防疫措施迟迟未到位。1941 年 12 月，国民政府接到谭学华冒着生命危险撰写的长达万余字的报告《湖南常德发现鼠疫经过》后，国民政府军政部、卫生署、中国红十字会第六战区纷纷派出正规防疫部队迅速赶往常德，美国红十字会、加拿大防疫医疗专家组等国际组织也派出技术力量和医疗设备陆续抵达常德。

常德开始防疫总动员，防疫救援人员挨户按户口册对全县百姓进行预防注射，并发给注射证。隔离医院等救治机构相继建立，疫情得到有效控制。1943 年后，历时两年多的常德鼠疫被扑灭，日寇企图通过细菌战割断中国第六和第九战区的阴谋随之破产。

侵华日军细菌战带给义乌的灾难

王培根*

1942年，我11岁，已读小学三年级。那年9月初，我们村里许多人都看到一架日本飞机盘旋在村子上空，并撒下一缕缕白色雾状的东西，大约有几丈长。事后，村子里就出现了很多很多死老鼠。开始时，看到这么多死老鼠，村民们都很高兴，以为家里的物件、食物再也不会被老鼠啃噬了。殊不知，这是日本军国主义者带给我们村民们空前绝后的大灾难！

我们村第一个感染上鼠疫的是王焕章，他那年60岁，他的身体向来强壮，从未得过病，却在日军飞机撒下白色雾体之后，突然得病了，持续高烧不退，腹股沟淋巴肿大，口干舌燥，满脸通红，病况万分危急。家人去请来村中名医王道生为他看病，这是个相当有经验的医生，治愈过无数病人，却对王焕章的病束手无策，虽然开了药方，但服了毫无效果，病情越来越严重。第三天，王焕章在痛苦折磨中死去，亲朋好友无不惊疑与悲伤，这么强健的人怎么说死就死了呢？但还是按照本地风俗热热闹闹地为他举办了丧事。紧接着，他的儿媳妇李宝凤、儿子王基杰、孙女王妹相继得病死亡，只留下一个11岁的孙子王荣昌，由娘舅收养，给人看牛当童工，不幸在野外

* 作者时为义乌县村民，是日军细菌战直接受害者。

被毒蛇咬伤致死，从此全家死绝。

给王焕章看病的王道生医生回家后也染上此病，痛苦不堪，4 天后在绝望中死去。王医生家是一个大户人家，共有 13 人。他一死，家中亲人为他连续做了四天四夜的道场来超度他。鼠疫一发，他们家中因传染致病而死者 9 人。前来参加他丧事的很多村民都感染了鼠疫。此后，村里天天都有死人。10 月的中、下旬发生死人时，村内村外的亲戚朋友还照常来奔丧，后来不少外来奔丧的亲友也纷纷致病而死，如此一来，外村的亲戚朋友谁都不敢来崇山村奔丧了，崇山村人变成了举目无亲的弃儿，外出逃生到近邻村庄，外村人知道是崇山人就不准进村，视他们为魔鬼，崇山人只好在家等死。当时，因不知道病因真相，崇山村人以为是触犯了当地的鬼神，特地请道士做法事超度他们，但疫情并无改观。家家户户太阳没有下山就关闭门户，怕鬼神入户；早晨太阳出来后才起床，村民们个个提心吊胆，惶惶不可终日，眼看着天天都有人死掉，害怕下一个就轮到自己，真是有今天不知明日，性命如灯，一阵风吹来，随时都会灭掉。

村民们的死法都不一样，但都一样悲惨。有位潘宝珠老太太染上鼠疫后，高烧不退，口渴难忍，竟然爬到天井边去喝阴沟水，一到阴沟边，连水都没喝上一口，就死在了阴沟边。31 岁的王六梅是个壮实的汉子，因为儿子寄养在岳父母家，白天还好好的，曾挑着两箩筐 120 斤重的稻谷去离六里远的丹山村，可是当天晚上就发病了。第二天，他的父亲知道病情，便把他抬回家，当晚就去世了。如此壮汉突然间暴病身亡，全家人都恐慌绝望起来。王宝炉的妻子陈春玲，65 岁，是位善良的老人，白天她还好好地去劝丙宏娘快把儿子送到外地去躲避这场灾难，哪里知道当晚，她自己就没了命！村里还有一位叫王樟汉的老人，妻子死后，病重无人照顾，想熬碗粥吃，支撑着身子去灶台边熬粥，结果粥未烧好，人就闷死在灶旁了。

最可怜的是孩子们，他们来到这个人世才活了几年的时间，也纷纷在这场灾难中送了命。有个叫王善余的 10 岁男孩，前一天晚上，还和邻居的堂姐王景云睡在一起，听王景云讲故事，听得津津有味，第二天就发病，第三天在病痛折磨中死去。16 岁的放牛娃王荣贵，发病前还骑在牛背上讲笑话、趣话，哼着山歌，很开心的，傍晚就发了病，次日凌晨天刚亮就去世了。还有一家三兄妹，5 岁的王明荣，4 岁的王春凤，3 岁的王明芳，前后不到 4 天，就都死掉了。这些小孩子发病前都活泼可爱，像花儿一样，谁知他们都还来不及领略和品尝人生的好滋味，就成了日军细菌战阴谋的牺牲品！

鼠疫开始时，大家都还有亲情在。一旦时间长了，亲情都断绝了。住在后山背的王焕海一家为了逃避死亡，逃到野外去避难了。他的母亲年纪太大，行动不便就留在家里。结果发烧，因口渴得要命，身边又没有亲人，便艰难地爬出去向人讨水喝，但谁都不敢靠近她，视她为瘟神，唯恐一接近她，自己会没命。就连她的亲生儿子都只好眼睁睁地看着她爬滚而死。当时村民们死了之后，都不敢哭，怕人知道嫌弃他们，又怕日军知道了要拉去作标本。每户人家死了人都不敢声张，悄悄送到田里埋掉。

崇山村出现鼠疫疫情之后，立即引起了日军的“731 部队”和荣字 1644 部队这两支细菌战部队的注意，他们分别派了军医来到崇山，将距崇山村边的林山寺作为检验细菌战效果的实验场地，名之为隔离室。这些军医都是怀着不可告人的目的，为了检查日军所撒的鼠疫病菌的杀伤效果，是为了对鼠疫感染者进行人体进一步实验，为了采集感染力特别强的鼠疫病菌，为了采集病体器官制作标本，为更大规模的细菌战作准备。

我记得，当时有一批穿白衣大褂的日本医生来村里了，有翻译传话说：“皇军医生是为大家来医病的，通知大家都到后山背去打防疫针。”他们以治病为由，装出一副活菩萨的样子，很迷惑人。村民们哪个不想活命呀？只要有一线希望，都会去试一试，于是，都到后山背集中去了。日本医生把男女分成两队，逐个检查是否高烧，查淋巴是否有肿块，对发热和有淋巴肿的都叫出来关到碾米房隔离起来，不准出去。门口被封锁了，家人送饭只能由窗口送，人不准接触，搞了一天，大多数人都没有打针吃药，只是偶尔有几个人打过针。这段时间日军经常有人到村里来，一般都只有 20—30 人，每次来都有一部分穿白衣的医生，有的还戴着防毒面具，有时骑着高头大马到野外看死人新葬的坟墓。

大约 11 月上旬的一天，来了 40 来个日军和医生，通知把村里有病的人都送到林山寺，由日军给病人医病。两三天时间送到林山寺的有 40 余人。这段时间，日军医生寻找死尸解剖取标本，送县城化验，后来关在林山寺的病人，天天有死去的。日军从寺院抬到野外搞解剖，死在林山寺的赵六妹被她的 3 个女儿装入棺材抬去埋葬的路上，被日军拦阻，开棺倒出尸体解剖，开膛剖肚，挖取内脏，并砍下一条手臂作标本，把剩余尸体抛在野外，扬长而去。她的 3 个女儿心如刀绞却无力反抗，眼睁睁地看着母亲在日军的屠刀之下支离破碎。在林山寺的王仿死后，日军在野外解剖连尸体掷到何处都找不到。实际上，他们把尸体都扔到村外荒芜的地方，野狗们都来吃尸体，吃得七零八落，惨不忍睹。更惨的是吴小奶姑娘，当年 18 岁，发高烧时养母送她到林山寺医病，不料上午送进林山寺，日本医生当天下午就将她进行活体解剖，她被捆在靠背椅凳上时，“救命、救命”的呼救声震撼了林山寺。稍有力气的张菊莲心感不妙，到厕所间，从一个洞口爬出逃回村，告诉村里人:“有病不要到林山寺，日本鬼子要拖去剖肚子，挖心肺的。”从此，一传十,十传百，村内有病的人，都采取保密，甚至死了也不敢哭出声，反而把尸体塞到隐蔽处，偷偷地抬到野外埋葬，因为农民认为死后尸体不完整，这是一种罪孽。埋葬时都没有坟墓，就在田里挖个坑埋下去，再把泥土填平，上面种上蔬菜。否则被日军发现，会被挖去剖肚子当标本的。

疫情发展到 11 月中旬，大约全村已死三百六七十人了，日军医生作了多次检查、隔离、尸体活体解剖，但死人越来越多。11 月 18 日早晨，许多人还没起床，日军 100 多人已包围了整个崇山村，通知所有村民到后山背集中，每户带一条棉被去消毒，一进后山背的人就出不来，只准进不准出，整个人群都被轻重机枪包围。上午 9 时许，日军分三路进村烧房屋，一下子火光冲天。这时候在山背里的村民看着自家的房屋被烧，无不呼天唤地，捶胸顿足。不少人发狂痛哭昏了过去。一时间，枪声、哭声、咆哮声、火烧声、房屋倒塌声连在一起，上演了一幕人间悲剧！青年王荣森眼看家里五间房子起火，不顾一切冲出去灭火，被日军开枪击中。王荣其拎着两只水桶，从田野跑来救火，也被日军开枪击中，受伤倒地不起。日军命令村民，谁也不准去灭火，否则一枪打死。约两个月时间，先后被骗进林山寺的村民有 40

多人，除了少数几个人发觉寺内阴森恐怖，逃离虎口之外，其余人全部惨死寺中。林山寺的日军一不给村民打针，二不给村民吃药，全把他们砍手断足、剖腹挖心，既从尸体中采集标本，也从活体解剖，真是丧尽天良，天理难容！林山寺本是佛门清净之地，日军竟然把它变成了杀人屠场、人间地狱，犯下了滔天罪行！

我父亲兄弟五户也在其中，全被烧光，我跟父母亲借住在一所庙宇里，只有一间厢房。从此失学，无法再读书了。

大火在崇山村整整烧了一天一夜，这个有着 600 年历史、凝聚了几代人心血的村庄，被日军几把火烧成了一片废墟。全村 300 多户 1200 多人，在这场鼠疫灾难中，共死了 396 人，被烧住房 200 多户 420 间，700 多村民无家可归，有 20 多户全家死绝，并殃及周邻农村，如塔下洲村死了 103 人，张村死 61 人，东河乡 5 个村死 101 人，官塘下村死 35 人，江南井头等 23 个村死亡 769 人。他们在失去亲人的同时，又失去了赖以生存的家园，真是雪上加霜，不少村民受不了这多重打击，怀恨而死。他们对侵华日军痛恨到了极点，恨不得吃其肉扒其皮！

血泪控诉细菌战暴行

叶赛舟　薛培泽　杨大方*

鼠疫细菌害死我三位亲人

叶赛舟（家住衢州市区讲舍街 15 号）：

1941 年春天，衢州上空日本飞机空袭，衢州城内自此鼠疫流行。

我的祖母和伯父母住在疫区下营街 15 号，开了一家粮食、茶叶等杂货店。伯父叶松元，时年 40 多岁，个子高大，身体健壮，2 月的一天，突然感染上鼠疫病。据伯母诉说，伯父发病后头痛、高烧、口渴、腋下及腿根淋巴结肿大，医治无效，不到两天就死了，而且死得极为痛苦。伯父死后，伯母悲痛欲绝，相隔 20 多天也感染上鼠疫，病倒在床。伯母病危时，64 岁的祖母相继发病。

当时，我和父母亲住在小西门祝家巷，幸亏不是疫区。噩耗传来，父亲愁得团团转，母亲急中生智，为了躲避防疫部门强制隔离，立即把伯母身边两个侄女（大的 10 岁，小的 8 岁）接到我家来，接着又跑到衢江对岸龚家埠头村雇了一只小船，托人趁夜深人静时偷偷地把祖母抬上了船。而伯母已

---

* 作者时为衢州居民，均系当年日军细菌战受害者和见证人。

经奄奄一息，帮忙的人不敢再抬了。尔后求托船老大将小船撑到下游浮石渡口，停靠在偏僻的山坡边。母亲不顾个人安危，孤身一个守在船上护理着疫病缠身的祖母，还从乡村土郎中那里买来退热的草药煎了来喂给祖母喝，千方百计想救活她老人家。

第二天天刚蒙蒙亮，母亲从船上赶回家来煮粥烧饭，早饭后为我们准备好饭后又匆匆离去。我和两个堂妹由父亲带着，步行到十多里外的浮石乡塔石塘岩洞躲避日机轰炸，直到傍晚空袭警报解除时才回家。当我们路过浮石渡时，父亲告诉我，祖母就在山边的那只小船上，由我母亲陪伴着。当时我多想去看看慈祥的祖母，她老人家多么的爱我疼我啊！可是父亲紧拉着我的手，说什么也不让我去，我只得在回家的路上一步一回头，眼看小船在夜幕中渐渐消失，只隐隐约约地看到一点微弱的灯光。

又是一个早晨，我和堂妹随父亲避敌机空袭轰炸到乡下，快到浮石渡时，发现那只小船不见了，只见前面溪边抬来一具棺材，我母亲扶着棺材边走边哭泣。差不多就在同一时间，后面又从城里抬来一具棺材，却无人送葬，两具白皮棺材朝着同一方向——浮石乡姜家坞村抬去。事后我才知道，后面那具棺材里躺着的就是我的伯母，她死得比祖母还惨。

当时我虽是个十多岁的孩子，但对日寇施行惨绝人寰的细菌武器在衢州犯下的滔天罪行记忆犹新，这一血海深仇今生难忘。

细菌战罪恶滔天

薛培泽（退休前是浙江省江山市文化馆馆员）：

1942 年我 13 岁时，家住离江山城 4 公里的一个偏僻小山村——郑家坞乡第 14 保五家弄。

在日军侵占江山的 1942 年 6 月至 8 月间，我曾两次被日军所抓，被迫做碾米、洗菜等劳役，前后有 10 天时间，亲眼所见日军对江山老百姓的残暴罪行，尤其是惨无人道的细菌战，使我终生难忘。

江山位于浙江、福建、江西三省交界处，境内有浙赣铁路及衢（衢州）—江（江山）—广（广丰）公路直达。在距城40公里内有两个军用飞机场（衢州飞机场、玉山飞机场）。离城50公里的仙霞关，素有“东南锁钥”之称，地势险要是兵家必争之地。

1942年6月10日，日军大城户兵团用飞机狂轰滥炸后侵占江山，对老百姓烧、杀、奸、掠无恶不作。地方士绅曾与日军谈判，要其“安民”。日军提出要以“一百担米、一百头牛、一百个女人”作为“安民”条件，士绅因100个女人不能办，谈判不成，故城里老百姓空无一人，乡下则白天上山，晚上回家，不时碰上日军，不是掳去服劳役就是被枪杀。

8月上旬，日军三次进攻仙霞关失败后，竟惨无人道地对无辜老百姓大肆屠杀，不但用明抢，还用“暗箭”。8月下旬，日军用其“731部队”培养的霍乱、伤寒、炭疽等病菌，投入水井，注入成熟的果子里，掺入饼子里，在城里及城郊趁撤退前夕身着便衣，化装成群众或中国军人，用菜篮装着毒饼沿路投放在树下、墙脚或农户门口及家中鸡窝顶、长凳上，或直接递给老人及孩子吃。在进行阴险毒辣的细菌战后，于8月23日，放火烧城，而后退出江山。

1942年8月10日，我同外甥赖清泉（当时12岁）躲在山上放牛，日军十多人上山搜索，看到牛后发现了我们，要我俩把牛拉来跟他们去。无奈牛已跑进水塘，赶不上岸，日军就用枪打，两头水牛活活被打死在水塘里。日军吆喝着，叫我俩到村子里抓几只鸡随他们进城，被关在城隍庙里服劳役。8月20日那天，同我一起给日军做劳工的青年人吕红双暗地里告诉我说：“看样子日本兵要退了，你俩赶快设法跑回家。”我俩便趁日军午休时，溜出大门，绕过岗哨，逃出县城，躲在稻田里，到晚上才连滚带爬地回到老家。

在一家人团聚之时，姐姐薛泉妹（清泉之母，当时35岁）也刚从七里桥（离我家10华里）哭哭啼啼赶到我家，诉说在七里桥家里的小儿子赖清漾（当时6岁）、大女儿赖双兰（当时9岁）、小女儿赖双花（当时4岁）3个小孩子，前天（8月18日）吃了日军装在菜篮里、放在竹棚下的饼子后，腹痛难忍，上吐下泻不止，拖了一天一夜就没命了。姐姐边哭边说：“这三个小孩子，死得真可怜啊！这一定是日本兵下毒药了！”姐夫赖世富当时避难在我家，咬牙切齿地说：“日本兵真是天煞星！连小孩也不放过，这血债一定要还呀！”我们连夜赶回七里桥，到姐家时，在一盏青油灯下，只见3个小孩躺在一铺没有稻草、没铺席子的床板上，个个蜷缩着，全身青黑色，满地排泄物，苍蝇蚊子乱飞，惨不忍睹，姐姐号啕大哭，姐夫欲哭无声，含愤以床板钉了一个小棺材，装进3个亲骨肉，托邻里帮忙，草草抬到山上去埋了。

那时，日军还在城里，我在姐家住了一天后，又与清泉一起，回到五家弄老家避难了。回家后，我与清泉都患病了。先是口渴，老是想喝水，喝水后腹痛就拉肚子，怕冷又怕热，吃不下饭，两三天就双眼凹进，骨瘦如柴，满身生疮，连坐都不会坐，只能躺在床上。幸好，当时我家有个在城里开“刘同寿堂”中药店的表姐夫刘仁武，因逃战难，把一批贵重中药材搬藏在我家。表姐夫看我俩病得这副样子，就给我俩切脉，说是患了“瘪螺痧”——中医对肠道传染病的总称。处方服了一个多月中药，才使我俩死里逃生。

七里村及附近的自然村中，受日军细菌战毒害死亡的不只是我姐姐一家三人，我知道被一次性毒死的还有赖香友（8岁）、赖三宝（6岁）、赖爱莲（4岁）、赖根莲（6岁）、赖江根（5岁）等5个小孩。赖根水食饼后大病一场，以黄泥水、萝卜籽汤灌服后未死，却已不能说话，变成一个哑巴。

十六底自然村（距七里桥半里路）刘石狮的父亲刘开华，1942年8月，日军退出江山前，从七里桥路边拣回十多个饼子（每个有杯口大小，微黄）分给在场的人吃，有的吃了半个感有药味，就不敢吃了。其中有个王明祥吃了一口后，分给弟弟王明会（14岁）吃，又拿了一个分给母亲刘鸣吃。当晚王明会、刘鸣就上吐下泻，后来不治而死。王明祥自己也吐泻不止，千方百计用萝卜籽泡汤解毒才保住性命。这个村子附近同时被毒死的有23人。

施水坊村的郑科位，讲述他的惨痛遭遇说：“1942年8月18日，突然有两个年约30岁左右的男人闯入我家，其中一人肩挑两饭篮米果，在我家中堂落座，从篮子里拿出一沓米果（5只），用牛皮纸包好，放在大凳上，祖母和我顿感欣喜万分。他们走后祖孙俩即将所送米果分食，米果略显黄色，有一股药气味。我因碍于气味，吞食不多。过了一会儿，上菜棚村王应盛叔在附近割稻到我家歇息，也吃了一些米果。第二天傍晚我腹痛不止，上吐下泻，全身难受，一家人围在床前痛哭，束手无策。幸好姑母抱着试试看的心情给我灌了些黄泥水，方才夺回了一条性命，祖母呢，幸亏当时姑母用桃仁给她治疗，经过多天，也总算留下一条命。伯祖母童家娘发作后，上吐下泻，全身赤黑，牙齿紧咬，休克后瘫在地上，本家郑炳才闻声赶来，他稍懂一点医术，见老人十指赤黑，连忙一个个用针扎，用嘴吮吸，谁料伯祖母得救了，好心的郑炳才却因此感染了病菌，于次日发作身亡！而王应盛叔也相继发病后，不治身亡。浮桥头村应元才胞妹郑春风（7 岁），猛虎竹村周日华胞弟郑可平（2 岁），也误食毒果先后夭折！其周围村庄，共误食日军掺有霍乱菌的毒米果的共有 24 人，其中有 20 人病死。”

细菌让我家破人亡

杨大方（1932 年生于衢州）：

礼仪之邦、富庶之地的衢州，在 20 世纪 40 年代遭到了空前的劫难。1940 年 10 月 4 日上午 9 时，一架载着侵华日军“731 部队”所培养制造的鼠疫细菌武器，在其司令官石井四郎的亲自指挥下，在衢州城西美俗坊、县西街、水亭街、上下营街一带上空低空盘旋，撒投带菌的跳蚤和麦粒、麦麸、粟米、黄豆等毒物。

当时上述地区的罗汉井巷和柴家巷居民区，地面上就见到许多跳蚤纸包和死活跳蚤，居民黄学林家的金鱼缸也落有跳蚤，大家议论纷纷。当时上营街的阜成纸庄经理许静山打电话向县防护团和卫生院报告，当日午后衢县政府令卫生院收集日军空投物及跳蚤，于次日派人送省卫生试验所检验，检验确认“属人鼠共同蚤，带有鼠疫杆菌”。

当月中旬在城西居民区还多次发现自毙鼠，上营街居民李明江等人患急病死亡，其发病均有头痛、发热、恶寒、淋巴结肿胀等症状，疑似鼠疫传染病。接着 11 月 12 日上午，柴家巷 3 号吴仁厚的 12 岁女儿吴土英发病就诊，经县卫生院抽淋巴液检验确认为鼠疫。当日下午相邻的罗汉井巷黄权之妻和佣人也发病确认为鼠疫，她们皆在4—6天内死亡。从11月12日至12月5日的24天内，共发现患鼠疫的病人22名，死21人，病死率高达95.4%。

在这段时间内，当时政府曾在11月22日召集紧急会议，决定立即成立衢县防治鼠疫委员会，封锁疫区，设立隔离病院和留验所等，并于25日宣布10项应急防疫措施，其中有学校停课、统一安埋病尸、封闭及烧毁疫户住宅，打预防针和加强宣传，动员居民灭鼠等等，并在12月24日由县政府下令烧毁李清芳、江清林、黄权等10户34间房屋。其时人心惶惶，民众害怕隔离、烧房，而出现疫户隐瞒疫情、将病人和病尸转移到农村等现象，结果到1941年鼠疫已蔓延衢城58条街巷和城郊12个自然村。

就在这一年，我家也遭到极大的灾难。我的父亲杨惠风，在衢城南街开设惠风钟表眼镜店已有十几年。父亲很能干，修表技术又好，且有我叔叔帮忙，生意兴隆，全家生活美满。当时全家分住两处，母亲和我的两个哥哥、两个妹妹住在棋坊巷4号，我一直受父母的喜爱，住在南街店里。

父亲身体很好，我从未见他生过病，他自信也不会得什么传染病。因我们店距封锁的疫区县西街不足300米，且店内老鼠一直灭不完，结果在1941年3月下旬，父亲突然因头痛发烧乏力而病倒了，母亲马上请县卫生院来医治，但无特效药，因而病情加重，高烧不退，吃不下，睡不好，父亲整日呻吟，全身淋巴结肿大，痛苦万分，我母亲急得到处求医，使用各种办法均无效。父亲发病不到一周，在3月28日中午停止了呼吸，年仅39岁。我永远忘不了父亲那双渴望求生的眼睛看着我和母亲，当时我才9岁，于是跟着母亲哭呀哭呀！这时防疫部门来人将我和母亲带走，送往衢江船中隔离，父亲的遗体由防疫人员用白布一裹，连个棺材也没有，就这样运往城西乡下花园岗深埋，至今尸骨下落不明。

当时南街的店铺即被查封，财物被洗劫一空，不久店铺也被日本飞机炸毁了。我和母亲被隔离半月后，回到棋坊巷住处，年老久病的祖母因我父亲突然死亡而悲痛万分，因精神刺激太大而逝世了。不久，又传来消息说回到乡下的叔叔突然也染鼠疫病逝。接着我的四舅母江卸妹和她家父母、祖母（住在美俗坊）也全传染上鼠疫而死亡。四舅舅随着国军外出抗日去，我那正在乡下读书的大哥当时才 15 岁，为了抗日也跟四舅舅一起离开了家乡，就这样一个幸福美满的家庭，被日军的细菌战，搞得家破人亡、骨肉分离！想不到大哥和舅舅这一走，到 1988 年以后他们才从台湾回来探亲，我们兄妹五人一别 47 年才相见。

而我母亲则因精神上受到打击，加上长年劳累积劳成疾，早在 1952 年就离开人间。据 1941 年当时不完全的统计，这一年衢州城区因鼠疫传染致死在 306 人以上，其中因患鼠疫而全家死绝的有 17 户，一家死三口以上的有 20 户，死两口的有 39 户，遭鼠疫危害而家破人亡、妻离子散的有 54 户。这就是侵华日军给衢州人民造成的人间大悲剧啊！

我耳闻目睹的还有，1942 年 5 月侵华日军发动“浙赣战役”侵占衢州城，8 月又再次对中国守军阵地和农村居民点空投带菌跳蚤，并对设在城郊沙湾等地集中营的千余名中国伤病战俘给吃含有伤寒、痢疾菌的米饭、馒头作细菌试验，并在 8 月底撤退前夕，将全部中国战俘用铁丝穿过锁骨串连在一起，用汽油烧和机枪扫射致死，真是惨无人道啊！ 9 月后衢州城乡又发生鼠疫、伤寒、痢疾等传染病大流行，其中鼠疫已流行到 13 个乡镇，死亡 2000 多人，而伤寒、痢疾的发病和死亡人数更多，数以万计。同住衢城的郑发明老人，说起自己的惨况泣不成声：1942 年 8 月，他与祖母、养父母住在溪上村，全家 4 人全烂脚，只剩下他 1 人幸存下来，但他的左脚烂的情况一直未能治愈，几十年来天天吃药、涂药，仍经常疼痛，奇痒异常，伤口经常渗血，真是难受至极，痛苦万分。这些活生生的事实，说明细菌战是侵华日军最残暴的行为！也是人类历史上不可饶恕的滔天罪行！

侵华日军生物战罪行考

万学峰　王季红*

日本是第二次世界大战生物战的始作俑者。据不完全统计，日本在侵华战争期间，至少有 27 万名无辜中国民众惨死于日军的生物战之下。

日本侵华战争生物战概况

日军在侵华战争中推行生物战，时间长、范围广、手段多样。据统计，日军曾在我国的 20 个省内进行细菌战。仅据中央档案馆出版的《细菌战与毒气战》一书的事例统计，有据可查的就有 27 万名无辜民众惨死于细菌战中，其中不包括军人死亡及其他媒体披露细菌战的伤亡。

1927 年，日本军国主义的"田中奏折"出笼时，日本军医大尉石井四郎就献计:"缺乏资源的日本要想取胜只能依靠细菌战的支持。"他的建议得到日本军部的支持，随即派他出国考察。石井于 1930 年回国后，在陆军军医学校成立了生物战研究室（对外称防疫研究室），研制了石井式细菌培养箱，并生产了细菌战剂。在 1931 年日本侵占我国东北后，石井建议将研究

* 本文系作者根据调查资料整理而成。

基地迁往我国东北。日本军部当即批准了石井的要求。日军开始在我国东北建立生物战研究、生产、试验的基地，并陆续在各战区建立生物战组织机构。

1932 年，日军在中国东北黑龙江省背阴河地区建立了细菌实验部队。1936 年，根据日本天皇密令，侵华日军在哈尔滨设立“731 部队”，主要从事针对人体的细菌武器研究和开发。继“731 部队”之后，日军在长春、北平、南京、广州等诸多城市都设立了生物战部队。这些部队共有 60 个以上支队或派出机构，参与人数超过 1 万人。日军研制的生物战剂主要有鼠疫、霍乱、伤寒、副伤寒、赤痢、结核、炭疽、鼻疽菌等，并已具备较大生产规模。

日本侵华战争生物战部队

日本侵华战争期间，生物战的研究与实施，以“731 部队”为主，同时还在各战区建立了相应的生物战部队和细菌工厂。

（一）关东军第“731 部队”

关东军第“731 部队”（对外称防疫给水部本部）的前身是 1933 年在我国东北黑龙江省五常县背阴河建立的石井部队，对外称加茂部队。该部设有细菌战剂工厂、人体试验室、靶场和监狱，并有铁路专线和飞机场，在哈尔滨设本部办事处和防疫给水部门。在背阴河期间，石井部队利用关在监狱内的“犯人”进行了大量的人体试验，验证了细菌武器的有效性，研制了大量细菌战剂。1936 年，根据日本裕仁天皇敕令，石井部队迁至哈尔滨平房，扩大组建为东乡部队，1941 年启用满洲“731 部队”番号。

“731 部队”下设 8 个部：细菌研究部，下设负责鼠疫、病毒、昆虫、赤痢、霍乱、病理、血清、伤寒、药理、立克次体、传染研究的各个班；细菌实验部，从事用动物和活人进行细菌试验；防疫给水部，辖有滤水品制造厂、细菌瓷弹壳制造厂，并生产土陶制成的细菌弹壳；细菌生产部，进行各类细菌的生产，包括从细菌繁殖到细菌武器装配的全套工序；还有总务部、训练教育部、器材供应部、诊疗部等。

“731部队”直属4个支队、1个研究所，包括海拉尔支队、孙吴支队、牡丹江支队（又称海林支队）、林口支队。此外直属大连卫生研究所，该所设细菌、病理、化学、卫生、血清、疫苗等科，在研究的同时，重点生产疫苗和血清，满足“731部队”各支队的需要。

（二）满洲第100部队

满洲第100部队是1936年在长春原关东军马疫研究所的基础上根据天皇敕令扩建的，与“731部队”是孪生的一对恶魔。第100部队对外称关东军兽医预防部，实际是一支对牲畜及农作物进行细菌作战的部队，1940年以后，在大连、海拉尔、佳木斯、拉克建立支队。苏德战争爆发后，关东军所属军团均建立兽医部队配合100部队的细菌战活动。

第100部队下设5个部。第1部负责实战研究。第2部负责各种细菌、病毒的研究和生产。第3、4、5部分别负责生产血清疫苗、饲养动物和教育训练。

（三）在各战区的生物战部队

1938年7月，侵华日军在18个师团中均建立了防疫给水（生物作战）部队，随各师团活动。1939年，在华北、华中、华南各设立一个规模较大的细菌战基地和部队，在十多个中等城市设立支队和建造细菌工厂。各战区的细菌部队直属于日本陆军参谋部登户研究所，并接受各地区派遣军司令部领导，业务技术上接受“731部队”指导。

1. 华北北支甲第1855部队

对外称第151兵站医院，又称西村部队，驻北平，本部在北平先农坛，共约1500人。下设检验课、生产课和细菌武器研究所，培养了霍乱菌、鼠病菌等，并大量饲养作为媒体的老鼠、跳蚤、苍蝇、蚊子等，还在天津、济南、徐州、开封、石家庄、太原等设立了13个分部。

2. 华中荣字第 1644 部队

又称多摩部队，驻南京，并在上海、杭州、南昌、武汉、安庆等建有 12 个分部，共约 1500 人。日俘供认，本部内“每 5 天可生产 10 公斤浓缩活细菌浆”，也进行大量繁殖带鼠疫菌的跳蚤，生产的细菌包括霍乱、伤寒、鼠疫、赤痢等。

3. 华南波字第 8604 部队

对外称南支那派遣军防疫给水部队，本部驻广州，在华南的各大中城市设 12 个分部，共约 1200 人。1942 年初，香港居民为逃避战火及日军征粮所迫，30 余万人纷纷北上广州，大多进入南石头粤港难民收容所。日军随即制造了利用细菌战剂大量屠杀难民的罪行。目击者曾看到一次掩埋上千具尸体。

日本侵华战争生物战罪行实例

据考证，侵华战争期间，日军在细菌武器试验中、在反游击作战中、在配合正面作战中以及为造成我后方传染疾病中，均采取多种手段使用细菌武器。除正规生物战部队外，在华各日军陆军医院、各部队防疫给水部甚至常规部队、普通医院、医学协会组织等也都参与生物战，包括人体试验、活体解剖、细菌培养和撒播等。

（一）人体试验和活体解剖

石井四郎等的人体试验和活体解剖，其残忍程度堪称世界之最，其规模在人类史上绝无仅有。为研究病菌杀伤力和传染性，日军将试验菌注入人体或迫使口服。如日俘山下升供认：“1943—1944 年，我们队每天用 10—20 人进行试验，用灌的方法有 400 多人，进行皮下注射的有 250 人，试验后有 3 天死的，有 7 天死的，没有死的送回监狱下次再试验。死去的人拉去火烧，有的当时还有气，也拉去火烧。”在 1940—1945 年间，已公认在哈尔滨平房“731 部队”本部进行细菌试验杀害了 3000 余人。

人体试验及活体解剖还推广到各地的分部，扩大到各地所有日本在华医院。如原在山西潞安陆军医院工作的军医汤浅谦在证词中说：“在该医院学习外科手术时，就活杀过14名中国人。非常多的军医、护士和卫生兵都参加过活体解剖。当时只觉得在杀一条狗，那种事几乎是家常便饭。”据1995年3月18日美国《纽约时报》文章估计，日军以各种研究杀害的人至少有20万，其中主要是中国人。

（二）日军在华北地区的生物战

日军侵占华北后，不断遭我敌后根据地军民抗击，日军遂实行绥靖作战，包括以细菌武器屠杀我抗日军民。仅据《细菌战与毒气战》一书的披露就有38例，估计杀害我华北民众数十万人。

1938年8月，日军在华北各铁路、公路沿线遭我袭击后，即对重要村镇水井大量施放霍乱、伤寒等病菌，一月之内造成我民众死亡4—5万人。国际红十字会驻华负责人当即提出指控。1939年8月，日军撤出河南濮阳时，在水井中投放伤寒菌；在冀西赞皇竹村投放霍乱菌，造成60余人伤亡。1942年1月，日军“扫荡”河北定县撤退后在油房镇遗弃大量感染鼠疫的死鼠，仅油味村染病死者即70余人。1942年2月，敌机袭击五原、临河后，2—3月间，五原、临河、安北、东胜各县鼠疫流行，死亡者超过500人。1942年日军频繁施放细菌，除上述外，在冀中正定、深泽，山西武乡、榆社、和顺、五台等地均施放鼠疫、伤寒菌。如五台县麻子岗村48人患伤寒，一周内死亡35人。日俘供认：“在榆社、和顺投放伤寒、霍乱是旅医务室所为，向炊具上或向水缸、水井中投放。在山西五台的施放是由日军第一军细菌组布撒的。”

（三）日军鲁西霍乱作战

1943年1月，日军第五十九师师长细川忠康根据第十二军的命令，要求师军医部及防疫给水班于8月底之前作好细菌战准备。9月上旬，由步兵第四十四大队在距临清县城500米处。将卫河决口，并将霍乱菌投入水中。

大水冲开决口约 150 米，造成卫河流域的临清、馆陶、丘城、武城等县严重水灾及霍乱传播。至 10 月下旬，估计在鲁西上述 4 县及冠县、堂邑、观城、阳谷等地，共有无辜民众 20 万人被霍乱菌所杀害。

（四）日军在浙江的生物战

“731 部队”自 1940 年起，进行了 3 次“远征作战”，即 1940 在浙江、1941 年在常德、1942 年在浙赣作战期间进行的生物战。这 3 次生物战都是根据日本大本营的命令，以“731 部队”为主，在南京荣字第 1644 部队配合下，由石井四郎亲自指挥进行的。

为进行浙江细菌作战，日军总参谋长杉山元下达了大陆指第 690 号命令，匿名为“进行特种瓦斯试验”。其作战准备及实施过程在日军参谋本部作战参谋井本雄南的业务日志中均有简要记载：“7 月 26 日‘731 部队’从哈尔滨出发，8 月 6 日与荣字第 1644 部队会合，到达杭州笕桥机场。同时，‘731 部队’将鼠疫病菌、伤寒病菌、霍乱病菌、脾脱疽菌等共 270 公斤用飞机运往南京，用于细菌作战。9 月，将宁波、衢县定为攻击目标，金华、玉山、温州、丽水定为候补目标。”

1. 对衢县的细菌攻击

1940 年 10 月 4 日 9 时许，日军飞机一架侵入衢县上空，撒下带有鼠疫杆菌的杂物，造成鼠疫流行。鼠疫流行至 1946 年共发病 328 例，直到 1953 年才被控制。

2. 对金华的细菌攻击

1940 年 11 月 27、28 日，均有日军飞机 2—3 架侵入金华上空，投下内含鼠疫杆菌的颗粒物，造成金华及邻县地区鼠疫流行。至 1940 年底，金华因鼠疫死亡 167 人。金华鼠疫的蔓延危及邻县义乌。1941 年 10 月 2 日，已在义乌发现死鼠及疫情，至年底共发生 308 例，死亡 259 人。1941 年 11 月，东阳也发生鼠疫，共 95 例，死亡 92 人，兰溪发生 36 例，死亡 12 人。

3. 对宁波的细菌攻击

1940 年 10 月 27 日 14 时，日机两次入侵，撒下携带鼠疫杆菌跳蚤的面粉、麦粒，造成鼠疫流行。至 11 月 5 日，已有 43 人死亡。此后，疫区中心共死亡 106 人。由于疫区人员外流，发现疫区外鼠疫患者及死亡者 95 处。被焚烧的疫区成为一片废墟，被称为“鼠疫场”，直到 20 世纪 60 年代后期才被重建。

（五）日军在湖南常德地区的生物战

据日军参谋本部业务日志证实，1941 年 11 月 4 日，日军对常德的细菌攻击，也是根据“大陆指发令实施”的。日志还记载“4 / 11（11 月 4 日）晨，接到报告说目标方向天气良好，一架 97 轻型飞机起飞。增田少校驾机，到位后雾大，降低高度搜索，决定在1000米以下实施，投鼠疫跳蚤36公斤。其后岛村参谋搜索。6 / 11（11 月 6 日）常德附近开始中毒流行。20 / 11 前后猛烈流行。”11 月 11 日，出现第一例患者，两日内死亡，尸体解剖认为是真性鼠疫病例。至 11 月 25 日已出现患者 44 例，死亡 40 例。1942 年继续发生 76 例。共死亡 106 人。

（六）日军在浙赣战役中的生物菌战

1942 年 5 月 27 日，石井四郎在参谋本部参加了准备协调会，由“731 部队”和南京荣字 1644 部队共同负责实施浙赣战役生物战。7 月，南京荣字 1644 部队在金华散布了霍乱、伤寒、赤痢菌。但由于中国军队撤退快，行动未果。8 月 19 日，日军陆续开始撤退。“731 部队”对广信、广丰、玉山用鼠疫菌攻击，在常山、江山用霍乱菌攻击，在衢州、丽水用伤寒、副伤寒菌攻击。据井本日志记载，“赣州、建瓯等依然低空播撒，‘桂林、衡阳的攻击’可协同炸弹一起行动”。9 月 21 日，日军向义乌崇山村投掷一枚鼠疫杆菌炸弹，造成鼠疫流行。鼠疫在崇山村流行两个月，死亡 386 人。邻村鼠疫感染死亡近千人。1997 年 8 月，崇山村及宁波、衢州、义乌、江山及常德市等 6 地居民约 100 人向东京地方法院提起诉讼，要求日本政府就日军实施大规模细菌战进行道歉及赔偿损失。

第三次长沙会战

第三次长沙会战兵力部署及战斗经过

赵子立　王光伦*

一、会战发生前敌我态势

（一）日军的兵力和概略位置

第三次长沙会战距第二次长沙会战仅两个多月，日军的兵力和位置与第二次长沙会战前同，赣北、赣中仍是第三十四师团、独立第十四旅团，鄂南、湘北仍是第三、第四十师团等两个师团。

至 1941 年 11 月下旬，据前方部队及派在日军后方的情报人员报称：赣北日军又有减少，并且又缩小阵地，连西山车站地区都放弃了，在赣江以西修水以南仅守生米街、牛行、西山、安义、靖安、滩溪等据点。旋又据报，湘北日军增加。最初，对于这种情况颇为怀疑，认为第二次长沙会战后才两个月，难道日军又要进攻吗？至 12 月 7 日日本袭击了美国海军基地珍珠港。8 日太平洋战事爆发。这时认为日本既袭击了珍珠港，它与同盟国在太平洋、在亚洲的战争将不可避免，它将由中国战场调出兵力。它的兵力愈小，愈要

---

*　作者赵子立时任第九战区司令长官部参谋处处长，王光伦时任第六十军第一八三师营长。

以攻为守，它将要调去的兵力集中起来再把我军“扫荡”一次，以消除中国而后进攻的威胁，是很有可能的。于是再通令各部队，迅速完成作战准备。

（二）第三次长沙会战时的战斗序列

司令长官薛岳，副司令长官罗卓英、杨森、王陵基，参谋长吴逸志，指挥下列部队：

（1）第十九集团军代总司令刘膺古，指挥：新编第三军杨宏光，辖两个师：第一八三师李文彬（当时王光伦即在该师任营长），新编第十二师张与仁。第二挺进纵队康景濂。该集团军的第五十八军仍在湘北归第二十七集团军指挥。

（2）第三十集团军王陵基，参谋长宋相成，指挥：第七十二军韩全朴，辖两个师。第七十八军夏首勋，辖两个师。

（3）湘鄂赣边区挺进军总指挥王劲修，指挥暂编第五十四师孔荷宠及四五个挺进纵队。

（4）第二十七集团军总司令杨森，参谋长杨鉴黎，指挥：第二十军杨汉域，辖两个师：第一三四师杨干才；第一三三师夏炯。第五十八军孙渡，辖两个师：新编第十师鲁道源，新编第十一师梁得奎。第三十七军陈沛，辖3个师：第九十五师罗奇，第一四〇师李棠，第六十师董煜。王翦波挺进纵队、聂聘三挺进纵队、王作楫挺进纵队。以上各部除第二十军外，其余在名义上虽归第二十七集团军指挥，在实际上均是薛岳直接指挥。

（5）战区直辖军师：战区直辖军，似3个：第四军欧震，辖3个师：第五十九师张德能，第九十师陈侃，第一〇二师柏辉章。第十军李玉堂，辖3个师：第三师周庆祥，预备第十师方先觉，第一九〇师朱岳。另外一个军记不清（或系第七十三军彭位仁）。战区直辖师：暂编第五师郭汝瑰——它是一个独立师，会战前在第六战区，会战开始后，调第九战区，会战后编入了第七十三军。

（三）会战开始前的部署

第十九集团军：新编第三军在高安、奉新地区，与南昌以西及安义、靖安的日军对峙。它以新编第十二师在锦江口—淞湖—高邮市（含）之线，占领阵地，师部驻珠湖；以第一八三师主力在大城—赤田—奉新—草坪—肖坊之线（在奉新西北）占领阵地，一部控置于奉新西北地区；师部驻肖坊（在故县西北），军部驻卢家圩（在高安西南）。康景濂纵队仍以九仙汤为根据地在九岭山山区活动。总司令部驻上高附近。

第三十集团军：主力在澧溪地区对东北占领阵地，与武宁方面的日军对峙；一部控置于修水县城附近。总司令部驻渣津。

湘鄂赣边区总部所属各部队，以九宫山、大湖山为根据地在幕阜山脉地区活动。

第二十七集团军：第二十军主力在南江桥地区占领阵地，与通城方面日军对峙；一部控置于平江以北地区，第五十八军主力在新墙河南岸占领阵地，与北岸日军对峙；一部在汨罗江口至新墙河口间任洞庭湖东岸湖防。第三十七军一部警备长乐街—五公市—新市，主力控置于鹰江—蒲塘—栗山巷。第九十九军担任汨罗江口—营田—湘阴—临资口线洞庭湖东南岸湖防，主力控置于湘阴以东地区。王翦波、聂聘三、王作楫纵队在通城、崇阳、临湘间地区活动。总司令部驻平江附近。

第十军控置于长沙、株洲地区。第七十三军当时驻宁乡、益阳地区为战区预备队。

二、作战计划的修正

从第一次长沙会战、上高会战，尤其第二次长沙会战中，可以看出1939 年春策定的作战计划有下列几个问题：怎样进行逐次抵抗的问题；怎样切断日军退路的问题；选定决战地区的问题；怎样吸引日军进攻长沙的问题。

基于以上问题，修正计划如下：

敌情判断

敌人再向本战区进犯时，仍有两个可能：

（一）以全力由湘北进犯，重点仍保持于它的左翼，索取我军右翼包围攻击。

（二）以主力由湘北进犯，其重点指向与上项同；各以一部分由南昌、武宁、通城进犯；策应湘北的作战。

作战方针

战区以诱敌深入后进行决战之目的，敌进攻时，以一部兵力由第一线开始逐次抵抗，随时保持我军于外线，俟敌进入我预定决战地区时，以全力开始总反攻，包围敌军而歼灭之。

指导要领

（一）敌以全力由湘北进攻时，预定在长沙外围与敌决战，决战时重点保持于长沙以东地区。

湘北守军于敌人进攻时，（Ⅰ）先应利用既设工事拒止敌人。（Ⅱ）继应：（1）一面采取逐次抵抗以消耗迟滞敌人，在逐次抵抗中，敌压迫我左翼时，可作适当的抵抗；敌压我右翼时，应主动先撤退左翼再适时撤退右翼，不得陷入内线，招致失败。（2）一面在逐次抵抗中，适时作如下处置：以一部向梅仙、平江以东外线转移；以一部分别潜伏于汨罗江、捞刀河间各偏僻地区；以主力向相公市、沙市街（在指导要领（二）时，为高桥，路口畲）以东外线转移。（Ⅲ）而后：（1）各潜伏部队，俟敌大部队通过后，自动起来，攻袭敌后，并阻止敌军撤退；（2）于总反攻时，待命以一部向西进攻，扼守汨罗江北岸遮断敌军退路；以主力向捞刀河以北攻击，使围攻长沙之敌不得退过捞刀河北岸。

赣中、赣北守军，于敌进攻时，应以一部守备原阵地，以主力向浏阳以东地区前进，于总反攻时待命由浏阳地区向长沙以东攻击。

战区直辖各军：以一部及炮兵占领长沙、岳麓山核心阵地，构筑坚固工事而确保之。直辖各军主力于总反攻时，待命由株洲、普迹地区向长沙以南攻击（在指导要领（二）时，为：待命由田心、跃龙市、永安以东地区，向长沙以东、以南攻击）。

湘北各挺进部队，于敌开始进攻时，在新墙河以北扰乱敌后；俟敌主力渡过汨罗江后，转移至新墙河以南地区活动；而后阻扰敌军的撤退。鄂南挺进部队于敌攻击开始后，集中力量，向蒲圻、临湘线，崇阳、通城线不断攻袭破坏，扰敌后方。

（二）敌以主力由湘北进犯，各以一部由南昌、武宁、通城进犯时。

1. 赣中、高安方面

南昌方面之敌沿湘赣公路进犯时，高安方面守军应利用现阵地拒止敌人；继应保持袋形态势向上高附近进行逐次抵抗，以消耗迟滞敌军；而后依该地区控制部队之参加，重点保持于上高东南，反攻敌军而歼灭之。

赣北挺进部队于敌进攻开始后，应向德安—南昌线，德安—安义线不断攻袭破坏。

2. 赣北修水方面

武宁方面之敌，经修水、铜鼓进犯时，修水方面守军应利用现阵地拒止敌人；继应保持袋形态势，向铜鼓附近进行逐次抵抗，以消耗迟滞敌军；而后依该地区控制部队之参加，重点保持于铜鼓东南，反攻敌军而歼灭之。

3. 鄂南通城方面

通城、崇阳方面日军，经白沙岭—长寿街进犯时，九湖山、幕阜山地区挺进部队应扼险阻止敌人，而后保持袋形态势向嘉义附近进行逐次抵抗，以消耗迟滞敌军；南茶、九宫山地区全部挺进部队应迅速向长寿街方向前进，由东向西进攻敌军左侧背。

梅仙、平江以东部队，必要时应以一部由西向东进攻敌军右侧背。

4. 湘北南江桥、新墙河方面

湘北守军，战区直辖各军及炮兵的行动，见指导要领（一）。湘北各挺进部队的行动与指导要领（一）的指导同。

兵团部署

第十九集团军应以主力守备高安、奉新方面现阵地，以一部控置于上高附近。

（1）敌以全力由湘北进犯时，应抽一个师向浏阳以东前进，待命归第三十集团军指挥，向长沙以东攻击。

（2）敌以一部沿湘赣公路进犯时，第一线部队先应利用现阵地拒止敌人；继应进行逐次抵抗；而后依控制部队之参加，在上高附近与敌决战。康景濂纵队应向德安—南昌线、德安—安义线不断攻袭破坏。

第三十集团军应以主力守备澧溪方面现阵地，以有力一部控置于修水附近。

（1）敌以全力由湘北进犯时，以一部守备现阵地，以主力向浏阳以东前进，并指挥第十九集团军一个师，待命向长沙以东攻击。

（2）敌以一部由武宁方面经修水、铜鼓进犯时，第一线部队先应利用现阵地，拒止敌人；继应进行逐次抵抗；而后依控制部队之参加在铜鼓附近与敌决战。

湘鄂赣边区总部所属各挺进部队，应以九宫山、大湖山为根据地在幕阜山脉地区活动。

（3）敌以全力由湘北进犯时，应集中力量向蒲圻—临湘线、崇阳—通城线，不断攻袭破坏，策应湘北的作战。

（4）敌以一部由崇阳、通城方面经白沙岭、长寿街进犯时，以幕阜山、九潮山方面部队先行扼险阻止敌人；继应进行逐次抵抗；而后依南茶、九宫山方面部队，参加在嘉义附近与敌之决战。

第二十七集团军：第二十军应守备南江桥方面现阵地，敌以全力或主力由湘北进犯时，应先利用现阵地拒止敌人；继应一面逐次抵抗，一面向梅仙、平江外线转移；而后待命向西进攻扼守汨罗江北岸，断敌归路，或依情况派一部向窜至长寿街地区之敌攻击。第五十八军应守备新墙河方面现阵地，敌以全力（主力）由湘北进犯时，先应利用现阵地拒止敌人；继应一面逐次抵抗，一面向长乐街至三眼桥、汨罗江南岸转移。第九十九军应守备湘阴至临资口、营田现阵地。第三十七军主力守备长乐街以西汨罗江南岸现阵地。敌向汨罗江进攻时，第五十八、第三十七军一方面由汨罗江继续逐次抵抗；一面以主力向相公市、沙市街（高桥、路口畬）以东外线转移，以一部潜伏于汨罗江、捞刀河间偏僻地区。俟敌大部队通过后，潜伏部队自动起来攻袭，并阻而后敌军的撤退。俟总反攻，待命以主力向捞刀河以北攻击。

第十军控置于长沙、株洲地区，加强长沙工事，准备固守长沙。

由七战区增援第四军控置株洲、衡山地区，准备协同新增部队，向长沙以南或以东以南攻击；并依情况（敌单独由赣中或赣北进犯时）准备参加上高或铜鼓方面的决战。（余略）

这个计划除了上述敌情判断、作战方针、指导要领、兵团部署外，并有兵站设置及补给、交通、通信、设施及破坏等项，还附有各种要图，铅印了厚厚的一册，发给军长以上人员研究；并让各集团军按照计划规定的任务和行动，侦察地形，制定局部计划，报长官部备核。这个计划发下不过一个多月，就发生了第三次长沙会战。长官部及各部队对这个计划，记忆犹新，所以一切指导和行动，全战区都是一致的，都能符合这个作战计划的要求。

三、战役经过概况

第三次长沙会战，开始于 1941 年 12 月中旬，至翌年 1 月中旬，约一个月。日军除了留置在原驻防上的兵力外，使用了约 20 个联队的兵力，由湘北南犯，重点保持于原通城至长沙公路与杨林街—长乐街—青山市—长沙道间地区。兹将各阶段的战斗，概述于后。

（一）南昌方面日军的佯攻

南昌方面的日军于战役开始时，分由生米街、安义两地出动。生米街的日军，大部向高邮市，一小部向大城进攻，战斗的情况不清楚。守高邮市的是新编第十二师，多系新兵，战斗力不强，只听说该师第三十六团团长冯天祥被撤职了，不知是否因此次作战的关系。安义的日军分两路，一路由原安（义）奉

（新）公路，一路由原安奉公路以东向奉新进攻。守奉新的第一八三师，以一团守奉新，以王光伦率两个营由奉新以北向西侧击敌人。在战斗中发现敌军两路不过三四千人，炮三四门，知道它没有大的企图，战斗了三日，日军就撤退了。

（二）新墙河、南江桥方面的战斗

日军开始进攻时，亦如既往，是很猛烈的。它的正面是由新墙河口到南江桥，它的重点是在左翼。第二十军、第五十八军在新墙河南岸及南江桥阵地，一度拒止日军后，第二十军一面逐次抵抗，一面向梅仙、平江以东地区转移；第五十八军一面逐次抵抗，一面向长乐街—浯口—平江—三眼桥的汨罗江南岸之线转移。

（三）战役初的措施

战役刚开始，就督促第十军军长李玉堂，迅速将长沙的工事再行加强，并让在长沙的炮兵和工兵均归李玉堂指挥。由于会战开始时，奉新、高安方面都在战斗中，又因新编第十二师多系新兵，因此虽然知道南昌方面日军是佯攻，也决定不再按计划调新编第三军参加湘北的会战。战役开始后，就让第三十集团军以一部守澧溪方面原阵地，让王陵基亲率主力向社港市、相公市以东地区前进；让战区参谋长吴逸志率长官部大部人员去耒阳，在前方的人员组成指挥所，参谋处留前方人员移往唐公馆办公。

（四）长沙工事的构筑

长沙的工事，自 1939 年以来就开始构筑，但从来就不重视、不认真，所以并不坚固。第一、第二次长沙会战时，日军都没有攻长沙城，这一次要诱致日军进攻长沙城，必须要把工事构筑坚固。长沙市民踊跃捐输材料，并大力协助军队施工。工事采取地堡式，西面依托湘江，对北、对东、对南呈一个半圆形，工事的外围似由麻园岭—朱家花园—杜家山—二里牌—黄土岭—妙高峰—猴子石之线，一层一层地向里构筑，愈向里强度愈增加，约以中山路西段—黄兴路—八角亭—南正街—坡子街以南概略线上的核心工事为最密最强，由北向南，由东向西，由南向北的街道口都有铁丝网拒马封锁，各街道上都有由地堡和建筑物内发射出的火力封锁。至于湘江水路，不仅长沙以北封锁了，连长沙以南似在猴子石附近也封锁了。新墙河战斗开始后的几天，长沙的工事不分昼夜地施工。第十军军长李玉堂整天在阵地上修正地堡的位置和射击孔的方向，规定火网的编成，饿了就在阵地上啃馒头、喝点水，积极督修工事，准备应战。

（五）汨罗江的战斗

汨罗江南岸，由第三十七军、第五十八军任守备，第二十军在平江及平江东北全阵地对北略呈反八字形。日军的攻击正面在汨罗亘平江间，其攻击重点保持在长乐街方面。日军凭借优势大举进攻，我第二十军一度抵抗后向东退却，让开了平江，我第五十八军、第三十七军一面逐次抵抗，一面以主力向高桥、路口畲以东地区转移，同时以一部潜伏在汨罗江、捞刀河间偏僻地区。日军如狼奔豕突，由湘江至原长（沙）平（江）公路间汹涌南下，到达了长沙附近。

这次日军由新墙河到长沙附近约经过一个星期的战斗，在绪战中，日军的伤亡和疲劳都比我军大。我湘北各军虽然经过新墙河、汨罗江两个地区的战斗，仍保持充沛的战斗力进入了决战的预定地区。

（六）会战中的措施

在新墙河、汨罗江的战斗中，更清楚地看到了此次日军进攻的兵力没有第二次长沙会战时的兵力大。因此，薛岳决定，日军接近长沙时，长官部指挥所向南移仅搬至岳麓山，以便就近指挥和督促各部作战，并从容疏散长沙的机关、市民和物资等。

为了让从各方面向长沙前进的部队能够适时地统一地参加决战，长官部对他们的行动予以统制，使近者不得先到，远者不得迟到。

直至日军先头部队到捞刀河以北，长官部指挥所才由二里牌搬岳麓山，住在爱晚亭附近几个房舍里。

（七）长沙防御战斗的第一阶段

长沙的地形，对守者来说，岳麓山是很重要的，山高 297 米，与长沙隔江相对，对长沙有瞰制之利，如以优势炮兵占领岳麓山，观测条件良好，易于发扬火力。在现代武器的条件下，攻长沙者，以先行攻占岳麓山为宜。就湘江东岸的长沙来说，以妙高峰——天心阁为重要，长沙城墙早就拆除了，攻者由这里易于接近长沙的核心地区。

长沙的守备，由于日军此次未由湘江水上和湘江以西进攻，所以第十军仅以一小部兵力在湘江西岸和岳麓山占领阵地，掩护炮兵，而以主力守备长沙，重点保持在妙高峰、天心阁、南正街方面。战区直辖炮兵（归第十军指挥）及第十军的炮兵共约两团，先以一部在长沙外围第一线工事后方占领前进阵地，支援前进部队、警戒部队和第一线部队的战斗，而后全部在岳麓山占领阵地，在长沙外围阵地及核心阵地前准备阻止射击，特别对天心阁及其东南地区准备歼灭射击。

日军于 1942 年元旦开始进攻长沙。日军为了把长沙守军一举消灭，是完成对长沙北、东、南三面包围后才开始攻击的。日军进攻时，以一部在黄花梨至易家湾地区，对东对南警戒，以主力向长沙进攻。第十军对长沙的守备计划是符合会战计划要求的，它也是以空间换取时间来削弱敌人的。最初它尽可能向远方派出前进部队，以迟滞日军的前进，前进部队被迫撤退后，外围阵地才开始战斗。日军的攻击重点首先在长沙东南面，其次在长沙东北面。日军夺取了妙高峰、杜家山后，我炮兵指挥官王若卿曾对赵子立说过：“在妙高峰、杜家山发现日军的观测所，日军的部队以妙高峰方面为最密集，我们的炮兵正破坏它的观测设备，制压它的炮兵，杀伤它的部队。”日军凭借步兵的绝对优势，冒死进攻，突进市区。我第十军对于每一个地堡，每一个建筑物，都不轻易放弃，在重要地区，如八角亭至天心阁附近，与日军发生了逐街逐堡逐屋的争夺战。本来地堡的目标是很暴露的（有一人高），如炮兵占优势，不难破坏，但由于新墙河至长沙的道路，都被我方彻底破坏了，日军仅能用马匹驮来不多的山炮和平射炮。而我们的炮兵，除了步兵炮不计外，尚有重野、山炮四五十门（似乎还有重迫击炮），较日军炮兵占绝对优势，能够有效地压制它的炮兵。日军飞机不断以三五架至十几架轮番助战，并投掷了烧夷弹，由于预先构筑了隔火道，没有大面积燃烧。

第十军由前进阵地的战斗开始，经过外围阵地的层层战斗，至日军接近中山路西段—黄兴路—八角亭—南正街—坡子街以南核心阵地附近时，经过了三日的战斗。虽长沙城已失大半，部队伤亡约达三分之一，但第十军仍坚持战斗，士气旺盛。此时，第七十三军第七十七师先头部队，到了岳麓山附近。长官部立时让它们接替了湘江西岸及岳麓山的防务，让第十军在湘江西岸的一部增援东岸长沙市区的战斗。

（八）总反攻的命令

当长沙战斗继续到第四日时，外线部队的位置如下：第二十军在平江东北，第三十七军、第五十八军在高桥以东，第三十集团军主力刚至浏阳附近，战区的两个直辖军在醴陵、株洲、湘潭，第七十三军至岳麓山、长沙市，另有从粤汉铁路开来原属第七战区的第四军，还有从湘桂路开来原由军事委员会直辖、新拨归战区指挥的一个战车营，均在运输中。战区此时认为：按长沙情况不能再推迟进攻时间，万一日军自动迅速撤退，将贻失战机，前功尽弃，虽有个别部队尚未到达，但无关紧要，对大局无影响。于是下达总反攻的命令，要旨如下：

“战区以内外夹击歼灭敌人于长沙外围之目的，以一部确保长沙核心阵地，以主力向长沙外围攻击。”

“第十军固守长沙核心阵地继与外线部队协力夹击敌军。”

“第二十七集团军以所属各挺进部队向新墙河以南攻击，遮断大荆街—杨林街道及原长岳古道，极力阻止残敌退回新墙河北岸；第二十军向汨罗江以北攻击，而后扼守长乐街以西、汨罗江北岸，不得让残敌通过汨罗江北逃；第三十七军、第五十八军向捞刀河以北攻击，而后占领原粤汉铁路长平公路间要点阻止残敌北逃。”

“第三十集团军由捞刀河、浏阳河间向长沙东面攻击，而后沿青山市—

长乐街—杨林街道及其以东地区，向北跟踪追击。”

“战区直辖军由浏阳河、湘江向长沙南面攻击，而后沿原粤汉路及其以东地区向北跟踪追击。”

“第七十三军由长沙以北渡过湘江，向长沙北面攻击，而后沿湘江、洞庭湖向北跟踪追击。”

“在攻击和追击各阶段，各部队必须努力完成任务，如有作战不力，致使敌军脱逃时，敌军由某一部队正面逃出时，即由某一部队长负完全责任。”

“湘鄂赣边区总部指挥所属集中力量向通城—崇阳线、新墙—临湘—蒲圻线尽最大努力，攻袭破坏断敌后方交通。”

（九）捡得日军通信袋

外线各部队依照上述命令开始向长沙进攻时，有株洲方面的部队在株洲以北与日军战斗中，有日机向日军投通信袋，误投到我方。这个通信袋上大意说：“你们在这里拒止敌人，我进攻长沙的部队，完成任务尚需两日。”从日军的这个文件中，可以知道日军是让它在长沙以东以南的部队对我外线部队进行持久战，想赢得两日时间把长沙完全攻下再走。这个文件对我们帮助很大，我们一面让第十军知道日军的企图，日军愈恋战，于我愈有利，让它坚持战斗，以竟全功；一面让外线各部队，不要为敌小部队所抑留，务于两日内攻到长沙，歼灭敌军。当时薛岳对这个文件，保守秘密，除捡得部队（似第四军）和赵子立外，其余的人都不知道，他也未呈报军事委员会。

（十）长沙战斗的第二阶段

日军知道它能够攻击长沙的时间不多了，从第三、四日起攻击更为猛烈。由于它破坏地堡的火力和技术不够，只好采取越堡进攻的方法，即将成班成组的兵力插到我军地堡与地堡之间的侧面建筑物中，以火力封锁地堡，断绝堡内守兵的饮食。但堡内守兵并不因此而撤退。在这种两军交错的情况下，日军的飞机很难在长沙协助步兵作战，只好对湘江两岸及岳麓山滥施轰炸。第二阶段的战斗以八角亭、南正街方面为最激烈，几度发生白刃战，最后第十军的炊事兵、司号兵都自动拿起武器参加战斗。日军连续攻击了三四日，终于没有得逞，被阻止在核心阵地以外。当时听说，有一个年纪不大的小号兵在八角亭附近与日军肉搏并夺取了日兵的武器。

（十一）外线部队的战斗

日军在长沙以东以南，对我外线部队作战的兵力约七八个联队，重点在长沙东北捞刀河两岸地区，长沙以南的兵力比较薄弱。战区的两个直辖军由湘潭—株洲—普迹西南的概略线上发起攻势，仅经两日的战斗，就到了长沙城南。第三十集团军于浏阳以北发起攻势，第一日沿途驱逐了日军的小部队，第二日在黄花梨方面遇到日军顽强的抵抗。第三十七军、第五十八军由高桥以东发起攻势，右翼驱逐了日军掩护后方交通线的小部队，切断了原长平公路、粤汉铁路；左翼在捞刀河以北遇到日军顽强的抵抗。到了这时候——日军攻击长沙的第三日或第四日，它再不能恋战了。

（十二）日军在长沙的撤退

从日军通信袋的文件内容和几天来日军攻击长沙的情况看，它是想把长沙完全攻下，把第十军完全消灭再走，要是做不到，好像会失去“皇军”的面子。因此就失去了撤退的时机。及至我外线主力部队接近长沙，日军除了态势不利和伤亡重大、疲劳过度外，携带的粮弹也不允许它再对优势兵力作战了，它不得不乘夜仓皇撤退。第十军首先发觉日军由长沙南部撤退，即派小部队向长沙北部东北部夜袭，这更增加了日军的混乱。当时正值隆冬，他们把大衣军毯撂了许多，带不了的武器也来不及破坏了。日军非万不得已是不在战场遗弃尸体的，这次却未及烧完。日军撤退的翌日早上，赵子立同薛岳等由岳麓山回长沙二里牌驻地，车过八角亭后，看见日军遗弃尸体很多，二里牌也有少数尸体和死马。后来参谋长吴逸志由耒阳回到长沙，让人把已经掩埋的日军尸体全部扒出来，埋在一起，堆一个高台子，并勒石留念，上书“倭寇万人冢”，旁书“陆军中将吴逸志题”。虽然没有万人，但冢中也有几百具尸体。

（十三）捞刀河、汨罗江间的截击和追击

日军主力借黄花梨方面的部队的掩护抢渡捞刀河，由于我第十军进行了战场内的追击，我岳麓山的重野炮以最大射程向捞刀河射击，日军渡河时相当混乱。它渡过捞刀河后，前面有两个军——第三十七军、第五十八军截着，后面第七十三军、第二十六军、第七十九军、第四军等军及第三十集团军主力追着，此时不得不作困兽之斗。我第三十七军、第五十八军在捞刀河、汨罗江之间，占领纵深的阵地。初期，日军一面于昼间以一部占领捞刀河以北地区，阻止我追击部队的前进，一面以主力向北进攻，硬要夺路而走。先头和两侧的部队都上起刺刀，远则射击，近者格斗，但几经突击，伤亡很大，进展很慢，虽勉能冲开道路，但不能排除我军在其两侧的射击。我追击部队是生力军，连续击破它屡屡派出的后卫部队，迫近其主力。因此，后期日军为了减少损害，不得不于白天战斗，夜间撤退，但一经我伏击或袭击，又发生混乱，自相践踏。由捞刀河至汨罗江，约100里，日军经六七日的苦战，才摆脱了重围。战后，据我军被俘逃回的人员说："日军在捞刀河、汨罗江间十分艰苦，前有阻兵，后有追兵，处处都有伏兵，不断发生战斗，没有休息的时候；行军锅都撂了，米也没有了，地方又找不到米（藏起来了），有时找到一点，只好用饭盒来炊爨，有的连饭盒也丢了，只好用钢盔来做炊具。后来夜间走，找不到老百姓带路，有时找到一个，不是装聋，就是作哑，不给他好好带路，他生气就把老百姓杀了，只好靠地图和指北针定位，摸着走。有时捏下电筒看看地图，一阵枪弹打来，手一哆嗦，地图上的指北针掉在地上，再不敢捏电筒照了，弯着腰多半天摸不到指北针。"这是他亲眼目睹一个日军大队的情况。

（十四）汨罗江、新墙河间的截击和追击

当我外线部队向长沙进攻时，我第二十军就由梅仙、平江以东向敌进攻，击破了日军在汨罗江北岸留置的小部队，占领了长乐街东西地区，但日军的小部队仍在新墙河以南地区与我湘北挺进部队混战。日军大部队撤至汨

罗江以南后，以有力一部在瓮江—白水的概略线上占领阵地，阻止我追击部队；以主力渡汨罗江向第二十军进攻。约经过两日的战斗，日军全部（连掩护部队在内）通过了第二十军的阻击地区，向新墙河以北他的原阵地退去。第三十集团军追到汨罗江南岸停止，第四军、第二十六军、第七十三军追到新墙河南岸停止。

（十五）战后各部队的行动

战后，第二十七集团军仍恢复了湘北原阵地；第三十集团军仍回赣北原防；湘鄂赣边区总部所属部队仍回大湖山、九宫山等原根据地；战区各直辖军、师及特种部队仍控置于长沙、湘潭、株洲、醴陵、衡山、衡阳等地。

（十六）战役的结果

第三次长沙战役，日军陷入了重围，伤亡惨重；但日军的指挥系统未被打乱，日军虽然在艰苦的状况下撤退，却始终是有部署有指导地撤退。

四、战后的宣传

会战刚结束，苏、美、英、法各国记者就到长沙来采访。这次是薛岳亲自安排的，指示参谋处向他们作会战经过报告时，可以拿作战计划给他们看；可以多给他们些战利品；可以让他们到长沙和汨罗江以南各作战地区去参观，由原作战部队派员给他们作战斗经过的讲解；可以让他们看日军的尸体和所获武器。

外国记者是由军令部派员和中央通讯社及各大报记者陪同前来，到长沙后，先由薛岳接见，然后由赵子立向他们作报告。报告的内容，关于会战经过部分是真的；关于战果部分，如日军伤亡、我军所获战利品等夸大了。报告后并拿作战计划给他们看。有个美国记者说：“你们墙上挂的《会战经过要图》怎么和这计划中的《作战指导要图》一样，你们这个本子是不是打过仗才印的？”报告人反问：“要是打过仗才印的，是不是还可以叫做《作战计划》呢？”那个记者摇着头说：“怎么这样巧呀？神话！神话！”报告人说：“你先生认为是神话吗？不是神话，是现实。任何一个战争，如果没有一点超前思想，根本就不能打胜仗；凡是打胜仗，或多或少地总得有些超前思想表现在计划上——你们国家的作战也得是这样。”接着，那个记者又要看俘虏，也还有个别外国记者附和他。报告人老实地对他们说：“有几个重伤、重病的俘虏，已经死了，无俘虏可看。”那个记者又说：“你们打了胜仗，为啥不捉俘虏？”报告人说：“中国是被侵略的国家，中国作战的目的，是要把日军从中国领土上一步一步地赶出去，中国作战的目的不是捉俘虏。你认为没有捉俘虏，就不能算是打退了日本人吗？”大多数记者态度是好的，不赞同个别的人以怀疑、挑剔的态度来发问，对赠给他们日本战刀、望远镜、大衣、军毯、太阳旗等战利品很高兴。散会后，中央社记者胡定芬对赵子立说：“对个别轻蔑中国的外国记者，用严肃的态度回答他是应当的。”

新墙河抵抗及影珠山截击

向廷瑞　苏直方*

日本于1941年12月8日发动太平洋战争。裕仁天皇在御前会议宣称："东亚安危，帝国存亡，在此一战。"因之，除偷袭珍珠港外，又向南中国海各地及香港进攻，以实现其南进政策。为了牵制第九战区部队不使增援港九，于是在结束了于9月初发动的第二次进犯长沙战役之后，1941年12月中旬，日军悍然对长沙又发动第三次进攻。第二十军奉命在汨罗江以北、新墙河以南地区（纵深约40华里）阻止敌人10日，掩护长沙布防。第一三四师向文彬团占领关王桥既设阵地，阻敌东犯；第一三三师以景嘉谟第三九九团担任鹿角至龙凤桥防务，徐昭鉴第三九八团担任龙凤桥至新墙河下高桥防务。第三九八团当以向有余第三营、王超奎第二营、彭泽生第一营沿新墙河警戒，为团预备队。但在敌发动进攻前两天，徐昭鉴忽命令王超奎："该营以排为单位，占领9个排据点，至开战时起死守3天，完成任务后，到关王桥集合。"王超奎与副营长杨羲臣研究后，以第四连何腾文守下高桥连据点，以第六连余煜星专守谢子其连据点，第五连及营直属部队守新墙河杨公岭据点。第三九九团第三连王化南部守黄沙街连据点。整个师正面只留4个连，

* 作者向廷瑞时任第二十军第一三三师副师长，苏直方时任该师参谋长。

其余部队全部撤至关王桥一线。

敌突破新墙河防线后，即以主力向南突进，目的在于拔除汨罗江以北据点，扫清它南下长沙的障碍。日军进攻时，各据点都各自为战，坚持抵抗。激战两天一夜，敌用燃烧弹摧毁据点的鹿砦障碍，士兵被燃烧弹烧伤及负伤者过半。到第三天下午，王超奎下令突围。他命副营长杨羲臣率领士兵数名到后方高地掩护，自己首先跳出外壕与敌肉搏，掩护据点内士兵撤出阵地，在拼搏中，被敌机枪子弹连中三发，壮烈殉国。杨羲臣得知情况，立即率部冲回，又牺牲排长二人，才将王超奎尸体抢回。为了迟滞敌人前进，不使迅速接近师主阵地，于是收容残部，又在长湖冲、虹桥两处阻击敌人，入夜才撤回关王桥。当撤回的士兵哭诉营长王超奎如何英勇与敌搏斗殉国时，兼师长夏炯亲解其衣覆盖在王超奎遗体上，抚尸恸哭，在场者无不为之堕泪。

旋因团长徐昭鉴汇报战斗情况，催促师部撤退，师乃向山区转移；左翼第三九九团阵地邻接洞庭湖，距师部较远，为了便于联系，曾配属电台一部，该团团长景嘉谟以这次战况剧烈多变，诚恐有失，乃派步兵一排护送电台绕道黄沙街以南归还师部。敌主力在南下汨罗江向长沙进逼之际，另以一部东向关王桥，企图把我军推远一点，以保证它后方的交通运输，连续三天先后从左、右翼与正面，对向文彬团固守的关王桥阵地，不断猛攻。但向团官兵在朔风怒吼、雨雪交加、战壕内积水没胫的艰苦情况下，日夜奋战，使阵地屹立不动。日军遭到重大伤亡，毫无进展，不得不于第四日晨悄然撤退。

当敌向长沙进攻时，长官部命杨森指挥第二十军及第五十八军，在影珠山及附近古华山占领阵地，截断敌军归路。杨森以日军这次系有限进攻，牵动不大。总部仍在平江甲山不动，只率部分幕僚人员到影珠山后面紫泉岭的长江源设指挥所。以第五十八军在影珠山设防，第一三四师在左翼古华山占领阵地，与东面第三十集团军部队切取联络，并急调第一三三师到影珠山增援。第一三三师刚进到福临铺附近，师谍报队长蒲殿敏侦知日军独立第九旅团已越过汨罗江南下，接应进犯长沙北撤之敌，当晚可宿营福临铺。兼师长夏炯与师部参谋长苏直方等研究后，认为必须先对付敌后续增援部队，才能使影珠山免于腹背受敌。因之，全师部队在福临铺以南尽量隐匿，不让敌人发现。方式是采取“老鹰叼鸡”办法，打了就走。于是命第三九七团夜袭福临铺街上的敌人，只带手枪和手榴弹；第三九九团分成若干小股，只带步枪和轻机枪，夜袭住在场外村庄的敌人。到了深夜，两团夜袭部队一齐动作，第三九七团罗剑秋营首先攻入福临铺，将敌骑兵联队马匹炸死很多，敌士兵亦伤亡三四百人；住在场外村庄的敌人，亦到处遭到我机、步枪的射击，伤亡不少。敌遭到迎头痛击后，次日拂晓，即向第一三三师猛烈进攻，并用飞机在上空侦察扫射。由于我军官兵已有准备，士气旺盛，坚持抵抗，激战一日，敌我伤亡均大。但顶住了日军的多次猛攻，敌毫未得逞。

敌在第一三三师方面无进展，于是以一部夜袭第五十八军阵地。该军鲁道源新编第十师被击溃。约一中队敌人，于次日拂晓后，由第五十八军阵地渗透到影珠山后面，向山顶进攻，杨汉域的军部就在前山脚下，受到极大威胁，当时军部仅有杨汉烈的一个骑兵连（实际并无骑兵，只有步兵）可供调遣。于是严令杨汉烈率骑兵连火速上山，阻击日军。因杨汉烈尚未参加过战斗，无作战经验，乃加派手枪兵一排，命师部少校参谋赵敦善随杨汉烈前往，帮助指挥。同时命第一三四师速派一营兵力增援杨汉烈。骑兵连刚登上山顶，日军亦到达山顶，见有我军部队即退踞一庙内，与骑兵连对峙。第一三四师李怀英营随即赶到，李统一指挥，发起进攻。敌其余部队经第五十八军和第一三三师合力阻击，未能上山增援。日军利用庙宇顽抗，从午前到傍晚，除逃跑一小部外，其余全部被歼灭。上述情况，是听杨汉域、李怀英讲的。

突入第五十八军阵地之敌，又以炮兵向第一三三师阵地猛轰。该师第三九八团官兵满怀为王超奎营长复仇的怒火，决心消灭敌炮兵，巩固师阵地。代团长陈嘉谟（团长徐昭鉴负伤）亲自指挥，不怕牺牲，一举冲入敌炮兵阵地。一战士手刃敌兵 6 名，夺得敌军山炮 1 门，自己亦遍体鳞伤。大家把他抬回师部时，他胸前还横挎着缴获的 3 挺轻机枪。混战一天，直至夜幕降临，枪声才逐渐稀疏。四处乱窜的敌人，夜间又被击毙五六十人。第三日拂晓，南下接应的敌独立第九旅团，因伤亡惨重，掉头北窜。我军在追击中，沿途收缴大量辎重、马匹和弹药。敌在机群掩护下，逃回新墙河北岸，我亦恢复了原阵地，并为影珠山阻击战的胜利创造了条件。

第一三四师向文彬团在关王桥击退敌人后，奉命增援影珠山，阻击由长沙回窜之敌，激战两日，敌未能越雷池一步。该团第二营五连阵地被敌机11架猛烈轰炸，向文彬立派副官率卫士一人前往第二营，监督营长赵世鸿，不准后退一步，否则就地枪毙。敌机空投弹药于敌阵地内，该团士兵冲入敌阵，抢夺弹药袋，并夺获了军马35匹，缴给总部后，杨森总部以这批马成立了一个骑兵排。

敌因在影珠山、古华山为第二十军、第五十八军所阻，乃向东突破第三十集团军防线，回窜新墙河北岸；向文彬团在击毙的敌佐级军官身上搜得一张五万分之一军用地图，与我军军用地图完全一样，图上用红色铅笔标出在影珠山有20A（第二十军）固守，在神鼎山有99A（第九十九军）蛰伏，由长沙方面追击的部队有4A（第四军）。可见日军在运动战中，对我军情报掌握得极其迅速与准确。

第三次长沙会战胜利结束后，军事委员会为了表彰王超奎营长的英雄业绩，将新墙乡改为超奎乡，杨公岭（王超奎殉国地方）改为王公岭。宋美龄在重庆发表广播讲话，说："中国没有降将军，只有断头将军，如王超奎少校守新墙河就是这样。"副营长杨羲臣被授予干城甲种乙等奖章，年终又授了陆海空军乙种二等奖章。

长沙保卫战始末

杨正华*

1941 年秋，第二次长沙会战，第十军奉命堵击南犯之敌，与日军遭遇于金井、福临铺一线，激战一昼夜，敌以陆空优势兵力，并以骑兵快速部队，偷袭我指挥部，使我上下失却联系，人心慌乱，不敢恋战，造成溃败。会战结束，我军在衡阳东茶山坳整训。预备第十师（以下简称预十师）于第三次长沙会战开往长沙驻岳麓山。我军针对作战失败的教训，明耻教战，贯彻:“我不怕敌，敌必怕我”和“我困难、敌亦困难，能坚持最后五分钟就是胜利”等思想，要求在任何情况下稳扎稳打，激发雪耻、复仇、恨敌的观念，准备再战。

1941 年底，敌出动 12 万之众，扬言要在 1942 年元旦到长沙过新年。在此咄咄逼人的气焰下，第九战区司令长官薛岳，缜密计划，运用“诱敌深入，待到达有利于我的地形和时机内，一举而歼灭之”的战术，布置了袋形阵地，着我第十军确保长沙，以待友军合围，聚歼敌人。

敌越过新墙河时，我湘北防军第二十七集团军即避入山区。敌渡过汨罗江，所过之处，我友军稍加抵抗即撤退，气焰嚣张之敌，似乎势如破竹，果

* 作者时任第十军预备第十师政治部科长。

于1942年元旦前夕，到达长沙外围。驻守长沙的第十军军长李玉堂，虽被撤职，但仍留任。在此紧要关头，蒋介石急电李玉堂，令其继续指挥第十军，固守长沙。李玉堂临危受命，以戴罪之身，又负重任。

1941年12月28日上午，我师部突召开紧急会议，方先觉师长即席讲话说：“最近情报，武汉之敌又大举出动，现已迫近汨罗江，声称出动12万之众，扬言要在明年元旦到长沙过新年。我第十军已奉命固守长沙，任务必须完成。各部队和各处要立即做好应战准备。”他简明扼要地说完即退席。副师长孙明瑾随即布置，着将非战斗人员、眷属等，一律于两日内送往衡山办事处，其余人员立即做好作战准备。并勉励大家说：打仗是我们军人的本职，用不着大惊小怪。况此次作战，我们以逸待劳，有准备地打阵地战，不是上次在疲劳行军后，情况不明仓促遭遇。兼之长官部在我们身边支持，具备有利条件，我们要坚定信心，沉着应战。

师政治部方面，主任李拔夫赴贵川接家眷，副主任去中训团受训，此次配合部队作战的任务，就落在我的肩上。按规定，政治部负责督战。征得师长同意后，我将平时的纠察队改为督战队，派副官一人率领，归我指挥；又分派科员到各团和野战医院协助工作，以期明了部队战斗情况，并起监督作用；政工队留作机动使用。

因方先觉坚决不当军预备队，要求军长给固定任务，表示不完成愿受军法制裁，所以迟至30日，军部才决定各师任务：第三师守东门；第一九〇师守北门；第七十三军韩浚师守沿江城厢一带，兼做军预备队；我预十师守南门。31日入夜后，我师才从岳麓山渡江占领阵地。

我师在长沙南郊作三线配备：第二十九团占领金盆岭至猴子石一线为第一线；第二十八团占领白沙岭至修械所一带高地为第二线；第三十团占领第三师阵地至我师阵地连接线为第三线，兼做师预备队。半夜后，第二十九团前哨即与敌骑哨相遇。元旦拂晓，敌机飞临长沙，陆空紧密配合，向我猛攻。第二十九团团长张越群（军校六期）严令部队猛烈还击，敌我展开了殊死的战斗。

这时师部的处置：一、炸倒妙高峰的塔亭，消灭敌炮火的射击目标；二、督战队开始执行任务，首先严格疏散人口；三、同意长沙县长李公甫过江，负责动员群众供应肉食和蔬菜（原长官部命令李县长随我师行动，不准过江）；四、我以政治部名义向军事委员会电告战斗开始情况，说：“我师士气旺盛，布置严密，指挥官意志坚强，从今晨起，激战正在进行中。”我将电稿送方先觉过目，方当即指示：“督战队的督战任务，必须认真执行，擅自后退者，就地枪决。”并说，“我授给你紧急处置权，可以先斩后奏。”我受命后，心情非常沉重。

敌越过捞刀河和浏阳河，主力绕过东门，直指我师阵地。将我师作为攻击重点，可能是欺我预备师为薄弱的一环。敌以排山倒海之势向我第二十九团攻击。从金盆岭至猴子石约有 5 华里，正面过宽，兵力单薄，敌攻势猛烈，我伤亡过重，于上午 10 时许全线崩溃。团长张越群随科员马有成潜行来政治部，神色仓皇不安。在作战前，长官部规定：所有船只统归长官部控制，第十军连重伤兵亦不准撤退。并在河西沿岸一带，布置机枪，对擅行过江者立即开枪射击。现我军已被敌包围，任何人无躲逃的余地。况我师亦有“擅自后退者就地枪决”的命令。张团长是冒着生命危险来师部的。我为着多年战友的情谊，怎能不顾他于危难之际，便到指挥部察看方先觉的态度。当谈到战斗情况时，方长叹一声说：“敌人来势太快太猛，张团恐难顶住，现电话已中断，情况不明。”我看他对张团长有体谅之意，便据实以告说：“张团长已来师部，他表示很惭愧，未能尽到力量完成任务，对不起师长，听候处分。”方说：“叫他暂到副官处休息，待我空时，通知来见我。”这时第二十八团有个营长（军校八期）在即将与敌接触时，竟来师部向师长请示，方一言未问，喊他到外面等着，当即手令师附田琳监斩，推到指挥部后面城墙下枪毙了。我不禁为之毛骨悚然，战时军令确实巍然如山啊！

方先觉接着打电话给第二十八团团长葛先才（军校四期），说：“艺圃，现在看你的了！我全力支持你，第二十九团立即收容整理，统归你指挥，第三十团随时可以调用，你一定要顶住呀！”听到葛先才说：“报告师长，请您放心，我们不能在薛长官面前丢脸！”这时方先觉的脸色才稍为宽舒些。

晚间，薛岳来电话询问战况，最后向方先觉说：“你能守几天？”方刚强气盛，硬要硬到底，便说："我能守一个星期。"薛说："如何守法？"方说："我第一线守两天，第二线守三天，第三线守两天。"薛说声："好。"便放下了电话。我听了他们的对话，非常惊异，常言道，"军中无戏言"，第二十九团打了半天就垮下来了，您怎还说能守两天？我不便多话，便同副官主任张广宽到隔壁副师长房间里围炉烤火，默默沉思。忽听方先觉喊张广宽，声音有点激动地对张说："这封信，马上派人送到后方给我家眷，无论如何明天以前要送到。"张把信拿出递给我，我不揣冒昧，拆开一看，原来是方师长的遗嘱，内容是：

> 蕴华吾妻：我军此次奉命固守长沙，任务重大。长沙的存亡，关系抗战全局的成败，我决心以死殉国，设若战死，你和五子的生活，政府自有照顾。务令五子皆能大学毕业，好好做人，继我遗志，报效党国，则我含笑九泉矣！希吾妻勿悲。夫，子珊。

我看过后，决定送报馆发表，以励士气，拟就新闻稿交马科员连夜随送公文的小船送《长沙日报》。第二天的《长沙日报》头版标题为《方师长誓死守土，预立遗嘱》，并将遗嘱全文登出。据说当时有读此遗嘱感动得痛哭流涕者。

战斗到第二天，在我第二线的修械所一带高地上，敌我展开了争夺。第二十八团的指挥所在修械所下面，葛先才坚决与修械所共存亡，指挥部队，寸土不让。同时岳麓山预伏有两团美式装备炮兵，发挥了最大效率。炮兵部队在平时早把长沙四郊的地形地物测量精确了，炮兵部队与我师有专线联系，只要有请求，不到两分钟，便能听到炮声。即使在敌机盘旋轰炸下，岳麓山的炮兵和我们的军属炮兵、师属炮兵，仍可万炮齐发。炮声怒吼，高射机枪一片狂啸，威慑敌机不敢低飞，掩护我步兵猛烈还击，打退敌人多次进攻。"武士道"精神虽说顽强，但抵不住我密集炮火的威力，敌伤亡严重，锐气大挫。第三十团（陈希尧团）不甘寂寞，夜袭并消灭了突入白沙岭的一个敌中队，击毙了中队长。我辎重兵酒后竟拿着扁担夜袭敌营，惹得敌兵惊慌四逃。我之士气，越战越旺。

3 日晨，马有成引导各报记者来我师采访，适值政工队员拉胡琴唱戏，记者们极为赞赏。次日报纸上即有报道说：“我某师指挥部，在隆隆炮声中，犹闻弦歌之声。”可见我师上下斗志之高昂。我获战利品亦多，堆满了五间楼房。在这激烈的战斗中，修械所高地的拉锯战已达 11 次之多，结果阵地仍在我手中。

4 日上午，战斗正在激烈进行，师部一个参谋陪同我到了工兵营阵地，看到修械所高地上，敌兵弯着腰冲过来，骤密的子弹打在工兵营阵地的墙上，吭咔的炸裂声不绝于耳。工兵营的士兵们，伏在工事里，持枪瞄准，准备拼杀，毫无惧色。在我方射击下，日军有的倒下，有的仍弯着腰跑回去。工兵营长顾虑我的安全，不住地说这里危险，频频催我回去。

是日晚，师部发出一份出人意料的通报：“奉军部转来长官薛电，准二十九团团长张越群晋升少将团长。”我意识到这是间接激励第二十八团团长葛先才，使他不甘落后于六期同学张越群。军部也以此来激励全军团长们竞立战功。

情况依然是严重的，我军伤亡很大，敌伤亡三倍于我。战斗已进入白热化阶段，我师考虑万一第二线被突破，必将据城垣固守，城垣前的射击障碍必须清除，否则一旦敌人突入，不易肃清，便忍痛将妙高峰下的长街付之一炬。敌人攻我不下，又转向东门和北门的第三师和第一九〇师阵地猛攻，各师都不甘落后于我师，猛烈还击。敌人有些着急，到处乱撞，均未得手，却付出了很高的代价。

浴血奋战已经三昼夜了，激烈的冲杀始终未断，葛团虽坚持保住了修械所阵地，但已岌岌可危。师为万全计，决定将指挥所移至江边仓库地下室内指挥。此时长官部亦深知我师艰苦，趁夜调来第七十七师的一个团，交方先觉指挥，方先觉说：“仗易打，账难算。仗打胜了，必然说是友军增援的功劳，打输了，又可能说我们不爱惜友军，指挥有偏心。不到最后一刻，不使用他们。”决心战斗到最后一刻。

4 日傍晚，情况更趋紧张，师部各处全体官兵，均发给武器，分配了死守碉堡和几座坚固建筑物的任务。我们既然决心一死，也就无所顾虑和畏惧了，一心一意作最后的一拼。我被指定指挥士兵一个排和督战队，坚守路西江边一座仓库。在堵塞大门时，突然一颗流弹穿门而过，打倒我身边的一个士兵，原来约一个班的敌人，从江边溜边窜了过来。我率众登上房顶，居高临下进行阻击，击倒二人，其余落荒逃窜。

我们密切注意着敌情，半夜过后，枪声却由密而疏。我们正在揣测情况时，电话里传来长官部的通报说："我湘北第二十七集团军杨森等部，已从平江山区出击，断敌归路，其他部队均已出动，长沙地区的敌人有撤退模样。敌如撤退，你军无追击任务。"我们听到后，一颗悬起来的心，一下落下来了。那种轻松之感，是没法形容的。未过多久，前面的枪声由稀疏而沉寂了。

5 日拂晓，我同副官主任张广宽一同到了前长沙县府所在地莲花池。据说敌人的临时野战医院曾设于此。我看到院内约有 30 米见方的新土隆起，着随行士兵挖开，竟是一窖被烧残的敌尸约数十具，都用黄呢子大衣裹着：有的怀里揣着太阳旗，旗上满布着千人针和密密麻麻的签名；有的怀里还揣着别人的断手；还有的头上仍戴着钢盔，钢盔里嵌着小木佛像。师长方先觉、副师长孙明瑾、参谋长向竹本也来看了，我们相视发出会心的微笑。我们已经圆满完成了固守长沙的任务。

战斗结束，重庆军事委员会电示："战场不动，等待各国驻华使节参观团前来参观。"3 日后，我随参观团到了修械所高地上。看着满地炮弹、炸弹、手榴弹、枪弹的碎片和无数具敌尸，有位使节风趣地说："你们不会逞凶了吧？"其他各师阵地前也敌尸累累，还有战马残骸。

此次敌人失败的原因，我认为是：一、日军骄焰太盛，轻敌冒进，重兵器多未能跟上，我炮兵占了优势；二、我军被置之死地，退无可退，只有死拼，所谓置之死地而后生；三、我军官兵吸取教训，稳扎稳打，有复仇雪耻的观念；四、指挥官信心足，决心大，长官部在隔河激烈战斗，险象环生以及被敌机狂轰滥炸的情况下毫不动摇；五、各友军协同作战密切配合，按计划完成了合围歼敌的任务。

3 月，军委会发布命令，我记得的 6 条内容是：一、收回钟彬接任第十军军长的任命；二、李玉堂调任第二十七集团军副总司令；三、预备第十师师长方先觉代军长；四、预备第十师副师长孙明瑾升任师长；五、第二十八团团长葛先才升任副师长；六、杨正华由军委会政治部记大功一次，以副主任记升。

守卫长沙纪实

黄　钟*

1941年12月31日晚，日军抵浏阳河北岸黑石渡、东屯渡之线，搜集渡河材料，企图夜渡，为守卫长沙城的第十军所属第一九〇师警戒部队所阻。当时第九战区司令长官薛岳设指挥所于岳麓山，薛将所有船只集中湘江西岸，令第十军死守长沙，背水而战。

1942年1月1日，昨夜抵廖家渡、洪山庙、黑石渡之日军第六师团与抵东屯渡之第三师团作出强渡浏阳河姿态，长沙南郊却无敌情。守军自上至下注意力都集中于东门与北门。上午9时许，东南角赤岗冲突然杀声震谷，我在赤岗中构筑前进阵地的部队，急忙拆枪架取枪，枪刚拿到手，敌人已至山腹。我军退守马家冲，立足未稳，敌人跟踪而至，又退守侯家塘，敌人尾随而来。我军一营长率两个步兵连反击，一举把敌人打退到马家冲，才扎稳了阵脚。敌后续部队陆续到达，全力再攻侯家塘阵地，我预备第十师第二十八团寸土不让。敌炮则猛轰冬瓜山、扫把塘一带我军阵地。

当南门战斗开始时，东屯渡之敌也炮击五里牌、杨家山、阿弥岭，北郊之敌炮击开福寺、伍家岭、周家嘴、黑石渡。我炮兵部队也猛轰敌阵，并集

* 作者时任第十军第一九〇师作战科科长。

中炮火压制敌炮，长沙保卫战全面展开。激战至晚，北门之敌由周家嘴，东门之敌由东屯渡渡过浏阳河，敌我在伍家岭、蒋家垅、九尾冲、黑石渡、五里牌、杨家山、阿弥岭等地发生激战，尤以五里牌战斗最烈。战至午夜，我军退守开福寺，上潘家坪、唐家巷、上大垅、湖积渡、陈家山、杜家岭、袁家岭、窑岭、长岭之线；南郊我军仍固守侯家塘、扫把塘、冬瓜山诸据点。

第一天的战斗，敌人渡过了浏阳河，攻占了我东郊、北郊和南郊的全部前进阵地。这应归咎于我方情报人员疏忽，以致受敌人迷惑。开始我上下注意力都集中在东郊、北郊，而不知其第三师团一部绕至东山渡过浏阳河，乘我不备，先袭击南郊。我方匆忙应战，打了一天被动战。

长沙市区西临湘江，东、北两面是浏阳河，像个口袋，袋口在南。日军采取由南向北进攻的方略，企图将守军压迫于袋底一网打尽。

1 月 2 日晨，北面日军第六师团炮击开福寺、上潘家坪、唐家巷、上大垅、湖积渡、陈家山，东面日军第三师团炮击杜家岭、袁家岭、窑岭、长岭；我岳麓山炮兵群对洪山庙、东屯渡敌炮兵进行制压。上午 9 时许，敌第四十师团接替南面的第三师团，猛攻我预备第十师阵地，长沙保卫战主决战全面展开。双方决战兵力：日军减去强渡新墙河、汨罗江两次战斗伤亡约 2000 人外，3 个师团约存 6 万人；我第十军因不满员，全军约两万人。兵力比例为三比一。

10 时许，敌 3 个野炮联队各以一部支援步兵进攻，敌炮主力刚与我炮阵对战，敌机 6 架编队轰炸岳麓山我炮兵阵地与长沙市区。下午 2 时，各路日军白刃冲阵，北门开福寺失守，东门袁家岭失守，南门冬瓜山失守。我第三师反攻袁家岭，第七团复而据之；预备第十师反攻冬瓜山，第二十九团复而据之。黄昏，东、北两面敌之步兵大部渡过浏阳河，南面第四十师团全部到达战场。3 个师团发动黄昏联合攻势，彼攻我拒。继以夜战，在零摄氏度气温下，我方战士仍热气腾腾，精神振奋。因城郊阵地已参差不整，我军退守油铺街、湘雅医院、陈家山、清水塘、韭菜园、识字岭、回龙山、白沙井、沙河街、楚湘街之线。

1 月 3 日微明，李玉堂电话问第一九〇师师长朱岳：“陈家山怎么失守了？”朱答：“没有失。”李玉堂责令复查，陈家山果然失守。

全军阵地彻夜派有哨兵，陈家山怎么会轻易失守呢？因昨日第六师团攻北门，受陈家山侧击，伤亡惨重，攻击顿挫。入夜，敌利用我守军在堡垒内瞭望视角缩小的缺陷，一个一个匍匐潜行到山下集结，早晨冲到山顶，占领了陈家山。虽然第五七〇团团长李芝当即披衣赶至，督队反攻，终因敌人主力轻重火器先到山顶，居高临下，三次反攻均未能收复（战后营长吴子南离职，李芝告退）。

陈家山失守后，北门之日军第六师团与东门之第三师团连成一线，3个师团合围长沙城的计划实现，乃合力进攻。第四十师团炮击回龙山、沙河街、南门口，第三师团炮击清水塘、小吴门、浏阳门、识字岭，第六师团枪击油铺街、湘雅医院、兴汉门、邮政局仓库（何键公馆后门）。我岳麓山炮兵强大火力予以压制。敌炮火渐呈颓势，但步兵咄咄逼人。守湘雅医院之第五六九团团长符志豪告急，第一九〇师师长朱岳督战于兴汉门；南门第二十八团团长葛先才告急，预备第十师师长方先觉督战于南门口；识字岭告急，第三师师长周庆祥督战于天心阁，并对团长张振国说：“你我都是军长（李玉堂）提拔的，长沙守不住，军长是挽不回来的，于公于私，我们都说不过去！”张团长表示决与阵地共存亡。周庆祥说：“我陪着你干。”周庆祥要求炮兵对杨家山、妹子山、窑岭进行压制，张振国增加两挺重机枪封锁窑岭至识字岭的道路，并增兵一排固守，识字岭险情方才缓和。

守小吴门之第五六八团团长陈家垕是李玉堂由军部工兵营营长提升的，在战场指挥若定。因为他是军校八期工兵科出身，长于阵地战，编成十字交叉火网，布置严密，凡是要道口，伐树枝堵塞，并堆放桌椅门窗封锁，还在敌人必经之道、必入之房，广洒粪便。当各处告急时，他独从容不迫，三挫敌人攻势。

此期间，李玉堂将称病不去督战的其山东同乡高副师长通令撤职，严肃了战场军令，增强了士气。

日军继续猛烈攻击，下午4时许，第三师团工兵营于韭菜园一带穿墙凿洞，爬入市区。位于藩后街以北之第七团立刻派兵堵击，位于小吴门内何键官邸之第五六九团陈营奉令跑步参与堵击。第三师第八团由南向北打，第一九〇师由北向南封锁敌后续部队，隔断内外之敌。冲入之敌是工兵，善爬屋，我军也爬屋，敌人上楼，我军也上楼，互争制高点。激战至晚，敌全线顿挫，突入城内之敌固守待援。当晚，专与长沙守军联络的第九战区高级参谋容有略向守军宣告：我外围各军按敌前制订的“长沙决战案”到达指定位置。

1 月 4 日，敌全面攻阵，炮火命中率惊人。国货陈列馆（今中山路百货大楼）第三层有一窗朝北，敌炮误认为是守军炮兵观测所，连续三弹俱从窗口入内爆炸，造成伤亡。近午，日军白刃冲击湘雅医院，被我火力击退。复集中臼炮、掷弹筒轰击，因守军沿墙根脚开射击孔，又未奏效；再用三七平射炮炮轰墙脚，轰得到处是洞，守军退守兴汉门。敌攻至残存的护城河（大水塘），被守军遏止。回龙山失守，预备第十师副师长孙明瑾前往督战；浏阳门吃紧，第三师参谋长孙鸣玉往阵地策军。3 个师的正副师长均未回师部吃午饭和休息，唯李玉堂与参谋长蔡雨时对坐吃馒头稀饭。忽然一弹穿破玻璃击碎菜碟，折李玉堂一箸。李玉堂就用手抓大头菜吃。蔡问：“是不是变换一个位置？”李答：“不动，不动。”蔡又问：“那我们就快点吃。”李又答：“不用，不用。”可见李玉堂之镇静。

下午，敌人炮兵被我岳麓山炮兵强大火力摧毁殆尽，唯闻我方炮弹迎着东北风，落到敌人阵地上的爆炸声。

薛岳电告李玉堂：“外围各军已全面反攻。第四军已抵暮云市、大托铺；第七十三军已由乔口渡过湘江；……望再坚持一夜。”喜讯传遍整个火线，第十军将士提出了：“苦战一夜，打退敌人，守住长沙，要回军长”的口号。激战至晚，炮声息而敌枪疏，侵入市内之敌，虽系工兵，只会架桥凿洞，不善步战，但是一根插入我心脏的钉子。李玉堂令军部工兵营参战，配合原包围敌军的两个步兵营，并令第一九〇师副师长彭问津（黄埔五期，茶陵人）统一指挥，务围歼窜入市内的敌工兵营。我工兵纵火烧楼，迫敌往楼下跑，再由步兵冲击。敌退我追，逐屋争夺，经 3 小时的火攻，侵入市内并盘踞一昼夜之敌工兵一部被歼灭，一部逃出城外。

1月5日天明，已不见敌踪。清扫战场，有日军剖腹尸数具，为下级军官。

第十军苦战四昼夜，终于击退三倍于己之敌。1月9日，军事委员会魏镇到长沙向第三师、第一九〇师、预备第十师授民族荣誉旗；李玉堂获二等宝鼎勋章，并晋升第二十七集团军副总司令兼第十军军长。

长沙南郊战斗

韩　浚*

1941 年 12 月下旬，华中日军集中兵力，由鄂南湘北向长沙进犯。第七十三军当时驻在湖北，归第六战区司令长官陈诚指挥。我是第七十三军第七十七师的师长，担负大江南岸枝江县的守备任务。当时有消息说：日军又有向湖南长沙第三次进犯的动态。一天，接到军部参谋长的电话："奉六战区长官部转来军事委员会紧急命令，日军已大举向长沙进犯，第七十三军立即出动向长沙急进，归第九战区司令长官薛岳指挥，参加守备长沙作战。"

第七十三军不属于集团军的建制，明令归军事委员会直接指挥，是机动部队，哪个战区情况紧急，便往哪个战区调动。因此，第六战区、第九战区，甚至第三战区，都争着要第七十三军。而我们第七十三军在第六、九两战区的对日作战中，几乎无役不从。

由于情况紧急，上级限定我们必须在两天之内从湖北赶到湖南，归薛岳指挥。受命后，我们星夜兼程。湖南境内的铁路、公路和桥梁全被破坏，几乎分不出哪是田，哪是路。我们在烂泥深坑中一步一步地艰难行进。终于在两天两夜内走了 300 多华里，到达长沙河西岳麓山附近。当部队快要到达长

* 作者时任第七十三军第七十七师师长。

沙的时候，不断传来隐约的炮声，我们感到敌人这次向长沙进犯，比前两次更加凶猛。我们到长沙河西的第二天，敌人已完成对长沙东、北、南三个方面的包围，其攻击重点在南面。

第七十三军是湖南的地方部队，即所谓杂牌部队。正因为如此，第七十三军的各级干部和士兵要争这一口气。在军事学术科方面，在军容和纪律方面，特别是对日军作战的战场上都表现得非同一般。大家懂得，如果在战场上不英勇、不顽强，就会断送自己部队的生命。第七十三军一贯提倡“七三”精神，第七十七师官兵们的抱负是把自己的部队训练成全国的模范师。

当日军向长沙进犯的危急关头，军长彭位仁接到薛岳的电话命令，要我军派一个师渡过湘江，参加长沙守备作战。彭位仁军长就在电话中向薛岳报告：派第七十七师韩浚参加。薛岳同意，并亲自给我打来电话，说：“你是韩师长吧？你马上到我这里来接受任务。”于是我一面命令各团迅速地集结在指定的渡河点，一面赶到河西长官部指挥所。薛的副官转身把我带到防空洞里，我和薛岳事先并不认识，这回是初次见面。他十分高兴地对我说：“啊，你是韩浚师长吗？你坐下。”接着说，“这个仗打得好狠哪！我想派你这个师参加直接守城，相信你一定能完成这个任务。”我向他报告：已命令部队集结在指定的渡河点，并问：“我是否归第十军指挥？”他说：“不，归我直接指挥。”停顿片刻后，他又严肃地说：“你要做好充分准备，敌人这次声势浩大，有3个半师团以上的兵力，其目的是要占领长沙。我们一定要全力守住，决不让敌人的目的达到。现在第十军守长沙，他们在南门和敌人打得很激烈。由于敌人来势凶猛，因此调你这一师去增强守备，希望你一定要守住。你这个师的战斗力很强，士气很高，相信你是能够完成这次任务的。……”

我心想：薛长官过去不认识我，又听说他是个很骄傲的人，为什么对我格外客气？实际上，他是以激将法来激励部下。我暗暗地下定决心：“不打胜仗，决不去见长官！”我信心百倍地高声说道：“遵照长官的指示，全力以赴，打好这一仗。马上渡河。”薛岳立起身来说：“好吧，你可以走了。”我当即在长官部指挥所副官处打电话问清部队集结情况后，迅速地赶到了渡河点。这时天气已经很暗，只能看到黑压压的人群。我依次向第二二九团、第二三〇团、第二三一团讲话："我们军长为什么指定我们第七十七师参加守备长沙的作战呢？这是对我们第七十七师的信任，是我们的光荣。我已接受了薛司令长官给我们第七十七师的既艰巨又光荣的任务，就是参加长沙的直接守备作战。"我加重语气说，"上峰对我们第七十七师给予最大的信任，我们必须打赢这一仗。所谓养兵千日，用兵一时。今天正是我们第七十七师用武的时候了，正是我们报效党国、保卫国土的时候了。我们必须不辜负长官的厚望。我们要认识到，武汉失守后，长沙是我们国家今后对日军作战至关重要的战略重地，如果长沙失守，不仅严重地威胁我们的大后方，更重要的是影响我们各个战区对日作战的情绪。长沙守备作战的胜负，是我们各个战区关心的问题，是我们全国同胞关心的问题，是全世界同情我们的国家和民族关心的问题。长沙是湖南的省会，我们第七十七师的官兵几乎全是湖南人，我们第七十七师应该全力以赴地保卫我们的省会长沙。我们还应该认识到，保卫长沙就是保卫我们湖南同胞的父母兄弟和姊妹们的生命和财产。同志们，你们不是提出要兢兢业业地把我们第七十七师训练成全中国模范师的口号吗？我赞同你们这种雄心壮志，但希望你们把自己的心愿在这次守备长沙的重要的战役中具体地表现出来。我们第七十七师在历次抗日作战中是有成绩的，我是第七十七师的师长，我要同我们最亲爱的全师官兵同志共同努力，不怕牺牲来打好这一仗，决不能让敌人的野心得逞。"全师官兵听了我这一番讲话后，震动很大，紧接着便开始渡河。

第二三一团渡河后，李玉堂派一个参谋来到河边，要该团开到南门，接方先觉师的守备任务。团长左九成先不同意，他说："我们不归你们第十军指挥，对你的要求不好接受。没有我们师长的命令，怎能接替你们的防务呢？"那个参谋说："你所说的是对的，但就今天紧急的情况来说，接防增援是一件大事，耽误了时间，后果是不堪设想的。方先觉师已经伤亡很大，参谋、副官、书记、司书、伙夫都到前线参加抵抗。现在正是危急的时候，如果你们不去增援接防，南门外的黄土岭一带阵地被敌人占领了，长沙就不能守住，希望你们顾全大局。”左团长说：“你们一个师不行，加上我这一个团看能不能抵得住呢？”经过交谈，左团长说：“好吧，顾全大局吧！”他把队伍马上开到了南门。这时敌人已进入城内，开始巷战。开到南门见到方先觉，左九成对方先觉说：“我绝对听你的指挥，我们师长还未到，我有些事不敢自专。”于是左九成团与方先觉师共同防守该线阵地。

我过江后，把第二二九团、二三〇团部署好，就去看第十军军长李玉堂。虽然我不归他指挥，但我们是多年未见面的黄埔军校第一期同学，这次接受了他交过来的任务，需要了解敌我双方的具体情况和交换守备作战的详细计划，所以看他是必要的。当我到达第十军军部时，李玉堂正站立在他的住房当中，手中摆弄着日本战刀，兴致勃勃地同他的参谋长蔡雨时高谈阔论。我尊敬地向他敬了个礼，他毫不在意地瞟了我一眼，应付地点了点头，然后继续谈他的日本战刀。我见状非常生气，心想：“现在情况这么紧急，你竟躲在这里悠闲自在地谈论军刀！”于是很不高兴地说道：“既然没有什么事，那我就走了。”李玉堂才连忙说：“好吧，同我的参谋长谈谈吧。”我对他也不屑一顾，掉头即去。

我到了第二三一团，左九成向我报告增援换防的情况说，他对方先觉说：“我参加作战，义不容辞。”方先觉说：“你接一部分守城任务，我们共同守城岂不更好。”他便接受下来。但方先觉没有把战斗的详细经过和双方态势向他交代。我鼓励左九成团长说：“你没有按照指挥系统执行任务是错误的，但就战争的具体情况来说，不增援更是错误的，这两个错误比较起来，后一个错误就更大了。因此，你做得是对的。”左九成虽接受增援防务，但认为方先觉的一个师在六七个小时内就伤亡那么大，担心一个团打不了，因此，希望最好由我们全师接受任务。这样，他就可以直接听从师部的指挥，减轻自己的责任。我对他说，“我归司令长官直接指挥，我也要听他的命令，没有他的命令，我是不敢自作主张的，等我把情况向薛岳长官报告后再说。”我考虑了一下，又对他说：“我先增加一个营给你，你一定要把敌人驱逐出南门。黄土岭是长沙外围仅有的一个制高点，如果夺不回来，长沙守备就很困难。”左团长听我这么一说，感到任务更加艰巨，便面呈难色，但又不敢向我叫苦。我也感到一个团加一个营，兵力确实不够，就给薛岳摇了一个电话，报告敌人已经进了南门，现正在灵官渡进行巷战，我已严厉命令正在巷战的一个团，今晚一定要把敌人驱逐出南门，而且要把黄土岭夺回来；不过以一个团兵力是很困难的，希望河西炮兵团重炮支援我们。虽然敌人几十门山野炮速发起来，犹如雷声一片，但炮兵团重炮的威力已足以制压。薛岳说："好！你什么时候打黄土岭，就什么时候支援你们，但首先必须把少数敌人驱逐出南门。"左团长便集中所有的轻重机关枪，竭尽全力向敌人猛烈射击，终于在天未明前把敌人赶出了南门。我立即向薛岳报告战局，并请求马上用重炮支援部队向黄土岭攻击前进。薛岳说："好！我马上就下命令。"紧接着炮兵团重炮发射了，炮声轰隆隆地响彻云霄，震撼大地，很快就把敌人的几十门山野炮完全压了下去。我向左团长下令："借重炮的掩护，乘胜前进，把黄土岭夺回来！"在争夺黄土岭的战斗中，形成拉锯的局势。敌人几次拼全力疯狂地向我们进攻，他们的炮兵相当厉害，加上飞机配合向我扫射和轰炸，形势万分紧急，然而始终未能攻下我方阵地。其原因，除有重炮支援外，还在于我们的官兵打出了经验：为了节省弹药，当敌人进攻时，我们集中火力居高临下，向敌人猛烈射击；敌人停止进攻，我们也暂停射击，并不时在夜间派出小部队扰乱他们。敌人的飞机大炮采取平面巡回，反复轰炸，我们就用重炮来回敬，同时向山后稍撤退，待敌炮一停，又迅速地回到阵地。这时薛岳命令第九战区所指挥的各军全部出击，向敌人穷追猛打。

第七十七师接到命令后，英勇奋发，急起直追。敌人狼狈逃窜时，偶尔抵抗一下，并一路用飞机轰炸我军，我们却越追越紧，士气越来越高涨。敌人尸体、死马沿途皆是。在追击中，我们也有一点伤亡。追击到长沙北面时，听说有二三百敌人逃到了荷叶塘，我急忙派人把老百姓找来询问。老百姓说："你们追得很紧，敌人逃窜不及，就躲进了荷叶塘。"我立即派一个营长（他是熟悉当地地形的湖南长沙人）带领一营部队去解决这股敌人。荷叶塘是山地，房屋两旁和后面都是山，呈凹字形，唯有前面一条道路可通行。营长见地势对我们有利，便决定瓮中捉鳖。他在道路两旁各派一个连把住，把火力集中在那条通道上；另派少数人向敌人躲藏的房屋佯攻，引诱敌人；再派一些人从山后爬上房屋，把瓦揭开投掷手榴弹。敌人被炸得血肉横飞，鬼哭狼嚎，拼死向外突围，冲了三四次，都被我们两边把守的部队堵了回来。最后，除二三十人逃生外，其余全部被歼灭。

我率领大部队穷追猛打，乘胜前进，到了汉家山，敌人的炮兵无法占领阵地，便用大批飞机进行轰炸，企图掩护撤退。我把指挥所就设在汉家山麓，决心和部队一道，把占领汉家山的敌人全部歼灭。官兵们看到师长亲临前线，更加拼命。第二三〇团柏柱臣团长也作出了表率。军长彭位仁十分担心我的安全，和参谋长徐亚雄一再打来电话，要我换一个安全的地方。我答复：“不能离开汉家山。”结果，在全体官兵奋力冲击下，只花了半天的时间，就把占领汉家山的敌人全部击溃。我们继续往前追击，追到汨罗江畔时，第七十三军接到薛岳电话，要我们立刻回防，让其他各军继续追击。

战斗结束后，我们才感到疲惫不堪。

返回长沙后，我派一部分人把缴获的武器和俘虏押解到长官部，一路上到处围满了兴高采烈的人群。官兵们虽然辛苦劳累，但见到老乡们个个喜笑颜开，点头称赞，不觉忘记了苦战几天几夜和追击的疲劳。

薛岳对第七十七师这次的战绩非常满意，请我吃了一次饭，以表慰劳。他说：“这回守城，你打得不错。这是我自己泡的药酒，今天特地拿来招待你，来，喝一杯吧。”我站立起来举杯一饮而尽。

其　他

忆“破路战”

郭 森*

1938 年 5 月下旬，我奉中组部指示从延安出发，辗转历时两个多月返回冀南。我在担任直南特委书记、冀南区党委秘书长、组织部长、社会部长和冀南 2、4 地委书记期间，经历了抗战时期一种持续数年、形式独特的战斗——“破路战”。

“破路战”始于 1938 年下半年。由于冀南属平原地形，便于敌人的汽车、坦克、骑兵等快速部队行进。另外，县城筑有城墙，部分村镇历史上为防匪患而筑有围寨，一旦被敌人占领，在我军缺乏重武器的情况下，收复很困难。为改变这种利敌不利我的状况，坚持长期平原游击战争，在经过多次反“扫荡”血的教训后，全区军民在冀南区党委的领导下，掀起了大规模的拆城破寨、挖沟断路的群众性运动。首先是在公路上挖数条横沟，将路断成数截，阻止敌人机械化交通工具的来往。但此举也给我军民下田耕作和运输带来许多不便。

针对这一“破路战”带来的新情况，当时驻扎在冀南地区的八路军第 129 师师长刘伯承，提出了一个只利于我而不利于敌的新的交通战思路——

* 作者时任冀南区党委秘书长、组织部长、社会部长等职。

变单纯破路为与开挖交通沟相结合，即：将村与村相连的大车道，都挖成深4米、宽4米的道沟，供大车和牲口通行，沟底与顶口之间再开出一层台阶，做人行便道。后来又发展到在沟底每间隔一段距离就开出一个较大的空间，作为中途会车处。这样一来，我抗日军民的行车、耕作均不受影响，而敌人的机械化交通工具却无法从道沟通行。按照刘伯承师长的思路，冀南区党委与行政公署于1938年12月重新制定了破路办法，行政公署还专门颁布了《拆城寨拆堡令》，号召群众凡15岁至50岁以内者，都要投入这场运动。广大群众不分昼夜挖沟破路，干得热火朝天，没用多久，冀南区就到处沟坑纵横了。

日寇感到威胁很大，从1939年起便开始在冀南区大修公路，并在公路两侧挖了2米多宽、3米多深的壕沟，每隔一二公里就修筑一个炮楼，形成了一种公路纵横、炮楼林立的恐怖景象，以此实施其“以铁路为柱，公路为链，碉堡为锁”的“囚笼战术”，实行分割封锁，企图彻底摧毁冀南抗日革命根据地。

根据敌情变化的特点，我地委、行署、军分区率领广大军民积极进行反分割、反封锁的破路斗争。白天，日伪军到处抓民工，强迫民工修公路，我们组织军民利用夜晚破坏公路；敌人派兵保护修路，我们就组织游击队，或者配合正规部队对保护修路的敌军进行干扰袭击。因而，敌人修路的进展极为缓慢。

1940年4月，冀南区党委、行署、军分区统一部署，组织1万多名自卫队员与数万名群众，对日寇在冀南腹地修筑的石家庄至南宫、南宫至巨鹿、邢台至威县、威县至清河、广宗至巨鹿等干线公路，进行了一次全面系统的破坏。这次破路之前，区党委、地委做了大量的组织发动工作，明确划定了各县的任务，提出了具体要求，并强调各县的负责同志带头，广泛深入地发动群众，全力以赴破路。南宫县在县委书记和县长的带领下，组织了3000名自卫队员及部分群众，将南宫境内即将竣工的南巨公路挖断了5公里，使得这条35公里长的公路，延期了一年多；广宗县组织5000多名自卫队员和人民群众，在巨鹿至南宫、广宗的两条公路上挖了无数大小不一的横沟，将公路切成了若干小段。这次破路把区内的几条干线公路破坏得七零八落，使敌人的交通运输陷入一片混乱，几乎全部瘫痪。

百团大战期间，为了配合我军进攻，冀南军区及所属各部队、各县抗日武装，在冀南区党委和军区首长宋任穷、陈再道的领导和指挥下，配合八路军 129 师展开了平汉、正太路战役，掀起了规模浩大的公路破击战。地委、行署、军分区的主要负责人分别下到各县，各县的主要领导亲自挂帅，组织发动各县大队、“模范班”和广大群众积极参战，对各县境内的主要公路干线进行大规模破击。由于组织得力，参加人员较多，在很短的时间内，就将敌人花费很大代价修筑起来的公路毁得破烂不堪。为了保持破路成果，各县又组织各村分段进行“车轮战术”，今夜这个村破路，明晚又是那个村破路，轮番上阵，搞得敌人有路不能行。晚上群众破了路，往往白天日军就出来报复。时间一长，大家也学会了对付敌人的办法：只要一看到敌人出动，大家就立即扛起铁锨朝公路上走，假装给他们修路。有敌人看守时，就慢慢地修一下；敌人一走，就又开始搞破坏。有时候正在修路，游击队一放枪干扰，群众就趁机一哄而散，日伪军也无可奈何。“破路战”给了敌人一定的打击，有力地配合了百团大战。

1941 年初，日寇决定分割冀南抗日根据地，开始修筑王高公路。这条路西北起自南宫县的大高村，东南至清河县的王官庄，正好从冀南区 4 地委辖区腹地横穿而过，将 4 地委辖区分割成东西两片。

开工前，日寇专门从威县方家营、清河县王官庄调来了大批“皇协军”，出动了一个联队的日军保护修路。日伪在公路沿途修筑据点，每隔一二公里便设一个炮楼。各据点、炮楼间由东马固庄的皇协军中心据点协调指挥。日伪还在公路两侧挖出 3 米多深、二三米宽的封锁沟，以加强对公路的控制。为防抗日军民夜间破路，日伪在沿途的电线杆上隔一根挂上一盏手提式保险灯，挂灯的电线杆下建有窝棚，强迫群众晚上守杆护路，通宵达旦不停地喊“平安无事”。同时，日伪军不断地到各村抓夫派工，抢修据点和公路，沿途各村被强行派工筹款，稍有怠慢者，就被抓进据点，捆绑吊打。对公路上的过往行人，更是严加盘查，稍有嫌疑，就押进据点严刑拷打。公路开工没多久，我方十几名八路军联络员和抗日积极分子，就惨遭日伪军杀害。王高公路的修建，给沿线村庄和广大人民群众带来了一场深重的灾难。尽管冀南区 4 地委遵照冀南区党委指示，要求沿途的清河、清江、垂杨、南宫、威县各县，组织动员地方抗日武装，发动群众，联合冀南军区、4 军分区所属部队，采取敌修我破、敌出我击的方法，袭扰打击敌人，开展破路斗争，但因为当时敌我力量悬殊，加之日伪防守严密，所以未能彻底阻止王高公路的修筑，但也使这条仅 50 余公里的公路比预定计划延期了不少时日，直到 1941 年秋才草草修成。

王高公路通车后，日伪军对沿线地区的统治更加残酷了。他们不仅对公路两旁的村庄进行频繁的“扫荡”，肆意烧杀、抢掠、奸淫，无恶不作，而且还极力扶持伪政权——维持会，疯狂、残忍地杀害抗战积极分子和抗日军民家属。它不仅给公路沿线人民带来了灾难，也给冀南抗战带来了困难，给抗日根据地造成了严重的危害和损失。

1941 年 8 月 27 日，冀南军区司令员陈再道、政委宋任穷、政治部主任刘志坚、参谋长范朝利等同志，根据八路军 129 师的指示，分析研究了王高公路各段的具体情况，全面部署了破袭王高公路的作战方案，决定：将作战指挥部设在敌人中心据点附近的西马固庄，作战主力部队为 7 旅；由 7 旅旅长易良品、政委钟汉华率 20 团官兵围攻东马固庄敌人的中心据点，摧毁皇协军司令部，打掉其指挥系统；由 19 团围攻南宫县大高村以南至垂杨镇之间的敌人；21 团则攻打垂杨镇以南至清河县王官庄一带的敌人。

为紧密配合正规部队，积极投入破击王高公路的战斗，冀南区 4 地委、军分区的领导分别下到各县，组织发动各县抗日武装和人民群众参加战斗，我参与由 7 旅旅长易良品、政委钟汉华负责的全线指挥调度工作。地区其他领导同志与县委、县政府的负责人一道，迅速把县大队、区游击队、“模范班”、基干队、担架队、破路队等组织起来。

8 月 30 日下午，7 旅全体指战员进入预定作战区域。20 团的战士把新近才从日寇手中缴获的唯一的一门“八八”式野炮，拉进了西马固庄村东玉米地里，炮口直指东马固庄敌人中心据点炮楼。夜幕降临，冀南区 4 地委所辖各县的县大队、区游击队，以及成千上万的人民群众组成的担架队、破路队，在县区主要领导同志的率领下，进入了埋伏地点。我与易良品、钟汉华一道来到西马固庄指挥部，亲临前线指挥。

夜晚 22 点，冀南军区司令员陈再道下达了战斗命令，7 旅全体指战员立即向王高公路各据点发起全面进攻。公路两侧埋伏的各县抗日武装，也同时向各据点的敌人展开了猛烈的进攻。顿时，王高公路上敌人的各个据点被我军炮火团团围住。7 旅 20 团指战员在易良品旅长、钟汉华政委的指挥下，先对敌人中心据点的外围防御工事发起猛攻。经过一夜激战，东马固庄中心据点外围防御工事全部被摧毁。与此同时，在广大军民强大攻势下，王高公路沿线的敌人工事障碍也很快被扫除，日伪军纷纷龟缩到大据点或炮楼内负隅顽抗。南宫城内的敌人闻讯后，于深夜出动 3 辆满载日军的汽车前往增援，走在前面的两辆汽车，在通往大高村的公路转弯处，被军区爆破队埋设的自制土地雷炸了个稀巴烂，第三辆汽车不敢再前进，立即掉转车头逃回了南宫。

天近拂晓，我军向中心据点炮楼内的敌人发起政治攻势：“中国人不要替日寇卖命！只要你们放下武器，我们就保证你们的安全！”“愿意参加抗日的我们欢迎！”“愿意回家的，我们发给路费！”炮楼内一片沉寂。见敌人还想顽抗，我军决定使用“八八”式野炮攻打炮楼。由于野炮是刚从日寇手中缴获的，我们还没有来得及培养自己的炮手，不知道怎么使用它。这时，我记起有个被我解放回家的国民党兵，曾经使用过这种炮，赶紧把他请来。他开始很紧张，第一炮射击位置太低，仅把炮楼穿了一个洞。这门炮的炮弹太少，一炮未中，易旅长难免有点心急地责备他。我赶紧请钟政委过去安慰一下。钟政委一边递烟，一边关切地说：“不要紧张，把炮调准后再发射。”炮手稳定了情绪，校准了炮位，第二发炮弹直接命中。只见敌炮楼中弹后火光一闪，半个炮楼“轰”的一声掀塌下来，炮楼内的日伪军血肉横飞，鬼哭狼嚎。我军趁此机会再次发起政治攻势，向敌人喊话。多数敌人缴械投降，少数企图顽抗或逃窜者也都很快被制服。俘虏中，有个皇协军的团副，经过我们对他进行政治思想教育，愿意将功赎罪，同我们去王高公路沿线其他的主炮楼喊话。这些炮楼的皇协军得知中心据点已被摧毁，也都乖乖地走出炮楼缴械投降了。

经过三天三夜的激战，王高公路沿线的据点、炮楼全部被拔除，控制王高公路的“治安军”两个团和日军的一个联队被全歼。整个战斗共毙敌500余人，捣毁碉堡16个，缴获大量武器弹药和军需物资。这次战斗，我们以极小的代价换取了辉煌的胜利。

战斗结束后，冀南区4地委随即又号召公路沿线各县委、县政府，动员广大人民群众，在县大队、区游击队和民兵的掩护下，进一步开展挖沟破路、彻底捣毁王高公路的斗争。敌人的炮楼、据点全部被烧掉，公路路基大部分被挖除，有的平整以后还种上了庄稼。敌人苦心经营了半年之久的王高公路，才刚刚修通，就这样被我抗日军民彻底摧毁了。

抗日名将谢晋元之死

刘　畅*

“中国不会亡！中国不会亡！你看那民族英雄谢团长；中国不会亡！中国不会亡！你看那八百壮士孤军奋守东战场……”20世纪30年代末，几乎每一位爱国青年，都会高唱这首壮歌。在八年抗战中，这首歌曲鼓舞着百万青年投笔从戎，奔赴抗日战场。歌曲描写了抗日战争初期，死守在上海四行仓库的谢晋元团长的英勇事迹。殊不知，这位抗日名将最后死于汪精卫伪政权之手，其遗属的命运，更是坎坷曲折。

一

在上海一所普通的民宅中，记者找到了谢晋元之子谢继民。77岁的谢老，家中摆放着父亲的雕像，然而在他的内心深处，父亲就如这座雕像般“能感觉到它的高度，却触摸不到它的热度”。谢继民和父亲一生从未谋面，“父亲”这个词让他觉得“既遥远又陌生”。他说：“我甚至从没有觉得自己是什么英雄的后代，甚至此前很少和外界提起。父亲去世后，谢家人就是希

---

* 本文系作者根据采访亲历者、当事人整理而成。

望能和普通人一样，过安宁的日子……”

谢继民20世纪50年代在上海工作后，在基层当过财务会计、商店经理、工厂厂长等职。无论在哪一个岗位，他都任劳任怨，勤恳踏实。改革开放后，他先后担任过上海市杨浦区政协副主席、杨浦区人大常委会副主任、上海市黄埔军校同学会亲联中心副主任、上海杨浦海外联谊会副会长等职。

谢继民说，战争让他没有享受过正常的父爱，但他希望自己作为英雄后代的经历，能唤起读者的共鸣，缅怀先烈当年对敌斗争的艰苦，体会抗日战争胜利果实的来之不易，从而更加珍惜今天的美好生活。

1936 年春节过后，谢晋元亲自护送妻子和 3 个孩子回到广东蕉岭县老家，他对怀孕的妻子说：“日寇侵华的野心不死，中日之战就要爆发。这场战争将会非常残酷，把你们留在这穷乡僻壤，实在是不得已的事。肚子里的孩子生下来，如是男孩就叫‘继民’，让他继承先辈的优良品格……等到抗战胜利，再接你和孩子们回去……”然而，这却成为谢晋元和妻子的最后一次见面。

1932 年参加过一·二八上海保卫战的谢晋元，5 年后，他的部队又一次打响了八一三淞沪会战的第一枪。在沦陷的上海，在数万日本陆、海、空军的围困中，谢晋元和他率领的“八百壮士”升起了上海市唯一一面国旗。《申报》在 1937 年 10 月 29 日的特稿中报道：“天亮时分，国旗飘展，隔河民众经此地，纷纷脱帽鞠躬，感动落泪。”

二

整个淞沪抗战中，谢晋元所在的闸北地区，始终是战线的轴心，他所在的八十八师部队因此被日军称为“闸北可恨之敌”。谢晋元之子谢继民说，其实早在 10 月 25 日，大场阵地即被日军突破，我军全线退守沪西时，许多人建议考虑长期抗战，有秩序退守经营了 3 年之久的防御阵地。但蒋介石以国际联盟开会在即，能保持在上海的存在“可壮国际视听”，要求撤退下来的军队在毫无思想和军事准备的情况下，在沪西仓促摆开战场。八十八师受命留在闸北，死守上海。

此时的八十八师已补充过 5 次，平均每班老兵不足两名，大部分连长战死，部队已经没有战斗力了。为了落实委员长的指示，八十八师师长孙元良决定，只留下一个团死守闸北。

“死守上海最后阵地”的命令，交到了时任八十八师二六二旅五二四团中校团附谢晋元的手上。孙元良要求他们，把指挥所设在八十八师原司令部“四行仓库”。其实，坚守四行仓库的只有一个营的兵力，该营士兵陈德松在《殊死报国的四行孤军》一文中写道：“以该团第一营为基干，组成加强营，仍用团番号。全团 410 人左右，一个机枪连三个步兵连，一个迫击炮排。”为迷惑敌人，在记者采访时，谢晋元假告 800 人。这才有了“八百壮士”之说。谢晋元率部坚守最后阵地时，与“八百壮士”早已立下遗嘱：“余一枪一弹誓与敌周旋到底，流最后一滴血，必向倭寇取相当代价！”

曾进入四行仓库，亲睹“八百壮士”与敌血战的原国民党军委会特务处驻上海办事处处长文强回忆：“仓库并不像孙元良师长所说‘粮水充足’。部队进驻的第二天，自来水就断了，官兵把污水小便留下来以作灭火之用；没有粮吃，他们只好向租界爱国团体和民众求援。民众偷偷将食品送到仓库边的一个小屋内，再由守卫官兵设法取进去，才保证了供给。”

官兵不是打仗，就是修工事，整整 4 天 4 夜没有合眼，有的人干着干着就睡着了。“八百壮士”人人抱定必死的信念，争先杀敌。

10 月 28 日，日军见屡攻不下，组织一个十几人的小分队突袭，企图用炸药包炸毁四行仓库的墙体，打出一个突破口。他们为了防止遭到枪击，顶着一块厚钢板移动到墙下。敢死队员陈树生情急之下，二话不说，在身上绑满手榴弹，从 6 楼跳了下去，与十多名敌人同归于尽。谢晋元看着楼下的浓浓烟火，流泪了，他声言：“全体壮士早已立下遗嘱，誓与四行最后阵地共存亡，但求死得有意义，但求死得其所！”

四行仓库处在租界边上，距离仓库 100 米处，有两个巨大的煤气罐，万一爆炸后果将不堪设想。日军指挥官也知道租界煤气罐的威力，不敢轻举妄动投重磅炸弹，只能用小口径的低射炮，或者调动陆军的“精锐”部队，发动对四行仓库的围攻。

谢继民说，“父亲研究《孙子兵法》，常常讲‘知己知彼，百战不殆。’战斗一开始，他就命令各楼窗口及平台各处的战士，密切监视敌军调动情况；每到深夜，敌人进攻稍有停顿，父亲即派人外出取水，同时悄悄收集敌尸上的符号、标识，从中掌握敌军的信息。”

10 月 28 日黎明，上海市商会派出一名女童子军杨惠敏携带慰劳品，渡过苏州河进入四行仓库，向孤军表示全市人民的崇高敬意。不久，以《歌八百壮士》（后经改编成《中国一定强》）为题的歌曲也创作出来，人民群众的爱国热情激励着谢晋元和他的士兵。

短短 4 天时间，他们在四行仓库这块弹丸之地，击退敌军数十次进攻，毙敌 200 多人，伤者无数，自己仅阵亡 9 人，伤 20 余人。然而，10 月 30 日晚 9 时，谢晋元却接到了撤退的命令。

三

谢晋元按上级命令率部队撤入英租界，不料一进租界，即被缴械，部队被拘禁于上海胶州路的“孤军营”，从此与外界隔绝，变成日军包围中的孤岛。

孤军营在孤岛，处境更为险恶。但是谢晋元壮心仍在，他曾作诗自勉：“勇敢杀敌八百兵，百无聊赖以诗鸣。谁怜爱国千行泪，说到倭奴气不平。”

谢继民收集到父亲当时写下的近 50 万字的日记，“孤军营在租界内几乎与‘俘虏营’无异，自由受到限制，生活也非常艰苦。然而从日记中可以看到，父亲依旧积极乐观，严格治军，每天早操前还坚持升国旗仪式。孤军营一待就是 4 年，正所谓战斗 4 天，孤军 4 年”。

孤军营的日常生活由当时国民党“上海统一委员会”拨款维持，但主要是来自社会各界的热情支援。

随着孤岛形势的不断恶化，敌伪对谢晋元的威胁利诱也日甚一日。日军曾扬言不惜一切代价要把他劫持到手，而汪伪也以高官厚禄为诱饵，妄图促其就范。1941 年 4 月 24 日清晨，谢晋元如往常一样率士兵们早操。此时，被汪伪收买的 4 名士兵伺机忽然拔出凶器，刺杀谢晋元。谢晋元遇害时，年仅 37 岁。

谢晋元去世后，一家老小的生活全靠妻子，曾经的文艺女子挑粪种地。谢继民一直在追寻父亲的足迹，对“八百壮士”的事迹，点点滴滴早已铭记在心。70 多年来，他只能想象父亲的英姿，因为抗战前夕出生的他，从未见过父亲一面。父亲谢晋元出生于广东省蕉岭县，曾就读于广州国立高等师范学校，后转入黄埔军校第四期，毕业后参加北伐战争和抗日战争。

谢晋元去世后，谢家老小的生计问题，全都落在了妻子凌维诚身上。谢继民说:“我无法想象，母亲原是一个衣食无忧、爱好音乐和艺术的女子，日后每天下地播种、挑粪、施肥……前半生和后半生完全不同，但她挺了过来。”

凌维诚 1907 年出生于上海，祖上在徐家汇老街经营一家面店。凌维诚 1927 年毕业于上海东南体育专科学校，专业是音乐，她会弹钢琴、拉小提琴、吹箫和唱歌。在毕业时，她结识了谢晋元，1929 年两人在汉口举行婚礼。谢继民还有两个姐姐和一个哥哥。“老家的风俗习惯是男人喝茶聊天，女人种地煮饭。母亲虽说在上海大城市长大，她却适应了这种农村的生活。”

谢家没有叔伯，又无兄弟，公婆年迈，孩子还嗷嗷待哺。谢晋元去世后，1941 年，凌维诚辗转 5 省去见蒋介石，却得到答复:“现在抗战期间，国家困难，等抗战胜利后，国家定会照顾你们的！”

“母亲一人要维系一家 8 口的生计。父亲殉国后，国民政府特别抚恤 5 万元，母亲和阿公一人分得 2.5 万元，她用这些钱买了 3 亩地，自己耕作，维持一家 8 口的生活。”好不容易熬到抗战胜利，她带着 4 个子女前往上海，由于钱款不够，路上走了整整两个月。“母亲在汕头等待搭便轮，就足足等了一个月，但是沿途只要听说是谢团长的遗孤，民众都热心帮助，令我们感动。后来消息传到上海，‘八百壮士’在沪的，有三四个人来接我们。为了让我们上学，母亲又去南京找蒋介石,6月 17 日，蒋夫人宋美龄接见了母亲，答应将情况转呈蒋介石，但后来就没了回音。”凌维诚为了 4 个子女的读书问题、自己和“八百壮士”幸存者的居住、工作问题四处奔波，但各部门之间都相互推诿，毫无结果。“大家想过一起开公共汽车维系生计，还组织过工业服务社，生产毛巾、袜子、肥皂等，但都以失败告终。”

谢继民说，母亲经历的生计之苦是外人能看到的，但作为遗孀，她多年来受到的各种威胁、骚扰，却是别人无法体会的。“母亲三十出头便守寡，当时也有些不怀好意的人，骚扰甚至要挟母亲。虽然我们年龄尚小，但母亲实在无人倾诉，只得偷偷把我们叫到阁楼上商量。有一次，母亲说她收到了一张纸条，如果不答应纸条上的条件，就小心子女的命！我立刻喊道‘不理他！我们不怕！’……当时我读小学，但至今还记得那个场景。”

谢继民一生非常敬重自己的母亲。由于家庭经济负担过重等原因，他直到 1965 年才结婚。“结婚时，我只对妻子提了一个条件，请善待我的母亲，因为她太不容易了！”

新中国成立后，凌维诚给上海市长陈毅写信，将自己与孤军官兵尚存的六七十人的困境进行了描述。陈毅很重视，1949 年，上海市政府发出［秘］四字第 589 号指令指出：“谢晋元参加抗日，为国捐躯，其遗属应致照顾，吴淞路 466 号房屋一栋及墓地一段，悉仍拨归凌维诚居住使用，一般费用酌予减免。”

回忆邢沙永战役

何正文*

邢沙永战役，是八路军129师以385旅为主，于1941年8月底至9月初在河北省的邢台、沙河和永年地区发起的继“百团大战”后的一次较大的战役。

1941年3月底和7月间，日军在华北实施了两次“治安强化运动”，对我太行等抗日根据地不断进行“扫荡”“蚕食”，并在平汉路西侧构筑了两道封锁线，以割断我太行山区与冀鲁平原的联系。面对日趋严重的局势，8月下旬，我129师刘伯承师长、邓小平政委根据八路军总部命令，为配合晋察冀军区反“扫荡”，打通太行山区与冀鲁平原的交通，粉碎敌人的封锁，决定发起邢沙永战役。

邢台和沙河，由北向南依次排列在平汉路上，永年（指旧永年）坐落在沙河东南方向约3公里处。邢沙永地区，毗邻太行山根据地，所以敌人进行了重点设防，重点守备。1940年3月以后，日军沿铁路两侧、强迫当地群众挖了宽6米、深3米的“护路沟”，在邯（郸）沙（河）段，由原来的两条增到6条，并以挖沟之积土，筑成高约3米多的“护路墙”。在接近我

---

* 作者时任八路军129师385旅769团参谋长。

抗日区地段，还筑了长 100 多公里的封锁沟和封锁墙。在沟墙之间，还加设鹿砦、木栅等障碍物。从邢台至沙河的铁路线上，每隔 1—3 公里筑一碉堡，以日伪军守备；各碉堡之间，每隔近百米筑一哨房，迫令“爱护村”的民众看守；夜间张挂马灯，不断递呼联络口号，递传签名票单，如发现联络口号、签名票单中断或马灯熄火，即认为我军来袭或人员通过之信号，敌人便立即出动装甲车，并用探照灯照射。此外，日军每隔半小时到 1 小时巡路一次，以防我破坏与通过。面对敌人的严密封锁，我 129 师能否在邢台、沙河地段打开缺口，建立游击走廊，将直接关系到晋冀鲁豫边区抗日根据地的巩固和发展。

在沙河以西，还有一座冀西有名的煤矿——公司窑（当地又叫老狼沟）。这座煤矿西接太行山，东邻平汉路，位于太行山到冀南的交通要道上，其军事、经济地位都很重要。可是，它却被伪军高德林部所霸占，成为日伪军封锁太行山区的一把“锁”，也是我太行山抗日根据地军民到路东的一块绊脚石。我们不少过往的干部和抗日群众，就是在公司窑一带被捕并惨遭活埋的。

高德林原是国民党第二十九军的一个团长，抗战爆发后，投靠日军当上了伪“剿共第二路军”司令，其手下有 3 个团及特务营、军教队、矿警队等共 3500 余人。这个民族败类自 1938 年 5 月窜到公司窑后，巧取豪夺，霸占了煤矿。在日本侵略者的扶植下，煤矿部分采用了机械化作业，每天能产煤 1000 多筐（每筐约 300 公斤），一天能赚上万元。高德林就凭此榨取民脂民膏，还自设兵工厂，制造步枪、轻机枪等武器，并恬不知耻地以自己的名字命名为“德林式”。这个大汉奸自恃一有钱，二有枪，还有日本人做后台，横行乡里，强征暴敛，无恶不作，简直成了邢沙永一带的混世魔王。当地群众对高德林恨之入骨，咬牙切齿地骂他：“高德林是条狗，死心跟着鬼子走；高德林是只狼，残害百姓祸四方；高德林是毒蛇，反动汉奸心肠黑。”日军每次对我抗日根据地“扫荡”，高德林都为其打头阵，死心塌地为日军卖命，因此，深得日军的赏识，不但定期为他补充弹药和各种军用物资，还给他的兵工厂提供先进的技术设备。高德林在日军的豢养下，不断强化各种伪组织，深沟壁垒，修筑公路，建立联络网，构成了以公司窑为核心，以三王村、申庄、秦庄、毛村等为重点的防御体系，对我太行山和冀南、冀鲁豫根据地，构成了严重的威胁。

要摆脱当时太行山抗日根据地的困难局面，粉碎敌人的严密封锁，在邢沙永地区打开一个口子，首先要消灭日军的走狗高德林。8 月 22 日，刘、邓首长下达了邢沙永战役的基本命令，战役部署：以旅长陈锡联、政治委员谢富治、副旅长赵辉楼统一指挥 385 旅和太行 1、5 军分区部队及平汉纵队为路西破击队，担负这次战役的主要突击任务，向平汉路西侧之彭城（不含）、元氏段展开破击，重点在邢、沙、武（安）地区，特别要以伪军高德林部为主要打击目标，争取瓦解其动摇部分。在运动中给可能援助该伪军的日军以歼灭性打击。拔除日伪军所盘踞的据点，捣毁其煤矿和兵工厂，平毁该地区之封锁墙与护路沟等。为了使 385 旅集中主要兵力兵器消灭邢、沙、武之敌，刘、邓首长还命令新 8 旅主力和冀南 3 分区部队为路东破击队，向永西、永北一带展开积极的攻势行动。以新 1 旅的两个营组成彭冶支队，对彭城、水冶公路展开破击。另以新 1 旅主力、新 10 旅和太行 2、3、4 军分区及太岳部队，配合策应邢沙永战役行动。基本命令还就战斗保障（如敌情侦察、通信联络、后勤保障）、战前演习、作战时间等重大问题作了具体部署。

385 旅旅长陈锡联接到刘、邓首长关于战役的基本命令后，又先后两次到师部受领任务，听取刘、邓首长的指示。陈旅长第二次从师部受领任务后，随即在太行山涉县的西达镇召开了有各团领导参加的作战会议，研究作战方案，进行具体部署，会上，大家深刻领会刘、邓首长的意图，认真分析了敌情、地形和部队的情况，通过充分发扬军事民主，陈旅长决心以“迂回包围、穿插分割、中心开花、各个击破”的战术手段，给高德林部以歼灭性的打击。

兵力部署是：769 团以主要兵力突击公司窑，以一部兵力攻打申庄；13 团攻打毛村、黑山、秦庄之敌，并担负阻击增援公司窑之敌的任务；14 团攻打三王村，同时做好阻击邢台方向增援之敌的准备。会上，要求各参战部队深入细致地做好政治思想工作，充分发挥参战部队和民兵的杀敌积极性，大力开展杀敌立功运动。作战中，要发挥我军近战夜战的特长和孤胆作战的作风。利用夜暗，迅速秘密地接敌。突然猛烈地发起攻击。各级指挥员必须跟随部队行动，靠前指挥，党员必须冲锋在前，撤退在后，要做杀敌和瓦解敌军的模范。会后，陈旅长立即向师部报告了这次作战的决心方案，很快就得到了刘、邓首长的批准。

作战会议之后，为了更有把握地打好这一仗，陈旅长亲自带领参谋贾本维和旅机关的部分人员，化装成老百姓，到距敌人据点很近的刘石岗一带进行现地侦察，并对方案做了进一步的完善，尔后又带着各团团长和各团的突击营营长到现场明确任务和组织协同。

各团对战前的各项准备工作也搞得扎扎实实，尤其是战前的侦察活动搞得更为认真，我当时任 769 团参谋长，亲自组织了侦察工作。特别是我们团的侦察英雄罗占华，在公司窑附近的“维持村”——佐村的一个姓崔的抗日群众的协助下，化装成商人，一直摸到高德林的老巢公司窑，把敌人的司令部、兵工厂、军需库、矿井等重要目标，以及道路、岗哨位置、明碉暗堡、封锁沟墙等查得一清二楚。在攻击发起的当天晚上，罗占华又带着 2 营的干部提前出发，到申庄察看地形。大家换了便衣，罗占华穿了件黑绸大褂，头戴礼帽，腰里别支“二十响”，活像个便衣探子。他们穿过草丛，绕小道往申庄前进时，与敌两个情报人员相遇，罗占华急中生智，几句对话，不仅使敌情报员将他认作自己人，而且还把他当作高德林特务营的“李队长”。罗占华和 2 营营长张效义将计就计，机智地从两个送上门来的“舌头”口中套出了许多关于敌人兵力部署、火力配系、工事构筑等情况。在进行敌情侦察过程中，当地抗日组织、游击队和人民群众也给予积极的配合，提供了大量真实可靠的情报，从而为战役的胜利创造了有利条件。

参战部队还抓紧时间开展紧张的战前练兵，有针对性地演练了破障和对碉堡守敌的进攻。各部队都构筑了类似守敌的碉堡，设置了铁丝网、鹿砦、拒马桩等障碍物，研究了破障的办法和攻敌碉堡的各种战术手段，通过严格的训练和近似实战的演习，使参战部队的军事素质又有了进一步的提高。经过紧张、周密的准备，参加战役的部队按刘、邓首长的决心部署开始了战役行动。8 月 30 日凌晨，攻打高德林伪军的部队经过连续一昼两夜的行军，隐蔽地到达了小南沟一带集结。小南沟，是太行山麓的一个小村庄，距高德林的老巢还有 20 多公里。翌日下午 3 时，部队和参战的民兵，分 3 路向进攻出发阵地开进，途中在刘石岗作短暂的集结和调整后，就像尖刀一样，分别插向各自的攻击目标。

初秋的夜晚，微风带着阵阵凉意。旷野黑沉沉的，除了偶尔听到一两声犬吠外，一切显得是那么静谧。但我参战部队广大指战员的心早就沸腾了。31 日午夜，参加战役的所有部队，神不知鬼不觉地按时进入了预定位置，旅指挥所设在 769 团侧后约 3 公里处。

按照旅首长关于“中心开花”的战术手段，769 团在团长郑国仲、政委鲍先志的率领下，迅速地插到了公司窑附近。郑团长来到担任突击任务的 3 营，再一次给营长马忠全、教导员吴先宏明确任务。当一切布置妥当之后，正好 0 点。攻击时间到了！只见 3 发红色信号弹腾空而起，划破漆黑的夜空，769 团的突击连——11 连在向导老崔的带领下，顺利地剪开了一矿的铁丝网，连长赵登陆带着突击排，迅速地摸到碉堡跟前。说时迟，那时快，矿警的报警枪刚一响，突击连的同志们在散布成三角形的 3 个炮楼跟前，闪电般地把手榴弹投掷或塞到敌炮楼里，接着就冲了进去。负责警卫一矿的伪军有的在睡梦中就上了西天，有的刚被惊醒，连衣服都来不及穿就当了俘虏。11 连充分发挥了近战夜战的特长，以勇猛的战术动作，仅用十多分钟就占领了一矿。随着公司窑战斗打响，方圆几十里地区立即响起了密集的枪声，震耳的爆炸声，打破了沉寂的旷野。

攻下一矿之后，3 营副营长张林先又率领 11、12 连和被誉为“夜老虎”的特务连，顺西北大街攻打高德林最坚固的堡垒——兵工厂；教导员吴先宏带着 9、10 连朝二矿猛扑过去。但是，由于高德林伪部在公司窑构筑了许多互相贯通的工事，固守的又是伪特务营、军官队、矿警队等装备比较精良的伪军。这 1000 多亡命之徒，大都是高德林的死党，他们凭借着坚固工事顽抗，拒不投降。3 营和配属该营的特务连，一直打了 3 个多小时，也没有攻下来。面对这种情况，特务连指导员欧阳济心急如焚，他大声喊道："共产党员跟我上！"带头冲上去，不幸被敌人的一颗子弹击中，献出了宝贵的生命。战斗进行得异常艰苦、激烈，一直持续到拂晓，兵工厂仍未攻下。如果天亮前不拿下它，天亮以后攻打就更困难了。而且，日军随时都有向这里增援的可能。在这关键时刻，团政治处主任漆远握赶到11连。11连是我团在夜袭阳明堡日军飞机场战斗中涌现出来的英雄连队。漆主任来到11连后，立即号召大家发扬夜袭阳明堡的战斗精神，一定要在天亮前拿下兵工厂。同时帮助赵连长重新组织战斗，把几个连队的掷弹筒、轻机枪集中起来，准备向敌人发起猛烈攻击。就在漆主任刚把火力组织好时，忽然从村西大碉堡上射来一串子弹，击中了他的胳膊，鲜血把他的半边身子都染红了。战士们忙给他进行包扎，并将他扶上担架，但漆主任强撑着身体，忍着疼痛喊道："赵连长，掷弹筒一响就冲锋……要为11连争光……"话还没有说完，就昏迷过去了。

首长的鲜血，就像汽油烧到火上一样，把战士们胸中的怒火烧得更旺了。

掷弹筒发射了，机枪怒吼了，敌人的火力被压下去了。

"为11连争光，冲啊！"赵连长高呼着口号，第一个登上梯子，翻过围墙，战士们紧跟在连长的后面，像一股旋风，冲进了兵工厂。

接着特务连也攻占了澡池。

11连冲进兵工厂后，战士们见到里面堆放着各种机器，以为是挖煤机，他们一边搜剿残敌，一边安上炸药，准备将其炸毁。赵连长见此情景，立即制止大家不要鲁莽行动，因为赵连长知道，在战役发起前，团首长有交代，要将敌人兵工厂的机器完好无损地运到太行抗日根据地。于是，他大声对战士们说，这可能就是造枪的机器，在没有搞清楚是什么机器之前，希望大家保护好，一个零件也不能损坏，待请示报告后再处理。同时派人进行严密保护。恰好刚从延安来的知识分子、曾学过机械的训练参谋蒲锡文同385旅供给处副处长李小五来到现场，确认是造枪的机器。于是我们很快动员组织了一支由参战民工、矿工、当地群众组成的搬运大军，把兵工厂的机床、零件以及一些步、机枪半成品，完好无损地搬运到太行山根据地。这对当时只有些简单机械的我黄崖洞兵工厂来说，真是如获至宝。后来，八路军后勤部部长杨立三在一次后勤工作会议上说，385 旅完好无损地缴获敌人一座兵工厂，为抗战立了一大功。

攻下煤矿后，矿井下还有 600 多名工人兄弟。这些矿工，受尽了高德林的盘剥，吃尽了人间的苦。我团政治处的同志，不顾危险，下到 1500 多米深的矿井下，逐条巷道通知正在作业的矿工。升降机不断地转动着，经过 3 小时的努力，井下的矿工全部上到井面。矿工们紧紧握住战士们的手，激动地说："高德林不把我们当人看，八路军待我们却胜过亲兄弟。"许多矿工当场报名参加了八路军。矿工们撤离煤矿后，随着几声闷雷般的巨响，我们将日伪军用来榨取人民血汗的公司窑煤矿彻底炸毁了。

经过一天一夜的激战，公司窑大部分敌人已被我 769 团 1、3 营消灭，但藏在村西头碉堡内的一股残敌，仍凭借坚固的工事顽抗。

1 营营长李德生同教导员王亚朴，立即重新调整部署，命令 1、3 连从正面进攻，2 连从右侧迂回，向残敌发起猛烈的攻击，冲在最前面的是 1 连"朱德青年队"，当占领敌野战工事后，小队长萧术英左腿负了重伤，但他仍然坚持着伏在交通沟边，射击战士赵玉才要扶他下去，但萧术英说啥也不肯。他把剩下的一排子弹交给小赵，再三叮嘱说："一定要瞄准后再打，一枪要干掉一个敌人。"赵玉才接过染着战友血迹的子弹，压进枪膛，瞄准敌炮楼的枪眼，一连打倒 4 个敌人，当他把第五颗子弹上膛时，从左前方飞来一颗子弹，打穿了他的左肩。他忍着剧痛，把枪架在一块石头上，在火光的映照下，射出第五颗子弹，又打倒了一个敌人。

与 1 连一起担任正面攻击任务的 3 连，在连长李忠泰的带领下，冒着敌人射来的密集枪弹，发起了一次又一次的攻击。当他们看到 2 连遭到敌火力拦阻时，著名战斗英雄、排长李长林立即端起机枪射击，压制敌人火力，掩护 2 连从翼侧攻击。不料，当 2 连从右侧迂回上去后，又被一道铁丝网阻拦了去路。2 连指导员许道春高喊道："共产党员上！"随着许指导员的喊声，共产党员苏建英飞奔上去，但刚向铁丝网劈了两下，就壮烈牺牲了。紧接着又一名共产党员冲了上去。就在铁丝网快要砍开的时候，又不幸负了重伤。第三个毫不迟疑地又冲了上去，在火力的支援下，终于把铁丝网砍开了。3位优秀共产党员，用他们的生命和鲜血打开了一条通向胜利的道路。许指导员带着2连闪电般地冲了上去。许指导员不仅善于做思想政治工作，而且还是全营有名的投弹能手，他用手榴弹把炮楼顶上的敌人全压到下边去。2连在1、3连的有力配合下，一鼓作气攻占了最后几座坚固的炮楼。

在公司窑战斗打响的同时，我769团2营也向申庄发起了攻击。申庄位于公司窑北侧约3公里处。这个据点虽不大，但由于它居于东南面的三王村和西北面的毛村两个据点之间，攻下它既能分割敌之部署，又能切断公司窑守敌的退路。2营营长张效义和教导员张天恕受领任务后，决定让8连担任突击连。该连在连长伍国忠的带领下，从敌人认为“最保险”的东北角登上了围墙，很快就摸到敌人的机枪工事前。敌机枪手发觉不妙，刚扣动扳机，就被我军用手榴弹给报销了。正当8连继续往前运动时，有一敌排长带着一伙伪军，从房顶上搭跳板反扑过来。战士李明月看得真切，最先扔出一颗手榴弹，随着爆炸声响，几个敌人栽了下去。但也有七八个敌人从跳板上冲了过来，与8连突击班交错在一起。当时，8连用的枪大多是“奉天造”，没有刺刀，伍连长和三班长他们就抡起枪托与敌人肉搏。三班长凭着过硬的技术和勇气，接连把冲到跟前的3个敌人打翻到房下，其余的见势不妙，犹如惊弓之鸟，抱头就往下跳。敌人搭好的跳板，恰好成了8连1排勇士们前进的道路。1排顺着跳板从房顶上向前进攻，2排沿小巷攻击前进，很快就占领了大半个村子，将敌人压缩到村西南一个大炮楼内。这座炮楼，四周是一片开阔地，敌人还设有铁丝网、壕沟等障碍，很难接近。当时，部队又缺乏重火器，一时拿不下来，于是张营长命令部队一面进行土工作业，一面向敌人展开政治攻势。战士们向炮楼里的守敌大声喊话：

“伪军弟兄们！我们都是中国人，不要给日本人当走狗！”

“伪军弟兄们，你们快缴枪吧，八路军宽待俘虏！”

开始喊话时，敌人没有答话，仍不断向外射击。一个当官的，还拉大嗓子，色厉内荏地叫着：“打！快打！别听那一套，八路军的话是骗人的！”

听到敌人当官的这一腔调，8 连指导员唐兴盛立即用洪钟般的声音喊道：“伪军弟兄们！不要再受欺骗了，八路军宽待俘虏，不杀不辱。前年 7 月，我们打东牛峪，崔培德的第七团，团长叫袁全卿，外号叫‘袁老粗’，他自动缴枪，我们没动他一根汗毛。去年打刘石岗，你们二团好多弟兄负了伤，高德林扔下不管，是谁给他们扎绷带、上药的？还不是我们八路军把他们救活的吗？”

唐指导员这一喊，顿时生效，枪声渐渐稀疏了，并在炮楼内叽叽喳喳议论起来。一个伪军试探地问：“刘石岗是你们打的？”

张营长见敌人已经动摇，马上高声回答：“伪军弟兄们，刘石岗是我们打的。你们别再磨时间了，煤窑、兵工厂全被我们占领了，秦庄、三王村也被我们包围了，你们想等援兵，那是白天做梦。快缴枪吧，不然我们就要下炸药啦……”

听到要下炸药，敌人更慌了，炮楼内一片乱哄哄的。

我军战士在营长喊话之后，又齐声喊道：“快缴枪吧，不然炸药一响，连尸首也找不到啦！”

“这次来的是老八路，老八路是没有打不下的碉堡的！”

伪军官在我强大的军事和政治攻势下，只好无可奈何地说：“要我们缴枪，有 3 个条件：一、保证生命财产安全；二、我们回家或是当八路军，由我们自愿；三、请你们长官出面保证。”

张营长听到这番话，驳壳枪往腰里一插，就要跳出掩体与敌人搭话。站在一旁的通信员怕这是敌人的阴谋，一把拽住营长。张营长此时想到的不是个人的安危，而是尽快地解决战斗，消灭敌人。于是，他挣开通信员的双手，挺身而出，大声说：“我就是营长，你们提的 3 个条件我同意，快缴枪吧！”

敌人被征服了。中午 11 时许，残存的 89 个伪军被迫投降，5 挺崭新的“德林式”机枪和一些“德林式”步枪，全部成为 2 营的战利品。

就在我 769 团攻打公司窑的同时，14 团在团长孔庆德、政委赵兰田指挥下，向三王村发起攻击，战斗也打得非常紧张、激烈，扣人心弦。三王村在公司窑以东约 3 公里处，是离平汉路最近的一个据点，也是高德林防御体系的重要依托。村内驻有伪军1个团部带 1 个营，筑有 9 座碉堡，村周围挖有封锁沟，设有铁丝网、防御得很严密。

14 团 1、3 营利用夜暗掩护，秘密迅速地接敌，发起攻击后，很快就突入村中，与敌人展开了逐街逐巷、逐房逐垒的争夺。战至天明，攻入村中的 3 营与后续梯队的 1 营遭敌火力分割，只好依托房屋固守，阻敌反扑，暂与敌人形成对峙局面。9 月 1 日傍晚，1 营又投入战斗，与 3 营会合后，便向三王村内守敌的核心阵地攻击，很快占领了村东和村西的部分房屋，与敌展开激烈的巷战。守敌拼命抵抗，多次进行反扑，但均被1、3 营击退。为了迷惑敌人，团长孔庆德组织参战民工呐喊助威。四处响起了乒乒乓乓的鞭炮声和各种铁器的敲打声，敌人疑为我后续部队到来，灭顶之灾就在眼前，惊恐万状，士气低落。我趁机一举攻占了大半个村子。进攻中，3 营营长钟明锋不幸负伤，当担架队要抬他下去时，钟营长对卫生员说:“任务还没有完成，我身为营长，此时此刻怎么能离开战场呢。”经过简单的包扎之后，他又带领部队相继消灭了敌特务连和通信连。1 营 2 连在进攻中，由于敌人凭借碉堡扼守，多次冲锋未能奏效。战士们急中生智，将棉被浇湿后顶在头上，强行突击到碉堡底下，然后从枪眼往碉堡内塞手榴弹，接连攻克两座碉堡。3 连在村南面进攻，很快就打垮了敌人 1 个迫击炮连，缴获 82 迫击炮 1 门。在 14 团 1、3 营的打击下，敌见大势已去，负伤的敌营长杨光前率残部投降。

14团的2营，在1、3营打响后，也很快攻下了东冯村，击溃了敌骑兵连，随即抢占了附近的凤凰山一线，准备阻敌增援。中午，驻赵泗水日军乘 5 辆汽车，火速赶来救援，又遭 2 营迎头痛击，敌人狼狈溃逃。9 月 2 日，日军又重新组织兵力向我反扑，此时三王村战斗已接近尾声，主力奉命转移，只留 1 名党员班长带领 4 名战士掩护主力调整部署。这个班在凤凰山与敌对峙了整整一天，击退敌人 3 次冲锋，使这股敌人始终不能前进一步。

参加这次战役的 13 团，在团长陶国清、政委曾庆梅的率领下，按照陈旅长的部署，兵分两路，一部攻打毛村、黑山之敌，另一部进攻秦庄。攻打毛村、黑山之敌的部队，在极为不利的地形条件下，与敌反复争夺，战士们前赴后继，顽强拼杀，战斗打得非常艰苦，最后终于将两处据点的敌人全部歼灭。攻打秦庄的部队，成功地实现了刘、邓首长关于在战役中争取瓦解其动摇部分的决心，他们依靠强有力的政治攻势，打了一个非常漂亮的“政治进攻战”。

秦庄，是高德林伪部的一个十分坚固的据点，共有 7 座碉堡，连同两道外壕一起，足足占有十余亩地。每座碉堡上下 3 层，每层都开着许多枪眼，能够节节扼守碉堡的外围，要用火力攻克，我军无疑要付出很大的代价。

但是，守卫着这个用碉堡做外壳的秦庄的，是 200 多个暂时还未觉醒但良知并未泯灭的中国人。尤其是其中有一位几个月前就与我八路军建立起联系的副官成少林，他原是这支队伍的“创建人”，当年高德林曾许诺过他，如果他的队伍扩大到 1 营人，这个营长就是他的。然而，当队伍发展到 200 人的时候，高德林却只让他当了这支队伍的副官。不但如此他和同伙在高德林部还备受歧视，高德林有自己的兵工厂，可发给他们的不是崭新的“德林式”，而是一些破烂货；高德林在煤矿每天要赚上万元大洋，他们穿的却是已经褪了色、破烂不堪的旧制服；半年多没有领过薪饷；队伍的粮食，都是征一天，吃一天。特别是高德林投靠日军后，成副官对高德林的不满情绪日益增长。我党利用敌人的内部矛盾，经过耐心细致的工作，终于使成副官认识到自己被高德林利用了，不能再跟高德林为虎作伥，决心弃暗投明，把他手下的苦难兄弟拉回到抗日阵营。于是，几个月来，他冒着生命危险，在同伙中间秘密地开展联络反正工作。

刘、邓首长下达邢沙永战役基本命令之后，我军就根据秦庄守敌的情况，作出了政治瓦解该敌的部署。因此，13 团对秦庄形成军事包围后，便派两个参谋带着部队领导写给守敌大队长的一封信，大义凛然，挺身进了秦庄。

信里这样写道：“告诉你们一个兴奋的消息，现在我们已经集中了 10 个旅以上的兵力，在平汉路的两侧展开大战。在这方面，一定要把公司窑、三王村等地方打下。今晚 12 点就要行动，希望你们早做准备，不要错过机会。”

我两位参谋进入“虎穴”后，先做伪大队长的工作，讲清我党我军的政策。伪大队长觉醒后，马上召开了一个紧急军官会议，磋商反正事宜。在我派遣人员和成少林的共同工作下，经过反复谈判、协商，终于促成了秦庄守敌的反正。

9 月 1 日下午 2 时许，秦庄守敌 200 余人，在我强大的军事压力与耐心的政治争取下，全部反正，投入到了抗日阵营。我平汉纵队的一位领导专门来到秦庄，对反正的伪军表示欢迎，对他们弃暗投明的正义行动给予了高度赞扬。成少林代表反正的伪军也表示了誓死抗日的决心。经过整编，这支队伍改编为“平汉纵队独立大队”。

公司窑的被毁，高德林部大部被歼，就像捅了日军心窝子一样，敌人企图挽回败局，恢复原防御态势，于 3 日下午从邢合、赵泗水方向纠集了 400 多日军，在6架飞机的配合下，兵分4路，气势汹汹地向我猛扑过来。此时，公司窑战斗已经结束，我 385 旅除留下警戒分队外，主力均已转移到册井、安河、小南沟一带集结。这一带已进入太行山抗日根据地边沿区，地形对我十分有利。

报复之敌于 4 日上午 8 时许到达辛庄，与我警戒分队第 14 团 1 营1连接火。为诱敌深入，战至 10 时许，我警戒分队主动后撤，敌随即占领了御路村以西的高地，与我形成对峙。

御路村坐落在山坳间，与其相邻的村庄西边是将军墓，西南是功德望。这两个村子均在我军钳制中。将军墓以东的长形高地可以火力直接控制御路一线。功德望的地势也比御路略高，正是一个打击敌人的有利地形。一直亲临第一线指挥作战的 385 旅陈旅长冷静地分析了敌我形势，并询问正在身旁的 769 团1营营长李德生：“部队情绪怎么样？”李营长回答说：“士气正旺着呢，旅长快下命令揍他吧！”

陈旅长当机立断，决定乘敌突出冒进、孤立无援之际，利用我抗日根据地天时、地利、人和等有利条件，狠狠地教训这股敌人。随即命令 14 团立即占领将军墓以东的高地，正面牵制敌人，我 769 团从功德望向敌人左翼突击。

下午 6 时，反击日军的战斗打响了，敌人在我夹击之下，乱成一团。769 团 1 营在李德生营长的指挥下，以迅雷不及掩耳之势，一举突破敌左翼防御，并以手榴弹、掷弹筒打得日军人仰马翻、血肉横飞。敌前梯队 100 余人，在我强大攻势下，一下子后退约一公里，昔日不可一世的日军，这时他们的“武士道”精神不知跑到哪里去了。当天夜里，我军又向敌人发起了数次猛烈攻击。日军不甘心失败，为了稳定防御，驻邢台日军指挥部派 6 架飞机前来增援，在对我方阵地实施狂轰滥炸的同时，并空降了 5 名指挥官来收拾残局。新来的指挥官一上阵，一连砍倒好几个正在退却的日军，这样才勉强稳住了阵脚。但是我攻击部队不给敌人一点喘息的机会，紧紧地咬住敌人不放，阵地上到处是枪声、手榴弹的爆炸声和喊杀声，敌人死伤越来越多，完全失去了抵抗能力。我攻击部队士气则越战越高，越打越猛。被打得焦头烂额的日本侵略军，为逃脱在御路被我全歼，6 日晨，在飞机的掩护下仓皇溃逃，急急如丧家之犬，滚滚似漏网之鱼。在前沿阵地指挥战斗的 1 营教导员王亚朴，最先发觉日军退却之企图，于是大声喊道：“同志们，鬼子要溜了，追击前进！”王教导员话音未落，部队就呼啦啦地冲了过去，一直追击到刘石岗，又打死了一批日军。陈旅长考虑到此次战役的目的已达到，同时还要防止日军主力前来增援，于是命令 1 营停止追击，撤离战场。

战斗胜利结束了。太阳穿过薄雾，吐出万道霞光。在崇山峻岭中的蜿蜒山路上，凯旋的八路军 129 师指战员和民兵携带着缴获的战利品，高唱着《我们在太行山上》的战歌，又踏上了抗日斗争新的征途。

邢沙永战役，我 385 旅和兄弟部队一起，圆满地实现了刘、邓首长的战役企图。整个战役中，我军一度攻克南和、沙河两座县城和公司窑等据点 8 处，碉堡 53 座，缴获修械、造枪机器和器材各一部分，歼日伪军 1340 余人，并争取了部分伪军反正这一仗，把敌人几年来在公司窑一带苦心经营的巢穴彻底摧毁了，并在邢沙永地区打开了一个口子，粉碎了敌人对我太行山抗日根据地的封锁，使敌人控制下的平汉路翼侧暴露，迫使敌人不得不调整部署，将一部兵力由北南调，以保护其翼侧安全。从而部分地破坏了敌人“扫荡”我抗日根据地的部署，有力地配合了晋察冀边区军民的反“扫荡”斗争。战役后不久，八路军副总司令彭德怀在北方局党校会议上，曾高度赞扬此次战役狠狠打击了敌人的嚣张气焰，打出了抗日军民的威风，他说：“这一仗打得好！说明日本鬼子没什么可怕的，我们385旅1个营，在御路不就把他们1个大队打得一天一夜动弹不了吗！”此外，这次战役基本上是一次攻坚战，所取得的作战经验，对指导后来的攻城和攻坚作战也产生了深刻的影响。

黄崖洞保卫战

欧致富*

巍巍太行，千山万壑，绵亘数百里。在它伸向山西黎城县赤峪沟西端，靠近辽县的山峦丛中，有一座海拔1600多米高的黄崖峰，北与左会山相倚，东南与水腰山、桃花寨山相环。西面的崖壁中间，有个直径20多米、深50余米的天然石洞——黄崖洞。洞正面有一条通道，叫瓮圪廊，是山涧汇流的出口。如果把黄崖洞区比作一个瓮，这里便是瓮口。军事上称南口。瓮圪廊的尽头，是迎面壁立的断崖，20余米高，一帘飞瀑，徐徐而下。瀑下有个深潭，叫“无底瓮”。靠东的潭壁上，有一条石阶道，叫“百梯栈”，120余级，是从谷底登上断崖进入黄崖洞区的唯一通道。石阶分上下两段，用吊桥连接，取下吊桥，就有“一夫当关，万夫莫开”之势。

除瓮圪廊通道外，进黄崖洞还有4条路，都是樵夫、药农踏出来的蹊径。一条是从下赤峪村往瓮圪廊东北面的桃花寨上去，一条是从南口南面的山上翻过北鹅口上去，都是“之”字形的盘山小路。往上走时，嘴巴几乎要吻着山坡，所以叫“亲嘴坡”。路面上都是核桃大小的石子，稍一不慎，人就会摔倒，随石滚下，所以叫“送脚石”。正北面通往宽章山那条路，也是

---

* 作者时任八路军总部特务团团长。

宽不盈尺，陡不可攀。还有一条路，是从武乡县左会村，爬过2000多米高的左会山埂口进入黄崖洞后沟。因为山高、沟深、坡陡，人们叫它“布袋谷筒”，更是一条易遭伏击的绝命路。

精心设防

八路军总部看中黄崖洞这个易藏易守不宜攻的地方，于1939年7月把最大的兵工厂从韩庄搬进了洞南叫水窑的一片沟壑里。这个厂的前身是1938年9月由总部军工科安邑修械所，115师344旅修械所和129师修械所组成的总部修配所。合并时，工厂设备简陋，只能修理一些刀枪，兼造地雷、手榴弹。1939年6月，八路军总部根据中国共产党六届六中全会决议案关于“建立必要的军火工厂”的精神，成立了军工部，决定发展太行山区的军事工业，是年7月，遵照朱德总司令、彭德怀副总司令和左权副参谋长的指示，为“摆脱背着工厂打游击”的局面，建立隐蔽固定的大型兵工厂，人抬肩扛，牛运马驮，克服重重困难，硬是把修配所搬进了洞区。大家凭着双手，就地取材，盖石板房，建车间，从延安运来一些新机器，把修配所扩建成为一个拥有700多人40部机器设备的兵工厂。1940年春，第一批步枪诞生时，正值朱总司令55岁诞辰，工厂便把步枪叫做“55步枪”，继而又造出了79步枪和八一步马枪，月产430支。1941年下半年，又造出了掷弹筒和炮弹，有力地支援了前线战斗。

从此，黄崖洞兵工厂被华北日军视为心腹之患。他们惊呼“八路军有了现代化工厂”，屡次派兵侦察“扫荡”。为阻止日军的骚扰破坏，1940年11月中旬，彭德怀副总司令命令总部特务团进驻黄崖洞设防，保护兵工厂的安全。

当时，我任特务团团长，郭林祥任政委。部队开进黄崖洞后，彭总指示我们，要据险修筑永久性工事，就地演练部队，做好打硬仗、恶仗的准备。左副参谋长亲自到我们团指导设防工作。他带领我们勘察地形，绘制地图，实地研究作战预案，确定防御方向，兵力部署，阵地编成，火力配系，障碍设施和具体战法。并抽调 6 个工兵连协助我团修筑工事。

左权对黄崖洞的布防真是呕心沥血。一到工地，就扑下身子和我们一起干，每天只带着一壶水几个馍，奔走在山上山下，沟沟坎坎，把洞区查看了个遍，为工事定点、哪里应构置暗堡，哪里应是明堡，哪里利用天然洞穴加以改造，哪里做投弹的地方，各点的火力怎样射击才能组成交叉火力网，都一一给我们团干部讲得明明白白。他还指示我们，把各级指挥员的位置、部队的支援路线、转移路线、防区区分、工程编号，一一登记造册，使干部战士了如指掌，做到“平时滚瓜烂熟，战时一丝不乱”。

构筑工事开始了。干部战士顶风沙，斗严寒，争分夺秒抢时间，扛石头，挑土灰，抬钢轨，劈山洞，凿枪眼，干得热火朝天。前后经过 8 个月的苦干，全洞区共构筑坑道 11 节，堑壕 9000 米，掩蔽部和碉堡 190 个。整个黄崖洞形成了一个以营为守备区、连为防区、排设阵地、班组筑工事的有机联系的环形防御体系，能够对付敌人从不同方向的进攻。工厂外围各口，还构置了两道防线，3 道雷区。各阵地明暗碉堡林立，火力俯仰交织，既能相互支援，又能独立作战。

在兵力部署上，我们以战斗力较强的 1 营，坚守易攻难守的黄崖洞西北部海拔 2000 多米的左会崖口南北山，以借钳制从武乡、辽县东下之敌；2 营防守东部，绵亘崎岖的制高点桃花寨和险要崖口跑马站以及延伸“洞”外的阳坡；3 营（缺 9 连）负责坚守西南部沟深崖陡的老板山、1529 高地、前后水窑地区及面对河谷盘地的南口，以防来自黎城之敌。团指挥所设在黄崖洞南沟，观察所设在 1588 和 2008 高地。团预备队负责直属守备区，并视战斗情况临时机动。

至此，我团在黄崖洞完成了周密的设防，形成了一个坚固的堡垒。

扼守南口

1941 年冬，日军第三十六师团及津田独立混成第四旅团 3000 余人，分兵数路，杀气腾腾，直逼黎城、辽县一线，妄图一举摧毁黄崖洞兵工厂。11

月 6 日，我团预备队奉命出山，在五十亩村和源泉村一带配合兄弟部队将敌打回黎城。当晚，我和部队在黄崖洞南一公里的上赤峪村休息。夜里 12 时许，一阵急促的电话铃声把我从沉睡中惊醒。我抓起话筒，听出是彭总的声音，他一开口就命令道："欧致富，你听着，所有预备队立即撤进黄崖洞，守备部队天亮前要全部进入阵地，做好一切战斗准备。"

彭总虽没有通报敌情就挂上了电话，但我意识到有大仗打了，我当即叫醒副团长陈波、参谋长郭倡江商议，分头行动。一小时后部队返回黄崖洞。这时彭总又来电话（总部住麻田，位于黄崖洞正东 20 公里），劈头就问："部队行动了吗？"我答道："已进入阵地了。"他缓了口气说："冤家对头又要拼上了，对手是日军第三十六师团，去年在广志山吃过你团的苦头，人家嫌不够，又找上门来了。怎样，对付老手能行吗？"彭总风趣的话，激起我们打硬仗的劲头。我立即答道："请首长放心，我们绝不会'亏待'他们的！"

"人家老想进黄崖洞捡破烂，就让他进来看看。你说实话，能顶他多少天？"

"首长让我们顶多久就能多久！"我一时猜不透彭总的意图，只好笼而统之地回答。彭总笑着说："哈哈，你什么时候学会踢球这一套，又把球给我踢回来了。好吧，你听左权副参谋长的部署。"

"坚持 5 天怎样？"左副参谋长接过彭总的话征求我们的意见，"只要战局需要，两个 5 天也能顶住"。我征得在身边的陈副团长和郭参谋长同意，加码表了态。

"好！你们团就以 5 天为限，5 天后再另部署。"左副参谋长当即作了决定，接着又解释了彭总的意图：既然敌人要到黄崖洞找麻烦，干脆叫外围部队让开一条路，然后在黄崖洞防区吃他一顿"老虎食"，把敌人牢牢咬住嚼烂！他要求我们牢记"不急不躁、猛中求稳、以守为攻、以静制动、敌变我变、克敌制胜"的作战指导思想，并要我们在山口顶两天，挫敌势头；在二道防线再顶住两天，然后上高山我增援部队再来个反包围，把敌聚歼。任务明确后，我们立即召开会议传达首长指示，并对全团指战员作了进一步的动员。顿时群情激奋，热气腾腾，大家决心打好设防以来的第一仗，誓死保卫兵工厂。

8日拂晓，我和郭参谋长到各营守备区检查战备落实情况。天下着小雪，整个山野笼罩着凛然肃穆的气氛，工厂在忙着“空室清野”，掩埋机器；一队队群众，在民兵的掩护下，从山口有秩序地撤出来，向后山转移，虽苦于风餐露宿，却是同仇敌忾。各个连队都按时进入了阵地，在工事里储备了足够的粮食、饮水和弹药，个个谈笑风生，充满信心，只等决战时刻的到来。

敌人先从哪个方向进攻呢？我正思考着，侦察员跑来报告：敌军先头部队已迫近南口外一两公里的赤峪村了。显然，日军直接目标是黄崖洞，主攻方向是南口。看来，此次敌人绝不是飞行“扫荡”，抓一把就走，而是妄图一口吃掉我们。我立即命令前沿连队布雷封锁通道，撤走吊桥，准备战斗，同时向左副参谋长作了报告。左权同志幽默地说：“欢迎敌人碰碰南口的硬钉子，但要警惕敌人声东击西，西口1营不要轻易使用。”又说，“据侦察，这股敌人号称‘钢铁大队’，配备有11门重炮，还调来了几架飞机，要通知部队防备敌人的炮击，暗火力点万不可过早暴露”。

“是！”我斩钉截铁地表示。随即用电话将首长意图通报各营，并告诫一线的连队务必密切注视敌人的动向。一场激战就要爆发了。

10日下午，敌人开始向我打炮，但这炮打得出奇，不打阵地，不打我纵深，专打通道和南口两侧的空地半天，我才悟出：敌人想用炮弹扫雷！我将自己的判断通知前沿的7连，没想到他们已看穿敌人的企图，主动加强了设雷组，待敌炮击后，立即突击抢埋地雷。

打了一阵炮，敌人没有贸然进攻，我们也没有出击。这一天，山上显出紧张的沉寂。敌人在揣摩试探，苦心寻找突破之计。

11日2时，敌先头部队出动了。日军利用夜色，接近我南口阵地前的槐树坪，企图偷袭南口，遭我警戒分队打击后，被迫展开队形。我警戒分队机警地撤回南口工事，以逸待劳。日军偷袭不成，便转入强攻。拂晓时分，敌人的重炮、山炮、迫击炮一齐开火，炮弹由远而近，按头天的炮击目标一线轰来，先两侧，继而轰阵地前沿，仍想引爆地雷。接着，敌步兵开始进攻了，他们驱赶着100多只羊在前面踏雷，300多步兵紧跟在羊群后头，端着枪，哇呀哇呀地向前拥来，步兵后面是100多个骑兵，提刀勒马怪叫着。我真担心羊群会破坏前沿的地雷区，就叫7连注意集中火力打雷区。7连连长冀如明却边笑边说:“团长，你也被蒙住了！那一路埋的都是大踏雷，人踏马踩才响，羊才多重呀！”我再细观察，果然，羊群只碰响几个绊雷，其余的安然无恙。

这下，日军似乎放了心，大胆地跟了上来，由一路队形变成两路，两路又分成四路，企图一举突进南口。敌人正得意地前行，哪知数不清的“飞雷”突然从天而降，无数个地雷在脚下炸响。我7连给敌人来了个“地雷会餐”。前沿各机枪阵地也向敌人开了火。敌人顿时乱成一团，躲得了头顶的“飞雷”，又踩响脚底的地雷；工兵要起地雷，又被我两侧地堡里的机枪打倒；马惊得竖起前蹄，人慌得趴在地上，不出半个小时，敌人已七横八竖地丢下200多具尸体，我竟无一伤亡。

敌指挥官见强攻不奏效，便下令撤退。骑兵驱马在前面踏雷逃命，步兵只好老老实实地学乌龟爬，一步两挪，如履薄冰，赫赫的“皇军”成了土猴群。

12时许，敌人集中炮火向我7连阵地进行报复性轰击。有两门炮推到距我1000米的槐树坪两侧突出部，对我南口工事直接瞄准射击，对我构成严重威胁。为干掉这两门山炮，我当即电话请示左副参谋长准我动用火炮。那时，全团只有两门炮，12发炮弹，打一发弹还得总部批准。没想到，左副参谋长回答得干脆:12发全打完，三四发打敌炮阵地，其余的打敌集团目标。

我们的炮“发言”了！只用两发炮弹，就把敌人的一个山炮阵地连人带炮给掀翻了。余下10发炮弹，也都准确地落到了发起进攻的敌群里，炸倒了一片。

然而，在敌人炮火轰击下，我南口左侧的工事被削去一角，机枪手被压在石头底下，昏迷过去。敌人趁机推进了几百米，向我7连阵地发起猛烈的冲击，近百个敌人冲进了瓮坛廊，南口出现混战的局面，口内外都激战不止。

在这紧要关头，我 7 连 17 岁的司号员崔振芳，为阻击进入瓮圪廊的敌兵，一个人据守陡崖上的投弹所，一气掷出马尾弹 120 枚，炸死敌兵 20 多名。当马尾弹打光后，他回掩蔽部扛手榴弹时，被敌炮弹炸开的飞石崩断喉管，光荣地牺牲了。一班长王兴国，身负重伤，双目失明，躺在地上仍鼓舞战友杀敌，高呼："为国牺牲最光荣！一定要把敌人消灭在阵地前！"瓮圪廊内的战斗更为激烈。冲"百梯栈"的日军，见桥被撤，眼前是深崖绝路，却又不甘心退回去，犹豫了一会儿，便抖起"武士道精神"，竟想顺着 10 米高的绝壁爬上我这边的断壁。守卫在断崖顶上和断桥头工事里的 8 连连长彭志海和 12 名战士，警惕地监视着敌人的每一举动。等到最后 1 名敌兵下沟后，他们突然向敌开火，顿时，山沟里铁蛋飞滚，炸声如雷；步枪、机枪、地雷、手榴弹响成一团，成百的敌人，死的死，伤的伤。那面做前导的太阳旗，被污血溅成了"血花旗"。然而，受了伤的敌指挥官还想孤注一掷，他挥着指挥刀，强令没有受伤和受轻伤的士兵，拖着尸体搭起"尸梯"，尸体垫得不够高，又硬拖重伤员垫，那些重伤员像屠案上待宰的猪一样嚎叫不止，眼看残敌就要踩尸攀登，我们的战士急中生智，骨碌碌滚下几颗大地雷，把敌人的"尸梯"炸毁了。

敌人几次进攻失利，便用炮火报复。曲射炮对我工事基本不起威胁作用，但是却把团指挥所到 3 营的电话线炸断了，使我们无法掌握前沿的情况。于是，我带着警卫员冒着敌人的炮火来到 3 营指挥所，此时 3 营营长钟玉山正对着话筒直喊我的代号，我不禁笑出声来："面谈就行了，别那么大声。"他回头一看是我，高兴得嘿嘿直笑。

我们走出掩蔽部，往前沿阵地仔细观察，发现从上赤峪到槐树坪之间，敌人在重新集结兵力，约有六七百人。我提醒三营长："通知各连，马上调整前沿兵力，补充弹药，准备对付敌人再次进攻。"我话还未讲完，突然一发炮弹落在离我七八米远的地方，我刚猫腰隐蔽，一团黄烟顺风卷来，怪味直呛鼻子。"毒气！"我马上命令三营长，"通知前沿各连，立即戴防毒面具，没有的，撒泡尿浸湿毛巾，捂住鼻子！”话没说完，我便昏了过去。等我苏醒过来，部队已顽强地打退了敌人两次冲锋。三营长中毒较轻，一直戴着防毒面具指挥战斗。见我苏醒过来，他舒了口气说：“天哪，我还真怕你‘那个’了。”他兴奋地向我汇报刚才的战况：敌人以为放了几十发毒气弹，就没事了，便大摇大摆地扑上来。哪知我防毒及时，中毒人少，照样给它以沉重打击。

总部首长十分关心黄崖洞战斗。在战斗最激烈的时候，左副参谋长直接挂电话到3营，询问我的情况，要我到后方医院去。我急忙争辩说：“根本不存在不行的问题，冲锋不行，指挥还行！”他安慰了我几句后，表扬前沿几个连队，说指战员们打出了八路军的威风。又提醒我，天快黑了，敌人还会打一阵子，好掩护他们的“殡仪队”收尸。

左副参谋长的判断非常正确。刚过17时，日军的炮火又闹腾起来，一大群步兵拼命向南口山崖上拥，没秩序地各自散开，从地上拿了点什么东西，就猫着腰往回拱着爬着。我正纳闷：这是什么鬼战术？不一会儿明白了，原来日军个个揣了几条套马绳，见到尸体就甩出圈套，套住腿拖腿，套住头拖头，拖着就跑。奇怪的是，有的“尸体”竟然嗷嗷叫，直扑腾，原来还没有断气。我前沿崖上的战士，冒着敌人炮火的轰击，把滚雷、手榴弹推到崖下，炸得拖尸者鬼哭狼嚎，血肉横飞。幸存残敌抱头鼠窜，争相逃命。

激战跑马站和桃花寨

12日上午9时许，团的两个观察所同时报告：敌指挥官在上赤峪、赵姑村一带向南口东面的桃花寨方向反复观察，可能是选择新的进攻道路。不一会，派出的侦察人员也回来报告：敌人头天失利的部队已撤下来，换上所谓善于山地作战的部队。他们还捡到几张写着“皇军是钢，八路是铁，钢比铁硬”的壮心丸式的标语。接着，前沿连队报告情况：敌指挥官从几个角度观察我南口东侧的跑马站。我将这些情况报告左副参谋长。他说：“彭总估计敌人会选桃花寨一带最险要的地方作突破口，你们要充分准备，待机行动，以变应变。”

13 日拂晓，敌人所有火炮几乎都集中朝南口东侧跑马站西南崖口及桃花寨东南长形的大断崖上我 4 连阵地轰击。看来敌人企图从跑马站突破。

这次炮击时间很长，跑马站崖口一块不满 100 平方米的高地上，落弹 300 余发，工事、地雷大都被毁。

炮火刚停，4 连阵地前沿便枪声大作。我问怎么回事，回答是：夜里几十个敌人用登山钩偷偷攀上了大断崖，前沿阵地被突破，连队正组织反击。我不禁暗暗叫苦。这跑马站上下的地形，我与左副参谋长勘察过数次，原想在这里构筑一组地堡群，以控制阳坡下的赤峪村和槐树坪。这样，敌人想接近南口正面，就比登天还难。可是，这一带全是“送脚石”。若在这里修上地堡，敌人炮火一轰没准也要滚下山去。所以，那时只好把工事筑在靠后一点的“亲嘴坡”，想着敌人大部队无法运动，小股敌人来，侧射火力也可以消灭它。当时左副参谋长曾提醒我们：这里虽是敌人进攻的难点，亦是我们防御的弱点。果然不出所料，敌人从这里突破了。敌步兵从跑马站的反斜面登上无名高地，与 4 连 1 排和团侦察排交上了火。由于我方居高临下的优势已失去，敌方的山炮、重机枪又拖上山来发挥作用，反击战打得异常艰苦。副排长陈启富，率领两个班反击攀上崖头的敌人时，身上 3 处负伤；守在自然洞内的机枪手孙连奎，被敌炮轰塌的石墙压昏了过去，两个班 18 名勇士，只剩下 7 人未负伤；原控制崖边的两座地堡，也先后被炮火轰垮，我方火力已难以控制崖边。尽管如此战士们仍坚持战斗，表现出誓与阵地共存亡的英雄气概。陈副排长忍着伤痛，带领 7 名勇士，披挂满身手榴弹，避过敌炮火，猛往崖沿甩、往崖下扔。孙连奎醒过来，拱掉身上石块，操起机枪，对准敌人的山炮和重机枪阵地猛烈射击，把敌人拖上来的山炮机枪给打哑了。双方遂成对峙局面。

此时，我冒着炮火到 2 营指挥所仔细观察敌人的意图。原来，敌人要争夺跑马站山下与桃花寨之间的深沟，想借此路攻进我核心阵地水窑口。经请示左副参谋长同意，我当即指示 8 连配合 4 连，从桃花寨到水窑一路都埋上地雷，先放敌进沟，然后再歼灭。

这一着大奏其效。敌人打了一个上午，推进了200多米地段，有点得意忘形。他们一面催促后续部队跟着攀崖，巩固已占地段；一面从右侧攻下沟来，企图从瓮圪廊后侧的金盏坪、羊角崖攻占水窑口。敌人的山炮复活后，猛向4连阵地打燃烧弹。顿时，我阵地前一片火海，4连副连长和几名战士受了重伤，排长也牺牲了。但是，我们叫下到沟里的敌人偿还了这笔血债。4连在左侧无名高地上，狠打敌人屁股；8连在右侧山口，痛击迎头来敌。整整一个下午，突进到沟里的200多名敌人在沟底抱头鼠窜，不时踩响地雷，一个个到阎王殿报到去了。

敌人吃了我侧射火力的大亏后，14日改变战术，8时许对我桃花寨西南无名高地再次发起攻击，企图消除向水窑口进攻的侧翼威胁。我4连1排战士，一会儿用手榴弹炸敌人，一会儿与敌展开白刃格斗，整个上午，战斗都处于胶着状态，我见1排已伤亡过半，即令4连连长将1排撤至1568高地的连主阵地上来。

敌占领无名高地后，企图攻占1568高地，未能得逞。接着，又按老战法，向我水窑口方向作试探性进攻。但因连日伤亡过大，士气动摇，连攻两次，均未奏效，在伤亡数十人后，不得不狼狈撤回。

血染水窑口

日军连续进攻4天，伤亡近千，才突进几百米，恼羞成怒之际，赌注越下越大。15日，敌人加强了兵力、火力，还使用了火焰喷射器。战局出现了4天以来最激烈的场面。

在猛烈炮火掩护下，日军兵分两路，从东和东南侧夹攻我1568高地，经4次冲击，付出惨重代价后，至9时许攻占了该高地，把我南口至水窑口阵地分割为二。然后，又分3路攻击水窑口，一路从桃花寨的四沟顶南压水窑口，并企图从背后打通南口；一路从正面强攻南口，企图越过断桥上金盏坪攻击水窑口；一路经南口左侧搭人梯爬断崖，沿山路直取水窑口我核心阵地。这一手很毒辣，迫使我断桥、水窑口阵地均处于腹背受敌，或三面作战的境地。

此时，我 7、8 连战士，沉着应战，以一当十，越战越勇，接连打退敌人多次冲击。南口断桥阵地在敌人两面夹击中，战士们凭借天险，分兵抵抗，使沟内之敌越不过断桥，两侧之敌无法接近沟西口，有力地钳制了进攻水窑口之敌。战士刘发启，头部、脖子、腿部 4 处负伤，仍然拖着伤腿来回打枪、甩手榴弹，坚守断桥。战士晁成在连长彭志海、指导员玛庭芳相继负伤后，一个人守住断桥头阵地。敌人的燃烧弹把他的衣服燃着了，他扒下衣服，光着膀子在风雪中继续与敌战斗。几番拼打后，敌人的尸体快要填满断桥下的深沟了。

守卫水窑口阵地的战士，与三面进攻之敌展开了地雷战、肉搏战。激战竟日，击退敌人 11 次冲击。山石上污血斑斑，阵地前遗尸累累，敌人始终未能前进一步。16 日敌向我前沿阵地喷射火焰。顿时，我阵地烈火熊熊，烟雾腾腾。我 8 连战士明白，这是通往工厂区的必经之地，绝不能退缩，8 班的工事燃烧起火，敌人乘机拥来，班长王振喜带领战士刘玉溪，韩立会、李为坤跃出工事，带着满身烈焰向敌群射击、投弹、肉搏，毙敌六七十人，直至壮烈牺牲。战士温德胜，举起最后一颗冒着烟的手榴弹冲向狂叫的敌群，与敌同归于尽。团部派到 8 连的政治干事宋德海，在前沿阵地即将被突破的关键时刻，挺身而出，率领 9 名战士，坚守一个碉堡，将敌拒于水窑口外。

这时，敌情又变，攻上 1568 高地的敌人转兵向南压下，形成对水窑口第 4 路的进攻。战斗达到了白热化的程度。每一阵地都在反复争夺着，对峙着。空中弹若飞蝗，炮似连珠，连续不断的炮弹、手榴弹、滚雷的爆炸声，震撼山谷，许多人的耳朵被震聋了，说话得打手势。面对这复杂的情况，我命令 2 营和团直属分队，用火力全力支援 8 连，不让敌人再向前扩展。水窑口前沿阵地被敌占领后，彭总给在左会（1 营阵地）的政委郭林祥打电话说："你们坚守 5 天的期限已到，工厂机器也安全转移，就让敌人爬进去参观好了，晚上所有部队可退到二线，既要诱敌深入。又要顽强防守。"郭政委根据彭总的指示，要求部队坚持到最后，争取机动的时间，以扭转战局。

天一黑，我们即按总部指示调整部署，决定 7 连坚守水窑工厂区，防敌挖掘掩埋的部分机器；入夜，7、8 连派出布雷组，在水窑口主阵地和通往工厂区的路上、崖边埋上地雷；处于二线的部队，坚守到 17 日拂晓，依次撤出南口和水窑口各阵地，退入纵深固守。

让敌一步，战局又活起来。我们依托纵深工事，又可以居高临下地置敌于死地了。17 日上午，敌兵分两路经水窑口向工厂区攻击，我们遵照总部掌握“稳”的要求，战法上紧一阵松一阵有节奏地进行。敌人往前攻，2 营就从 1650 高地打他屁股；敌要回头打 2 营，水窑山上的 3 营及团直则予以追击，使其首尾难顾。时近中午，我们暂停射击，诱使敌人摸着 7 连埋雷的路线，会了一顿“地雷餐”。

敌人见攻不进工厂区，下午改攻 2 营 5 连防守的 1650 高地，企图迂回控制整个水窑工厂区。排长王万年，带领 6 名战士坚守在一个山洞改造的工事里，甩出了 6 箱手榴弹，把从三面冲来的敌人炸得血肉横飞。敌人火烧山洞，他们就冒着烟火与敌肉搏，战士李天光，专门对付攀崖偷袭的敌人。他先后用刺刀把十几名敌人挑下山崖，战后荣获“刺杀好手”的英雄称号。这一天，敌人付出较大伤亡代价后，才突破我 5 连的 1650 高地，进入工厂区。但他们搜了半天，什么也没捞着。而此时，我军仍控制左右两厢，掌握着战局的主动权。进入厂区的小股敌人，就像是走进了坟墓。我们的机器撤了，埋了，留给他们的只有一碰就炸的诱雷绊雷、蹬雷和吊雷。敌人白天被动挨打，一无所获；夜里胆战心惊地贴着崖壁站着、蹲着，连咳嗽也不敢出声，一个个被呼啸的风雪冻得似冰棍儿。

胜利的第八天

17 日晚，我们是在欣赏工厂雷区的爆炸声和小分队夜袭敌人的呐喊声中度过的。

当晚，总部通报我们说：你们已打垮敌一个联队的攻击，从前天开始，敌人已换上另一个联队进攻了。但敌电台却在吹嘘，说他们已捣毁我兵工厂，消灭欧团千人等等。据此分析，敌人还不会罢手，可能要挖几部机器做战利品，也可能攻击左会山口 1 营阵地，以显示他们的“胜利”。你们必须提高警惕，应付敌变。总部还告诉我们：我外围部队从 14 日开始，在民兵的配合下，已收复了东崖底、赵姑村、高家庄等十多个村庄，夺得“扫荡”之敌的右翼阵地；129 师的部队已进入埋伏地区，等待歼敌的时机。总部首长要求我们，保卫物资，扩大战果，拖住敌人，最后歼灭。为此，团里决定：团指挥所和团直属机关，当晚分别转至南山、大井和 1822 高地；2 营仍坚守 1580 高地及其以北地区，咬住敌人；3 营坚守水窑口地区，阻挠敌人搜挖机器，灵活地敲打敌人；1 营坚守阵地，做好迎击敌人的准备。18 日清晨，我和郭参谋长到 1 营部署战斗。刚到营指挥所，2 营 5 连方向就响起激烈的枪声，200 多名敌人，不顾 2 营两侧火力截击，从黄崖峰左会山口攻击。这时，3 营方向也响起枪声。我打电话问 3 营，原来又有 200 多名敌人摸进工厂区，正沿水窑山向西北进犯，7、8 连正设法将敌人拖回工厂区，再用滚雷杀伤他们。

敌人的企图很清楚：妄想两路夹击 1 营防区的高地，打开左会山崖口。然而，我们岂能让他们的阴谋得逞！

7 天以来，1 营基本未参加作战，杀敌的劲头早已憋足了，一经接敌，就以强大的火力压向敌人。1 营机枪连班长李昌标，一口气射出子弹 480 多发，杀伤敌人五六十名。机枪手帅保打得非常英勇，敌人曾组织 3 门炮对付这挺机枪，可谓“一枪对三炮”，但他凭借有利地形，灵活变动射击方位，反复与敌人周旋，机动作战，毙敌 60 余人。

战斗中，我沿着交通壕走到 2 连阵地，只见连长梁天发挽着衣袖指挥一挺机枪，亮着大嗓门喊着：“狠狠打！狠狠打！”那神态仿佛两只眼睛也要喷出仇恨的子弹。我猛然想到彭总和左副参谋长“要猛中求稳，不急不躁”的指示，当即走过去对他说：“稳住打！ 1 营是团的预备队，要留足力量反击。”梁连长明白我的意图，传令各阵地：对敌人要一个个地点名，不许过枪瘾。部队是很听话的，一经纠正急躁情绪，整个战斗就打得沉着而有章法。从黄崖山突过驴驮岩想突进左会山口的敌人，被我 3、5、8 连采用“猎熊”的三角形打法，打得团团转，攻不能进，退不能回。只有被动挨子弹，呜呼哀哉呼苍天！

然而，日军并不认输。午后，他们发了疯，撂下机器不找，集中全力向我2008高地猛攻。我2连与敌在这主峰上反复争夺。部分敌人曾一度突入阵地。但我2连战士临危不乱，趁其立足未稳，一阵火力急袭，很快夺回了阵地。战士边全功，在日军冲到身边时，毫不犹豫地拉响了最后一颗手榴弹，与敌群同归于尽。他的这一壮举，为战友组织反击赢得了时机。激战一下午，我们先后打退敌人8次冲锋，由于我军稳扎稳打、顽强阻击，敌人进攻的势头被滞缓下来，会师左会山后班师回营的企图遂成泡影。

入夜，我1、3连一鼓作气将敌人赶出了水窑山和黄崖山。7、8连也乘夜黑反击出水窑口，扼住了断桥。

深夜，左副参谋长打来电话，告诉我外围部队已袭击西井，迫敌抽出兵力增援，以保退路；现敌人已发现山外有重兵埋伏，可能要连夜逃遁。于是，我命令各连在夜间继续战斗，咬住敌人不让后撤。然而，还是晚了一步，大部分进入黄崖洞之敌，由于怕遭覆灭命运，已在半小时前偷偷逃走了，只有在桃花寨担负掩护的敌人还未来得及撤退，被我4连1排12名勇士黏住了。这12名同志，在大部分阵地被敌占领后，于山谷孤立点与敌人苦战6昼夜，饿了啃雪泥，既战胜了恶劣的处境，又战胜了敌人，最后和反击部队会合，一举歼灭桃花寨敌人，胜利地收复了黄崖洞全部防区。

在这次保卫战中，我团以1500人的兵力英勇地抗击了3000多装备精良的日军的疯狂进攻，鏖战8个昼夜，歼敌700余人，我方伤亡140余人，以5∶1的战绩，创中日战争中敌我伤亡对比之最新纪录。彻底粉碎了华北日军妄图摧毁黄崖洞兵工厂，破坏我军工生产的阴谋。中央军委在1941年《战役综合研究》一书中，高度评价这次战斗为“1941年以来反‘扫荡’的模范战斗”，八路军总部授予我团一面“保卫水窑立战功”的锦旗。

传唱至今的《歌唱二小放牛郎》

王　成*

高粱秆笔写出的不朽战歌

……
干部和老乡得到了安全，
他却睡在冰冷的山间。
他的脸上含着微笑，
他的血染红了蓝的天。
秋风吹遍了每个村庄，
他把这动人的故事传扬，
每一个老乡都含着眼泪，
歌唱那二小放牛郎。

这首1941年创作的歌曲《歌唱二小放牛郎》，最早发表于1942年1月1日《晋察冀日报》副刊《老百姓》上。它曾感染、鼓舞、教育了几代人，

* 本文系作者根据采访多名当事人讲述亲身经历整理而成。

也首开新中国故事歌曲创作的先河。在纪念中国人民抗日战争胜利60周年之际，笔者多方采访了这首歌的由来——那也是一段感人至深的故事。

1941年初冬的一天，在平山县与灵寿县交界处的一个叫两界峰的小山村里，西北战地服务团记者方冰和作曲家李劫夫坐在房东家的台阶上晒太阳。说起《晋察冀日报》上刊登的王二小的事迹，两人被深深地感动了。

劫夫说："我们把这些英雄人物的事迹写成故事歌，使之广为流传，教育群众，还能够一代一代地流传下去，使我们的后人从歌中就能知道这一段历史，不好吗？"

"好！"劫夫的提议正合方冰的心意。反"扫荡"回来后，方冰正在计划写一些平凡的英雄人物的叙事诗。

说干就干，方冰坐在台阶上构思了一下，用了大约一小时的时间，就写出了《歌唱二小放牛郎》。劫夫一看，哼哼了几遍，说是抒情，叙事也简洁，就着手谱了起来，大约只用了一个多钟头的时间就谱好了。

方冰和李劫夫的老领导周巍峙回忆说，当时由于战争期间物资匮乏，两人创作时也没有钢笔和墨水，他们就找来医院用的红药水，再以高粱秆插上笔尖书写，写出的歌词、歌谱都是红色的。

第二天，劫夫就拿着这首歌曲到"少艺队"去教唱。接着团里的歌咏队也演唱了，于是就流传开来。《晋察冀日报》知道了，很快就发表了这支歌曲。于是这首歌不久就传遍了全边区，甚至连敌占区的人民也偷偷地唱了起来。只是让方冰和李劫夫没有想到的是，这首只用了半天就创作完成的《歌唱二小放牛郎》后来却传唱到60多年后的今天。

首唱《歌唱二小放牛郎》的女同志叫顾品祥，她是农村长大的，所以对放牛孩子的生活非常熟悉。当被她称为"老哥"的作曲家李劫夫让她独唱《歌唱二小放牛郎》时，要求她的演唱要根据歌词内容来决定轻重、强弱、快慢。顾品祥说每当唱起这首歌时都会引起观众的强烈共鸣，歌声也感动了无数人流下眼泪。

方冰后来在自己的回忆录中说，歌曲唱开以后，太行山地区有些县像阜平县就说，二小是他们县的孩子，唐县说二小是他们的，平山县也说是他们的。最后方冰说，你们不要争，你们每个县都有二小这样的好孩子。

谁写出了王二小的事迹报道

那么当年是谁写出了王二小的事迹报道呢？1995 年 4 月，曾任晋察冀边区青救会儿童部长兼边区童子军理事会副理事长的徐光将军，在看望曾任北京市委宣传部副部长兼北京市文联党组书记的儿童文学作家陈模时才揭开了谜底。在徐光当儿童部部长时，也就是 1941 年 10 月间，曾接到一个县青救会的报告说，在反“扫荡”时有一位 13 岁的放牛娃叫王二小，把鬼子引进我军的埋伏圈，敌人一个中队被八路军全歼。可这位小英雄不幸被敌人杀害，英勇地牺牲了。徐光将这个报告改写成一条消息在《晋察冀日报》一版发表了。

在那次看望中，徐光还对老友陈模说出了自己的心里话：“这样可歌可泣的小英雄，除了传唱的《歌唱二小放牛郎》之外，再没有其他作品歌颂他，实在可惜了，你能不能写写王二小的故事？”

“没有问题。”陈老一口应允下来。只是当时《晋察冀日报》发表的王二小牺牲的消息，并没有具体报道，徐光也记不得在哪个县了。王二小是哪里人，又是在哪里牺牲的呢？

循着镌刻在记忆中的歌声，作家陈模跑遍了当年的晋察冀抗日根据地，苦苦寻找王二小的原型。经过很长时间的寻访，平山县、易县、顺平县（1993 年前叫完县）等小英雄们的事迹被一个个地排除了。因为经多方考察论证，当地有关资料记载的内容与《晋察冀日报》发表的王二小的英雄事迹并不吻合。

1995 年 5 月，陈老手持徐光、李振海（抗战时期任涞源县抗日政府青救会会长）写给涞源县委、县政府的信，踏上涞源这块古老而英雄的土地。为此，县里专门召开老同志座谈会，回忆王二小是哪个村的人，但依旧毫无结果。

1995 年 8 月 15 日，涞源县召开纪念抗日战争胜利 50 周年老同志座谈会，大伙儿又旧话重提谈到寻找王二小的事。这时，一直住在保定儿子家、刚回来不久的原县新华书店经理张士奎老人接过话茬说："你们别找了，我知道王二小。"一句话语惊四座。他接着说，"在我记忆中，王二小就是咱涞源人。当时我在 3 区抗日政府任儿童团长，王二小就是 3 区狼牙口村那一带的人。王二小牺牲后，区里曾打报告给上级政府。"

有了王二小的初步线索，涞源的同志高兴万分，马上将喜讯报告给陈模。此后，当时的县委宣传部长孙林和陈模等人一起，三下狼牙口村，终于揭开了王二小之谜。

后来，杨成武将军在为《少年英雄王二小》一书作序时，也曾回忆说：至于王二小放牛郎，我虽没亲眼看见过，但他曾经生活和战斗过的狼牙口村，是我们独立师老 1 团和骑兵连驻扎过的地方。骑兵连的同志和他非常熟，帮他提高思想觉悟。王二小和儿童团的孩子们为骑兵连割马草、送军鞋、送信，也做过许多工作。

王二小是怎样牺牲的

抗日时期任王二小牺牲地狼牙口村村武委会主任的高林山，在 1996 年去世前，曾接受过作家陈模的采访。

1941 年 10 月 25 日（农历九月十六）早晨，天刚蒙蒙亮，早起的人们开始上山干活。突然，"啪、啪"，远处传来报警的枪声，一中队日军"扫荡"悄悄摸进山沟。分驻各村的八路军紧急集合队伍，组织群众迅速转移。日军到狼牙口村扑了空，沿着山沟摸进李家台村，没有发现八路军，又往西追去。发现敌情后，八路军的 3 个骑兵排，一个排掩护伤员沿西沟往西经刀把沟往南从石岭子山梁上撤往山西灵；其余两个排，一个排埋伏在石岭子山梁上；一个排顺西沟往西再往北进香炉石沟，往西翻过山梁，埋伏在刀把沟拐弯处北面的山梁上。乡亲们沿香炉石沟往西北方向转移。起早放牛的王二小此时正在西沟、刀把沟、香炉石沟交汇处的东北角——庄窝崖的西坡上放牛，同时他还看管着山顶上的一棵消息树。八路军伤员、骑兵排及乡亲们转移的去向，王二小看得一清二楚。

当时八路军转移时告诉王二小赶快走，但二小怕丢了牛，东家怪罪，就没有跑，而是赶着牛群往山顶上爬。也许二小是要去放倒消息树，也许他要翻过山梁躲起来。正在这时日军来了，抓住二小要他带路。

二小被抓约在上午 9 时，被日寇抓住，硬拼是不行的，得想点儿办法。王二小一边走一边转动着机灵的小脑瓜儿——往哪去呢？对，往南把鬼子带到石湖旮旯，那里是四面悬崖绝壁的死沟头。

埋伏在刀把沟崖顶的八路军战士，透过灌木林看着敌人进了刀把沟。他们没有开枪，想把日军都放进埋伏圈再打。看来我军伏击敌人是有准备的，但王二小不一定知道。理由是敌情紧急，部队来不及向二小讲清；二是八路军不可能以牺牲二小的生命把敌引入埋伏圈。很有可能是阻击敌人争取时间，确保伤员转移的安全。

这时，王二小带日军拐进了七八个篮球场大的石湖旮旯。他没等日寇醒过劲儿来，突然飞快地跑向沟头。日军终于明白上了这个放牛娃的当，打头的日本兵恼羞成怒哇呀呀端着刺刀枪猛扑过来，瘦小的孩子怎跑得过凶残的敌寇，他没来得及攀上崖去，便摔倒在大青石旁，怒视着敌人。一个日军军官恶狠狠地把刺刀刺进二小喘着粗气的瘦弱胸膛，二小用左手紧紧攥住日寇的刺刀，日寇猛地用力一挑，把二小重重地摔在大青石上，4 个左手指被刺刀斩断。

与此同时，随着一声气吞山河的“打”字，埋伏在石岭子上的八路军一齐开火，密集的手榴弹像归巢的鸽群，拖着白色的烟雾翻滚着飞下悬崖，在敌寇人堆里开了花，炸得日军人仰马翻、乱成一团。没被炸死的抱头鼠窜，刚跑出石湖旮旯，就被埋伏在刀把沟上的八路军打死一片。最后，全歼了这股日军。

冒着未散的硝烟，高林山带领民兵把一息尚存的王二小抬回村子。只是没多久，年仅 13 岁的小英雄王二小就呼出最后一口气，永远闭上了那双闪亮的大眼睛。

回忆“冀中一日”写作运动

王　林*

1941年三四月间，冀中几个文化工作者见到冀中军区的政治委员程子华同志。他问：“《世界一日》出版了没有？”我们说：“七七事变前只在《译文》上见过介绍，不知道这几年出版了没有。”他又问：“茅盾主编的《中国一日》你们有吗？”我们说：“没有。事变前挑着看过，很好。运用集团的力量，横断面地表现一个时代，确是个伟大的创造。”程政委早已成竹在胸，却用启发的口气说：“咱们在冀中发动一次‘一日’写作运动，你们看怎么样？”我们立刻欢呼地说：“好极了，我们回去再跟区党委研究一下……”这样，在程子华同志倡议之下，在冀中党、政、军、民各机关、团体的热烈支持和大力领导之下，就发动了“冀中一日”写作运动。

晋察冀边区是抗日时间我党在敌后首先创建的抗日民主根据地，像一把铁钳子钳住了日寇由满洲伸向中原的乌龟脖子。冀中区是晋察冀边区根据地的平原地带，人烟稠密，物产丰富，地处日寇华北的战略基地北平、天津、保定、石家庄和平汉铁路、平沈铁路、津浦铁路的包围之中。由于冀中有党的长期地下工作的基础和博野、蠡县、高阳农民起义的光荣传统，更由于党

* 作者时任晋察冀分局文委成员，《冀中导报》编辑、记者。

的抗日民族统一战线政策的正确执行，广泛发动了农民群众，使冀中不仅在地理条件上直接威胁着日寇在华北的心脏和大动脉，而且使冀中在政治上、军事上、经济上、文化上直接动摇了日寇在华北的统治。日寇对冀中用尽了日本法西斯的一切穷凶极恶的屠杀手段、“三光”政策和诱降伎俩，冀中人民在共产党领导之下，也表现出了可歌可泣的英雄气概和聪明智慧。冀中人民反日寇“五一大扫荡”的英雄史迹，成了很多小说、戏剧和诗篇的光辉主题，给读者留下了难忘的印象。可是反“五一大扫荡”胜利的基础，却是在之前由党长期艰苦缔造成的。1942 年反日寇“五一大扫荡”前，全民性的抗日游击战争，在冀中已经相当深入。例如腹心地区的农民买牲口的时候，先要试试是否会跳交通沟（全冀中都把纵横万余里的庄稼道挖成深五六尺、宽可走开骡马大车的交通沟），如果不会，价钱就得另议。因为反“扫荡”时不会跳沟就很容易被敌伪抢走。喂小羊的儿童在平素就训练羊群爬沟跳沟。近敌区的牲口更形成一种习惯，听到村里警报了暗号就拼命闹槽。等到主人牵出棚，才安安稳稳地站在大门口，等到主人在背上放上逃难用的被褥或者日用品包袱和粮袋，又立即跟着主人顺着逃难的大溜迅速转移，不叫也不闹。从这些畜类在战争中养成的习性上，就可以看出日寇对冀中“扫荡”的频繁，也可以看出冀中人民在民族革命斗争中的坚韧卓绝的气概。

其实所谓“冀中根据地”，在 1941 年，已经不过是敌人据点和交通线中间的一些村庄，即以冀中腹心最大的一块根据地深县、武强、饶阳和安平相接连的边缘地区来看，周围不满百里，除了上述各个县城是敌伪据点并设有环城岗楼和公路以外，尚有西蒲疃和圣水等根据地像羊毛疔一般扎在中间。在这种“犬牙交错的战争”中，因为敌我力量不同而形成各种类型的地区，也因为敌我力量不同而创造了各种不同的斗争方法和坚持反“扫荡”的生活方式。冀中土生土长的文艺写作者对于这种斗争生活是比较熟悉的，但是政治水平和艺术修养尚待成熟，生活圈子也有局限性，因而发动民族革命战线上的工农兵及其干部自己拿起笔来写自己“一日”的生活和斗争，就成了切实可行的办法。于是程子华同志一提出，就得到冀中各机关团体的热烈支持；冀中各机关团体一提出，又立刻得到冀中广大人民的拥护。

跟各种中心工作相似，“冀中一日”写作运动宣传动员得相当深入。记得当时的“街头识字牌”上都写着“冀中一日”4个字。站岗放哨的儿童、妇女见行人来往时，查清了“通行证”。还得叫你念念“冀中一日”4个字，念完“冀中一日”之后还得问问“冀中一日”指的是哪一天，并且提醒你在那一天要写一篇“一日”的文章。所以到了那一天，有不少不识字的老太太拿着早已经准备好的纸张去找人“代笔”。在抗日战争最前列的冀中人民对于自己的革命事业是热爱的，对于战胜日本强盗是充满民族自尊心和自信心的。他们把“冀中一日”写作运动当成一种对自己的鼓舞，对敌人的示威。

《冀中一日》编辑委员会是由冀中各级机关、团体派人组织成的，并且拉了两位客人——延安文工团的章明同志和晋察冀边区文协的孙犁同志共同参加编审工作。部队上的稿件，为了防止“泄密”，经过初审才送来的。地方上的稿件，有的近敌区遇到敌伪“扫荡”也有损失。就这样，也收集了5万篇（根据当时的《编后记》所载）。先用大车拉着打游击，后来就“定居”在安平县彭家营、郝村、杨各庄一带进行编选工作。油印出版的工作由冀中文化界抗战建国联合会的编印室负责。第一次选定之后，大概油印了200多份。为的是更广泛征求意见后，再加工定稿与大量出版。

对于初印本，意见最多的是缺少描写冀中军区司令员吕正操同志那一天生活的文字。吕正操那一天在白洋淀一带检查工作，遭遇上敌人的“拉网扫荡”，一日之内一连受到5次反复合击，最后大胆地冲进附近的敌伪据点，据点在“扫荡”时只留下少数兵力把守工事的制高点，于是这才胜利突破敌人的合击圈。这种突围方法在当时还是“军事秘密”，所以不能公开写。因为读者提了意见，我才根据参加这次突围的同志的记忆，并且回避有关“军事秘密”的地方，补写了一篇。另外，根据读者的意见也补选了一些。

补写、补选和校正工作，由留下的少数编委负责进行。在这少数编委中，李英儒同志做了更多更艰苦的工作。孙犁同志协助我们编出初印本以后，又针对《冀中一日》的写作者的水平和《冀中一日》稿件中所出现的问题，写了本《区村、连队文学课本》。因为它是“从群众中来，到群众中去”的，所以使冀中文艺青年感到特别亲切，在写作水平上也大大提高了一步。

这个课本是用当时视为珍品的粉连纸印刷的，刻蜡版的同志也特别卖力气，刻工和装帧都非常精致。在我的印象里，这个油印本比新中国成立后的铅印本《文艺学习》要美得多，在内容上也丰满得多。孙犁当时已经调到晋察冀边区文协工作，冀中虽然是他的故乡，在建制上算是“志愿军”。这个志愿军比地方军做的工作更多更好。

补选和校正工作，也不是轻而易举的。编后记落的日子是 1941 年 10 月 19 日。我记得在 1942 年反日寇“五一大扫荡”的准备阶段，我们还抱着那个初印本工作。补选和校正工作结束了，没有来得及交给编印室付印就参加了反“五一大扫荡”。在其初期过程里由我装在背包里打游击。后来敌人越来越疯狂，我唯恐自己一旦遇到危险而使经过大力校正的稿本和补选稿件也同归于尽，因而写下校正和补选过程以及对它今后处理的希望，坚壁在堡垒户家的夹壁墙里，准备我们万一都“壮烈牺牲”了，使发现这个稿本者知道如何处理这部文献。丢下它就像母亲把孩子寄托在别人手里一样不放心。在反“五一大扫荡”的空隙中我绕道去查看，不料坚壁稿本的堡垒户在反“扫荡”里受到严重损失。夹壁墙被敌伪捣开抢劫一空，并且付之一炬。我到时已经只剩下断墙颓壁，那个经过校正的稿本和补选稿件当然也成了敌人“大扫荡”的牺牲品。抗战胜利以后，曾多次登报征求未经校改过的《冀中一日》初印本，以便重新校正和铅印发行。可是只找到了前两辑，字数较多的后两辑始终没有音讯。新中国成立以后，百花文艺出版社铅印前两辑时，我以为这部“冀中一日”只能这样残缺不全了，想不到当时参加百花文艺编印工作的周岐同志尚保存着一份全本，真令人感激不尽。出版社对于这部群众集体创作的重视、百般寻求和严肃认真的整理，更是值得感谢。

《冀中一日》因为敌寇的残酷“扫荡”，没有能够在抗日战争期间广泛印刷和流传。但是作为历史文献，从中可以看出当时冀中党委对于工农兵群众文艺的重视，同时也可以看出冀中抗日民主根据地文艺工农兵方向的萌芽状态和革命文艺必须为工农兵群众服务的历史必然性。“冀中一日”稿件中有不少是描写不脱离生产的村剧团活动的，这是由于当时大量的村剧团存在着、活动着。当时负责村剧团指导工作的梁斌同志，在 1941 年冬曾统计过，能利用农暇经常进行演出配合中心工作的不脱离生产的村剧团在1000个以上。农民群众是喜欢“载歌载舞”的，所以村剧团的活跃，就造成了“歌声遍冀中”的气氛。有的被我群众武装长期围困的敌伪据点，岗楼上的汉奸“皇协军”日日夜夜战战兢兢地守着岗楼不敢下来，因而苦闷得也唱抗日歌曲来自我安慰，比如他们把我们流行的《送郎上前线》小调的歌改成这样：“正在房中闷沉沉，忽听门外来调兵，前去打日本。南军北军都不调兵，单调那皇协军……”至于民歌、民谣、街头诗在当时冀中也极其盛行。冀中农民把民歌、民谣和街头诗统称为“顺口溜”，随着各种中心工作写在墙上，写在街头的“吊挂”上，写在布条上缝在胸襟上当“座右铭”，当然也流传在口头上。“冀中一日”是在这种群众基础上产生的，也促进和发展了这种基础，使文艺的群众路线成为冀中的优良传统。

在反“五一大扫荡”初步得到站稳立脚点的胜利以后，1943年春六地委就用“伟大的一年间”写作运动宣布了冀中人民不可战胜的，并且向全体军民吹起再接再厉的战斗号角。当时敌伪还正在疯狂，较大的村庄都有岗楼，岗楼与岗楼之间可以构成火网。党的秘密交通站对机要文件的传递，尚且经常遭到破坏，“伟大的一年间”的稿件，当然受到的损失更大了。就这样，也集中了近千份稿件。“伟大的一年间”的稿件，在数量上比“冀中一日”少得多，但是在质量上提高了很多。反“五一大扫荡”以后，敌我矛盾和斗争达到了惊人的尖锐，冀中人民的聪明、智慧和坚韧性也有了空前的发挥。革命战争的实践和经验，自然丰富和提高了“伟大的一年间”的稿件内容。我初步看后，选出了一部分最精彩的稿件，企图随身带着到铁路西山岳根据地里择先发表。可是走到沧石汽车路上遇到敌人包围，秘密交通员要我把一切东西都扔掉，冒充敌占区的行商突围。我把稿件塞在交通站的一个草厦子的墙窟窿里，并且用沙土蒙盖住。突围以后，到晚上听说敌人到那个村里安了据点，立刻回去取那包稿件，敌情不允许。过一个时期，我托交通员去寻找，交通员说那条交通线已经遭到破坏。抗日战争胜利之后我回去专门找了一趟，那个草厦子早被敌伪拆砖修岗楼了。稿件更无踪可寻了。这批稿件里有几篇情节惊心动魄，描写细致入微，使我迄今仍能历历在目，真是可惜透了！而其余的大部分稿件，也因为长期藏存和墨水不良（当时因敌伪封锁，都用普通颜料自制墨水）而霉烂了。

1944 年春，冀中的局面已经开始大的变化，敌伪据点和岗楼碉堡一个接一个地被拿下来，眼看就要恢复 1942 年反“五一大扫荡”前的形势。毛主席的《在延安文艺座谈会上的讲话》已经从电报上收到（以前只收到过新闻报道），并且油印成小册子组织学习。党委与文艺工作者在思想上得到大大提高，对于文艺上的工农兵方向走上自觉。于是七地委又以“伟大的两年间”写作运动庆祝反“五一大扫荡”更进一步的胜利。发起阶段我参加了，后因上分局党校整风学习，就没有参加阅稿工作。日寇投降以后，冀中区党委根据“冀中一日”和“伟大的一年间”“伟大的两年间”写作运动的经验，发动了“抗战八年”写作运动，希望把冀中人民抗战八年的伟大史实，趁血泪未干、记忆犹新的时候，用集体力量记录下来。但是蒋介石反动集团的发动内战与以后解放战争的一系列的胜利和新中国成立，使大家都忙于胜利，忙于接管新解放的大工业城市，因而未能集中力量从事编写工作，而使这次写作运动无形之中流产了。《冀中一日》闯过了惨绝人寰的日寇“五一大扫荡”，渡过了蒋介石反动集团的内战灾难，今天尚能找到一份初印全本而得作为文献翻印出版，真是不幸中之大幸了。

《冀中一日》，从今天读者的要求来看，当然还会感到不满足。但是“冀中一日”写作运动是发动拿镰刀斧头和拿枪杆的工农兵自己写自己战胜民族敌人和创造新社会的生活和斗争，在实践工农兵方向上，在文艺与群众相结合上，它的影响比它的直接目的大得多、远得多。新中国成立以后，冀中土生土长的作家陆续出版了十多部长篇小说，不能说与“冀中一日”写作运动的影响无关。因此《冀中一日》的全辑出版，使我们感到极大的喜庆。

凤西村围歼日军飞行员始末

陈毅然*

1941 年 7 月 29 日，日军一架运输机，从越南起飞返回广州，经过广西陆川，到达我县上空时，机件发生故障，不能继续飞行，被迫降落在素龙镇水碓岗村西面半公里的田野龟岗垌。机上 3 名日军丢下飞机，向北逃去，跑到凤西村境内，被当地群众截住并一举歼灭。这次群众自发地起来打击日本侵略者的英勇行动，距今 40 多年了，仍为人们所津津乐道。当年我虽然年纪小，但目睹了事件的全过程，印象极其深刻，现忆述如下。

那是一个盛夏季节，早稻已经收割完毕，人们正在开始夏种工作。那天上午，万里无云，骄阳似火，我正跟父亲在田间劳动。大约 9 点钟，西方传来隐隐的机声，接着，县城上空出现了一架小鸟似的灰黑色的飞机。飞机从西面飞来，向着东面飞去，不一会儿，就消失在遥远的天际。

但是，过了大约 10 分钟，这架飞机又从东面折回。它翘起尾巴，倾斜着机身，声音断断续续，飘飘拂拂地向下滑落。当飞到县城上空时，飞机离地面只有几十米，声音也完全消失了。只见它像老鹰似的在低空盘旋了一圈，就掉头向南滑翔下降，接着是一声闷雷似的响声，震动大地。响声过

* 作者时为广西省陆川县素龙镇水碓岗村村民。

后，南面又传来当当的敲锣声。

父亲急忙收拾农具，领我回家。回到村口，遇见伯父陈璜基扛着步枪，背着子弹，急急忙忙地从村里跑出来。他边跑边喊：“敌机掉下来了！快打日本仔去！”后面还跟着其弟陈立基。

原来，璜基伯是村里最先得到敌机降落消息的人。他是黄埔军校第四期学生，十九路军旧部属。那时他赋闲在家，当他看到敌机折回并下降时，就意识到会发生事故，因此，听到敌机落地的响声后，就马上带领其弟立基（也是十九路军旧属），前去截击敌人。

南面的锣声越来越紧。原来，敌机降落后，机上的 3 名日军便从机内匆忙地跑出来。他们在飞机旁边对着地图，东张西望，比划了一阵子，就向郁南县属大湾圩的方向逃走。而这一情形，早被邻近村寨的群众发现，村民即刻鸣锣聚众，围捕敌人。

3 名日军身着黄色军服，脚穿沉重的皮靴，拼命地向北方跑去。大约跑了 3 里路，到达罗汉塘村，他们看到村边晾晒着许多衣服，就不管男的女的，急急忙忙地把这些衣服拿过来，边跑边把自己的制服、皮靴剥下扔掉，换上当地群众的服装。

敌人化装后跑了大约 200 米，璜基兄弟俩迎面赶到。由于敌人已改换了便服，而且赤足行走，璜基兄弟竟一时被瞒过。但当他俩看到附近田里丢散有军服、皮带等物时，便立刻意识到刚才的 3 个陌生人可能就是敌人。于是迅速回头追赶。璜基边追边用日语喝问，并鸣枪示警。敌人见状，也卧倒还击。

3 名日军且战且走，兄弟俩穷追不舍。这时，各村的群众已闻声出动，尤其是羊塘头村，有二三十个农民，分别拿着步枪、鸟枪、锄头和扁担，跑步出来迎击敌人。当 3 名日军跑到阳岗顶时，去路已被群众完全截断，他们只好伏在田垌中的一个古墓——老虎坟边，企图与我顽抗。

这片田垌，视野广阔，敌人据守古坟，地势十分有利。群众一时未敢接近，只在四周围困呐喊，鸣锣响枪，威吓敌人。璜基兄弟俩离敌人最近，当他们看清敌人只有 3 支手枪和少许子弹，并已疲惫不堪时，就喝令他们举手投降。但敌人负隅顽抗，为了消灭他们，璜基吩咐立基赶回村里搜集枪械弹药，组织群众，进一步打击敌人，自己则留下来作监视。

立基去后约半小时，即率领十多名农民，带着一批步枪、手榴弹，来支援哥哥。这时，围歼、观看的人已增至两三百人。县属政警队、自卫队及谭启秀将军的一些部属，也赶到现场，并开始布防。我方人员多了，歼敌的情绪更加高涨，步枪、鸟枪不断地向敌人射出复仇的子弹。但敌人毕竟训练有素，他们凭着古坟的掩护，避开我方的射击，不时向我还枪。

璜基再次喝令敌人缴械投降，但得到的回答仍然是射来的一发子弹。正当敌人的枪声一响，说时迟，那时快，一个称“大公”的中年农民，在左边坟背向敌人投出一枚手榴弹，随着“轰隆”一声，那个还枪的日本兵应声倒下。另外两个日本兵定了定神，看了一下倒下来的同伴，就把他拖近自己的身边，继续向我还击。又顽抗了约 10 分钟。我方的枪声越来越密集，军队的机枪也咯咯地响了起来，包围圈也越缩越小。两个敌人眼看无法逃生，又拒不就擒，于是各自向自己的脑袋打了一枪。

敌人倒下去了，群众一拥而上。其中被手榴弹炸着的那个日本兵，还在喘着粗气，群众见状，即举起锄头、扁担、木棒一阵乱打。3 个侵略者就这样被击毙了。

战斗结束时已将近中午。3 名日军的尸体被运回县城陈尸后埋葬。

事后知道，这架敌机属敌九六式改九七式双发动机运输机，昭和十五年 7 月 19 日中岛飞行机株式会社制造，800 匹马力，编号 1198。降落后，机体完好无损，只是发动机和发报机坏了。为了防止敌机前来寻找、轰炸，当地群众在出事的当天下午，就用树枝和竹子把机身严严实实地遮盖起来。直到当局派人来拆卸，中间虽有敌机来查找。但始终没有被敌人发现。3 名日军中，有 2 人是飞行员，1 人是报务员。飞行员一个叫高田一雄，另一个叫藤冈重正。报务员叫山本。

附：日机坠毁事件

民国三十年 8 月 1 日《泷江日报》五版载。

（专访）7月29日上午9时，敌运输机1架，由越南起航，经广西陆川一带抵罗。当抵本县上空时，敌机马达声时作时止，机身飘荡不定，后终因机件塞碍，无法飞行，降落本县某地。当敌机将降落时，县政府即命各区署注意，如遇敌机降落时，应即鸣锣召众，并留意搜索敌人，一面将敌机伪装，免被其他敌机发觉，一面在敌机降落地方宣告临时戒严，不准其他闲人行近，免致汉奸活动。当敌机降落某区（即五区——今素龙）时，该区区长朱世廉，即依照县政府命令，切实执行。乡长陈炳业即鸣锣召众围搜。该敌机降落后，敌飞行员电报生等3名，由机内走出，持地图四面张望，复有一人再行走入机内，似系拍发电报模样。但闻锣声四起，复再仓皇走出，走出后3人又拟划火柴将机焚毁，卒因锣声四溢，乃急向郁南县属大湾方向窜逃。是时各壮丁闻有锣声，纷纷各持枪械，追踪搜索，壮丁陈璜基、陈立基兄弟两人，至为奋勇，发现敌人后，苦苦紧追，敌机师则且战且走，沿途解去制服。欲将抢得之土人衣服更换，化装逃遁，但该两壮丁追紧太迫，无法更换，故率赤身逃走，乃追至二里路许，政警队，自卫队及谭启秀将军亦率属下追到，联合壮丁不下数百人，将敌3人包围，敌无法窜越，即喝令缴械投降。该3人异常蛮顽，不但不听，且继续放枪抗拒，我团警及壮丁，几被伤害多人，当时又恐敌机再来，损失太大，且各壮丁团队激于义愤，即密集火力，向其扫射，该敌自知无法逃出，即吞枪自杀。

查敌机降落，敌机师逃后，即发动壮丁妇女老弱等，用禾草竹树等杂物，将敌机全部伪装。并临时宣布戒严，不准闲人行近，以防汉奸活动。

查该机系九六式改造九七式双发动机输送机，昭和十五年7月19日中岛飞行机株式会社制造，800匹马力，第1196号。飞行员2人，一名高田一雄，另一名藤冈重正，电报生名山本。现该机已于昨日由某部派员完全拆散，用船运去某地。至该敌机师3名尸骸，已于即日厚葬。此种厚棺礼葬，亦系大国风度之表示也。此次各出力区乡保长壮丁及团警官兵，正查明分别呈报嘉奖。县政府许秘书以此次敌机降落本县，虽各区乡保长及各团队官兵努力奋勇，能保全该敌机，惟未能将敌机师3人生擒，自知不合，已呈请某部，予以处分云。（又讯）当敌机降落时，适有乡妇一人，在田耘草，被敌机铲成两截，死状甚惨。至罗府所得公文枪剑，已派专人呈解某总部，其未缴来或未发现之物件，尚在清查中。

潘家峪惨案始末

唐山市丰润区政协*

一

潘家峪，位于唐山市丰润区东北部，于明代永乐二年（1404 年）建村，距丰润县城 28 公里。这里群山环抱，花果飘香，是个美丽富饶的村庄。抗日战争爆发后，这个偏僻的山村同样遭受了日本侵略军铁蹄的践踏，然而，英雄的潘家峪人民没有屈服，在中国共产党的领导下，展开了不屈不挠的抗日斗争。

1938 年 7 月 7 日，中国共产党领导的冀东抗日大暴动丰润岩口暴动爆发了，潘家峪人民在潘巨川的带动下，有 30 多名青壮年参加了暴动队伍，并发动群众为暴动队伍筹集粮款，组织妇女做军衣、军鞋。暴动失败后，他们和西撤受挫回来的抗联战士共同坚持分散隐蔽的抗日游击战争，使潘家峪成为抵抗日本帝国主义的堡垒村。1939 年，潘家峪成立了党支部，他们把全村的男女老幼组织起来，建立了青年报国队、妇救会、儿童团，配合子弟兵炸碉堡、拿炮楼，狠狠打击敌人。

---

* 本文系作者根据采访多名亲历者并进行实地考察整理而成。

1939年夏季的一天，抗日游击队的一个小分队在潘家峪西山脚下被日军团团围住，情况万分危急。潘家峪老民兵潘国生听到枪声，提起大枪跑上了北山，朝日军连发数枪，正当日军犹豫观察的时候，小分队乘机突出重围。

1939年初冬的一天早晨，神枪手潘树胜去岩口赶集，翻过山梁，看到北面来了一队日本骑兵，直奔潘家峪方向而来。他立刻跑回村子，转告干部、伤员赶快隐蔽，随后拿起大枪，单身一人奔赴西山梁松林里，瞄准日军就是三枪。日军不知虚实，未敢进村便溜走了。

为了更有力地配合主力部队作战，潘家峪人民在十分艰苦的条件下，土法上马，自制武器。他们用罐头盒装上火药、雷管和碎生铁片，制成土手榴弹；用挖空的柳木，外面打上铁箍儿，涂上黑烟子，做成土炮。利用这些土武器，有力地打击了日寇，使潘家峪成为我军的堡垒村。因此，冀东军分区的一些重要机关以及兵工厂、印刷厂等，都曾设在潘家峪。十二团的指战员们打完仗，也总愿到潘家峪休整。天长日久，战士们一回到潘家峪，就像回到了自己的家。

日军把潘家峪看成眼中钉，肉中刺，想尽一切办法要摧毁这一抗日游击根据地，多次到这里“清乡”和“围剿”，但他们的阴谋始终没有得逞。村子里有个臣三奶奶，她家就住在兵工厂附近，有一回，日军“清乡”把她抓住，逼问她兵工厂在哪里。臣三奶奶回答说：“不知道！”日军用辣椒水灌她，用带刺的枣树条子抽她，她被抽得血肉模糊，昏过去几次。每次醒过来，她还是那三个字：“不知道！”民兵潘国林也是这样。日军强迫他带路，搜寻抗日游击队掩藏的军用物资，而军用物资就是经他的手藏起来的。他假意为敌人带路，冷不防跳进一口十几米深的井里，但他没有死成，又被打捞上来。最后，他把敌人领到北峪滚牛沟的一个天然石洞口，说：“这里面就有，不怕死就进去吧！”日军和汉奸望着阴暗潮湿的山洞，谁也不敢进，就逼着潘国林进去，潘国林进去后，就再不出来了。日军在洞外威胁他：“出来不出来？不出来，死啦死啦的！”潘国林在洞里骂：“怕死不是中国人！龟孙子，有种的你进来！”日军引诱他：“你的出来，皇军大大地有赏。”潘国林回答：“留着你的臭钱给自己买棺材吧！”日军恼羞成怒，暴跳如雷，向洞里又是打枪又是扔手榴弹，潘国林依然大骂不止。日军就用绳子拴住汉奸，让他们进洞去抓。可是，进去一个，被潘国林用石头砸伤一个，一连三个都被砸得头破血流，号叫着被拉出洞口。最后，日军兽性大发，把一捆一捆的柴草点着，塞进洞口。在浓烟里，仍不断传来潘国林愤怒的骂声，直到他咽下最后一口气。

潘家峪的人民就是这样敢于同侵略者斗争。他们不肯建立伪政权，从没向侵略者交付一文钱、一粒粮、一根饲草。日军为“治安强化”，普遍建立保甲组织，造“户口册”，发“良民证”，钉“门牌”，实行“五家连坐”。潘家峪人民公开抵制，把王官营伪警察所发的门牌、户口册、“良民证”全部烧毁。日军对他们恨之入骨。从1938年夏到1940年底的两三年时间里，对潘家峪“围剿”达138次之多。只潘家峪报国队就跟日军打了54次村头仗，常常打得日伪军人仰马翻、焦头烂额。当时日伪人员提起潘家峪，往往谈虎色变，胆战心惊，于是扬言要血洗潘家峪。

二

潘家峪惨案是日军有预谋、有准备、有组织的一次血腥大屠杀。据罪犯、伪丰润县县长凌以忠供认：日军驻伪丰润县顾问佐佐木二郎接日本军部“扫荡”潘家峪的命令，于1941年1月24日（农历腊月二十七）下午召集丰润县日伪有关人员开会，部署“围剿”潘家峪的行动计划。会议是在伪县长凌以忠的办公室召开的，参加会议的有：佐佐木二郎（日军驻丰润县分署顾问）、凌以忠（伪丰润县长兼警备大队长、新民会会长）、田中忠男（驻丰润县日军指导官）、秃田（驻丰润县新民会日本人）、森本（驻丰润县宪兵队长）、董蓬林（伪丰润县公署顾问室外事秘书、合作社翻译）、田宝文（伪丰润县公署翻译）、李继贵（伪丰润县警备队副大队长）、王治国（伪丰润县警察所所长）、赫孝鹏（伪丰润县警察所督察长）、李连生（伪丰润县警察所特务系系长）、陆心（伪丰润县公署秘书），会议中途还把伪县公署建设科长汤连荣、财政科员钱桂唐找去，询查道路破坏与安全情况以及筹措所需钱粮等事宜。预谋会上，佐佐木二郎传达了日本军部的命令，他强调：这次到潘家峪，一个是打八路军，一个是惩罚老百姓。你们的警备队必须要配合充分的兵力，以便调遣。同时军部已命令遵化、玉田等县也预备相当的兵力，届时可以同时出发，必须将潘家峪团团围住，不让他们有一个人逃跑，倘有逃走的，许可立即开枪射击。

在此之前，日军还想出一条毒计诱骗群众上钩，他们让住在唐山的大地主潘惠林给他胞弟去了一封信。信上说，由于他送礼说情，日本人答应春节期间不再“扫荡”潘家峪，叫乡亲们只管回家安心过年，保证太平无事。群众被骗陆续回村。1941 年 1 月 24 日，抗日政府及时得到日军即将“围剿”潘家峪的情报，连发三封鸡毛信，通知潘家峪的干部火速组织群众转移。可是，这三封信都被潘家峪的武装班长潘善纯塞在兜儿里。他只顾耍钱儿，三封信连一眼也没看。等到他耍完钱儿掏出来看时，已经晚了。

1941 年 1 月 25 日（农历腊月二十八）拂晓前，佐佐木二郎指挥丰润、遵化、玉田、迁安、滦县、唐山等地的 1000 多名日伪军从四面八方把潘家峪围了个风雨不透。

天亮后，日军进庄挨门挨户地搜查，不论男女老幼、残疾病人，都强逼到村头集合，一连搜三遍，有不去者，当即被杀害。潘凤桂 78 岁的老母亲走不动，被一棒打死。潘瑞德的老母亲被日军搜出，一战刀砍成两截。一个不满两岁的孩子也在搜查时惨遭杀害。村里的人们被驱赶到村西一个长 30 余米、宽十余米的大坑里，坑周围是一人来高的石坝，下面是厚厚的一层冰雪，附近布满了日伪军和机枪。佐佐木二郎龇着金牙，按着腰间的蓝穗儿战刀，讲了一通“中日亲善”“共存共荣”的鬼话，进而逼问群众，村子里谁是八路军？党政机关在哪里？粮食藏在哪里？回答敌人的是冷静的沉默和愤怒的目光，几十个日军军官狂吼着，几乎同时拔出了洋刀。人们已经站了好长时间，连脚下的冰雪都化成了泥水，本来已经忍受不下去了，所以，当日本军官一拔刀恫吓，沉默的人群便开始拥动。此时，日军已经布好了杀人场，佐佐木二郎立即宣布换个会场。于是，日军从西大坑到潘家大院排成了一条用刺刀架起的胡同。人们被逼着从这条胡同走进潘家大院。

这个大院，是地主潘惠林的宅院，分东、中、西三院，前后三层房，四周有一丈多高的院墙。院内已铺满了很厚的一层秫秸、茅草、松树枝等易燃物，并在上面浇了煤油，周围墙上站满了荷枪实弹的日军，土墩和平房顶上也架起了机枪。人们被赶进院子以后，佐佐木二郎便站到凳子上哇啦哇啦地嚷叫，翻译在一旁翻译说："你们这里，老百姓统统地通八路，今天统统地死啦！"接着，伪县长凌以忠站到院子南边的大石头上说："今天皇军来，是你们自己惹来的祸，因为你们一贯地通八路，与皇军作对。"说完便退出了大院。嘎的一声，大门被关上了。人们揣摩到大难临头，开始骚动，有 3 个人往外跑，被开枪打死。又有十多个青年从人群中挤出来，想冲出大门，还没到院门口，就被把守在那里的日军刺杀。这时，群情愤怒，有的喊，有的骂。霎时，日军一窝蜂似的冲进来，在人群中照准脑袋就砍，对着胸膛就刺。有几位老人挺身而出，要求日军放过妇女和孩子们。残忍的强盗手起刀落，砍下了他们的头颅，鲜血从躯体中直喷出来。东院二门外的日军点燃一堆洒过煤油的柴草，北墙的日军点着了中院的大围栅，机枪、步枪一起向群众扫射，手无寸铁的人们陷入了浓烟烈火和枪弹包围之中。

村粮秣委员潘辅庭大声喊道："快去开门！"一群青壮年冲向院大门。在日军机枪的扫射下前面的人倒下了，后面的拥上来，又倒下，又拥上来……50 多岁的潘国生一面甩掉着了火的棉衣。一面喊道："没死的跟我来！"他迎着火舌蹿到机枪前，狠命一脚踢翻了日军的机枪射手。用两只手攥住发烫的枪管，猛力朝日军砸去。这时，一群日军围了上来，在刺刀下潘国生壮烈牺牲。跟在他身后的十几个青年趁机冲出了大门。

潘国奎、潘树林等十几个人跑到了东院北门，冲出大院，刚跨进道北对面人家的门槛，端着刺刀的日军追赶过来，人们急忙关门，日军的刺刀穿进铁皮门扇，刺刀一时拔不出来，这十几个人一口气跑上北山。

在日军杀人现场，潘辅庭等 29 个人拥进了东院的粮仓。人们用粮食缸等重物顶住粮仓屋门，并抄起板斧、耙子、秤杆、秤砣。准备同日军拼个你死我活。幸亏这间屋和其他房屋不相连，房子是泥顶，窗户又用坯封着，日军在宅院放火，唯独此屋幸存。

妇女们也像男人一样跟敌人搏斗。潘树密的母亲 50 多岁了，和一群妇女冲到东院藤萝架下，一颗手榴弹滚落过来，她猛地推开身旁的妇女，抓起冒烟的手榴弹扔向日军。潘瑞玲的妻子和一群妇女被逼进中院的门房，见日军点着柴草，就支起窗户往外冲，前边的人刚迈过窗台，就被日军刺杀了。活着的人又抱起着了火的秫秸，继续往窗外冲。吓得院内的日军急忙躲闪。她们中的一些人翻过院墙跑进了东院。

民兵潘善绪从浓烟烈火中只身冲出潘家大院，在庄西头碰上了 3 个日军。在搏斗中，他蹿到一个坝台上，搬起一块石头照下面的日军狠命砸去。一个日军惨叫一声倒在地上。另外两个吓得目瞪口呆，潘善绪乘机跑上后山。张永和的父亲为了把 12 岁的潘瑞俭托出墙外，身中数弹，倒在墙下。

大屠杀的同时，从西大坑被拉去给日伪军做饭的 30 多名年轻妇女遭到了更为残忍的蹂躏。据惨案后一位被挑去做饭而逃生的青年农民说："鬼子把她们推下白薯窖，随后，只听到窖里在怒骂、嚷叫、哭号，过了一会儿，女人的声音慢慢地低哑了，又过了一会儿，突然是女人的惨叫，以后就听不见声音了。只见鬼子爬出窖来，随后又点着几捆玉米秸往窖里扔，窖口冒出黑烟。"日军企图把里面的 30 多具女尸焚毁，以掩盖他们的兽行，由于柴少火不猛烈，女尸烧成半焦半黑，一个个赤身裸体。她们的下身被刺刀挑破，肠胃流出，头上、身上沾满了血污。显然是被日军奸污后惨遭杀害的。潘成 74 岁的老母亲，也是被拉出去给日军做饭的。饭做熟后，日军用战刀把老人的脑袋一劈两半，点着一堆玉米秸焚烧尸体。日军又举起老人 7 岁的小孙女扔入火堆。

在潘家大院，人们为了躲避枪弹，有 50 多名乡亲挤进牲口棚里，大火把牲口棚烧落了架。人们被埋在底下，身处烈火的包围之中，又遭坍塌物的重压全部身亡。西院柴草房和住屋之间的夹道里有 200 多人，全被日军枪杀。由于地窄人稠，死去后多数还都站在那里。日军为把潘家峪人民斩尽杀绝，轮番枪杀、刀砍、放火焚烧之后，又从尸体堆里搜索尚未死去的人，一连搜了三遍。88 岁的潘春元、63 岁的潘刘氏、34 岁的潘张氏等 6 人，已奄奄一息，被日军搜出后又用机枪杀害。日军发现东墙根尸体堆里有人没死，便继续扔手榴弹，炸得尸肉横飞。

日军撤离潘家大院时，又在院内洒上煤油，施放硫黄弹，顿时大火腾空而起。有的人原在尸体堆底下压着，日军搜索时也没发现他们。此时，由于忍受不了烈火的煎烧，忙从压在身上的尸体下爬出，跳进院内的一口 5 丈多深的井里。

日军离开宅院后，在全村进行了第四次搜捕。他们见房就烧，见财就抢，见人就杀。不大一会儿，整个潘家峪就被烟火吞没了。搜完村里，他们又搜村外。隐藏在南山坡的 32 名乡亲被搜出后，日军用枪托、刺刀强迫他们去潘家大院，走到南崖上，人们看到院中的大火，宁死也不肯再往前走，日军便在南崖上杀害了他们。用刺刀将尸体挑下石崖，架着松枝、干草，洒上煤油，点火焚尸。崖下这 32 具尸体最后只剩下一堆炭状的骨头。

嗜血成性的侵略者不仅不放过大人，连没有成年的孩子和已经成形的胎儿也不放过，他们打死了潘广林的母亲，又抓住潘广林 4 岁的妹妹，狠命地往墙上摔，摔得脑浆迸裂。潘广林的另一个妹妹，硬是被日军一劈两半儿。像这样被摔死、劈死的孩子，在东院的藤萝架下堆了一堆。大门外，一个穿红兜肚的孩子哭着喊着找自己的妈妈，两个日军跑过来把他压在一块大捶布石下。孩子在石头下挣扎着、喘息着……日军们却围在跟前开心地狂笑。他们还把 4 个孕妇腹内已经成形的胎儿挑出来，用刺刀戳烂。

太阳落山后，日军退出了潘家峪。

这场震惊中外的大惨案，有 1230 名潘家峪百姓惨遭杀害，被圈进杀人场而得以生存的仅有 276 人，其中有 96 人受伤。1100 多间房屋被烧毁，31 家绝了门户。美丽富饶的山村，一日之间变为一片焦土。

三

敌人一出村，民兵潘瑞来、王哲文就跑了回来。附近村的群众也立即赶来进行抢救。他们从成堆的遗体下救出尚存一息的乡亲 43 人，从东粮仓里救出被呛昏过去的乡亲 29 人，并且扑灭了村里的余火。

惨案发生的第二天，地方党政负责人及新华社战地记者来到潘家峪慰问，冀东军分区 12 团的指战员也闻讯赶来。随之运来许多药品、粮食、衣服等救济物资。潘家峪幸存活命的人们，大多住到邻村的亲戚和朋友家里，受伤的乡亲们被安置到邻近的马庄户村，并派去医生为他们治疗。

2 月 5 日，抗日民主政府发动邻村的 100 多名乡亲去清理尸体，由丰滦迁联合县政府主持公葬。从潘家大院扒出的尸体已无法辨别姓名及年龄，只能在辨认出的男尸身上写个“男”字，女尸身上写个“女”字，童尸身上写个“童”字。其中有的男女也无法辨认，只能把那些尸骨集中起来，一堆四肢、焦肉、肚肠，一堆骨殖，一堆人头。然后，以苇席为棺木，一领席里包一两个尸体，包了 128 个席包。公葬是在初春的寒夜里进行的，乡亲们把尸体按性别和年龄分成 4 座大坟，安葬在松柏常青的南山脚下。潘家峪人民庄严宣誓：“一定向敌人讨还血债，为死难者报仇！”

1941 年 1 月初，潘树平、潘树成、潘树堂、刘贺、潘树太、潘景龙等青年带头成立了复仇青年小队。后来，潘家峪村和邻村青年纷纷参加，队伍很快发展到 120 多人。同年 6 月在火石营村召开的军民大会上，军分区政治部主任刘诚光宣布：潘家峪复仇团成立，第一任连长潘化民，随冀东军分区 12 团活动。1942 年 8 月，复仇团正式编入 12 团的第 2 连。这支复仇的队伍活跃在冀东大地，开展游击战争，配合八路军主力作战，在丰润、滦县、迁安一带不断给日军以沉重打击。从复仇团成立到抗战胜利，这支队伍同日伪军进行大小战斗 150 多次，歼灭日伪军 1021 人，其中日军杀人魔王佐佐木二郎被他们击毙，实现了为乡亲们复仇和争取民族解放的誓愿。解放战争时期，这支队伍转战南北，为全国的解放立下了功勋。

新中国成立后，为了缅怀和纪念死难的潘家峪人民，不忘他们爱国抗日的革命精神，唐山市人民政府从 1952 年开始，又先后重修了 4 座坟墓，立墓碑 4 座、纪念塔一座、纪念碑一个，建祠堂和纪念馆各一座，并保留了西大坑和潘家大院等遗址。1997 年又在村中新建纪念馆，内设 4 个展厅和 1 个影视厅，供人们参观和瞻仰。

日军侵华时潍县的侨民集中营

刘志浩*

占领乐道院

1941 年 12 月 8 日，即日本偷袭珍珠港的第二天清早，驻山东潍县的日本宪兵队队长汤本宣典带宪兵队及伪军一部，突然包围潍县乐道院，命汉奸刘锡赞（伪军中队长）一伙守卫乐道院北大门，汤本则指挥日宪一个小队入院，横冲直撞，进行拉网式搜查，驱走所有中国籍人士，占领了整个乐道院。接着，日军在乐道院内外抢修工事，日宪驻院内，伪军在院外安营。

潍县的乐道院位于潍县东关东南方向约 3 华里，为 1883 年美国基督教的宗派之一——长老会的传教士狄乐播创办，开始规模不大。“庚子赔款”之后，乐道院扩建至占地 200 余亩。作为昌潍一带的传教中心，乐道院内设有教会医院、教会学校（小学、中学、护士学校，也曾创办过广文大学），并建有颇为壮观的礼拜堂。院内人员（多为教徒），特别是医生，多为美国人，后来也进入部分华人。1938 年 1 月，日军侵潍时，美国当时以中立国的面目出现，日军虽间或闯入乐道院搜查所谓“八路”“游击队”伤病员，

---

* 本文系作者根据调查、采访整理而成。

但尚未采取大的军事行动，院内之学校、医院照常开办。然日本人始终虎视眈眈，美籍人员当然心知肚明。

建立侨民集中营

日本宪兵进占后，在乐道院内四周建有碉堡多座，用料大多就地取材——拆除院内大部分小套院墙，滥伐院内树木。最大的碉堡位于院东北角，配有轻重武器及探照灯。院墙之上，安装了电网。院墙以外及墙内环墙路内侧也分别架设了铁丝网。院内所有的房舍及道路均编有号码。

但日本人伪装得十分巧妙：大门无所更动，碉堡顶部比院墙也只高出少许（只露射击孔），诡秘的行动更让人无法判断日本人到底在院内搞什么名堂。经过一段时间的运作，大兴土木告一段落，日本宪兵撤出，日方高等警署的警官接管了乐道院防务。其中，古贺（日本驻青岛领事馆副职）负责外交事务；日军的神保中佐掌管军事；伊佐负责行政管理；警官小谷野负责安全保卫。

不久，潍人便发现经常有封闭严密的日军卡车于夜间驶入或驶出乐道院，但人们并不知道，这时的乐道院已经成为日本人秘密创办的交战国的侨民集中营！在集中营内关押的是整个华北地区的盟国侨民（押于上海、香港等地），囚徒最多时，超过 2000 人。为减轻因超员难于看守的压力，1943 年 8 月，300 多名盟国教徒和修女自潍县转押至北京。同年 9 月，390 名在押外侨又被日方用于交换战俘。这样，乐道院内还剩外侨千余。不过，芝罘学校的外籍师生 370 多人又从烟台押入，乐道院在押者又增至 1500 多人。大多囚徒在押三年以上。日方称这一集中营为“敌国人民生活所”，又称“贫民集合所”，但后来当地人一般称之为“潍县乐道院侨民集中营”。

乐道院侨民集中营的在押者，不乏中外知名人士，其中有：齐鲁大学教务长德维斯博士、后来曾任美驻华大使（20 世纪 80 年代）的恒安石先生、曾任蒋介石顾问的基格（在华名“雷振远”）神甫、华北神学院创办人并参与过山东大学创办的赫士博士、英国籍奥运会 400 米竞赛冠军埃里克·利迪尔、燕京大学理学院院长韦尔选夫妇、燕京大学文学系主任谢迪克博士、青岛大英烟草公司经理韦伯、英国天主教神甫艾文德、烟台芝罘英文学校创始人戴存仁博士等等。连天津歌舞团外籍演员与乐队成员也在这所集中营关押。被关押者基督徒居多，但并非一个派系。

集中营的管理

日方对乐道院集中营的在押者基本不动用大刑（对违规者多半是另关禁闭），也一直未发囚服。但在押人胸前均被强制佩戴写有囚犯号码与国籍的标志符号。日常管理，如吹号起床、排队打饭、鸣钟集合、操场站队、报数点名、静听训话等，一如军营。操场站队点名时，囚徒们须依次用日语报出自己的号码，日警核对无误后方进行长时间训话，无论严冬酷暑，风霜雨雪，雷打不动。

除两位 80 多岁的老人外，余者均须参加劳动，但允许教徒过礼拜日、圣诞节。囚徒们有的干炊工、锅炉工，有的负责担水或洗洗补补，还有的干修理工及医护。他们还须轮流下灶帮厨，烧火、清扫、除垃圾、做煤饼等等。芝罘学校的学生也不例外，他们被允许上课，但课余必须补上劳动任务。

集中营开办之后，囚徒们民主推选出了一个九人组成的“自治管理委员会”，管委会主要负责人是德维斯和雷振远（基格）。他们凭着个人的威望和胆识，有效地组织侨民们开展活动与学习，与日本人斗智斗勇。

非人的待遇

集中营内有三个大伙房，一处小伙房（做病号饭用），每一囚室允许砌一小炉灶，可烧开水，也可做一点力所能及的小吃。集中营内设立的所谓“医院”，有名无实，因为原乐道院医疗的贵重药品及主要设备早已被日军抄走。

日方当然不会让交战国的侨民吃饱喝足，粮食和为数不多的其他食品采取配给制，但初始阶段配给的劣质面粉和绿豆、高粱等杂粮，外侨自己烤制低档面包，尚能维持半饥半饱，而且偶尔还吃到过花生、花生油以及日本看守们从营外贩运进来的变质的老骡肉。随着战争的发展，尤其是 1943 年以后，集中营内的配给越来越差，连劣质的面粉也日渐减少，杂粮基本断绝。发给的高粱米或高粱面脏杂不堪（里面常伴有老鼠屎），而且少得可怜，人们无法再烤面包，只能用来煮粥。饥饿折磨着所有的人，大多数人体重日趋下降，憔悴消瘦，儿童严重营养不良，有的青年女囚连月经也自行消失。

为“提供方便”，主要是让日本人“合理”地捞取外快，日方在集中营院内辟有“物资交换处”，侨民之间，尤其是侨民日警之间可以进行类似原始的“以物易物”式的物资交换。囚徒们入营时带入的物品或现金，可以用于换取急需品，当然主要是食品。交换之后，许多侨民一贫如洗，衣不遮体者比比皆是。

患难与共

集中营的生活一天不如一天，疾病少药也使许多人饱受痛苦。世界反法西斯战争取胜的消息偶尔传进集中营，人们也兴奋过。但也有人提醒，切不可盲目乐观，灭绝人性的日本鬼子在必要的时候也许会穷凶极恶：奸、杀、饿毙、扣作人质等，均有可能。于是有人愁苦颓唐，有人潦倒堕落，但大多数人沉着应对，多方面做着活着出去的准备，即使只有一线希望。

晚饭后至睡觉前的时间，日本人允许囚徒自由支配，于是，他们或散步，或游戏，或排练节目、学跳舞、举行球类比赛，有的则开晚会、唱诗歌，教徒们做晚祷，形式多样，气氛活跃，人们似乎忘记了饥饿，忘记了死亡的威胁。

礼拜天，站队点名依旧，但一般不安排劳动，各教派轮流到乐道院内原礼拜堂做礼拜。圣诞节、复活节也只点名不劳动，人们可以参加各种庆祝活动，尽情地欢乐……当然这一切都必须在严密的监控和允许的前提下进行，囚徒毕竟是囚徒。

集中营内不乏优秀的师资，芝罘学校的学生们及其他儿童得以全面开课。此外，人们组织成人学校，举办各类人才培训班，如会计班、木工班、中文班、俄语班等等，使一些无所事事的青年人学有所长，将来一旦活着出去，也好就业谋生。教师们大多自编教材，所设科目较齐全。面对 300 多名有气无力的学生（芝罘学校的和其他外侨子女），连自己生还的希望都感到十分渺茫的教师们总是设法打消孩子们的忧虑，分散学生的愁苦情绪，激励学生自我克制，发奋学习，迎接光明的到来。

英国影片《烈火战车》中的主人公埃里克·利迪尔原型即是被囚于乐道院集中营的英籍人埃里克·利迪尔。他在华名李达，生于中国天津，1924 年毕业于英国爱丁堡大学，同年 7 月在巴黎举行的奥运会上获 400 米竞赛冠军。1925 年来华后任教于天津安格鲁中华学院（教会学校）。七七事变后受英驻华使馆委托，去河北一农村教会医院工作，曾冒死抢救出两名中国伤员。1943 年他被关进潍县的侨民集中营。在极差的生活环境里，他尽力为难友们提供人道主义方便，尤其注重帮助羸老孤幼。他为难友们担水，打扫室内卫生，厕所也多由他清刷。他主动教孩子们数学课，带领孩子们开展文体活动，增添孩子们的乐趣，很快成为孩子们最爱戴的人。美国的兰格登·古凯在他的《山东集中营》一书中说："埃里克的热心和魅力使大家克服了那段艰苦日子。他是我认识的人当中最接近圣人的一位。"

可惜这位"最接近圣人的一位"没有看到反法西斯战争的最后胜利，于 1945 年 2 月病逝并安葬于集中营院内，时年 43 岁。

开展秘密自救

集中营的一切劳动均由囚徒完成，但打扫和向外运送粪便除外——这种活日本人当然不干，又不敢安排侨民。经过盘算，这差事仍然让乐道院原来的运粪工（附近的农民）张兴泰等人担当——日本人考察过，张兴泰等人不懂外语，只会老实巴交地干活。在经过严厉的训话之后，张兴泰等人重操旧业，然而张氏父子后来居然成了“侨民自治委员会”的秘密信使。

德维斯写的第一封密信托张兴泰带出集中营，转交给了原乐道院圣经学院院长、牧师黄乐德——黄是德维斯的学生，当时就住在潍县城。信中简述了集中营内的惨状，亟请黄乐德通过募捐救助。密信还特别提醒：募捐所得，须交中立国使馆，由中立国出面交涉。黄见信大惊，先将身边仅有的伪币托张兴泰密携至集中营内应急，随后便四处募捐，但收获甚微。黄又托人游说国民党地方武装张天佐与张景月，二张先是拒绝，后又考虑到结交外国名人利在将来，遂又改变主意，同意出资。黄乐德斡旋的结果，募得伪银币 30 余万元（折合美金 10 余万），分三批交瑞士驻华使馆。瑞士使馆派神甫赴日方交涉，集中营内不久即收到了现金和急需物品。许多奄奄一息者得救，但仍有赫士等三人死亡。至此，潍县设有侨民集中营的秘密也大白于世。

与此同时，一个大胆派人援助越狱的计划也在德维斯等要员的策划下付诸实施。他们通过张兴泰父子传信给黄乐德，黄乐德立即派可靠之人赴昌南找到苏鲁战区四纵司令王尚志，经过反复陈述利害，王尚志终于同意派人前往接应越狱者，双方还敲定了越狱的时间和接头地段、接头暗号。时间确定在 1944 年 6 月 9 日。德维斯和雷振远等人早就产生过越狱的念头，他们长期留意观察，基本上掌握了日本人的警戒规律：黄昏时两班岗哨交接班，交接时两帮卫兵必共同绕围墙巡视一周，巡视期间高墙上的电网停电约 10 分钟，以便清除网上异物，这无疑是越狱的最佳时机。他们选定了越狱的合适人选：堪称中国通，出生于中国山西汾阳，曾任北京辅仁大学附中英语教师的美籍人士，年轻的恒安石；颇有作战经验的英籍退伍军人，大英烟草公司职员狄兰。另外，让人高马大的英籍电气专家托米·魏德充当人梯，协助恒、狄二人翻越高墙。

6 月 9 日傍晚，能见度很低，交接班的两帮日警照例离开哨位绕墙巡查，电网停电。恒安石、狄兰带上早已包裹好的简单行李，在手提木凳的托米·魏德的协助下，趁机溜至乐道院的东墙根。木凳放于墙边一碎石堆上，托米蹲之于凳，恒、狄二人先后攀肩而上，爬上围墙，钻过电网，快捷地翻出墙外。托米则将二人的行李扔出高墙，提凳溜回宿舍，与在宿舍等候消息的难友们点头相示，人们紧悬的心安定了一半。

恒、狄在青纱帐的掩护下，于一处墓地内找到了在那里接应的张兴泰与王绍文（与王尚志的联络人），他们扼要地交换了意见，恒、狄即随王绍文向东奔去。阴差阳错，他们与王尚志派来的接应者接头错位，三人凭着机智，越过潍河、胶莱河，终于到达了王尚志的司令部所在地，平度县孙正村。

第二天早晨操场点名，日警才发现二人失踪，无论怎样盘问，知情者和非知情者均表示一无所知。知情者早就订立了攻守同盟，即便是死，也决不说出越狱真相。日方一方面派人四处追捕，一方面在集中营内展开了旷日持久的追查，但始终未能破案，只好增挖壕沟，添加电网，看管更加严密。恒、狄二人在四纵给英、美领事馆写了密信，送信人经过千难万险方将密信送达重庆英、美使馆。不久，美军的一架 B–24 型飞机自重庆飞至平度，王尚志的四纵收到了空投的法币 1 亿元，收发报机 1 台，武器、弹药、仪器及药品 1 宗。有了收发报机，恒安石、狄兰即向美、英驻华使馆拍发求救电报。美国红十字会对此十分重视，他们先后募集到了大批食品。1945 年 1 月，瑞士驻上海总领事馆设法将这批食品包裹（内有奶粉、罐头、鱼肉干、糖果等）转送潍县侨民集中营。这对饥寒交迫的侨民而言，无疑是雪中送炭。

重见天日

尽管日本人严密封锁战局消息，但通过张兴泰等地下渠道，集中营内仍然能捕捉到一些战场信息。1945 年 5 月上旬的一个深夜，集中营内突然响起集合的钟声，睡眼惺忪的囚徒们急忙下意识地穿衣跑向操场。但日本人却被这突如其来的钟声惊呆了，他们在操场上反复追查敲钟人，当然不会有人承认。僵持之后，囚徒们又被驱回宿舍。后来人们才悟出，这是有人用此举传递信息：苏联的反法西斯之战已取得了决定性胜利！人们私下里兴奋着，难民自治管理委员会也在暗中稳定人心，让人们从多方面做好重见天日的准备，包括指示难民管乐队员们偷偷排练中、美、英、苏歌曲谱选段。

1945 年 8 月 17 日下午，侨民们发现，一架带有美国标记的大型飞机飞抵潍县乐道院上空，盘旋之后，七名全副武装的美军官兵（鸭子伞兵队）用降落伞跳下，落入院外玉米地后，立即呈作战队形冲向集中营。侨民们再也无法控制这胜利的喜悦，他们叫喊着，欢呼着奔向院子，冲向乐道院大门。他们将伞兵官兵举起，抬回院内，铜管乐队奏起了中、美、英、苏国歌的混合选段。痛哭与欢笑交织，拥抱与亲吻若狂。而这一切，日军已不敢干预！美国鸭子伞兵队队长司太格少校向日方递交了美军驻华总司令魏德迈将军签发的手令，命令日方继续负责安全保卫，确保侨民的生活和人身安全。与此同时，美机还投下了若干急用物资，电台、衣物、食品及其他日用品。在其后的一周内，仍有飞机数架轮番来潍，空投生活用品。侨民自治委员会协助鸭子伞兵队维持秩序，处理有关事宜。

8 月 30 日，美军中校万伯格率 19 人乘飞机至潍，正式接管潍县侨民集中营，鸭子伞兵队使命完成，日本兵也被勒令到指定的地点集中。国民党的地方武装张天佐部派兵进驻乐道院，行保卫之职。其后便是分批向青岛输送侨民，因战后交通不畅，至 10 月末方全部运送至青岛。侨民们先在青岛办理护照、再分批去香港，后由香港归国或到其他适宜的国家谋生或与家人团聚。

日军关闭燕京大学前后见闻

武占元*

1937 年，北平沦陷后，各国立高等院校先后南迁或西撤（后来分别联合为“西南联大”与“西北联大”），只剩下燕京大学、协和医学院与辅仁大学少数教会或外国人主办的院校。这时，燕大除少数师生南下或奔赴解放区（燕大新闻系美籍教师斯诺和一些进步学生先后奔赴延安）外，留在北平的师生坚持与日寇抗争，被日寇视为眼中钉肉中刺。不过因为燕京大学挂着美国国旗，碍于国际关系，日军不敢贸然动手。

日军偷袭美国军事基地珍珠港后，太平洋战争爆发。日军随即关闭了燕京大学，对燕大师生进行残酷镇压。

一

日本宪兵队于 1941 年 12 月 8 日晨 8 时前，乘军车由北平城内赶到燕京大学，武装包围了燕大校园，并派兵持枪守卫东西大门，不准教职员工出入。随即占据了办公大楼——“贝锡福大楼”（即“贝公楼”），司徒雷登

* 作者时任燕京大学附属学校校长。

校务长的办公室成为进校日军的指挥部。他们勒令所有学生集中在大礼堂（在贝公楼上层）；华籍教职员工集中在女生体育馆；外籍教职员集中在临湖轩（原司徒雷登住宅）。并分别宣布“燕京大学已由日军接管，一切人等均应遵守秩序，违者军法从事”云云。继而他们又按照预谋的黑名单，逮捕燕京大学的校院领导人、著名教授以及进步学生。从12月8日到16日仅短暂的9天之内，就先后逮捕了华籍教职员有：研究院院长陆志韦博士，宗教学院院长赵紫宸博士，法学院院长陈其田博士，文学院院长周学章博士，教务长林嘉通，总务长蔡一谔，校长办公室秘书萧正谊，教务课长戴艾祯，辅导委员会委员侯仁之，新闻系主任刘豁轩，哲学系教授张东荪，历史系教授洪煨莲、邓之诚，经济系教授赵承信及已辞聘的教授袁问朴（当时正在办天津达仁学院，亦被捕）；还有农科负责人沈君。还逮捕了进步学生11人。师生27人先后被押上囚车送入城内日本宪兵司令部沙滩红楼——昔之北京大学文学院。

他们被囚禁在地下室里，由持枪日军看守，并遭到反复逼供审讯，有的还遭到严刑拷打。戴艾祯先生受刑最重，但他始终坚不认供。

1942年2月10日午后农科负责人沈君及11名学生先被无罪释放。其余12人到3月10日又被押赴日军陆军监狱（在北新桥炮局）监禁。这些校院领导及教授备受凌辱。据闻张东荪先生忍无可忍自尽未死，头破血流，数日不能进食。研究院院长陆志韦患赤痢甚剧，不得不保外就医。文学院院长周学章、历史系老教授邓之诚虽患重病，离不了药物治疗，还被不断地用囚车送到铁狮子胡同日军司令部司法课受审。被日寇作为“要犯”的，还被加上手铐，系上白绳，如宗教学院院长赵紫宸博士于3月18日与20日两次被押赴日军司令部受审时皆遭此虐待。赵先生当即质问：还未定罪，为什么加梏系绳？为什么禁止与家人相见？法官被问得理屈词穷。

此案一直拖到1942年五六月间，才宣布判决结果。5月16日宣布对洪煨莲、邓之诚二位老教授及刘豁轩先生的判决：“以抗日教育嫌疑，证据不充足，不予起诉，无罪释放。”又过几日周学章先生、赵承信先生也被宣布无罪释放。

其余 7 位，被视为“要犯”，直到 6 月 18 日才获释，但都被判处了徒刑。张东荪教授与蔡一谔总务长被判处徒刑 1 年半，缓刑 3 年；赵紫宸院长、林嘉通教务长、陈其田院长与辅导委员会委员侯仁之 4 人被判处徒刑 1 年半，缓刑 2 年；研究院院长陆志韦病愈后补行判处徒刑 1 年半，缓刑 2 年。这些老领导老教授出狱后，我曾去看望他们，每谈及日寇之罪恶行径都愤恨不已。

二

燕京大学美籍校务长司徒雷登，于 12 月 6 日（正值周末）应天津燕大校友会邀请赴津。8 日晨，他正准备返校，两名日本宪兵就找到了他，当即把他押上火车返回北平。到前门车站下车后，宪兵让他步行走到美国领事馆前海军陆战队营房。这时主楼上已拘留了 200 多名海军陆战队员。宪兵把他囚禁在三楼上的一间大屋里。这里已有几十名美、英人士，其中有协和医学院院长霍顿及斯乃博、鲍恩二位博士，他们都是美国人，司徒雷登与他们很熟识，以后他们又成了长期受监禁的难友。日本宪兵对他们看管极严，不准他们与外界有任何联系。司徒雷登曾于 12 月 12 日由宪兵押送回燕京大学取衣物，以后就再未回过学校。直到 1945 年 8 月 15 日日本战败投降，司徒雷登才结束长达 3 年 8 个多月的苦难的囚禁生活。

至于燕京大学原有的英、美籍教职员，新闻系的英籍年轻教授林迈克（英国牛津大学副校长林赛之子）于 8 日晨 7 时从无线电广播中得知太平洋战争爆发的消息后，当即携眷急奔西山解放区幸免被捕，其余教职员及家属，多被日寇作为俘虏长期拘留在山东省潍县监狱之中。

司徒雷登获释后，首先返回燕园，积极筹划复校工作。1945 年 9 月司徒雷登前往重庆参加 9 月 19 日庆祝抗战胜利活动。据说当时他还同中共毛泽东主席和周恩来副主席见面晤谈。他在北返途中路过潍县时曾下机停留。直到这时，那些被捕的燕大美、英籍教员，才被释放（这时抗战胜利已经 6

周），随后在日美交换俘虏时，这些人即返回本国或回原校继续工作。

三

日军在逮捕燕大校院领导人、教授及进步学生后，于12月9日又宣布解散燕大及所属中、小学，限令2000余名大学生、研究生及中小学生即日离校，不得延误。这些青少年学生不得不匆忙地收拾书籍、衣物，恋恋不舍地离开了母校。这天从燕大西门和南门进城的人络绎不绝。很多学生挤不上公共汽车，只好背着行李书箱步行进城。直到夜晚有的同学还艰难地走在漫长的公路上。另有一些南方同学在平津无亲友可投奔，更是焦急万分，好在平津有家的同学多主动邀他们去自己家中居住。

转瞬间寒假将过，这些失学的青少年如何继续求学？校领导和学生家长对此极为关注，当时我在燕大附属学校任校长（我于1930至1934年间在燕大教育系学习。1932年又考入燕大研究院教育系进修。1940年毕业后留燕大附属学校任校长，由文学院院长周学章直接领导），曾与教师及家长商酌，将学生安置在海淀中小学学习。辅仁大学（辅大当时由德国人雷冕任校务长，由于德、意、日军事联盟及教会关系得以维持）、北京大学等校亦接收了一些燕大生插班学习。他们还积极安置一些教师到校任教，解决了燕大教职员的失业问题。

四

日军关闭燕大后，接管了燕京大学本部及其所有附属单位，包括农场，哈佛—燕京“引得学社”（这是有名的中国古典索引编辑中心），洛克菲勒基金会，附属高中部、初中部与小学部，及校外教职员住宅楼园——东大地、南大地、朗润园、蔚秀园与圆明园北邻的达园等所有房地产和财产。并逼迫所有中国教职员（有少数人被留用）连同家属在3月1日以前全部迁出。继而他们又将燕京大学正门上的横幅匾额拆掉，挂上了什么“华北综合调查研究所”的招牌。据了解这个机构是日寇搜集我华北物资、特别是战略物资的情报组织。从日军关闭燕大的一系列行径看，其关闭燕京大学是蓄谋已久的。但是他们侵占全中国、征服全世界的梦想很快即破灭了，等待他们的是彻底战败和投降的可耻下场。

回忆新加坡华侨义勇军

罗须磨*

新加坡华侨义勇军是第一支在马来亚出现的人民武装队伍。这支队伍的出现意味着新加坡华侨从外来侨民转变成为当地人民的一个新的历史时代开始了。这支队伍是在战火烧到新加坡门前，英军节节败退的情况下，冲破英帝国主义的禁锢而成立的。它存在的时间很短，从创立到遣散不过30多天，参加作战不过一个星期，装备非常简陋，但却以其无所畏惧的勇猛战斗震撼了敌人。在战场上表现了马来亚人民坚决反对日本法西斯强盗的坚强意志，为新加坡人民争得了光荣，也为战场上的英、澳、印军所钦敬。新、马人民至今提起新加坡华侨义勇军还是津津乐道，引为骄傲。但现在许多人还不知道，这支队伍在当时是怎样得以成立，怎样参加战斗的。笔者参加过“新加坡华侨动员会”属下民众武装部的筹建工作，并作为义勇军第一连党代表在前线经历过战斗，愿据个人所知，将这一段历史事实写下来，以便不为持有偏见的人们所歪曲。

1941年12月8日凌晨，第一枚炸弹落在新加坡岛上，结束了新、马和太平洋地区的和平。日寇南侵，太平洋战争爆发了。这时，我和一大批政治

* 作者时为新加坡华侨义勇军第一连党代表。

犯还被关禁在新加坡的监狱里。日本法西斯的屠刀已经架在马来亚人民的头上，而马来亚人民却没有反抗强盗、保卫自己的自由。正是在这个问题上，马来亚人民在马来亚共产党领导下，曾经作了不屈不挠的斗争。早在日本侵略军侵占华南起，日本法西斯南侵的意思已经非常明显了。当时德、意、日法西斯侵吞全球的气焰嚣张，而全世界人民反法西斯统一战线也开始形成。马来亚华侨抗日反法西斯运动正如火如荼。马来亚共产党领导了这一运动，并进而提出了建立全马来亚反法西斯统一战线的主张，号召马来亚人民不分种族、宗教、政治、信仰和派别，统一行动起来、为反对日本法西斯侵略而斗争。同时向英国统治者呼吁：改变殖民政策，开放民主，武装民众，为反对日本法西斯侵略做好准备。但是，英帝国主义害怕殖民地人民力量壮大，只想依靠其自身军事力量抵挡日本的侵略，对马共的呼吁充耳不闻，继续逮捕政治犯，实行殖民地黑暗统治。其中最为人注目的就是 1941 年 8 月马共中央委员林江石的被捕事件。

林江石（原名黄伯遂，又名老黑或阿黑），是马共中央委员，曾在吡叻、雪兰莪等地活动，在中马一带的革命运动中极有影响。1941 年 8 月在新加坡被英殖民当局逮捕，新加坡警方在法庭上公开了他的身份，报章也曾大肆渲染。在法庭上，林江石不顾法官的阻挠，大义凛然地公开阐明了党的抗日反法西斯统一战线主张，揭露了英国殖民地政府破坏人民反法西斯运动的罪恶，呼吁英殖民政府改弦易辙，与马来亚人民携手，共同反对日本法西斯侵略。他在法庭上的发言，理直气壮，极为感人，当时报章曾给以报道，在马来亚各阶层中引起了极大的注意。但是，殖民地政府的回答是将他投入监狱！这一事件充分暴露了英国政府宁与法西斯妥协，不顾马来亚人民利益的反动本质，同时也为它自身的失败准备了条件。

果然，战争一开始，英国派到马来亚的雇佣军不堪日寇一击，50 多天溃退 500 余英里。1 月 31 日，就是说开战不到两个月，英军就不得不炸断柔佛海峡长堤，把马来亚内陆全部奉送给日寇，孤守新加坡。

只是到了英军节节败退、守土无望的情况下，英政府才愿意考虑马共提出的共同抗日的主张，承认马共合法地位，释放政治犯，开放宣传出版自由，并由英军一〇一特别训练营协助，分批训练抗日游击队的基本队伍，并配给少量武器。在新加坡万分危急下，马来亚共产党所争得的小小让步，为开展马来亚人民抗日游击战争提供了便利。

12 月下旬，在新加坡激烈空战声中，应马共的要求，林江石、林亚当、黄耶鲁、陈锡清等首批政治犯从狱中释放出来。新加坡工人和各界人士举行了盛大的欢迎大会，欢呼反法西斯战士光荣出狱！

12 月 28 日，陈嘉庚和华人社会知名人士百余人应邀出席汤姆斯在总督府的招待会，刚出狱的马共代表林江石、林亚当等人也同时被接见。这次会谈导致了新加坡全体华人动员大会的召开。

12 月 30 日，在中华总商会召开了新加坡各界华侨抗敌动员大会。大会主席为陈嘉庚，到会的有福建、潮州、客家、广府、海南等各帮“侨领”，文化界知名人士，工人、学生、店员、青年、妇女等人民团体代表。马共派出了以林江石为首的 10 人代表团。中国国民党在新加坡的代表和中国驻新加坡总领事高凌百也出席了大会。这次大会是新加坡华人最广泛团结的一次大会。新加坡居民 80%以上是华人，华人的命运与新加坡存亡紧密相连，因此，大会体现了同仇敌忾的团结气氛。但在武装民众这一问题上，因立场与观点不同，产生了分歧。

马来亚共产党在战争前夕就提出了“全民团结，保卫马来亚”的口号。战争一发生，党立即发布了紧急武装动员的命令。在全马各州进行武装动员，决心把武装斗争进行到底。所以在华侨动员大会上提出了武装民众，保卫新加坡的建议。虽为少数人所反对，可是出席大会的大多数代表热烈拥护。结果还是通过了武装民众的议案，得以成立民众武装部和义勇军。

大会成立了常设机构“新加坡华侨抗敌动员总会”，总会下设民众武装部、保卫团、劳工服务团，以及总务、宣传等职能部门，推举马共代表林江石同志为民众武装部主任，办公地点设在晋江会馆。在新加坡党组织的具体领导下，“新华义勇军”迅速建立起来了。

我与江水（即陈水鸭）等同志是第二批从新加坡拘留所释放出狱的，那已经是 1942 年 1 月初旬了。出狱后党指派我到民众武装部，在林江石同志领导下工作，负责宣传鼓动股股长。民众武装部刚刚成立，只有少数工作人员，都是我不认识的，现在记得有李安东、陈如旧、黄应祥、钟宾等人，刘文同志代表中央军委常来联系。

民众武装部成立后即开始招募义勇军的工作，在马共新加坡市委领导下，各区设立了义勇军报名站，一个星期内报名入伍的青年已超过 3000 人，应召入伍的青年仍络绎不绝。其中多数是工人、手工业者，亦有渔民、店员、学生等各阶层人民。

我曾读到过好几种记述新华义勇军历史的文章，都忽视了马来亚人民革命运动，特别是抗日反法西斯运动对建立新华义勇军所起的至关重要的历史作用，似乎一经某些伟人登高一呼，义勇军就奇迹般地出现了。这是不符合历史真实的。其实，马来亚 200 余万华人自中国抗日战争开始，即掀起了强大的抗日救国运动，以各种方式支援祖国抗日战争。马来亚共产党站在世界反法西斯统一战线的立场配合中国与苏联的反法西斯战争，积极领导了华侨抗日运动。马共组织了“马来亚各界华侨抗敌后援总会”（简称“马抗”），新加坡和各州成立了分会，有广泛的各阶层群众参加。当时活跃在新加坡的就有工界、学生界、店员、妇女、青年、文化等各界抗敌后援会，人数以万计。同时存在的有以进步知识分子和民主爱国人士为核心的“中华民族解放先锋队”（简称“民先”）。如果没有这样的群众运动为基础，新华义勇军就不可能迅速建立起来，也不可能如此奋勇作战。

为了实现武装抗日，马共中央发动了一切力量。新加坡市委派出了“马共新加坡市委宣传队”，每日分赴市内各区作街头宣传；民众武装部利用新加坡广播电台向全市广播动员；由胡愈之、郁达夫等文化界知名人士领导的文化工作团和青年干部训练班也积极进行文字、漫画及口头宣传。在这些力量推动下，全市掀起了一片武装抗日热潮，促使义勇军迅速成立。

1 月中旬，义勇军需要赶紧集中训练，由于原设在武吉巴梭律晋江会馆的办事处不适应组建工作，民众武装部迁到了金炎律南洋师范学校，机构也逐渐健全起来。英军派打里上校为联络官，负责处理有关义勇军的一切事务，义勇军也陆续集中了。

首先需要解决的是军需给养问题。英军不愿发给正规军服，只拨给一批深蓝色斜纹布作材料，要民众武装部自行缝制。武装部从罗敏申公司征借百余辆缝衣机，从裁缝业、妇女界招募志愿人员，就在义勇军总部开设临时军服工场。而市内各人民团体也发动群众，日夜赶制军服。

1月下旬，新加坡市委集中第一批入伍的马共党员约60人，在巴爷礼（PayaLeBar）的一间华文小学内开会。中央军委刘文同志到场作了关于党员入伍的指示，号召党员必须为义勇军战士作楷模。并指定罗须磨、江水（即水鸭）、林潮3人为党代表。

1月31日，英军炸断柔佛海峡长堤，日军已占领柔佛全境，除新加坡之外，马来亚各州都已失陷。新加坡防卫战迫在眉睫，2月1日义勇军正式编队。

根据义勇军花名册，在英军军官主持下，第一连编成了3个排：第一排是广府籍，第二排是潮州籍，第三排是客家籍，连长由英军军官担任，副连长是由英军挑选的原中国十九路军退役军人担任（此人广府籍，约40岁，身材高大，是个旧式军人，后来在战场上英勇作战牺牲，可惜我记不起他的名字了），配1个英校学生×英豪（潮州籍）做翻译员，各排设正副排长各1人。

连队党代表由民众武装部委派到各连作为政治指导人员。英军一方面不承认连队有党代表的编制，不承认党代表有指挥权；另一方面又不得不尊重民众武装部与马共对义勇军的领导，不敢公然反对党代表的存在，事实上从副连长到各排干部都尊重和拥护党代表。英籍连长也不得不表示尊重。

第二、三、四连也陆续编成，据后来知道，共编成了7个连，其余已经集合待编的义勇军人员，来不及编制和武装，就不得不在新加坡即将沦陷前紧急遣散了。在编制队伍的同时，义勇军总部聘请了《星洲日报》编辑胡铁君（原中国军队军官）为教官，进行操练。

2月3日，丹绒百葛码头货仓中弹起火，烈焰冲天，义勇军正在编练中，即派出300余人赴火场抢救。在烈火中，义勇军战士奋不顾身，抢运了大批粮食。但不幸有2名队员在烈火中牺牲，十多人受伤。

2 月 4 日早晨，第一连整装待发。那时我们领到的武器只有双管猎枪。每人 10 余发子弹，2 套深蓝色军服（左臂缀有红色三角形袖标），一双本地产的黄色胶鞋，一条黄色裹头巾，以及毯子、水壶、口杯等用品，装备极为简陋。

出发前，义勇军总部在“南师”召开了誓师大会。林江石同志向全体义勇军作了动员讲话，打里上校也讲了话，各人民团体代表作了热情的鼓励，我代表义勇军作了答词。

4 日中午，第一连从“南师”出发，乘军车经武吉知马律转入裕廊律，这时新加坡英军已丧失制空权。日寇飞机肆无忌惮进行轰炸，只有高射炮在保卫阵地，裕廊律上塞满了军车和澳洲兵，见有伤兵运往后方，我们的军车通不过去，只得弃车步行到裕廊律海岸，澳军与印军都以惊异的眼光看着我们前进，其中有个高级军官制止我们前进，他们没有想到我们也是一支军队，而且是开往前线的军队！经过领队的英籍军官解释，才让我们通过了。

到达临近海岸（裕廊十八碑附近）的一个印军兵站，就在印军附近的农村里驻扎（发下的宵禁口令是喀鲁卡语“络打拉”）。这一带都是华人农村，利用海滩地以种植果树、养猪、养鸡等为生，农民都已经疏散了，还有一些来不及转移的猪、鸡散窜在野地里。第一连 3 个排紧相依靠，分住在果树掩映的 3 处农舍里。粮食由各排派员随翻译员到印军军需处领取，早上每人一份纸包的军用麦饼，有咖啡饮料。午晚餐有大米，军用罐头食品。由义勇军自行做饭。

初到时，有的战士把农民遗下的猪、鸡追捕回来宰杀，一连党支部立即进行政治教育，说服战士们爱护农民利益，发扬义勇军为保卫人民而战斗的崇高精神，反对损害人民利益的行为，战士们都自觉遵守了。

5 日，打里上校以义勇军司令的身份和英、印军军官数人到义勇军营地视察。当时，从柔佛海峡对岸日军阵地发射的炮弹，已经落到裕廊海岸，日本飞机不断沿公路轰炸，阻断英军交通，形势已非常紧迫。

6 日下午，第一连各排配合印军组成小分队，开往海岸，主要任务是巡逻那一带纵横交错的港汊水道，防止敌人偷袭。我们与印军混合编成许多小组用舢舨出港巡逻。一部分定点放哨，互相呼应。

7日晚上，我们的巡逻小组在海上遭遇敌军小艇，舢舨上的几名战士正好是第二排潮州籍的渔民和印军，他们巧妙地使舢舨靠近敌艇，发起突然袭击，打伤了敌艇，消灭了部分敌兵，敌艇虽然逃脱，却保卫了前沿，大振我军士气。当晚在我军右方也与敌有接触，但未有重大战斗。我们对前线的情况并不了解，只知道我们的后方是印军阵地。

8日，敌军发动进攻，双方炮战激烈，敌机轰炸更加频繁。深夜可以听见在我们的右面有猛烈的战斗，敌人企图强行登陆了。9日，炮火和空袭更猛烈，敌已登陆，当时我方正面还是沉寂的。直到10日清晨，我们被紧急通知立即撤退。当时各排仍分散在各港汊之中。印军不待我们到达，就先仓皇撤退了。我们陆续在路上会合，沿着来路走了很长一段路才赶上印军，路上数次遭敌机低飞扫射。我们随印军向武吉知马方向撤退。据说有被敌军切断后路的危险。

直到天黑，才到达接近武吉知马七条石的一个小镇。部队就地休息，分宿在路边小树林里。半夜，马共新加坡市委军事领导小组通过当地组织找了很久，才找到我们，市委代表询问了前线和部队撤退的沿途情况，向我传达市委的意见，因为情况急速变化，命令部队必要时相机撤回总部。

11日清晨，日军突然迫近公路以北的山后阵地，义勇军配合印军，开上山头增援。最初发现的是小股敌兵，但是接着出现大股敌兵，双方展开激烈战斗。义勇军与印军一起英勇顽强地战斗，打退了敌人两次进攻，但由于缺少实战经验，伤亡较多，特别是第一排，在副连长率领下作战特别勇敢，当敌人最后一次冲击时，我方伤亡很大，副连长发狠接过印军一挺机枪，狠狠向敌人扫射，但也成为敌人的目标，终于中弹倒地。敌人获得增援，从两侧迂回，处在右翼的澳洲军首先溃退，我军侧背受威胁，印军不得不边打边撤，义勇军也不得不跟随印军后撤。这部分印军是打得沉着顽强的。

撤出火线时，各排已经失去联络了。我率领第二排，按照市委的命令，决定撤回总部。当时日军飞机在上空轮番轰炸，低飞扫射，义勇军续有伤亡，我们穿越胶林，分数股向市区撤退，到了武吉知马三条石附近，才沿公路陆续回到南师。

第二、三、四连稍迟出发。这几个连的作战经过我不了解。由于战局变化太快，13 日已匆匆宣布解散义勇军。总部也来不及作汇报总结。但根据《大战与南洋》（1947 年新加坡出版）“马来亚之部”《星华义勇军总部报告抗敌经过》（按此总部应系义勇军同人于战后所重建）的记载大致如下：“……第二连奉命出发至裕廊前线（按应系林厝港一带），与敌血战四日，敌进攻几十次，给予敌方重大损害。……第三连防守巴丝班让沿海，初时敌数次登陆未遂，最后在大炮及机枪与空军掩护下登陆，我军弹尽粮绝后退。……第四连第一排出发至后港七条石，第四连第三排救援巴丝班让前线阵地，并援助第二连作战，敌方利用马来人奸细，及一部分投降印军作引导，由低空扫射，层层缩紧包围线，并用大炮重机枪猛烈攻击，我军被围得水泄不通，在弹尽粮绝之危急时，展开殊死战，一面急派交通员潜出阵地，向总部联络，请派援军营救被围兄弟。总部获得报告后，向英军要求接济军火及粮食。英军应许派送军火 4 车至裕廊，另 4 车送至巴丝班让，惜时已迟，我军被围阵亡与伤害情形惨重，不得已由各阵地退出，将 4 车军火自动毁灭，时第五第六第七连尚在总部受训中……”

又据《新加坡简史》（1978 年北京商务印书馆出版）记载：“2 月 1 日义勇军集中，4 日开赴前线，在前线的义勇军连队，有的驻扎在前沿战略要地裕廊十八碑，面对新山，有的防守在新加坡要冲林厝港十九碑半，有的到巴丝班让十三碑和后港樟宜一带。从 5 日至 7 日裕廊和林厝港义军全歼敌橡皮艇 30 多艘，打沉日艇 3 艘。8 日晨，日军发动全线进攻，义军奋战一昼夜，9 日被围，退守武吉知马防线，10 至 11 日，武吉知马争夺战炽热进行……”

这就是我们能够得到的仅有的记载。

我们撤回总部的当晚，刘文同志代表中央军委，召集我们几个党员，了解第一连在前线作战与撤退的经过。12 日，敌军已突破武吉知马英军防线，从三面迫近市区，敌炮火已轰击到市中心区，双方炮战激烈。

林江石同志自出狱后一直为民众武装部的工作日夜操劳，起初，为了民众武装部的经费，他要找各帮侨领寻求支持；迁到金炎律以后，为了组建军队，向英军交涉武器、装备、给养等，许多问题都要他亲自处理，有些问题还要经过艰苦的谈判斗争。英政府虽然在万不得已的形势下接受了马共武装民众的主张，但害怕与鄙视殖民地人民的偏见仍然冥顽不化。英军坚持不发给正规军服，不给正规武器，不允许义勇军作为一支独立的战斗部队进行编制，不承认马共在部队中的领导地位……所有这些问题都是针锋相对的。只是因为时机紧迫，为了尽快把义勇军武装起来，我们才不得不按英军的要求编成了义勇军。事实证明，英军的态度完全是错误的。

林江石同志废寝忘食，日夜操劳，人很消瘦，但还是精力旺盛，不知疲劳。我曾陪同他到英军司令部谈判关于给养的事，也曾陪同他到中鲁胡愈之先生的家商谈过一些事务。胡愈之曾以极大的热情支持与帮助民众武装部，他与马共代表之间的关系是很好的。

2 月 12 日，已经从内部确知英军决定弃守新加坡。党决定撤回全部义勇军加以遣散，把武器埋藏起来。这件事由市委直接布置完成。

13 日，第二连党代表江水（水鸭）同志和第三连党代表林潮同志陆续回到义勇军总部。林江石同志布置我们 3 人组成义勇军联络小组，负责遣散后的联系工作。我一直留在林江石同志身边协助处理总部善后事务。直至 13 日深夜，才凭英军司令部的特许通行证，由陈水景同志驾车，送我们往后港预定的住地，同在一起的还有警卫员古国英同志。但车子开到双林寺附近，已听到密集的枪战声，敌人已迫近市区了。英军岗哨劝阻我们前进，只得退回来绕路到一个临时集结点去。那是一个在市区边缘比较僻静的亚答屋，有 10 多位搞宣传工作的同志滞留在那里未疏散（其中有受了火炮弹片伤的陈勇），次日，中央交通把林江石接走了。直至 15 日英军投降后，我才被领到后港三条半石的菜农区，与林江石、江水同志会合，结束了民众武装部的工作。新加坡从此落入法西斯血腥统治的黑暗年代，马来亚人民独立进行的抗日游击战争也从此开始了。